회사 실무에 힘을 주는

한글 2022

김로사 지음

정보문화사
Information Publishing Group

회사 실무에 힘을 주는

한글 2022

초판 1쇄 발행 | 2022년 11월 25일
초판 3쇄 발행 | 2024년 4월 25일

지 은 이 | 김로사
발 행 인 | 이상만
발 행 처 | 정보문화사

책 임 편 집 | 노미라

주   소 | 서울시 종로구 동숭길 113
전   화 | (02)3673-0037(편집부) / (02)3673-0114(代)
팩   스 | (02)3673-0260
등   록 | 1990년 2월 14일 제1-1013호
홈 페 이 지 | www.infopub.co.kr

I S B N | 978-89-5674-919-8

머리말

한글 2022는 기존 한글 프로그램에 비해 많은 변화가 있었습니다. 문서 파일을 hwpx로 저장해 한글 파일을 프로그래밍 언어나 데이터 분석에 활용할 수 있게 됐고 2022년 10월부터 구독 서비스가 시작되면서 문서 공유와 공동 작업이 훨씬 편리해졌으며 항상 최신 버전의 기능을 사용할 수 있게 됐습니다. 활용도가 높아진 만큼 한글 프로그램을 정확히 익히고 다양한 기능을 활용할 수 있는 능력은 더 중요해졌다고 할 수 있습니다. 그렇기 때문에 한글 2022의 숨은 기능을 익혀 빠르게 작업해야 합니다.

그동안 대부분의 교재를 직접 만들며 수업해 왔지만, 막상 한글 2020 책이 출간됐을 때는 많은 아쉬움이 남았습니다. 그래서 한글 2022는 아쉬움이 남지 않는 책을 만들기 위해 더 많이 노력하고 정성을 들여 작업했습니다. 그 덕분에 분량이 늘어나며 책이 훨씬 두꺼워지긴 했지만, 한글 2022를 학습하는 데는 훨씬 큰 도움이 되리라 생각합니다.

학습 중 막히는 부분이 있거나 어려운 부분이 있다면 블로그 '로사쌤의 컴교실'(blog.naver.com/happynut)에 방문해 질문은 남겨 주시면 성심성의껏 답변해 드리겠습니다.

항상 믿고 기다려 주시는 정보문화사, 이번에도 책 내용을 예제로 사용할 수 있게 허락해 주신 '그림이 있어 괜찮은 하루'의 조안나 작가님께 깊은 감사를 드립니다.

김로사

미리 보기

PART
02
한글 2022의
활용

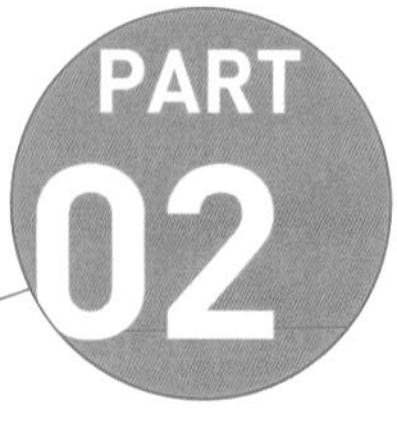

PART
02

사용자에게 필요한 내용을 효율적으로 학습할 수 있도록 구성했습니다.

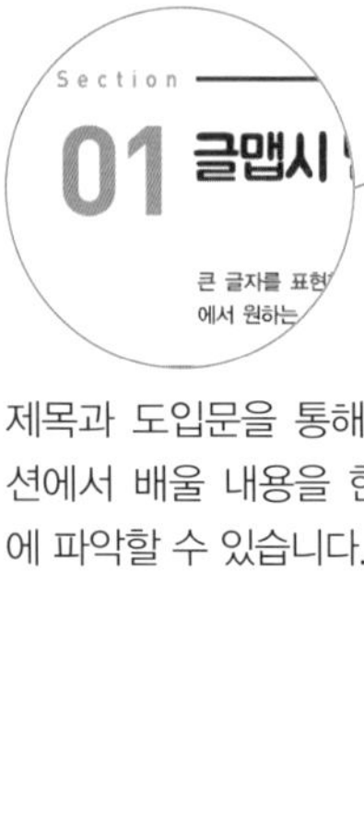

Section
01 글맵시
큰 글자를 표현
에서 원하는

제목과 도입문을 통해 섹션에서 배울 내용을 한눈에 파악할 수 있습니다.

Section
01 글맵시 만들기
Point
삶이 있는 한,
희망은 있다.

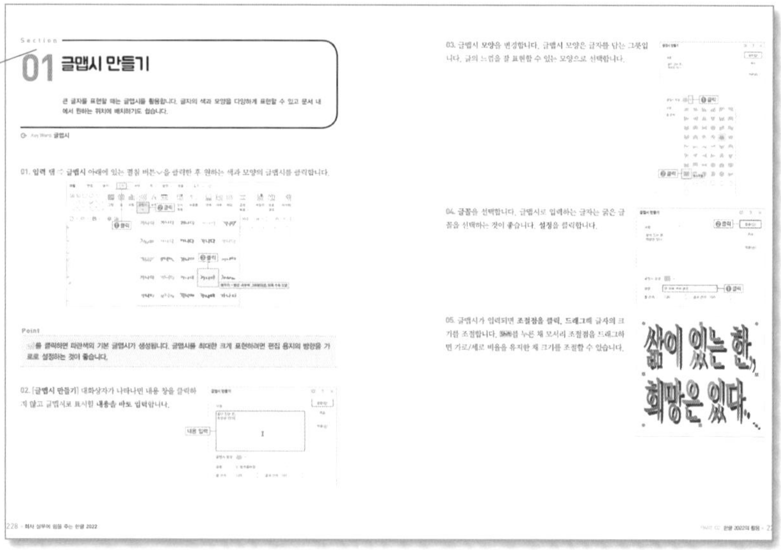

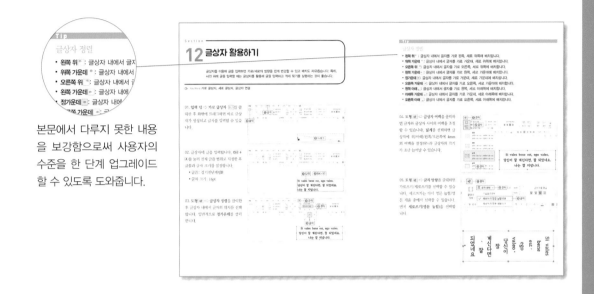

본문에서 다루지 못한 내용을 보강함으로써 사용자의 수준을 한 단계 업그레이드할 수 있도록 도와줍니다.

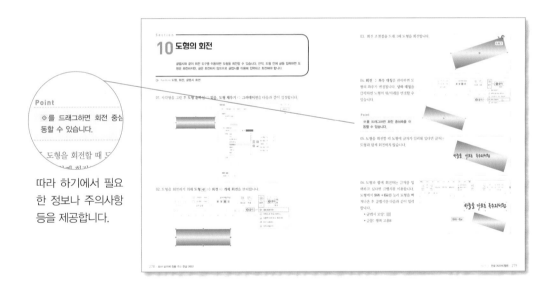

따라 하기에서 필요한 정보나 주의사항 등을 제공합니다.

학습 중 궁금한 사항은 저자 홈페이지(blog.naver.com/happynut)에서 해결할 수 있습니다.

차례

PART 01 한글 2022의 기본 기능

차례

PART 02 한글 2022의 활용

차례

PART 03 한글 2022의 특별한 기능

PART 04 한글 2022의 실무 문서 만들기

PART
01

한글 2022의
기본 기능

01 한글 2022의 새 기능 살펴보기

한글 2022에서 작성한 문서는 XML 기반의 개방형 문서 구조 표준을 따르는 hwpx로 저장돼 있기 때문에 별도의 처리 없이 프로그래밍 언어나 데이터 분석에 활용할 수 있습니다. 또한 추가 기능을 설치하거나 태그를 사용할 수도 있습니다.

Key Word 한컴오피스, 한글 2022

문서 형식의 변경

기존 바이너리 형식의 HWP 파일이 아닌 XML 기반의 개방형 문서 구조 표준을 따르는 **HWPX**로 저장됩니다. HWPX 파일은 별도의 처리 과정 없이도 내부 데이터를 분류하거나 추출할 수 있으므로 빅데이터와 인공지능(AI) 분야에도 쉽게 활용할 수 있습니다.

탐색기의 HWPX 파일 이름을 천천히 두 번 클릭한 후 확장자를 **zip**으로 변경합니다.

경고 창이 나타나면 **예**를 클릭합니다.

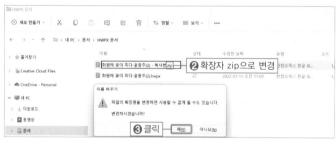

압축 풀기를 클릭합니다.

압축 파일은 다음과 같이 **xml** 파일과 문서에 포함된 이미지 등을 저장한 **BinData** 등으로 구성돼 있습니다.

BinData 폴더 안에는 다음과 같이 문서에 포함된 이미지 등이 저장돼 있으므로 한글 문서를 열지 않고서도 프로그래밍 언어를 이용해 이미지만 추출할 수 있습니다.

xml 파일을 더블클릭하면 문서의 구조나 내용, 글꼴 등과 같은 설정을 확인할 수 있습니다.

한컴 독스를 이용한 자동 저장과 문서 공유

한글 창의 오른쪽 상단에서 로그인한 후 아이디를 클릭하면 현재 작업 중인 문서를 한컴 독스에 **자동 저장**하도록 설정할 수 있습니다. 그리고 **문서 공유하기**를 클릭하면 문서 또는 링크를 이용해 공유할 수 있습니다.

문서 열람을 허용할 사람의 이메일 주소를 입력한 후 **초대하기**를 클릭합니다. 문서에 대한 권한(보기 허용 또는 편집 허용)을 선택한 후 **공유문서 웹에서 공동 편집**을 클릭하면 다른 사용자와 함께 문서를 확인하거나 편집할 수 있습니다.

초대된 사람이 메일에 도착한 문서의 링크를 클릭하면 문서를 확인할 수 있고, 소유자가 편집을 허용한 경우 **한컴 오피스 Web**으로 편집할 수 있습니다.

태그의 활용

각 개체에 **태그**를 입력한 후 이 태그를 이용해 쉽게 찾을 수 있습니다. 개체에서 마우스 오른쪽 버튼 클릭 ⇨ **태그 넣기**를 클릭합니다. #를 입력한 후 내용을 **띄어쓰기 없이 입력**하고 **넣기**를 클릭합니다.

보기 탭 ⇨ **작업 창** ⇨ **태그 이름**을 선택한 후 태그 목록 중에서 특정 태그를 클릭하면 해당 태그가 포함된 개체가 화면에 표시됩니다.

보기 탭 ⇨ **사용자 색 설정**을 이용하면 작업 화면의 색상을 개인에 맞게 변경할 수 있습니다.

글자색, 배경색 등을 선택한 후 **설정**을 클릭합니다. ▨을 클릭하거나 **사용자 색** ⇨ **사용자 색**을 클릭하면 적용됩니다. 해제할 때는 **컬러** 또는 **회색조**를 선택합니다.

추가 기능으로 기능 확장 가능

추가 기능을 설치하면 한글 2022의 기능을 확장할 수 있습니다. **도구** 탭 ⇨ **한컴 애셋**을 클릭합니다.

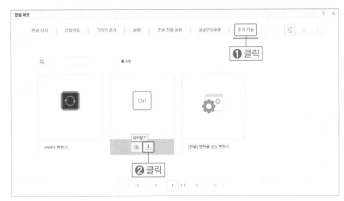

추가 기능 탭에서 **단축키 도우미**에 마우스 커서를 올려놓고 **내려받기** 아이콘 ⬇을 클릭합니다.

컴퓨터를 재시작한 후 한글을 다시 실행하면 상단 메뉴에 **추가 기능** 탭이 새롭게 생성됐다는 것을 알 수 있습니다. **추가 기능** 탭을 클릭한 후 **단축키 도우미**를 클릭하면 화면 오른쪽에 **단축키 도우미** 창이 표시됩니다.

하단의 **사용 중인 단축키는 제외하고 알림**을 해제한 후 문서 작업을 시작하면 단축키가 할당된 기능을 실행할 때 해당 기능의 단축키를 알려 줍니다.

벡터 그래픽 형식의 아이콘 제공

한컴오피스에 포함된 모든 아이콘 이미지가 **SVG(확장 가능한 벡터 그래픽)** 형식으로 제공되므로 화면을 확대/축소하거나 프로그램의 크기를 조정해도 화질이 저하되지 않습니다.

문서 시작 도우미

한글 2022를 실행하면 **문서 시작 도우미**가 표시됩니다. 한컴오피스를 이용해 최근에 작업한 문서들의 목록을 확인할 수 있고 한컴오피스 프로그램별로 미리 준비된 문서 서식을 활용할 수도 있으며 **온라인 콘텐츠**를 클릭해 글꼴, 클립아트 등 다양한 콘텐츠를 다운로드할 수도 있습니다.

01. 문서 목록에서 마우스 오른쪽 버튼을 누르면 다양한 메뉴를 실행할 수 있습니다.

❶ **문서 열기**: 문서를 불러오기합니다.

❷ **폴더 열기**: 탐색기가 실행되고 문서가 저장된 폴더가 열립니다.

❸ **한컴독스로 공유**: 한컴독스에 로그인해 해당 문서를 공유할 수 있습니다.

❹ **목록에 고정**: 주기적으로 작업하는 문서를 목록에 고정하면 쉽게 찾을 수 있습니다.

❺ **목록에서 제거**: 목록에 표시하고 싶지 않은 문서는 목록에서 제거합니다.

02. 한컴 사전

단어를 검색하면 민중국어사전, 한영
엣센스, 영한엣센스, 한글유의어사전,
영어유의어사전, 영중사전, 중영사전,
한일사전, 일한사전 등에서 찾아 그 의
미를 표시합니다.

영어 단어를 한글 발음으로 입력해 **발
음으로 찾기**를 실행할 수도 있습니다.

03. 한컴 문서 찾기

검색할 폴더를 **추가**한 후 찾을 내용을
입력하고 **검색**을 클릭하면 해당 내
용이 포함된 문서를 찾아 줍니다.

04. 한컴 개인 정보 탐색기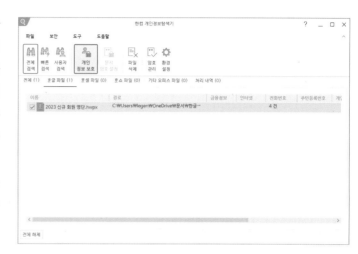

사용자 시스템에 저장돼 있는 문서 중 개인 정보가 포함된 문서를 손쉽게 검색할 수 있습니다. **개인 정보 보호**를 사용하면 문서의 일부분에 암호를 설정하고 다른 보호 문자로 변경할 수 있어 문서의 보안성을 강화할 수 있습니다.

전체 검색을 클릭하면 시스템 전체 문서 중 개인 정보가 저장된 문서의 목록을 찾습니다.

환경 설정을 클릭한 후 검색 폴더 설정에서 ⊞를 클릭하면 검색할 폴더를 지정할 수 있습니다. **설정**을 클릭한 후 **빠른 검색**을 클릭하면 해당 폴더 내에서 개인 정보가 저장된 문서를 찾습니다.

검색된 문서를 클릭한 후 **개인 정보 보호**를 클릭하면 개인 정보를 다른 기호로 표시합니다. 이때 개인 정보를 확인할 수 있는 **암호를 똑같이 두 번 입력**합니다.

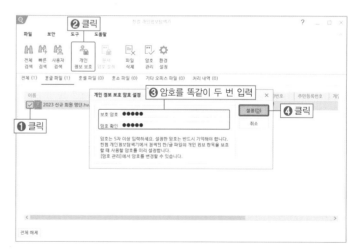

보호할 **개인 정보**와 **보호 문자**를 선택한 후 **보호하기**를 클릭합니다.

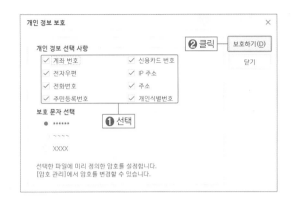

문서를 더블클릭하면 다음과 같이 개인 정보가 기호로 표시되는 것을 알 수 있습니다.

2023 신규 회원 명단

번호	이름	전화번호	생년월일	지역
1	김수현	**************	2011.12.20	서울
2	이명수	**************	2013.04.01	인천
3	정민지	**************	2012.02.06	광주
4	황세연	**************	2018.06.22	대전

개인 정보를 확인하려면 마우스 오른쪽 버튼 ⇨ **선택 정보 보호 해제**를 클릭한 후 암호를 입력합니다.

2023 신규 회원 명단

❶ 오른쪽 클릭

번호	이름	전화번호	생년월일	지역
1	김수현	**************	2011.12.20	서울
2	이명수	**************		인천
3	정민지	**************		광주
4	황세연	**************		대전

- 붙이기(P)   Ctrl+V
- 문자표(C)...   Ctrl+F10
- 글자 모양(L)...   Alt+L
- 문단 모양(M)...   Alt+T
- 스타일(S)...   F6
- 글머리표 및 문단 번호(N)...
- 선택 정보 보호 해제(D)   ❷ 클릭

다음과 같이 정확한 개인 정보가 표시됩니다.

2023 신규 회원 명단

번호	이름	전화번호	생년월일	지역
1	김수현	010-1111-8989	2011.12.20	서울
2	이명수	**************	2013.04.01	인천
3	정민지	**************	2012.02.06	광주
4	황세연	**************	2018.06.22	대전

05. 한OCR

글자가 포함된 그림 파일을 불러온 후 **HWP, TXT, PDF** 등과 같은 파일 형식으로 변환합니다.

06. 한컴독스

한컴오피스가 구독 서비스로 전환되면서 한컴독스 사이트가 새롭게 개설됐습니다. 한컴독스에 가입하는 무료 회원일 경우 한컴오피스를 1개월 사용할 수 있고 2GB의 클라우드 공간을 활용할 수 있습니다. 월 구독료를 지급하는 유료 회원인 경우 최신 버전의 한컴오피스를 최대 5대의 기기에서 사용할 수 있고 10GB의 클라우드 공간을 활용할 수 있습니다.

한컴독스 를 클릭하면 한컴독스 사이트에 연결해 한컴독스에 저장된 문서들을 확인하고 편집할 수 있습니다.

한컴독스에 저장된 문서에 마우스 커서를 올려놓으면 문서를 공유하거나 즐겨찾기에 추가할 수 있습니다.

☆을 클릭해 즐겨찾기에 추가하면 **즐겨찾기** 탭에서 문서를 빠르게 찾을 수 있습니다. **최근** 탭을 클릭하면 최근에 작업한 문서 목록을 확인할 수 있습니다.

더보기 를 클릭하면 다양한 메뉴를 확인할 수 있고, 문서를 현재 기기로 다운로드할 수 있습니다.

특히 **버전 관리**를 클릭하면 문서가 최종 수정되기 이전의 내용을 확인하고 해당 버전으로 복원해 편집할 수도 있습니다. 가장 최종적으로 수정된 내용은 **현재 버전**으로 표시된 문서입니다.

07. 한컴타자

인터넷이 실행되면서 한컴타자연습 사이트가 열립니다. 현재 한컴타자 사이트는 개편 중이며, 2022년 12월에 새로운 서비스가 시작됩니다. 화면 하단의 **기존 한컴타자 이용하기**에서 자리 연습, 낱말 연습, 타자 게임 등의 서비스를 이용할 수 있습니다.

08. 문서 시작 도우미 실행 도중 기존 문서 작업으로 돌아가려면 ✕를 클릭해 문서 시작 도우미를 종료합니다.

09. 한글 문서를 작성하려면 **한글** 탭의 **새 문서**를 클릭합니다.

10. 한글을 종료할 때는 ✕를 클릭합니다. 단축키는 (Alt) + (X)입니다.

Point

여러 문서를 동시에 작업 중일 때 (Alt) + (X)를 누르면 열려 있는 모든 문서를 닫고 **한글을 종료**하지만, (Alt) + (F4)는 **문서 닫기** 기능으로 현재 작업 중인 문서만 종료합니다.

02 한글 2022의 화면 구성 알아보기

한글 2022의 화면 구성을 정확하게 이해하고, 사용하기 편리하게 설정합니다.

Key Word 화면 구성, 도구 모음, 탭

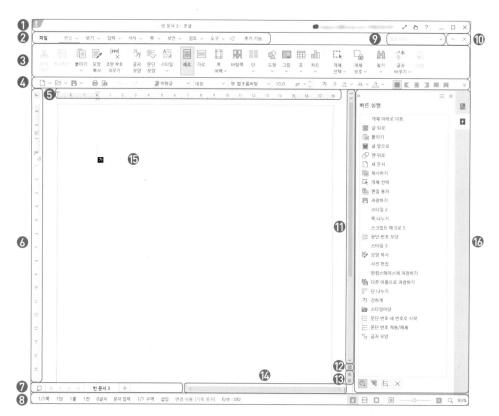

❶ **제목 표시줄:** 현재 작업 중인 문서의 제목과 프로그램의 이름, 창 조절 버튼이 표시됩니다. 문서가 저장되지 않았다면 빈 문서 1, 빈 문서 2와 같이 자동으로 지정된 이름이 표시됩니다. 한컴스페이스 회원이라면 로그인할 수 있고 작업 중인 문서를 한컴 스페이스의 클라우드 공간에 자동 저장할 수 있습니다.

로드인된 화면

❶ ⬈ : 전체 화면 모드로 전환합니다. ⬋을 클릭하면 전체 화면 모드가 해제됩니다.

❷ 🔍 : 화면의 메뉴와 아이콘 등이 크게 표시됩니다. ⓤ을 클릭하면 다시 원래의 크기대로 표시됩니다.

❸ ? : **도움말**, 온라인 고객 지원, **훈글 정보**를 확인할 수 있습니다. 특히 **훈글 정보**를 클릭한 후 **폴더 정보** 탭을 클릭하면 한글 작업에 필요한 데이터가 저장된 폴더를 확인할 수 있습니다.

❹ ― : 창을 최소화합니다.

❺ ▢ : 창을 확대/축소합니다.

❻ × : 한글 2022를 종료합니다.

❷ **메뉴 표시줄:** 프로그램에서 사용할 수 있는 명령이 기능별로 정리돼 있습니다. 메뉴를 클릭하면 관련 기능이 모여 있는 도구 상자가 탭 형태로 펼쳐지고 메뉴 이름의 펼침 버튼∨을 클릭하면 하위 메뉴가 펼쳐집니다.

Tip

Alt를 누르면 각 메뉴마다 단축키로 활용할 수 있는 알파벳이 표시돼, 키보드로 쉽게 실행할 수 있습니다.

❸ **기본 도구 상자:** 메뉴를 클릭하면 해당 메뉴와 관련된 도구 모음이 펼쳐집니다. **Ctrl** + **F1**을 누르거나 **메뉴 탭**을 **더블클릭**하면 기본 도구 상자가 표시되지 않고 다시 **Ctrl** + **F1**을 누르거나 메뉴를 더블클릭하면 기본 도구 상자가 표시됩니다. **기본 도구 상자 접기/펴기**∧를 클릭하면 기본 도구 상자를 숨기거나 표시할 수 있습니다. 편집 화면을 최대한 넓게 사용하고자 할 때는 도구 상자를 숨겨놓고 작업합니다.

한글 2022의 창이 작을 때는 도구 상자의 모든 아이콘을 표시하지 못할 수 있습니다. 이때 **옆으로 이동** 아이콘 ⏵을 클릭하면 숨어 있는 아이콘을 확인할 수 있습니다.

❹ **서식 도구 상자**: 문서를 편집할 때 자주 사용하는 파일 관리, 글자 모양, 문단 모양 등의 기능을 모아 놓은 도구 상자입니다.

❺ **가로 눈금자**: 문서의 너비와 개체의 가로 위치를 파악할 수 있습니다.

❶ ⫼: 드래그해 제본 여백을 설정할 수 있습니다.
❷ ⫼: 문단의 첫 줄 시작 위치를 설정할 수 있습니다.
❸ ⫼: 문단의 나머지 줄 시작 위치를 설정할 수 있습니다.
❹ ⫼: 문단의 왼쪽 여백을 설정할 수 있습니다.
❺ ⫼: 문단의 오른쪽 여백을 설정할 수 있습니다.

❻ **세로 눈금자**: 문서의 길이와 개체의 세로 위치를 파악할 수 있습니다.
❶ ⫼: 탭의 모양을 설정합니다.
눈금자의 0 위치를 드래그하면 문서의 머리말 여백을 설정할 수 있습니다.

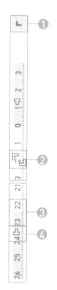

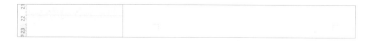

❷ ⫼: 문단의 위 간격, 아래 간격을 설정합니다.
❸ ⫼: 종이에서 문서의 종료 위치를 표시합니다. 눈금지에서 흰색 부분과 회색 부분의 경계를 드래그하면 문서의 꼬리말 여백을 설정할 수 있습니다.

❹ ⫼: 문서의 아래쪽 여백을 설정합니다.

❼ **문서 탭:** 작성 중인 문서의 파일 이름을 표시합니다. 문서의 저장 여부에 따라 글자색이 달라집니다.

❶ ☐ : 문서 탭 목록을 확인할 수 있습니다.

❷ K < > H : 보이지 않는 문서 탭이 있을 때 클릭하면 이전 또는 다음 문서 탭으로 이동할 수 있습니다.

❸ + : 현재 창에 새 문서 탭이 추가됩니다.

❹ +⇔ : 문서 탭 영역의 경계선을 드래그하면 가로 스크롤바의 영역이 줄어들어 문서 탭 영역을 넓게 활용할 수 있습니다.

❽ **상태 표시줄:** 문서의 분량과 마우스 커서의 위치, 편집 상태 등을 확인할 수 있습니다.

삽입 을 클릭하거나 Insert 를 누르면 **삽입/수정** 상태를 전환합니다. **삽입** 상태에서 글자를 입력하면 새로운 글자가 삽입되고 기존의 글자가 뒤로 밀리지만, **수정** 상태에서 글자를 입력하면 새로운 글자가 입력되면서 기존의 글자가 삭제됩니다.

변경 내용 [기록 중지] 를 클릭하면 이후에 수정된 내용이 붉은 글자와 밑줄로 표시됩니다. 변경 내용 [기록 중] 을 클릭하면 이후의 변경 내용이 표시되지 않습니다.

검토 탭 ⇨ **최종본**을 클릭하면 변경 내용에 관한 기록이 해제돼 일반 모양으로 표시됩니다.

❶ ❷ ❸ ☐ ☐ ☐ : 화면 보기 상태를 쪽 윤곽, 폭 맞춤, 쪽 맞춤 중에서 선택합니다.

❶ ☐ **쪽 윤곽:** 편집 화면에 종이의 여백을 모두 표시해 보여 줍니다. 해제되면 종이의 여백이 화면에 표시되지 않고 편집하는 부분만 표시됩니다.

❷ ☐ **폭 맞춤:** 현재 용지의 너비가 문서 창의 너비에 맞도록 조절합니다.

❸ ☐ **쪽 맞춤:** 현재 용지의 한 쪽 분량이 한 화면에 모두 보일 수 있도록 조절합니다.

☐ ——○—— ☐ : 화면을 확대/축소합니다. Ctrl 을 누른 채 휠을 굴리거나 단축키 Shift + Num Lock + + 또는 - 를 눌러도 됩니다.

🔍 100% : **확대/축소 배율**과 **쪽 모양, 쪽 이동 방향**을 설정할 수 있습니다.

① 배율: 화면 확대/축소 비율을 선택합니다. 사용자 정의에서 수치를 직접 입력할 수도 있습니다.

② 쪽 모양: 한 화면에 한 쪽 또는 여러 쪽이 표시되도록 설정합니다.

③ 자동: 편집 용지의 크기에 따라 한 쪽 또는 여러 쪽을 표시합니다.

④ 한쪽: 편집 용지의 크기와 관계없이 한 쪽만 표시합니다.

⑤ 두쪽: 편집 용지의 크기와 관계없이 두 쪽을 표시합니다.

⑥ 맞쪽: 두 쪽을 표시하되, 제본할 때와 같이 왼쪽에는 짝수쪽, 오른쪽에는 홀수쪽을 표시합니다.

⑦ 여러 쪽: 한 편집 화면에 여러 쪽을 표시합니다.

⑧ 쪽 이동: 쪽을 이동할 때의 방향을 설정합니다. 일반적으로 세로 방향으로 설정돼 있으며 가로 방향을 선택한 후 마우스 휠을 사용해 좌우로 스크롤하기를 클릭하면 휠을 굴릴 때 가로 방향으로 이동합니다.

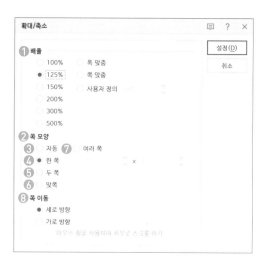

⑨ 검색: 현재 문서에서 특정 단어를 검색합니다.

⑩ ∧✕ 기본 도구 상자 접기/펴기, 문서 닫기: 문서 닫기를 클릭하면 한글은 종료하지 않고 열려 있는 문서를 닫은 후 새 문서 창이 열립니다.

⑪ 세로 스크롤바(이동 막대): 세로로 이동해 문서의 보이지 않는 부분을 확인합니다. 가로로 편집 화면 나누기(▤)를 드래그하면 현재 창이 가로로 나뉘어 작업 중인 문서를 2개의 창에 분리해 표시합니다. 두 쪽을 비교하면서 작업할 수 있습니다. 2개의 창 경계선을 위쪽 또는 아래쪽 창의 끝까지 드래그하면 다시 하나의 창으로 표시됩니다.

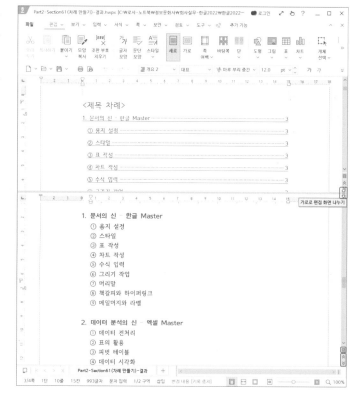

⑫ ▣ 보기 선택 아이콘: 화면 구성 요소를 표시 또는 해제합니다.

⑬ 쪽 이동 버튼: 문서가 여러 쪽일 때 쪽 단위로 이동합니다. 문서 작업을 할 때 새 쪽을 추가하는 단축키는 Ctrl + Enter, 쪽 이동 단축키는 Alt + PageUp/PageDown 입니다.

보기 선택 아이콘

- **쪽 윤곽**: 쪽 윤곽을 보이게 하거나 숨길 수 있습니다.
- **문단 부호 보이기/숨기기**: 문단 부호를 보이게 하거나 숨길 수 있습니다.
- **조판 부호 보이기/숨기기**: 조판 부호를 보이게 하거나 숨길 수 있습니다.
- **투명 선 보이기/숨기기**: 투명 선을 보이게 하거나 숨길 수 있습니다.
- **격자 설정**: 도형이나 그림과 같은 개체의 위치와 크기를 맞추기 위한 격자의 간격 등을 설정하고 격자를 표시합니다.
- **찾기**: 문서 내에서 특정 글자를 찾습니다.
- **쪽 찾아가기**: 문서가 여러 쪽일 때 특정 쪽 번호를 입력해 바로 이동합니다.
- **구역 찾아가기**: 문서가 여러 구역으로 이뤄져 있을 때 특정 구역으로 이동합니다.
- **줄 찾아가기**: 특정 줄로 바로 이동합니다.
- **스타일 찾아가기 설정**: 선택한 스타일을 찾아가도록 설정합니다.
- **조판 부호 찾아가기 설정**: 선택한 조판 부호를 찾아갑니다.
- **책갈피 찾아가기 설정**: 선택한 책갈피를 찾아갑니다.
- **선택한 개체 찾아가기 설정**: 선택한 개체를 찾아갑니다.

⓮ **가로 스크롤바(이동 막대)**: 가로로 이동해 문서의 보이지 않는 부분을 확인합니다.

세로로 편집 화면 나누기를 드래그하면 현재 창이 세로로 나뉘어 작업 중인 문서를 2개의 창에 분리해 표시합니다. 두 쪽을 비교하면서 작업할 수 있습니다. 2개의 창 경계선을 왼쪽 또는 오른쪽 창의 끝까지 드래그하면 다시 하나의 창으로 표시됩니다.

⓯ **편집 창:** 글자를 입력하고 문서를 작성하는 부분입니다.

⓰ **작업 창:** 쪽 모양 보기, 빠른 실행, 스타일 등의 작업 중 자주 실행하는 작업 창을 선택하면 좀 더 빠르고 편리하게 작업할 수 있습니다.

　❶ ≡: 메뉴, 작업 창을 선택하거나 관리합니다.
　❷ ✕: 작업 창 닫기

여러 개의 작업 창을 선택하면 오른쪽에 아이콘이 표시돼 필요한 작업 창을 바로 확인할 수 있습니다.

도구 상자 표시/해제

메뉴 또는 도구 상자에서 마우스 오른쪽 버튼을 클릭하면 **기본 도구 상자**와 **서식 도구 상자**의 표시 여부를 선택할 수 있습니다.

창 조절 버튼

　아이콘을 클릭하거나 제목 표시줄에서 마우스 오른쪽 버튼을 클릭하면 창 조절 메뉴를 실행할 수 있습니다.

① **이전 크기로**: 창이 최대화돼 있을 때 창을 원래 크기로 조절합니다.

② **이동**: 창을 드래그해 위치를 이동할 수 있습니다.

③ **크기 조정**: 창의 크기를 조절할 수 있습니다.

④ **최소화**: 창을 숨기고 작업 표시줄에 아이콘만 표시합니다.

⑤ **최대화**: 창을 전체 화면 크기로 키워 줍니다.

⑥ **파일 경로 및 이름 복사**: 현재 작업 중인 문서의 저장 위치와 문서 이름을 복사합니다. 화면을 클릭한 후 Ctrl + V 를 누르면 복사된 경로와 이름을 붙여넣을 수 있습니다.

⑦ **파일 경로 복사**: 현재 작업 중인 문서의 저장 위치를 복사합니다.

⑧ **파일 저장 위치 열기**: 탐색기를 실행하고 현재 작업 중인 문서가 저장된 폴더를 표시합니다.

⑨ **닫기**: 현재 작업 중인 문서를 종료합니다.

※ 문서를 저장하지 않았을 때는 ⑥∼⑧ 메뉴가 표시되지 않습니다.

자주 사용하는 기능을 서식 도구에 추가하기

① 자주 사용하는 기능을 서식 도구에 추가하면 훨씬 빠르게 작업할 수 있습니다. 도구 상자에서 **마우스 오른쪽 버튼** ➪ **사용자 설정**을 클릭합니다.

② **메뉴 및 도구 상자**에서 서식 도구에 **추가할 기능**을 클릭합니다. 예제에서는 **PDF로 저장하기**를 클릭했습니다. 서식 도구 상자를 선택한 후 **추가** ⟩ 를 클릭하면 서식 도구에 해당 기능 아이콘이 생성됩니다. ↓ 또는 ↑ 를 클릭해 아이콘의 위치를 선택합니다. **설정**을 클릭합니다.

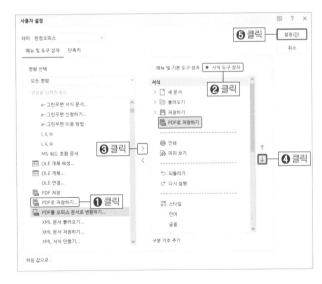

③ 서식 도구에 **PDF로 저장하기** 아이콘 이 생성됩니다.

나만의 탭 만들기

① 자주 사용하는 기능을 모아 새로운 탭을 만들 수 있습니다. **메뉴 및 도구 상자**에서 **마우스 오른쪽 버튼** ⇨ **사용자 설정**을 클릭합니다.

② **새 탭**을 클릭합니다. 사용자 탭이 생성되면 **이름 바꾸기**를 클릭합니다. 사용자 탭이 보이지 않으면 스크롤바를 내려 찾습니다.

③ 탭의 이름을 입력한 후 **확인**을 클릭합니다.

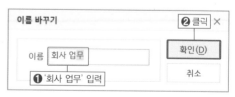

❹ 명령 선택에서 **파일** 탭을 클릭한 후 새 탭에 추가할 기능을 클릭하고 **추가** ›를 클릭합니다. **파일**을 다른 탭으로 변경한 후 다양한 기능을 추가합니다. 만약 추가한 기능을 제거하고 싶다면 **삭제** ‹를 클릭합니다.

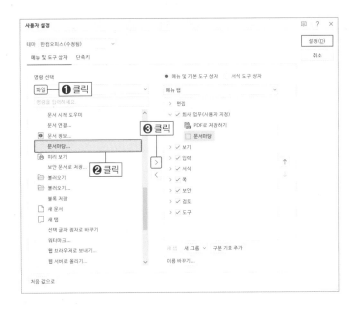

❺ **구분 기호 추가**를 클릭하면 구분선을 표시할 수 있습니다. **구분 기호 추가**를 클릭한 후 ↑ 또는 ↓를 클릭해 위치를 이동합니다. 나만의 탭에 표시할 모든 기능을 추가한 후 **설정**을 클릭합니다. 각 메뉴의 ☑를 클릭해 선택을 해제하면 메뉴 표시줄에 해당 탭이 표시되지 않습니다.

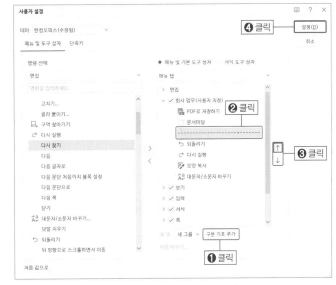

❻ 메뉴에 나만의 탭이 추가돼 자주 사용하는 기능을 빠르게 찾거나 실행할 수 있습니다.

03 편집 용지 설정하기

문서를 작성하기 전에 문서를 출력할 용지를 선택합니다. A4 용지가 기본으로 설정돼 있으며 용지의
크기는 물론 문서의 여백, 문서의 방향 등도 설정할 수 있습니다.

⊙ Key Word 편집 용지, 용지 방향, 용지 여백

01. **편집** 탭에서 용지의 방향을 설정할 수 있습니다. 기본적으로 세로로 설정돼 있고 **가로**를 클릭하면 용
지의 방향이 가로로 설정됩니다.

02. **쪽 여백**을 클릭하면 용지의 여백을 조절할 수 있습니다. **좁게 1**을 선택하면 용지의 여백이 줄어들면
서 문서를 작성할 공간이 넓어지고 **넓게**를 선택하면 용지의 여백이 넓어지면서 편집할 수 있는 공간이 좁
아집니다.

Point

쪽 여백 ⇨ 쪽 여백 설정을 클릭하면 [**편집 용지**] 대화상자가 나타납니다.

03. 용지의 종류와 여백, 적용 범위 등을 상세하게 설정하려면 [편집 용지] 대화상자를 표시해야 합니다. **파일** 탭 ➡ **편집 용지** 또는 **F7**을 누릅니다. **종류**를 클릭해 용지 종류를 선택합니다. **사용자 정의**를 클릭하면 폭과 길이를 직접 입력할 수 있습니다.

04. **용지 방향**을 선택한 후 각 영역별 **여백**을 입력합니다.

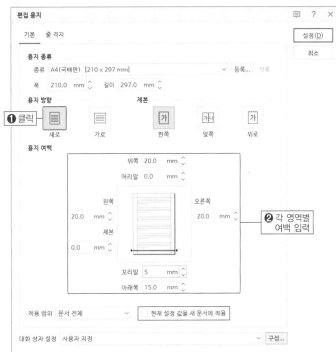

Point

현재 설정 값을 새 문서에 적용에 체크 표시하면 현재 설정된 용지의 종류와 여백이 새 문서에 적용됩니다. 문서를 작성할 때마다 같은 용지 종류와 여백을 설정한다면 체크 표시를 하는 것이 좋습니다.

제본

- **한쪽**: 문서를 한쪽만 인쇄할 때 선택합니다. 제본 여백도 한쪽만 적용합니다.
- **맞쪽**: 모든 책은 1쪽부터 시작하며 1쪽은 오른쪽에 배치됩니다. 따라서 홀수 쪽에서는 안쪽이 왼쪽, 바깥쪽이 오른쪽이며 짝수 쪽에서는 안쪽이 오른쪽, 바깥쪽이 왼쪽입니다.
- **위로**: 문서의 위쪽을 제본할 때 설정합니다.

편집 용지 여백의 위치

- **위쪽**: 본문과 종이 위쪽 사이의 여백입니다.
- **머리말**: 문서의 상단에 머리말을 표시하기 위한 영역입니다.
- **꼬리말**: 쪽 번호, 꼬리말 등을 문서의 하단에 표시하기 위한 영역입니다.
- **아래쪽**: 본문과 종이 아래쪽 사이의 여백입니다.
- **왼쪽**: 본문과 종이 왼쪽 사이의 여백입니다.
- **오른쪽**: 본문과 종이 오른쪽 사이의 여백입니다.
- **제본**: 문서를 제본하기 위해 추가로 설정하는 여백으로, 방향을 선택할 수 있습니다.

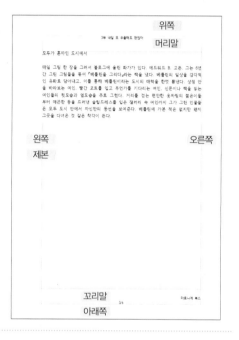

04 자주 사용하는 용지 등록하기

용지 목록에 없는 크기의 용지를 자주 사용한다면 용지의 크기를 입력해 등록합니다.

◯ Key Word 편집 용지, 사용자 정의 용지, 새 용지 등록
예제 파일 Part1-Section04(구역에 따른 용지 설정)-예제.hwpx

01. 파일 탭 ⇨ **편집 용지**에서 용지 종류를 **사용자 정의**로 선택한 후 폭과 길이를 입력하고 **등록**을 클릭합니다. **용지 이름**을 입력하고 해당 용지를 목록에 추가하기 위해 **등록**을 클릭합니다.

02. 다음과 같이 지정한 크기의 용지가 등록됩니다. 이 용지는 새 문서나 다른 문서에서도 선택할 수 있습니다.

03. 새 문서에서 <kbd>F7</kbd>을 누른 후 용지 종류를 클릭하면 등록한 용지가 사용자 정의 항목 아래에 표시됩니다.

04. 등록된 용지를 선택한 후 **삭제**를 클릭하면 해당 용지의 종류가 목록에서 사라집니다. 다음과 같은 팝업 창이 나타나면 **지움**을 클릭합니다.

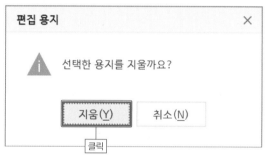

Section

05 새 문서의 용지와 여백 설정 변경하기

자주 사용하는 용지의 크기와 여백을 저장하면 새 문서가 시작될 때 기본적으로 설정되는 용지 크기와 여백을 변경할 수 있습니다.

ⓖ Key Word 편집 용지, 새 문서, 용지 설정 저장하기

01. 파일 탭 ⇨ **편집 용지** 또는 F7을 누릅니다. 새 문서에 지정할 용지 종류와 여백을 설정합니다. **현재 설정 값을 새 문서에 적용**을 클릭합니다. **설정**을 클릭하면 해당 설정이 저장됩니다.

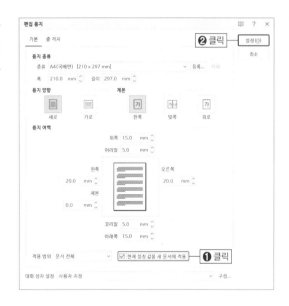

02. Alt + N을 눌러 새 문서를 실행한 후 눈금자를 확인해 보면 왼쪽 여백 20mm, 오른쪽 여백 20mm로 설정된 것을 알 수 있습니다. F7을 눌러 보면 조금 전에 설정했던 용지 크기와 여백이 그대로 나타납니다.

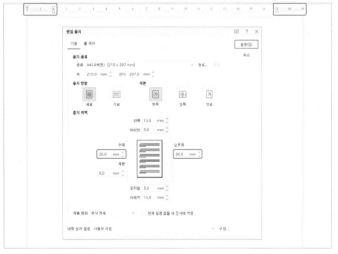

03. **도구** 탭 ⇨ **환경 설정**을 클릭해 새 문서의 설정을 변경할 수도 있습니다.

04. [**환경 설정**] 대화상자의 **새 문서** 탭을 클릭하면 다음과 같이 새 문서의 용지 설정을 확인하거나 변경할 수 있습니다.

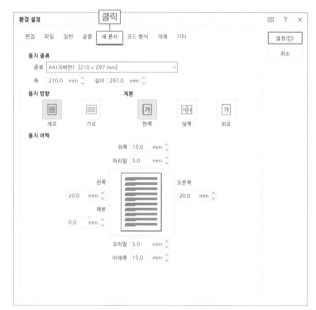

06 한 문서 내에서 서로 다른 용지 설정하기

필요에 따라 문서의 내용을 구역으로 구분하면 서로 다른 용지와 여백, 쪽 번호 등을 설정할 수 있습니다. 한 문서 내에서 용지의 방향과 여백, 크기를 다르게 설정하는 방법을 알아보겠습니다.

Key Word 구역, 용지 설정
예제 파일 Part1-Section06(한 문서 내에서 서로 다른 용지 설정)-예제.hwpx

01. 용지를 다르게 설정하고자 하는 내용의 시작 위치를 클릭한 후 Alt + Shift + Enter를 누릅니다. 마우스 커서가 위치한 이후의 내용이 다음 페이지로 이동하고 구역이 분리됩니다. 상태 표시줄에 2/2쪽, 2/2 구역이라고 표시된 내용을 확인할 수 있습니다. **2/2쪽**은 문서 전체가 2쪽이고 현재 마우스 커서가 2쪽에 위치하고 있다는 뜻이며 **2/2 구역**은 문서 전체의 구역이 2개이고 마우스 커서가 현재 2구역에 위치하고 있다는 뜻입니다.

02. 편집 탭에서 **가로**를 클릭하면 마우스 커서가 위치한 2구역만 가로 용지로 변경됩니다.

03. F7을 눌러 용지 크기와 여백을 다르게 설정할 수도 있습니다. 용지를 다르게 설정하고자 하는 위치를 클릭한 후 F7을 누릅니다.

04. 용지의 종류와 방향, 여백 등을 설정합니다. 하단의 **적용 범위**에서 현재 구역을 클릭해 **새 구역으로** 변경합니다.

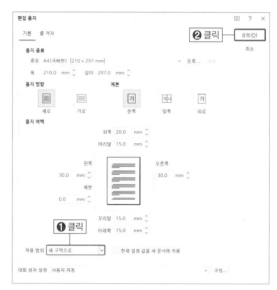

05. 마우스 커서가 위치한 부분부터 이하 내용이 다음 쪽으로 이동하며 새롭게 설정된 용지가 적용됩니다. 상태 표시줄에서 **3/3 구역**으로 표시된 내용을 확인할 수 있습니다.

06. 문서의 일부를 범위로 지정한 후 해당 부분에 대해서만 용지를 변경할 수도 있습니다. 마우스 커서가 I 모양일 때 드래그해 범위를 지정합니다.

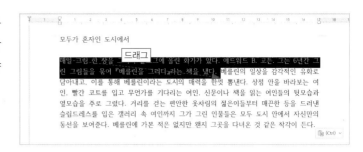

07. F7을 누른 후 용지 방향을 **가로**로 선택합니다. 적용 범위에서 **선택된 문자열**을 선택하고 설정을 클릭합니다.

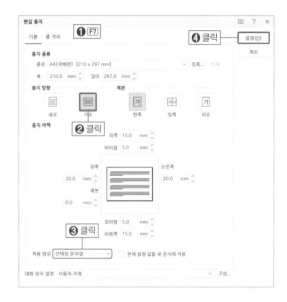

08. 상태 표시줄에 **2/3 구역**으로 표시돼 있는 것을 확인할 수 있습니다. 문서 전체가 3구역으로 분리된 후 범위로 지정한 부분이 2구역이 되고 용지의 방향이 가로로 변경됩니다. 그 이전 내용은 1구역으로 분리돼 기존 용지 설정을 유지하며 그 이후 내용 또한 3구역으로 분리됐지만, 기존 설정을 유지합니다.

07 대화상자 설정 내용 저장하기

대화상자에서 설정한 내용을 저장해 필요할 때마다 각각 다른 설정을 호출할 수 있습니다. 편집 용지 외에도 글자 모양, 문단 모양 등 다양한 대화상자에서 설정을 저장할 수 있습니다.

Key Word 대화상자, 대화상자 설정

01. 대화상자에서 설정한 내용을 저장하면 필요할 때마다 각각 해당 설정을 호출해 쉽게 적용할 수 있습니다. 편집 용지의 설정을 저장하기 위해 F7을 누른 후 용지의 종류와 방향, 여백 등을 설정합니다.

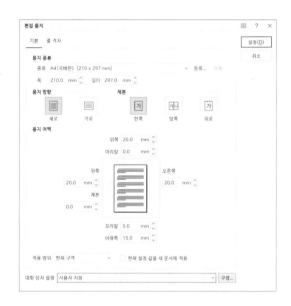

Tip

대화상자에서의 도움말

❶ 🔳 : 클릭하면 마우스 커서가 🔖 모양으로 바뀝니다. 대화상자 내에서 궁금한 내용을 클릭하면 해당 항목에 대한 간단한 도움말을 보여 줍니다.

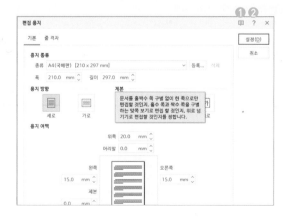

❶ ? : 인터넷에 연결해 해당 대화상자의 기능에 대한 도움말을 표시합니다.

02. 하단의 대화상자는 사용자 지정으로 설정돼 있습니다. 현재 설정을 저장하기 위해 **구성**을 클릭합니다.

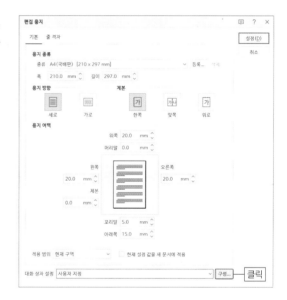

03. [대화상자 설정 구성] 대화상자에서 **대화상자 설정 추가하기** ⊞를 클릭합니다.

04. 현재 설정을 다른 설정과 구분할 수 있는 이름을 입력한 후 **설정**을 클릭합니다.

05. 닫기를 클릭합니다.

Tip

대화상자 설정 구성

- ＋ **대화상자 설정 추가하기**: 현재 대화상자의 설정을 저장하기 위해 이름을 입력합니다.
- ✎ **대화상자 설정 편집하기**: 대화상자 설정의 이름을 변경합니다.
- ✕ **대화상자 설정 삭제하기**: 대화상자 설정을 삭제합니다.
- ↑ : 현재 선택된 설정을 한 줄 위로 이동합니다.
- ↓ : 현재 선택된 설정을 한 줄 아래로 이동합니다.

06. 01~05와 같은 방법으로 용지 종류와 여백 등을 새롭게 설정한 후 구성을 클릭하고 설정을 저장합니다. 이렇게 자주 사용하는 설정을 저장한 후 **F7**을 누르면 **대화상자 설정**에서 목록을 확인할 수 있습니다. 목록에서 현재 문서에 적용할 설정의 이름을 클릭하면 해당 용지 종류와 방향, 여백 등이 적용됩니다.

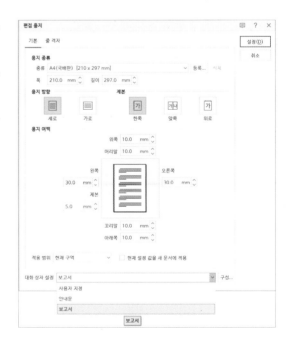

08 자료 입력하기

문서를 작성할 때는 내용이 바뀌는 부분에서 [Enter]를 눌러 문단을 구분하고 내용이 바뀌지 않고 연결되는 부분에서는 [Enter]를 누르지 말아야 합니다. 이번에는 문서에서 자료를 입력하는 방법과 수정하는 방법을 살펴보겠습니다.

↪ Key Word 문서 작성, 입력, 수정, 삭제

01. 한글 2022를 실행한 후 다음과 같은 내용을 입력합니다. ([Enter]) 표시가 있는 부분에서만 [Enter]를 눌러야 합니다. [Enter]를 두 번 누르면 빈 줄이 삽입됩니다.

> 클로드 모네 ([Enter])
> 뜨거운 햇볕과 거친 파도, 모래바람 속에서도 야외 작업을 고집했던 화가로 알려져 있는 모네는 자신의 연못을 하루 종일 바라보며 이토록 클래식 같은 소리가 들리는 듯한 그림을 많이 남겼다. "물과 반사광이 어우러진 연못 풍경이 나를 사로잡는다."라며 죽을 때까지 찬란한 수련을 바라보고 또 그렸다. ([Enter])
> "내가 화가가 될 수 있었던 것은 꽃을 사랑했기 때문이다. 언제까지나 내 곁에 꽃이 있길."
> ([Enter])

02. 이렇게 [Enter]를 누른 후 다음 [Enter]를 누를 때까지의 내용을 **문단**이라고 합니다. 다음 문서에서 같은 색으로 표시된 부분이 한 문단입니다.

> 클로드 모네 (Enter)
> 뜨거운 햇볕과 거친 파도, 모래바람 속에서도 야외 작업을 고집했던 화가로 알려져 있는 모네는 자신의 연못을 하루 종일 바라보며 이토록 클래식 같은 소리가 들리는 듯한 그림을 많이 남겼다. "물과 반사광이 어우러진 연못 풍경이 나를 사로잡는다."라며 죽을 때까지 찬란한 수련을 바라보고 또 그렸다. (Enter)
> "내가 화가가 될 수 있었던 것은 꽃을 사랑했기 때문이다. 언제까지나 내 곁에 꽃이 있길."
> (Enter)

Point

자료를 입력할 때는 내용이 바뀌는 곳에서만 [Enter]를 누릅니다. 내용이 바뀌지 않고 문장이 끝나지 않았을 때 [Enter]를 누르면 양쪽 정렬이 적용되지 않아 오른쪽 끝이 반듯하지 않고 내용의 수정이나 여백 설정에 따라 빈 공간이 발생하므로 문서를 편집하거나 읽는 것이 불편할 수 있습니다.

' '(작은따옴표)와 " "(큰따옴표)의 모양은 키보드의 (")를 누르면 자동으로 입력됩니다. 다만 '를 입력한 후 [Enter]를 누르면 문단이 바뀌므로 ' 모양으로 입력되지 않고 다시 '가 입력됩니다.

03. 다음과 같은 내용을 입력합니다.

모임 안내 (Enter) 안녕하십니까? 2022년 새해 첫 '정보 산악회' 모임을 개최하고자 합니다. 올해 첫 등반은 '인천 강화 마니산'으로 결정되었으며, 이에 따른 회비를 신한 110-256451-241563으로 입금해 주시기 바랍니다. (Enter)

04. 한글 2022는 기본적으로 한글은 글자 단위, 영어와 숫자는 단어 단위로 줄을 나눕니다. 따라서 계좌 번호 110-256451-241563와 같은 숫자 또는 영어 단어를 입력할 때 해당 줄에 입력할 공간이 부족하면 일부만 다음 줄로 내려가지 않고 단어 전체가 다음 줄로 내려가며 오른쪽에 빈 공간이 발생합니다. 이러한 기능을 'wordwrap'이라고 합니다.

모임 안내 (Enter) 안녕하십니까? 2022년 새해 첫 '정보 산악회' 모임을 개최하고자 합니다. 올해 첫 등반은 '인천 강화 마니산'으로 결정되었으며, 이에 따른 회비를 신한 110-256451-241563으로 입금해 주시기 바랍니다. (Enter)

05. 한글 2022는 양쪽 정렬 기능에 따라 문장의 오른쪽 끝을 다른 줄과 같은 위치로 맞추기 위해 오른쪽 끝의 빈 공간을 단어 사이의 간격들에 분배해 배치하므로 다른 줄에 비해 띄어쓰기의 공간이 넓게 설정됩니다.

모임 안내 (Enter) 안녕하십니까? 2022년 새해 첫 '정보 산악회' 모임을 개최하고자 합니다. 올해   첫   등반은   '인천   강화   마니산'으로   결정되었으며,   이에   따른   회비를   신한 110-256451-241563으로 입금해 주시기 바랍니다. (Enter)

> 양쪽 정렬에 의해 오른쪽 빈 공간이 각 띄어쓰기로 나눠 배치된 화면

06. 이러한 공간 배치는 한글 2022의 양쪽 정렬 기능에 따라 자동으로 실행되므로 그대로 둬도 좋지만, 이러한 설정이 불편하다면 단어 사이의 자간을 좁게 설정해 조절할 수 있습니다. 먼저 문단 내 한 단어에서 마우스를 연속으로 세 번 클릭해 해당 문단을 범위로 지정합니다.

모임 안내 (Enter) 안녕하십니까? 2022년 새해 첫 '정보 산악회' 모임을 개최하고자 합니다. 올해   첫   등반은   '인천   강화   마니산'으로   결정되었으며,   이에   따른   회비를   신한 110-256451-241563으로 입금해 주시기 바랍니다. (Enter)　(Ctrl) ∨

07. Alt + Shift + N을 여러 번 누르면 자간을 좁힐 수 있고 글자의 자간이 좁혀지면서 아래로 내려갔던 단어가 해당 줄에 배치돼 띄어쓰기 간격이 다른 줄과 비슷하게 보입니다.

모임 안내 (Enter) 안녕하십니까? 2022년 새해 첫 '정보 산악회' 모임을 개최하고자 합니다. 올해 첫 등반은 '인천 강화 마니산'으로 결정되었으며, 이에 따른 회비를 신한 110-256451-241563 으로 입금해 주시기 바랍니다. (Enter)

글자의 세로 크기에 대한 가로 크기의 비율을 표시하는 장평을 좁게 설정하는 방법도 있습니다. 한글은 글자의 세로에 대한 가로의 비율이 100%로 설정돼 있지만, 글자를 범위로 지정한 후 Alt + Shift + J 를 누르면 장평이 작아지면서 글자의 가로 폭이 좁아지고 아래로 내려갔던 단어가 윗줄에 배치될 수 있습니다. 이때는 줄 나눔을 기준으로 변경할 수도 있는데, 이에 대해서는 문단 모양(158쪽 참조)에서 자세히 알아보겠습니다.

반 칸 띄어쓰기와 묶음 빈칸

필요에 따라 띄어쓰기 간격을 세밀하게 조정하고 싶다면 Alt + Space Bar 를 누릅니다. Alt + Space Bar 는 고정폭 빈칸으로 반 칸 띄어쓰기를 실행합니다. 특정 위치에서 띄어쓰기 간격이 달라지지 않고 기존의 한 칸 크기를 그 대로 유지하기를 원한다면 Ctrl + Alt + Space Bar 를 누릅니다. Ctrl + Alt + Space Bar 는 묶음 빈칸을 실행합니다.

08. 글을 입력하기 전에 Space Bar 를 여러 번 눌러 불필요한 빈칸이 입력돼 있다면 글자가 다음과 같이 띄엄 띄엄 입력됩니다. 이때는 마지막 글자 뒤에서 Ctrl + Delete 를 눌러 보이지 않는 빈칸을 모두 삭제합니다. Ctrl + Delete 는 마우스 커서 위치의 오른쪽 단어를 한 번에 삭제하는 단축키입니다. 빈칸의 존재 여부는 **보기** 탭 ⇨ **조판 부호**를 선택하면 확인할 수 있습니다.

로마자로 바꾸기

⊙ 예제 파일 Part1-Section08(로마자로 바꾸기)-예제.hwpx

01. 이름, 주소 등을 한글로 입력한 후 로마자로 변환할 수 있습니다. 변경할 내용을 범위로 지정한 후 **입력 탭 ⇨ 입력 도우미 ⇨ 로마자로 바꾸기**를 클릭합니다.

Point

로마자로 바꾸기를 실행할 때는 변경할 부분을 미리 범위로 지정해야 합니다.

02. 변환 설정에서 **사람 이름**을 선택하고 **바꾸기**를 클릭합니다.

03. 다음과 같이 이름이 로마자로 변경되고 성과 이름 사이에 공백이 추가됩니다. **주소**를 범위로 지정한 후 **입력 탭 ⇨ 입력 도우미 ⇨ 로마자로 바꾸기**를 클릭합니다. 변환 설정에서 **주소**를 선택한 후 **바꾸기**를 클릭합니다.

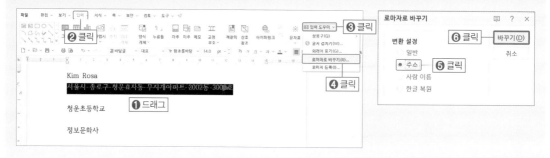

04. 주소가 로마자 표기법에 맞게 변환됩니다. 초등학교의 이름 **청운**만 범위로 지정한 후 **입력** 탭 ⇨ **입력 도우미** ⇨ **로마자로 바꾸기**를 클릭합니다. 변환 설정에서 **일반**을 선택한 후 **바꾸기**를 클릭합니다.

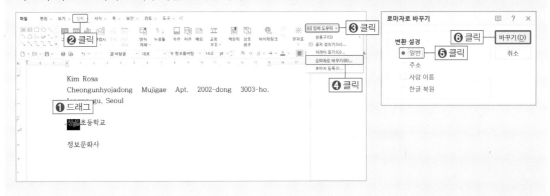

05. 초등학교는 영어로 번역해 표기해야 합니다. **초등학교**를 범위로 지정한 후 **보기** 탭 ⇨ **작업 창** ⇨ **번역**을 클릭합니다. 번역 전 언어는 **한국어**를 선택하고 번역 후 언어는 **영어(미국)**을 선택합니다. **번역**을 클릭한 후 번역된 내용을 클릭합니다.

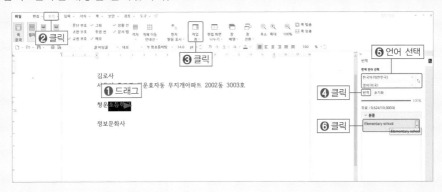

06. 번역된 내용의 █를 클릭한 후 **덮어쓰기**를 클릭합니다. 번역된 단어 앞에 공백을 한 칸 추가합니다.

07. 마지막으로 **정보문화사**를 범위로 지정한 후 **입력** 탭 ⇨ **입력 도우미** ⇨ **로마자로 바꾸기**를 클릭합니다. 변환 설정에서 **일반**을 선택한 후 **바꾸기**를 클릭합니다.

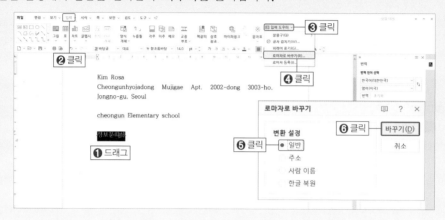

08. 단어의 첫 글자를 대문자로 변경하기 위해 두 줄을 범위로 지정합니다. **편집** 탭 ⇨ **글자 바꾸기** ⇨ **대문자/소문자 바꾸기**를 클릭합니다. **단어 첫 글자만 대문자로**를 선택한 후 **바꾸기**를 클릭합니다.

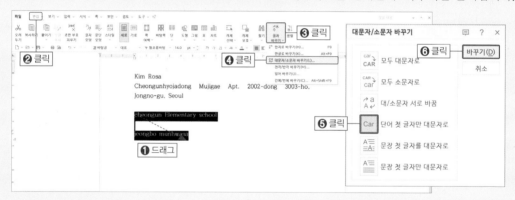

09. 다음과 같이 모든 내용이 영문으로 변환됐습니다.

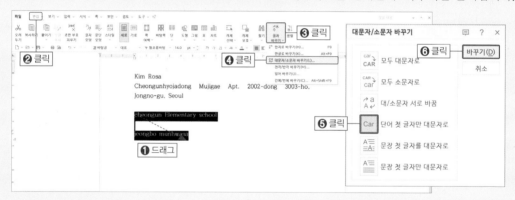

Section

09 자료 수정하기

입력된 내용을 수정할 때는 상태 표시줄의 삽입/수정 상태를 확인해야 합니다. 새 글자를 추가할 때는 삽입 상태, 기존 글자를 변경할 때는 수정 상태에서 작업합니다.

Key Word 삽입, 수정, ⟨Insert⟩, ⟨Delete⟩
예제 파일 Part1-Section09(자료의 수정)-예제.hwpx

01. 입력된 내용 사이에 새로운 글자를 입력하려면 입력할 위치를 클릭한 후 새 글자를 입력합니다.

❶ 클릭

캔버스를 세워놓고 그리는 것이 아니라 바닥에 내려놓고 흩뿌렸기 때문에 조롱과 극찬을 동시에 받았던 폴록은 사실 |증오하고 자신의 스케치 능력을 저주했다.

⬇

❷ '피카소를' 입력

캔버스를 세워놓고 그리는 것이 아니라 바닥에 내려놓고 흩뿌렸기 때문에 조롱과 극찬을 동시에 받았던 폴록은 사실 피카소를 증오하고 자신의 스케치 능력을 저주했다.

Point

새 글자를 추가로 입력할 때 오른쪽 글자가 지워진다면 상태 표시줄을 확인합니다. 삽입/수정 상태가 **수정**으로 설정돼 있다면 새 글자를 입력할 때 해당 위치의 기존 글자가 삭제됩니다. 글자가 지워지지 않도록 하려면 **수정**을 클릭해 삽입으로 변경하거나 ⟨Insert⟩를 누릅니다.

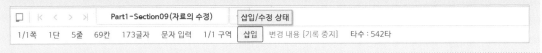

삽입/수정 상태

1/1쪽   1단   5줄   69칸   173글자   문자 입력   1/1 구역   삽입   변경 내용 [기록 중지]   타수 : 542타

02. 글자를 수정하려면 수정할 글자를 범위로 지정한 후 새 글자를 입력합니다.

❶ 드래그

큰 벽면을 가득 채우는 '수채화'의 흔적, 아마 실제로 본다면 정말로 안개 속으로 빨려 들어가는 느낌이 들 것이다. '말이 필요없는' 추상화는 대부분 그렇다.

⬇

❷ '액션페인팅' 입력

큰 벽면을 가득 채우는 '액션페인팅'의 흔적, 아마 실제로 본다면 정말로 안개 속으로 빨려 들어가는 느낌이 들 것이다. '말이 필요없는' 추상화는 대부분 그렇다.

03. 글자를 삭제하려면 지울 글자의 왼쪽을 클릭한 후 [Delete]를 누르거나 글자 오른쪽을 클릭한 후 [⊡]를 누릅니다. 여러 글자를 삭제할 때는 글자를 드래그해 **범위로 지정한 후** [Delete]를 누릅니다.

> 큰 벽면을 가득 채우는 '액션페인팅'의 흔적. 아마 실제로 본다면 정말로 안개 속으로 빨려 들어가는 느낌이 들 것이다. **❶드래그** '말이 필요없는' 추상화는 대부분 그렇다.

> 큰 벽면을 가득 채우는 '액션페인팅'의 흔적. 아마 실제로 본다면 정말로 안개 속으로 빨려 들어가는 느낌이 들 것이다. | **❷[Delete]**

Tip

단축키 활용하기

단축키	기능	설명
[Enter]	문단 구분	문단을 구분하고 다음 줄로 이동
[Shift] + [Enter]	자동 줄바꿈	문단을 구분하지 않고 다음 줄로 이동
[Ctrl] + [Enter]	다음 페이지	현재 위치에서 페이지를 삽입한 후 이동
[Ctrl] + [Delete]	뒷 단어 삭제	마우스 커서 위치에서 오른쪽 한 단어 삭제
[Ctrl] + [←]	앞 단어 삭제	마우스 커서 위치에서 왼쪽 한 단어 삭제
[Ctrl] + [Y]	한 줄 삭제	마우스 커서가 위치한 한 줄 삭제
[Ctrl] + [A]	문서 전체 선택	문서 전체를 범위로 지정
[Ctrl] + [Z]	되돌리기	바로 전에 실행한 기능을 취소
[Ctrl] + [Shift] + [Z]	다시 실행	취소한 기능을 다시 실행
[Home]	줄의 처음	마우스 커서가 위치한 줄의 맨 처음으로 이동
[End]	줄의 끝	마우스 커서가 위치한 줄의 맨 끝으로 이동
[Ctrl] + [PageUp]	문서의 처음	문서의 맨 처음으로 이동
[Ctrl] + [PageDown]	문서의 끝	문서의 맨 끝으로 이동
[Shift] + [Home]	줄의 처음까지 범위로 지정	현재 위치부터 줄의 처음까지 범위로 지정
[Shift] + [End]	줄의 끝까지 범위로 지정	현재 위치부터 줄의 끝까지 범위로 지정
[Alt] + [X] (또는 [Alt] + [F4])	한글 종료	한글 2022의 실행을 종료
[Ctrl] + [F4]	문서 닫기	한글 2022의 실행은 종료하지 않고, 현재 열려 있는 문서만 종료(닫기)

10 외국어 자판을 단축키에 등록하기

일본어와 중국어, 프랑스어 등의 외국어를 자주 입력한다면 글자판 바꾸기 기능을 이용해 단축키에 등록할 수 있습니다.

⮞ Key Word 글자판 바꾸기, 글자판 보기, 외국어 입력

01. 한/영을 누르면 한글/영문 입력 상태를 설정할 수 있습니다. 또한 **왼쪽** Shift + Space Bar 를 눌러도 한글/영문 상태가 번갈아가면서 변경됩니다. 한글 2022는 다음과 같이 마우스 커서의 위치에 현재의 입력 언어를 표시하므로 잘못된 입력을 미리 방지할 수 있습니다.

02. 오른쪽 Shift + Space Bar 를 누르면 일본어/전각 도형 입력 상태로 변경할 수 있습니다. **오른쪽** Shift + Space Bar 를 한 번 누른 후 영문 'hana'를 입력하면 다음과 같이 일본어 히라가나로 입력됩니다. 다시 한글/영문 상태로 돌아가고 싶다면 한/영을 누릅니다.

はな

03. 오른쪽 Shift + Space Bar 를 두 번 누른 후 영문 'hana'를 입력하면 다음과 같이 도형 문자로 입력됩니다.

☞◇♛◇

Tip

글자판 배치 확인하기

글자판 변경에 따른 키보드의 배치를 알고 싶다면 Alt + F1 을 누르거나 **도구** 탭 ⇨ **글자판** ⇨ **글자판 보기**를 클릭합니다.

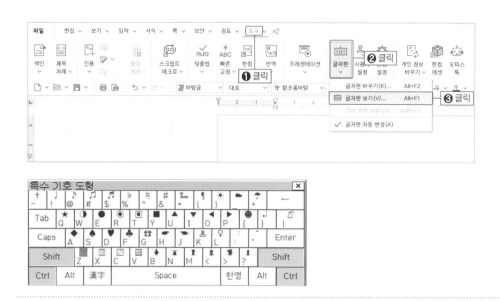

04. 특정 언어나 특정 입력 방식을 단축키로 등록하고 싶다면 [Alt] + [F2]를 누르거나 **도구 탭** ⇨ **글자판** ⇨
글자판 바꾸기를 클릭합니다.

05. 제 1 글자판이 한국어, 제 2 글자판이 영어로 설정돼 있
는 것을 확인할 수 있습니다.

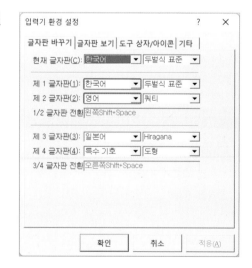

06. 제 3 글자판의 일본어를 **중국어 간체**로 변경한 후 오른쪽에서 **병음**을 선택합니다. **제 4 글자판**은 **외국어**를 선택하고 자주 사용하는 언어를 선택합니다. **확인**을 클릭합니다.

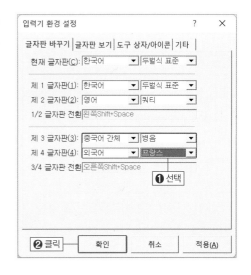

07. 오른쪽 Shift + Space Bar 를 눌러 입력 언어를 **중국어**로 변경한 후 영어로 'mama'를 입력합니다. Space Bar 를 누르면 다음과 같이 한자로 변경됩니다. Enter 를 누릅니다.

妈妈

08. 다시 **오른쪽** Shift + Space Bar 를 누르면 프랑스어 자판으로 변경됩니다. 프랑스어 자판은 영어와 다르므로 Alt + F1 을 눌러 자판 배열을 확인합니다. 다시 한글 또는 영어 자판으로 변경하려면 한/영 을 누릅니다. 중국어와 프랑스어를 자주 사용하지 않는다면 다시 Alt + F2 를 눌러 **제 3 글자판**은 **일본어, Hiragana**로 **제 4 글자판**은 **특수 기호, 도형**으로 변경합니다.

Point

왼쪽 Shift + Space Bar 를 이용하면 제 2 글자판의 입력 언어를 변경할 수 있습니다. 제 2 글자판을 변경하더라도 **한/영**은 바뀌지 않습니다.

일본어 요미가나 입력하기

01. 일본어에 **요미가나**를 표시할 수도 있습니다. **오른쪽** Shift + Space Bar 를 눌러 일본어 입력 상태로 전환합니다. **도구** 탭 ⇨ **글자판** ⇨ **언어 선택 사항**을 클릭합니다.

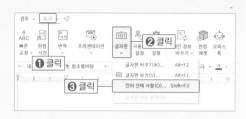

02. **확정** 탭 ⇨ **확정 문자 입력 형식** 중 하나를 선택합니다. **확정 문자 입력 형식**에 따라 다음과 같이 표시됩니다.

❶ 확정 문자 그대로(덧말 없음): 花 또는 はな

❷ 한자(요미가나): 花(はな)

❸ 요미가나(한자): はな(花)

❹ 요미가나를 위 덧말로: 花

❺ 요미가나를 아래 덧말로: 花

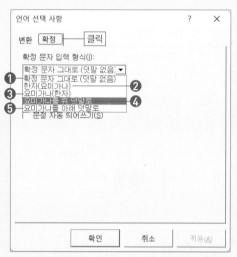

03. **요미가나 문자 종류**에서 히라가나와 가타카나 중 하나를 선택한 후 **확인**을 클릭합니다.

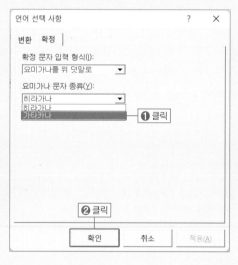

04. 일본어로 'hana'를 입력한 후 Space Bar 를 누릅니다. 그런 다음 **한자**를 선택하고 Enter 를 누릅니다.

花 - 히라가나

花 - 가타카나

중국어 성조 입력하기

01. 글자판을 변경하기 위해 Alt + F2를 누릅니다. 제 4 글자판을 **중국어 간체, 병음(성조)**로 변경합니다.

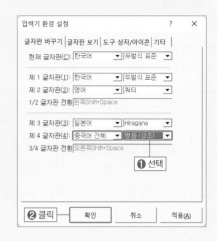

02. **오른쪽** Shift**를 누른 채** Space Bar**를 두 번** 눌러 중국어 입력으로 전환합니다. 엄마를 입력하기 위해 '**ma**'를 입력하고 숫자 '**1**'을 입력합니다. '**ma**'를 입력한 후 Enter를 누릅니다. 각 번호에 따른 성조의 모양은 다음과 같습니다.

1 : ā   2 : á   3 : ǎ   4 : à

5 : ü   6 : ü̃   7 : ǘ   8 : ǚ   9 : ǜ

māma|

03. 중국어 간체, 병음(성조)로 선택했을 때는 중국어를 한자로 표시할 수 없습니다. 중국어를 한자로 표시하고 싶다면 제 4 글자판에서 **중국어 간체, 병음**으로 선택합니다. 중국어를 입력하고자 할 때는 **오른쪽** Shift**를 누른 채** Space Bar**를 두 번** 누릅니다.

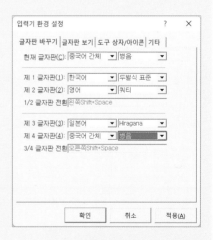

04. 윈도우 **작업 표시줄**의 오른쪽 하단 시스템 트레이의 **입력 언어**를 클릭한 후 **중국어 간체**로 선택해도 됩니다. 자주 사용한다면 제 4 글자판에 등록하고 한 번만 사용한다면 입력 언어에서 선택하는 것이 빠릅니다.

11 세로 문서 작성하기

문서의 글자 방향을 세로로 설정해 작성합니다. 문서 전체에 적용할 수도 있고 문서를 구역으로 나눠 특정 구역에만 적용할 수도 있습니다. 세로쓰기를 설정할 때 영문 눕힘을 선택하면 숫자가 회전하고 영문 세움을 선택하면 세로 방향으로 표시됩니다.

⊙ Key Word 글자 방향, 세로쓰기, 영문 눕힘
예제 파일 Part1-Section11(세로쓰기)-예제.hwpx

01. 글을 입력한 후 **쪽** 탭 ⇨ **글자 방향** ⇨ **세로쓰기(영문 눕힘)**을 클릭합니다. 다음과 같이 모든 글이 세로쓰기로 전환됩니다.

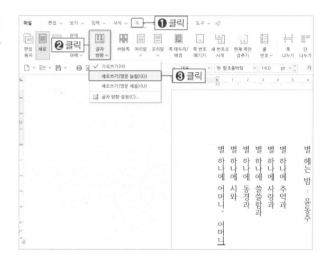

02. 쪽 탭 ⇨ **글자 방향** ⇨ **가로쓰기**를 클릭하면 다시 가로쓰기로 전환됩니다.

Point

세로쓰기(영문 눕힘)　　세로쓰기(영문 세움)

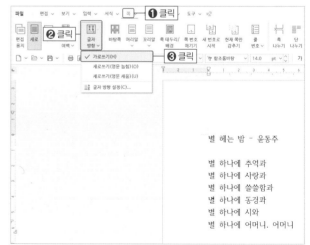

03. 문서의 일부만 세로쓰기로 전환할 수도 있습니다. 먼저 세로쓰기로 전환할 부분을 **범위로 지정**한 후 **쪽** 탭 ⇨ **글자 방향** ⇨ **글자 방향 설정**을 클릭합니다.

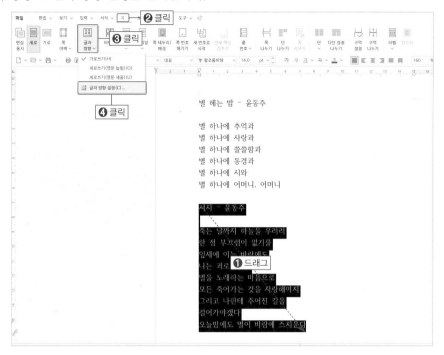

04. 용지 방향은 **가로**, 종류는 **영문 눕힘**으로 설정한 후 적용 범위를 **선택된 문자열**로 선택하고 **설정**을 클릭합니다.

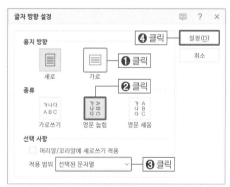

Point

본문 내용에 텍스트 이외의 표나 글상자, 그림 등의 개체가 포함돼 있는 경우, 개체의 위치와 개체 안의 텍스트는 원래 상태를 유지합니다.

05. 범위로 지정된 내용이 다음 페이지로 이동하고 구역이 분리되면서 세로쓰기로 전환됩니다. 상태 표시 줄에서 쪽과 구역이 **2/2쪽, 2/2 구역**으로 분리된 것을 알 수 있습니다.

06. 글자 방향 설정에서 **머리말/꼬리말에 세로쓰기 적용**을 선택하면 페이지마다 문서의 상단에 표시되는 머리말, 문서의 하단에 표시되는 꼬리말에도 세로쓰기가 적용돼 표시됩니다.

07. 머리말/꼬리말에 세로쓰기 적용을 선택해 머리말이 본문과 같이 세로쓰기로 표시됐습니다. **머리말/꼬리말에 세로쓰기 적용**을 선택하지 않으면 문서의 내용은 세로쓰기를 적용하더라도 머리말과 꼬리말은 가로쓰기를 유지합니다.

펠릭스 발로통의 그림

인상파가 왕성하던 시기에 자기만의 색감으로 독자적인 작품 세계를 만들어 갔던 펠릭스 발로통의 그림은 때론 장난기가 가득하게 느껴진다. 실제 그는 소설을 창작하고 일러스트 작업도 활발히 했으며, 동그란 윤곽선이 인상적인 목판화 작업에도 탁월한 능력을 가지고 있었다. 장식적인 요소가 강해서인지 그의 모든 작품은 연극적이고, 색감이 아주 선명해서 한번 보면 잊히지 않는다.

펠릭스 발로통의 그림

인상파가 왕성하던 시기에 자기만의 색감으로 독자적인 작품 세계를 만들어 갔던 펠릭스 발로통의 그림은 때론 장난기가 가득하게 느껴진다. 실제 그는 소설을 창작하고 일러스트 작업도 활발히 했으며, 동그란 윤곽선이 인상적인 목판화 작업에도 탁월한 능력을 가지고 있었다. 장식적인 요소가 강해서인지 그의 모든 작품은 연극적이고, 색감이 아주 선명해서 한번 보면 잊히지 않는다.

Section

12 원고지에 글 입력하기

원고지에 글을 입력해야 할 때는 쪽 탭에서 원고지를 선택합니다. 내용을 입력한 후 원고지를 적용할 수 있고 미리 원고지를 선택해 입력할 수도 있습니다.

Key Word **원고지**
예제 파일 Part1-Section12(원고지)-예제.hwpx

01. **쪽** 탭 ➪ **원고지**를 클릭합니다.

02. 다양한 크기와 색상의 원고지가 준비돼 있습니다. 사용할 원고지의 종류를 선택한 후 **열기**를 클릭합니다.

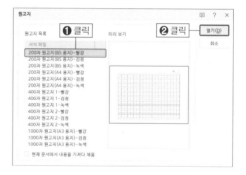

03. 다음과 같이 내용을 입력합니다.

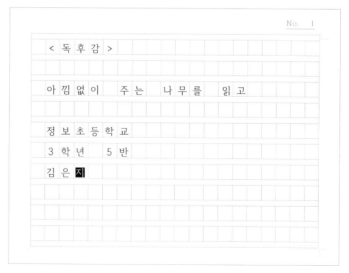

04. 미리 입력된 내용을 원고지에 적용할 수도 있습니다. 내용을 입력한 후 쪽 탭 ⇨ **원고지**를 클릭합니다.

05. 원고지의 종류를 선택한 후 **현재 문서에서 내용을 가져다 채움**을 선택합니다. **열기**를 클릭합니다.

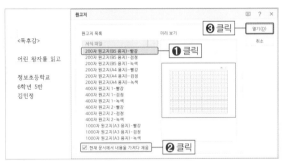

06. 기존 내용이 입력된 파일은 그대로 유지되고 새 문서가 열리면서 해당 내용이 원고지에 자동으로 입력돼 표시됩니다.

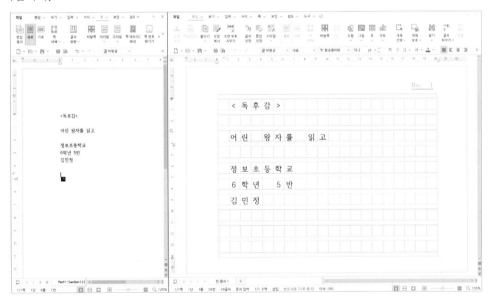

Point

현재 문서에서 내용을 가져다 채움을 선택하면, 기존 글자 모양과 문단 모양은 모두 무시되고 200자 원고지의 글자 크기는 19.2포인트, 400자 원고지는 17.6포인트, 1000자 원고지는 14.8포인트로 자동 변경됩니다.

13 사용자 정보 입력하기

문서 작성자 등의 기본 정보를 입력할 수 있습니다. 작성된 내용은 [문서 정보] 대화 상자의 문서 요약 탭에서 확인할 수 있고 문서 작성 중 사용자 정보가 필요할 때 자동으로 입력할 수 있습니다.

Key Word 환경 설정, 문서 정보
예제 파일 Part1-Section13(사용자 정보)-예제.hwpx

01. 도구 탭 ⇨ 환경 설정을 클릭합니다.

02. 일반 탭을 클릭한 후 사용자 정보를 입력합니다. 설정을 클릭합니다.

03. 교육 기관을 자동으로 입력하기 위해 입력할 위치를 클릭한 후 **입력** 탭의 펼침 버튼∨을 클릭합니다. **개체** 탭 ⇨ **필드 입력**을 클릭합니다.

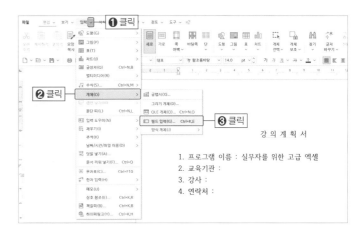

04. **사용자 정보** 탭에서 **회사 이름**을 클릭한 후 넣기를 클릭합니다.

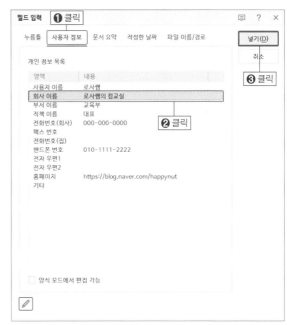

Point

✎를 클릭하면 사용자 정보를 수정할 수 있습니다.

05. 같은 방법으로 이름과 연락처 등을 입력합니다.

강 의 계 획 서

1. 프로그램 이름 : 실무자를 위한 고급 엑셀
2. 교육기관 : 로사쌤의 컴교실
3. 강사 : 로사쌤
4. 연락처 : 010-1111-2222

14 문서 통계 – 문서 내 글자 수 확인하기

자기 소개서와 같은 문서를 제한된 글자 수 이내로 작성해야 한다면 문서 정보를 통해 글자 수를 확인할 수 있습니다.

○→ Key Word 문서 정보, 문서 통계, 글자 수 확인
예제 파일 Part1-Section14(글자 수 확인하기)-예제.hwpx

01. 내용을 입력한 후 **파일** 탭 ⇨ **문서 정보**를 클릭합니다. 단축키는 Ctrl + Q + I입니다.

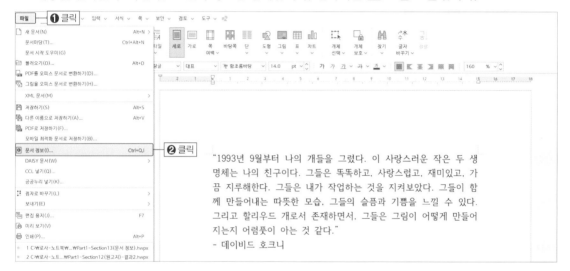

02. 문서 요약 탭에서 현재 문서의 제목, 주제, 지은이, 중심 낱말 등을 입력하고 수정할 수 있습니다. **지은이**를 클릭하면 사용자 정보에 설정된 내용이 자동으로 입력됩니다. 날짜는 문서를 만들기 시작할 때의 날짜와 시각이 자동으로 표시되고 **오늘 날짜**를 클릭하면 컴퓨터의 현재 날짜 및 시간으로 변경됩니다.

03. **문서 통계** 탭을 클릭하면 글자 수와 한자 수, 문단의 개수, 쪽 수, 표와 그림, 글상자의 수까지 확인할 수 있습니다.

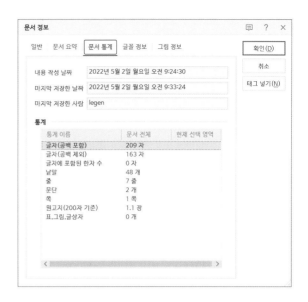

Tip

문서 통계

- **글자(공백 포함):** 현재 편집 중인 문서의 글자 수를 표시하되, 빈칸이나 탭은 한 글자로 계산합니다.
- **글자(공백 제외):** 현재 편집 중인 문서의 글자 수를 표시합니다. 빈칸이나 탭은 글자 수에 포함하지 않습니다.
- **글자에 포함된 한자 수:** 전체 글자 수 중에서 한자(漢字)가 몇 글자 포함돼 있는지 표시합니다.
- **낱말:** 현재 편집 중인 문서의 어절 수를 표시합니다. 빈칸 사이에 있는 한 묶음의 낱말(어절)을 1개의 낱말로 계산합니다.
- **줄:** 현재 편집 중인 문서의 줄 수를 표시합니다.
- **문단:** 현재 편집 중인 문서의 문단 수를 표시합니다. 본문 편집 상태에서 Enter로 문단을 나눈 곳을 문단 수로 계산합니다. Shift + Enter로 강제 줄 바꿈한 곳은 줄 수에만 계산합니다.
- **쪽:** 현재 편집 중인 문서의 쪽 수(페이지 수)를 표시합니다.
- **원고지(200자 기준):** 현재 편집 중인 문서를 200자 원고지에 옮겨 쓰는 것을 가정해 원고지 매수를 계산합니다. 머리말/꼬리말, 각주/미주까지 포함해 원고지 매수를 계산합니다.
- **표, 그림, 글상자:** 현재 문서의 표, 그림, 글상자의 개수를 표시합니다.

15 범위를 행 단위로 지정하기

문서에 서식을 설정하기 위해서는 문서의 어느 부분에 서식을 지정할 것인지를 먼저 범위로 지정해야 합니다. F3을 누르거나 마우스로 드래그해 범위로 지정할 때는 행 단위, F4를 누른 후 방향키를 이용해 지정하면 열 단위로 지정됩니다. 범위로 지정하는 방법과 단축키를 알아 두면 작업 속도가 빨라집니다.

○→ Key Word **범위로 지정, 행 단위, F3**
예제 파일 Part1-Section15(행 단위 범위 지정)-예제.hwpx

01. 마우스 커서가 I 모양일 때 드래그하면 범위가 행 단위로 지정됩니다. 따라서 한 줄의 오른쪽 끝을 제외하고 다음 줄을 범위로 지정할 수 없습니다. 마우스로 다른 부분을 클릭하면 범위가 해제됩니다.

사랑하는 나의 그대들을 위해

월급이 사라진 타국에서 요하네스 베르메르의 <우유를 따르는 여인(부엌의 하녀)> 그림을 본다. 풍채가 좋은 그림 속 여자는 그릇에 우유를 따르고 있다. 탁자에는 아침 식사로 보이는 딱딱한 빵도 있다.1 그 당시 보석 드래그 하던 파란색(울트라마린) 물감으로 칠해진 앞치마를 입고 왼쪽 창에서 들어오는 햇살을 받으며 아침을 시작하는 여인. 베르메르가 사용하는 빛은 고전적 근대 문학에서 극찬하는 신비한 매력을 보여준다.

Point

범위로 지정된 내용을 드래그하면 글자가 이동합니다. 범위 지정을 하다가 실수로 일부가 제외됐을 때는 추가로 지정하려고 하지 말고 다른 곳을 클릭해 범위를 해제한 후 다시 처음부터 드래그해 범위를 지정해야 합니다. 내용이 원하지 않는 곳으로 이동했을 때는 Ctrl + Z 를 눌러 실행을 취소합니다.

02. 범위 시작 위치를 클릭한 후 F3을 누르고 상하좌우 방향키를 누르면 범위를 지정할 수 있습니다. Shift를 누른 채 방향키를 눌러도 범위로 지정할 수 있습니다.

사랑하는 나의 그대들을 위해

월급이 사라진 타국에서 요하네스 베르메르의 <우유를 따르는 여인(부엌의 하녀)> 그림을 본다. 풍채가 좋은 그림 속 여자는 그릇에 우유를 따르고 있다. 탁자에는 아침 식사로 보이는 딱딱한 빵도 있다. 그 당시 보석보다 귀하던 파란색(울트라마린) 물감으로 칠해진 앞치마를 입고 왼쪽 창에서 들어오는 햇살을 받으며 아침을 시작하는 여인. 베르메르가 사용하는 빛은 고전적 근대 문학에서 극찬하는 신비한 매력을 보여준다.

03. 글자에서 **더블클릭**하거나 F3을 **두 번** 누르면 해당 단어가 범위로 지정됩니다.

사랑하는 나의 그대들을 위해   더블클릭 또는 F3

월급이 사라진 타국에서 요하네스 베르메르의 <우유를 따르는 여인 (부엌의 하녀)> 그림을 본다. 풍채가 좋은 그림 속 여자는 그릇에 우유를 따르고 있다. 탁자에는 아침 식사로 보이는 딱딱한 빵도 있다. 그 당시 보석보다 귀하던 파란색(울트라마린) 물감으로 칠해진 앞치마를 입고 왼쪽 창에서 들어오는 햇살을 받으며 아침을 시작하는 여인, 베르메르가 사용하는 빛은 고전적 근대 문학에서 극찬하는 신비한 매력을 보여준다.

04. 글자에서 **빠르게 세 번 클릭**하거나 F3을 **세 번** 누르면 해당 문단이 범위로 지정됩니다.

사랑하는 나의 그대들을 위해   세 번 클릭 또는 F3

월급이 사라진 타국에서 요하네스 베르메르의 <우유를 따르는 여인 (부엌의 하녀)> 그림을 본다. 풍채가 좋은 그림 속 여자는 그릇에 우유를 따르고 있다. 탁자에는 아침 식사로 보이는 딱딱한 빵도 있다. 그 당시 보석보다 귀하던 파란색(울트라마린) 물감으로 칠해진 앞치마를 입고 왼쪽 창에서 들어오는 햇살을 받으며 아침을 시작하는 여인, 베르메르가 사용하는 빛은 고전적 근대 문학에서 극찬하는 신비한 매력을 보여준다.

05. 왼쪽 여백에서 마우스가 화살표 모양일 때 **클릭**하면 한 줄이 범위로 지정됩니다.

사랑하는 나의 그대들을 위해

월급이 사라진 타국에서 요하네스 베르메르의 <우유를 따르는 여인 (부엌의 하녀)> 그림을 본다. 풍채가 좋은 그림 속 여자는 그릇에 우유를 따르고 있다. 탁자에는 아침 식사로 보이는 딱딱한 빵도 있다. 그 당시 보석보다 귀하던 파란색(울트라마린) 물감으로 칠해진 앞치마를 입고 왼쪽 창에서 들어오는 햇살을 받으며 아침을 시작하는 여인, 베르메르가 사용하는 빛은 고전적 근대 문학에서 극찬하는 신비한 매력을 보여준다.

06. 왼쪽 여백에서 마우스가 화살표 모양일 때 **더블클릭**하면 해당 문단이 범위로 지정됩니다.

사랑하는 나의 그대들을 위해

월급이 사라진 타국에서 요하네스 베르메르의 <우유를 따르는 여인 (부엌의 하녀)> 그림을 본다. 풍채가 좋은 그림 속 여자는 그릇에 우유를 따르고 있다. 탁자에는 아침 식사로 보이는 딱딱한 빵도 있다. 그 당시 보석보다 귀하던 파란색(울트라마린) 물감으로 칠해진 앞치마를 입고 왼쪽 창에서 들어오는 햇살을 받으며 아침을 시작하는 여인, 베르메르가 사용하는 빛은 고전적 근대 문학에서 극찬하는 신비한 매력을 보여준다.

07. 왼쪽 여백에서 마우스가 화살표 모양일 때 **빠르게 세 번 클릭**하면 문서 전체가 범위로 지정됩니다. Ctrl + A를 눌러도 됩니다.

사랑하는 나의 그대들을 위해

월급이 사라진 타국에서 요하네스 베르메르의 <우유를 따르는 여인 (부엌의 하녀)> 그림을 본다. 풍채가 좋은 그림 속 여자는 그릇에 우유를 따르고 있다. 탁자에는 아침 식사로 보이는 딱딱한 빵도 있다. 그 당시 보석보다 귀하던 파란색(울트라마린) 물감으로 칠해진 앞치마를 입고 왼쪽 창에서 들어오는 햇살을 받으며 아침을 시작하는 여인, 베르메르가 사용하는 빛은 고전적 근대 문학에서 극찬하는 신비한 매력을 보여준다.

08. 범위 시작 지점을 클릭한 후 Shift 를 누른 채 **범위의 마지막 지점을 클릭**하면 범위가 행 단위로 지정됩니다. 여러 페이지의 내용을 범위로 지정할 때 매우 유용하며 인터넷 사이트에서 긴 내용의 글을 범위로 지정할 때도 활용할 수 있습니다.

사랑하는 나의 그대들을 위해

월급이 사라진 타 ❶클릭 요하네스 베르메르의 <우유를 따르는 여인 (부엌의 하녀)> 그림을 본다. 풍채가 좋은 그림 속 여자는 그릇에 우유를 따르고 있다. 탁자에는 아침 식사로 보이는 딱딱한 빵도 있다. 그 당시 보석보다 귀하던 파란색(울트라마린) 물감으로 칠해진 앞치마를 입고 왼쪽 창에서 들어오는 햇살을 받으며 아침을 시작하는 여인, 베르메르가 사용하는 빛은 고전적 근대 문학에서 극찬하는 신비한 매력을 보여준다. ❷ Shift + 클릭

09. Shift + Home 을 누르면 현재 마우스 커서의 위치에서 그 **줄의 처음까지** 범위로 지정됩니다.

사랑하는 나의 그대들을 위해

월급이 사라진 타국에서 요하네스 베르메르의 <우유를 따르는 여인 (부엌의 하녀)> 그림을 본다. 풍채가 좋은 그림 속 여자는 그릇에 우유를 따르고 있다. 탁자에는 아침 식사로 보이 ❶클릭 한 빵도 있다. 그 당시 보석보다 귀하던 파란색(울트라마린) 물감으로 칠해진 앞치마를 입고 왼쪽 창에서 들어오는 햇살을 받으며 아침을 시작하는 여인, 베르메르가 사용하는 빛은 고전적 근대 문학에서 극찬하는 신비한 매력을 보여준다. ❷ Shift + Home

10. Shift + End 를 누르면 현재 마우스 커서의 위치에서 그 **줄의 끝까지** 범위로 지정됩니다.

사랑하는 나의 그대들을 위해

월급이 사라진 타국에서 요하네스 베르메르의 <우유를 따르는 여인 (부엌의 하녀)> 그림을 본 ❶클릭 가 좋은 그림 속 여자는 그릇에 우유를 따르고 있다. 탁자에는 아침 식사로 보이는 딱딱한 빵도 있다. 그 당시 보석보다 귀하던 파란색(울트라마린) 물감으로 칠해진 앞치마를 입고 왼쪽 창에서 들어오는 햇살을 받으며 아침을 시작하는 여인, 베르메르가 사용하는 빛은 고전적 근대 문학에서 극찬하는 신비한 매력을 보여준다. ❷ Shift + End

Point

- Shift + PageDown : 현재 마우스 커서 위치에서 한 페이지 아래까지 범위로 지정됩니다.
- Shift + PageUp : 현재 마우스 커서 위치에서 한 페이지 위까지 범위로 지정됩니다.
- Ctrl + Shift + PageDown : 현재 마우스 커서 위치에서 문서의 끝까지 범위로 지정됩니다.
- Ctrl + Shift + PageUp : 누르면 현재 마우스 커서 위치에서 문서의 처음까지 범위로 지정됩니다.

16 범위를 열 단위로 지정하기

F4를 누른 후 오른쪽 방향키 →를 누르고 아래 방향키 ↓를 누르면 범위를 열 단위로 지정할 수 있습니다. 표를 사용하지 않은 부분에서 특정 항목만 범위로 지정할 때 매우 유용합니다.

Key Word 범위 지정, 열 단위, F4
예제 파일 Part1-Section16(열 단위 범위 지정)-예제.hwpx

01. 영어 단어를 입력한 후 Tab을 누르고 한국어의 뜻을 입력합니다. 영어 단어가 짧을 때는 Tab을 두 번, 영어 단어가 길 때는 한 번 눌러 한국어 뜻이 입력되는 위치를 일정하게 지정하는 것이 좋습니다.

```
핵심 영단어
1. avow          맹세하다
2. lodge         오두막, 산장
3. cadence       억양
4. departure     떠남, 출발
5. everlasting   영원한, 변치 않는
```

Point

한글 2022에서 Tab은 마우스 커서를 정해진 위치로 이동합니다. 기본적으로 8칸마다 Tab의 위치가 설정돼 있고 문단 모양의 탭 설정을 이용해 이 간격을 변경할 수 있습니다. Tab에 글자 정렬 방식을 설정하거나 선 모양을 지정할 수도 있습니다.

02. 영어 단어만 범위로 지정하기 위해 첫 번째 영어 단어 avow 앞을 클릭하고 F4를 누릅니다. 오른쪽 방향키 →를 여러 번 눌러 한글 단어 앞까지 범위로 지정되도록 합니다.

```
핵심 영단어
1. avow          맹세하다
2. lodge         오두막, 산장
3. cadence       억양
4. departure     떠남, 출발
5. everlasting   영원한, 변치 않는
```

03. 아래쪽 방향키 ↓를 눌러 모든 영어 단어가 범위로 지정되도록 합니다.

```
핵심 영단어
1. avow          맹세하다
2. lodge         오두막, 산장
3. cadence       억양
4. departure     떠남, 출발
5. everlasting   영원한, 변치 않는
```

04. Ctrl + B를 누르면 범위로 지정된 영어 단어만 진하게 설정됩니다.

핵심 영단어
1. avow   맹세하다
2. lodge   오두막, 산장   Ctrl + B
3. cadence .   억양
4. departure   떠남, 출발
5. everlasting   영원한, 변치 않는

05. Delete를 누르면 범위로 지정된 영어 단어만 삭제됩니다.

핵심 영단어
1. 맹세하다   Delete
2. 오두막, 산장
3. 억양
4. 떠남, 출발
5. 영원한, 변치 않는

17 자료 이동하기

자료의 위치를 이동할 때는 범위 지정 후 오려 두기를 실행합니다. 그리고 붙여넣기를 실행하면 자료를 이동할 수 있습니다. 범위 지정 후 범위가 설정된 부분을 드래그해 쉽게 이동할 수도 있습니다.

⊙ Key Word 이동, 오려 두기, 붙이기
예제 파일 Part1-Section17(자료의 이동)-예제.hwpx, Part1-Section17(붙이기 옵션)-예제.hwpx

01. 마우스를 드래그해 **이동할 부분을 범위 지정한 후 마우스 오른쪽 버튼 ⇨ 오려 두기**를 클릭하거나 Ctrl + X 를 누릅니다. 내용을 오려 두기한 후 불필요한 빈 줄은 Delete 를 눌러 삭제합니다.

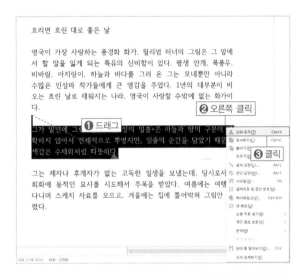

02. 오려 두기한 내용이 입력될 위치를 클릭한 후 마우스 오른쪽 버튼을 클릭하면 나타나는 단축 메뉴 중에서 **붙이기**를 클릭하거나 Ctrl + V 를 누릅니다.

03. 자료가 이동한 것을 확인할 수 있습니다.

> 흐리면 흐린 대로 좋은 날
>
> 영국이 가장 사랑하는 풍경화 화가, 윌리엄 터너의 그림은 그 앞에서 할 말을 잃게 되는 특유의 신비함이 있다. 평생 안개, 폭풍우, 비바람, 아지랑이, 하늘과 바다를 그려 온 그는 모네뿐만 아니라 수많은 인상파 작가들에게 큰 영감을 주었다. 1년의 대부분이 비 오는 흐린 날로 채워지는 나라, 영국이 사랑할 수밖에 없는 화가이다.
>
> 그는 제자나 후계자가 없는 고독한 일생을 보냈는데, 당시로서는 회화에 동적인 묘사를 시도해서 주목을 받았다. 여름에는 여행을 다니며 스케치 자료를 모으고, 겨울에는 집에 틀어박혀 그림만 그렸다.
>
> > 그가 말년에 그렸다는 <노엄 성의 일출>은 하늘과 땅의 구분이 명확하지 않아서 전체적으로 뿌옇지만, 일출의 순간을 담았기 때문에 색감은 수채화처럼 따뜻하다.

Tip

붙이기 옵션

한글 2022에서는 붙이기 옵션을 선택할 수 있습니다. 이동하는 글자의 모양과 이동된 위치에 설정된 글자의 모양이 다를 때 어떤 항목을 선택하느냐에 따라 글자 모양이 달라집니다.

- 🖼 : 대상 스타일 사용, 복사한 글자의 글자 모양을 유지한 채로 이동합니다.

- 🖼 : 텍스트만 유지, 글자는 이동되지만, 글자 모양이 유지되지 않고 이동된 위치의 글자 모양과 같은 모양으로 바뀝니다.

Section

18 자료 복사하기

애국가의 후렴구와 같이 반복되는 문장은 여러 번 입력하지 않고 한 번 입력된 내용을 복사해 붙여넣기하는 것이 좋습니다. 범위로 지정된 내용을 Ctrl을 누른 채 드래그해도 됩니다.

Key Word 복사하기, 붙이기
예제 파일 Part1-Section18(자료의 복사)-예제.hwpx

01. 복사할 부분을 **범위로 지정**한 후 마우스 **오른쪽 버튼** ⇨ 복사하기를 클릭합니다.

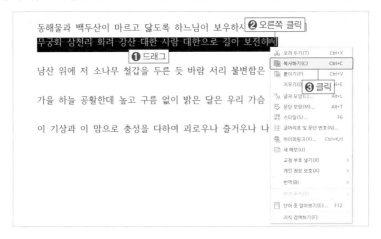

02. 복사한 내용이 입력될 부분을 클릭한 후 마우스 **오른쪽 버튼** ⇨ 붙이기를 클릭하거나 Ctrl + V를 누릅니다.

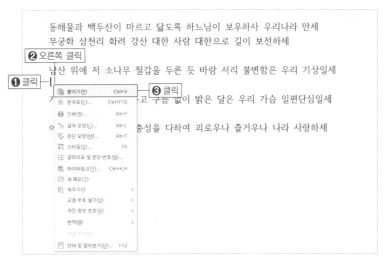

03. 한 번 복사한 내용은 여러 번 붙여넣기할 수 있습니다.

동해물과 백두산이 마르고 닳도록 하느님이 보우하사 우리나라 만세
무궁화 삼천리 화려 강산 대한 사람 대한으로 길이 보전하세

남산 위에 저 소나무 철갑을 두른 듯 바람 서리 불변함은 우리 기상일세
무궁화 삼천리 화려 강산 대한 사람 대한으로 길이 보전하세

가을 하늘 공활한데 높고 구름 없이 밝은 달은 우리 가슴 일편단심일세
무궁화 삼천리 화려 강산 대한 사람 대한으로 길이 보전하세

이 기상과 이 맘으로 충성을 다하여 괴로우나 즐거우나 나라 사랑하세
무궁화 삼천리 화려 강산 대한 사람 대한으로 길이 보전하세

Tip

마우스로 복사하기

범위로 지정된 부분에 마우스 커서를 올려놓고 Ctrl **을 누른 채 드래그**하면 선택된 글자가 복사됩니다.

동해물과 백두산이 마르고 닳도록 하느님이 보우하사 우리나라 만세
무궁화 삼천리 화려 강산 대한 사람 대한으로 길이 보전하세

남산 위에 저 소나무 철갑을 두른 듯 바람 서리 불변함은 우리 기상일세
Ctrl 을 누른 채 드래그
가을 하늘 공활한데 높고 구름 없이 밝은 달은 우리 가슴 일편단심일세

이 기상과 이 맘으로 충성을 다하여 괴로우나 즐거우나 나라 사랑하세

Section

19 쪽 복사하기

한 페이지 전체를 복사할 때는 쪽 복사하기를 이용하는 것이 빠릅니다. 복사한 쪽은 선택한 쪽의 아래에 추가됩니다.

↪ Key Word 쪽 복사하기
예제 파일 Part1−Section19(쪽 복사하기)−예제.hwpx

01. 복사할 쪽을 클릭한 후 **쪽** 메뉴의 **펼침 버튼**∨을 클릭합니다. **쪽 복사하기**를 클릭합니다.

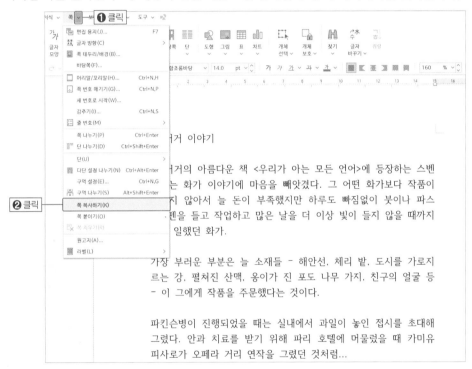

02. 붙여넣을 곳을 클릭합니다. 문서의 마지막에 붙여넣고자 한다면 `Ctrl` + `PageDown`을 눌러 문서의 끝으로 이동합니다. **쪽** 메뉴의 **펼침 버튼**∨을 클릭합니다. **쪽 붙이기**를 클릭합니다.

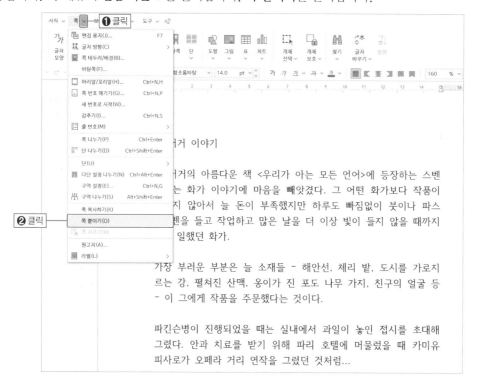

03. 복사한 쪽이 선택한 위치의 아래쪽으로 붙여넣기됩니다.

Point

- 일부 내용을 범위로 지정한 상태에서는 쪽 복사하기를 실행할 수 없고 표와 같은 개체가 두 쪽에 나눠 표시됐을 경우에도 쪽 복사하기를 실행할 수 없습니다.
- 복사한 쪽은 다른 문서에 붙여넣기할 수 있습니다.

20 쪽 지우기

한 페이지 전체를 삭제할 때는 쪽 지우기를 실행하는 것이 빠릅니다.

↪ KeyWord 쪽 지우기
예제 파일 Part1-Section20(쪽 지우기)-예제.hwpx

01. 삭제할 쪽을 클릭한 후 **쪽** 탭 ⇨ **쪽 지우기**를 클릭합니다.

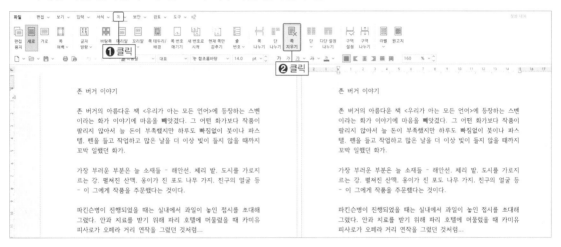

02. 현재 쪽이 삭제됩니다.

Section

21 번역하기

문서의 내용을 원하는 언어로 번역할 수 있습니다. 영어뿐만 아니라 독일어, 러시아어, 베트남어, 스페인어, 아랍어, 일본어, 중국어, 포르투갈어, 프랑스어도 번역할 수 있습니다.

Key Word 번역
예제 파일 Part1-Section21(번역하기)-예제.hwpx

01. 번역 창이 나타나도록 하기 위해 **보기** 탭 ⇨ **작업 창** ⇨ **번역**을 클릭합니다.

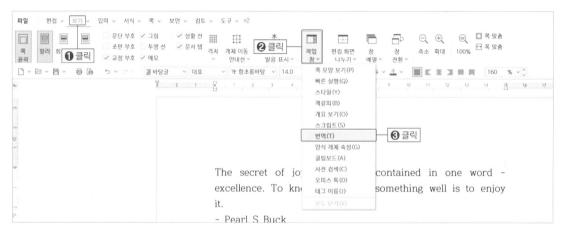

02. 번역할 부분을 범위로 지정합니다. 문서 전체를 선택하려면 Ctrl + A를 누릅니다. **현재 언어**를 먼저 선택한 후 **번역할 언어**를 선택하고 **번역**을 클릭합니다.

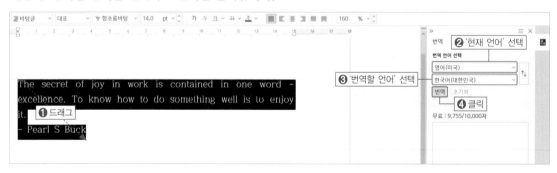

Point

번역 기능을 사용하려면 인터넷에 연결돼 있어야 합니다.

03. 언어를 확인하는 창이 표시되면 **번역**을 클릭합니다.

04. 문단별로 번역돼 표시됩니다. 번역 창에서 번역된 내용을 입력할 문단을 클릭하고 펼침 버튼 ∨을 클릭합니다.

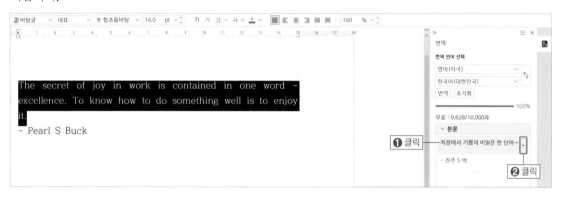

05. 문단 아래에 삽입을 클릭합니다.

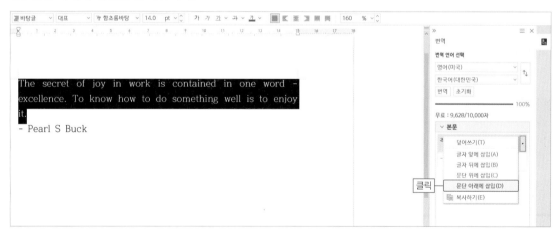

06. 다음과 같이 현재 문단 아래에 번역된 문장이 입력됩니다.

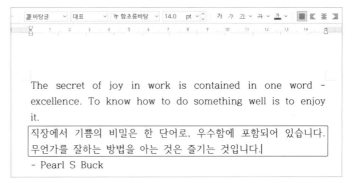

번역 창 하단의 **모두 덮어쓰기**를 클릭하면 모든 문단이 번역된 문장으로 변경됩니다.

- **글자 앞에 삽입**: 번역한 내용을 글자가 포함된 문단의 앞에 입력합니다.
- **글자 뒤에 삽입**: 번역한 내용을 글자가 포함된 문단의 끝에 입력합니다.
- **문단 위에 삽입**: 번역한 내용을 글자가 포함된 문단의 위에 입력합니다.
- **문단 아래에 삽입**: 번역한 내용을 글자가 포함된 문단의 아래에 입력합니다.
- **복사하기**: 번역한 내용을 복사합니다. 원하는 위치를 클릭한 후 Ctrl + V 를 눌러 붙여넣기합니다.

삶은 배추 문단 위
삶은 배추 글자 앞 vay smelt of boiled cabbage 삶은 배추 and
old rag mats. At one end of it a colo 복사 후 Ctrl + V arge
for indoor display. had been tacked to the wall.삶은 배추 글자 뒤
삶은 배추 문단 아래

22 한자 입력하기

음을 한글로 입력한 후 (한자)를 누르면 한자를 입력할 수 있습니다. 부수와 획수, 뜻과 음을 이용해
입력할 수도 있습니다.

➔ Key Word 한자, 부수로 입력, 총 횟수로 입력
예제 파일 Part1-Section22(한자)-예제.hwpx

01. 한글을 입력한 후 (한자)를 누르거나 (F9)를 누릅
니다. 하단의 사전이 보이지 않을 때는 **더 보기**를
클릭한 후 **자전 보이기**를 클릭합니다.

02. 입력할 **한자**와 **입력 형식**을 선택한 후 **바꾸기**를 클릭합
니다.

03. 韓國의 오른쪽 끝에 마우스 커서를 올려놓고 (한자)를 누르면 다시 한글로 변환됩니다.

韓國 ➡ 한국

한자 입력 형식

한자 입력 형식에 따라 다음과 같이 표시됩니다.

漢字 韓國   漢字(한글) 韓國(한국)   한글(漢字) 한국(韓國)   韓國 漢字   韓國 漢字 한글   韓國 한글 한국   한국 漢字 韓國

---

04. 여러 단어를 한자로 변환할 때는 **범위로 지정한 후** (한자)를 누르면 여러 번 (한자)를 누르지 않아도 됩니다.

아주 가끔, 일찍 출근하던 아침의 상쾌함이 그리워질 때가 있다. ❶드래그 끼 뿌연 날도 그날만의 분위기에 ❷한자 취해 커피도 더 맛있고 마음도 차분해지는 장점이 있다.

05. 한자로 바꾸고 싶지 않은 단어에서 한자로 바꾸기 창이 나타나면 **지나가기**를 클릭합니다.

클릭

한자 복사하기

한자 입력 창에서 **복사하기**를 클릭하면 사전의 내용이 모두 복사됩니다. 한자 입력 창을 닫고 Ctrl + V 를 누르면 다음과 같이 마우스 커서의 위치에 사전의 내용이 입력됩니다.

> 한:국 (韓國)
>
> 【명사】
> ① '대한민국'의 준말.
> ② 〔역〕'대한 제국'의 준말.
> 韓 나라 이름 한: 韋-총17획; [hán]
> 나라 이름, 춘추 전국 시대의 제후의 나라, 삼한(三韓), 우물 귀틀,
> '井'자 모양의 우물 귀틀
> 國 나라 국: □-총11획; [guó]
> 나라, 서울, 나라를 세우다

한 글자일 때는 다음과 같이 한자의 뜻과 음, 부수, 획수, 병음, 국어사전의 의미까지 모두 입력됩니다.

> 貴(귀)
> 貴 귀할 귀: 貝-총12획; [guì,guī]
> 귀하다, 신분이 높다, 값이 비싸다, 소중하다, 빼어나다, 우수하다,
> 귀히 여기다, 귀하게 되다
> 귀: (貴)
>
> 【관형사】
> 상대편을 높이는 말.
> ───── ~ 출판사.
> |

06. 한자로 변경하고자 하는 단어에서 **한자로 바꾸기** 창이 나타나면 한자와 입력 형식을 선택하고 **바꾸기**를 클릭합니다.

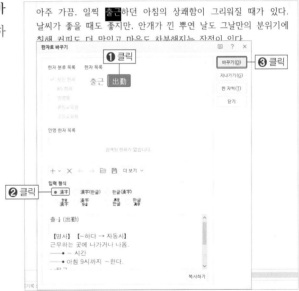

07. 다음과 같이 문장의 일부를 한자로 변환합니다.

> 아주 가끔, 일찍 出勤하던 아침의 爽快함이 그리워질 때가 있다.
> 날씨가 좋을 때도 좋지만, 안개가 낀 뿌연 날도 그날만의 분위기에
> 취해 커피도 더 맛있고 마음도 차분해지는 長點이 있다.

Point

등록된 단어가 아니라 한 글자씩 직접 한자를 선택해야 할 때는 **한 글자씩** 클릭합니다.

Tip

한자 발음 표시하기

보기 탭 ⇨ 한자 발음 표시 ⇨ 한자 발음 표시 또는 를 클릭하면 문서 전체의 한자 아래에 빨간색 글씨로 한자의 음이 표시되고 다시 클릭하면 해제됩니다.

아주 가끔, 일찍 出勤(출근)하던 아침의 爽快(상쾌)함이 그리워질 때가 있다.
날씨가 좋을 때도 좋지만, 안개가 낀 뿌연 날도 그날만의 분위기에
취해 커피도 더 맛있고 마음도 차분해지는 長點(장점)이 있다.

Section

23 한자 모를 때 한자 입력하기

한자의 뜻과 음을 알지만 모양을 모를 때나 모양은 알지만 뜻과 음을 모를 때도 한자를 입력할 수 있습니다. 한자를 입력하는 다양한 방법을 살펴보겠습니다.

⊙ Key Word 한자, 한자 새김 입력, 총획수, 부수/획수

01. 한자의 뜻과 음은 알지만, 모양을 모를 때는 뜻과 음을 이용해 한자를 입력할 수 있습니다. **입력** 탭 ⇨ **한자 입력**의 펼침 버튼✓을 클릭한 후 **한자 새김 입력**을 클릭합니다. 단축키는 Ctrl + Shift + F9입니다.

02. 뜻과 음을 띄어쓰기 없이 입력한 후 **넣기**를 클릭합니다.

03. 다음과 같이 해당 뜻과 음에 맞는 한자가 입력됩니다.

04. 뜻과 음을 모르고 모양만 알고 있을 때는 부수, 획수를 이용해 입력할 수 있습니다. **입력** 탭 ⇨ **한자 입력**의 펼침 버튼✓ ⇨ **한자 부수/총획수**를 클릭합니다. 단축키는 Ctrl + F9입니다.

05. 부수 획수를 선택한 후 부수를 선택합니다. 나머지 획수를 선택하면 해당 부수와 획수에 해당하는 한자가 표시됩니다. 입력할 한자를 선택하고 **넣기**를 클릭합니다.

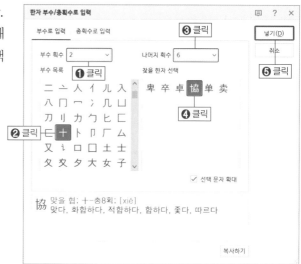

06. 다음과 같이 한자가 입력됩니다.

07. 부수를 알 수 없을 때는 총획수로 입력할 수도 있습니다. Ctrl + F9 를 누른 후 **한자 부수/총획수로 입력** 창에서 **총획수로 입력** 탭을 클릭합니다. 그런 다음 한자의 총획수를 입력하고 한자를 선택합니다. **넣기**를 클릭합니다.

08. 다음과 같이 한자가 입력됩니다.

Section

24 인명 한자 입력하기

한국학중앙연구원의 인명사전에 등록된 총 2만 1,218명의 이름을 생몰년을 포함한 한자로 바꿔 보겠습니다. 인물 정보를 확인한 후 복사해 문서에 입력할 수도 있습니다.

☞ Key Word 인명 한자, 인물 정보

---

01. 이름을 입력한 후 **입력** 탭 ➡ **한자 입력**의 펼침 버튼 ∨ ➡ **인명 한자로 바꾸기**를 클릭합니다. 단축키는 Ctrl + Alt + F10 입니다.

02. 인물 정보를 확인해 입력할 **인물을 선택**한 후 **입력 형식**을 선택합니다. 인물 정보를 입력하려면 **복사하기**를 클릭합니다. **바꾸기**를 클릭합니다.

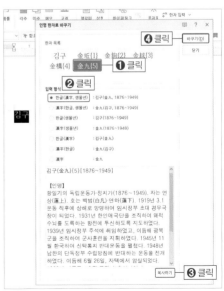

Point

인물 정보를 복사하면 이름과 생몰년이 모두 표시되므로 바꾸기를 클릭하지 않고 **닫기**를 클릭해도 됩니다.

03. 다음과 같이 선택한 인물의 한자와 생몰년이 표시됩니다.

김구(金九, 1876~1949)

04. Enter 를 누른 후 Ctrl + V 를 누르면 조금 전에 복사했던 인물 정보가 문서에 입력됩니다.

김구(金九)[5][1876~1949]

【인명】
항일기의 독립운동가·정치가(1876~1949). 자는 연상(蓮上). 호는 백범(白凡)·연하(蓮下). 1919년 3.1운동 직후에 상해로 망명하여 임시정부 초대 경무국장이 되었다. 1931년 한인애국단을 조직하여 왜적 수뇌를 도륙하는 항전에 투신하도록 지도하였다. 1939년 임시정부 주석에 취임하였고, 이듬해 광복군을 조직하여 군사훈련을 지휘하였다. 1945년 11월 환국하여 신탁통치 반대운동을 펼쳤다. 1948년 남한의 단독정부 수립방침에 반대하는 운동을 전개하였다. 이듬해 6월 26일, 자택에서 암살되었다. 1962년 건국공로훈장 중장이 추서되었다.
金 성 김{쇠 금}; 金-총8획; [jīn]
성, 쇠, 금속 광물의 총칭, 돈, 황금, '五行'의 하나, 방위는 서.계절은 가을.성음은 상(商).간지는 경신(庚辛), 황금색
九 아홉 구; 乙-총2획; [jiǔ]
아홉, 아홉 번, 수효의 끝

25 한자 단어 등록하기

사전에 저장되지 않은 단어는 글자별로 변환됩니다. 가족의 이름, 회사, 학교 이름 등 자주 사용하는 단어를 사전에 등록해 두면 글자를 일일이 변환하지 않고 한 번에 변환할 수 있어 편리합니다.

Key Word **한자 단어 등록**

01. 사전에 등록할 단어를 입력합니다. **입력** 탭 ⇨ **한자 입력**의 펼침 버튼 ∨ ⇨ **한자 단어 등록**을 클릭합니다. 단축키는 Ctrl + Alt + F9 입니다.

02. 한자로를 클릭합니다.

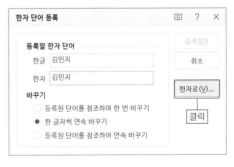

Point

한자 단어로 등록할 수 있는 글자 수는 한 단어에 2~12자이며, 띄어쓰기가 포함돼서는 안 됩니다.

03. 각 글자에 맞는 한자를 선택한 후 **바꾸기**를 클릭합니다.

04. 한자를 확인한 후 **등록**을 클릭합니다. **등록**을 클릭하면 한자가 사전에 등록됐을 뿐, 바로 화면에 한자가 나타나지는 않습니다.

Point

등록된 한자 단어는 사용자 한자 사전(hjuser6.dic)에 자동으로 추가됩니다.

05. 한자를 누르면 등록된 한자 단어가 표시됩니다. **입력 형식**을 선택한 후 **바꾸기**를 클릭합니다. 단어로 등록된 한자는 삭제하지 않는 한 해당 컴퓨터에서 계속 사용할 수 있습니다. 만약 해당 단어가 필요하지 않다면 단어를 입력한 후 한자를 누르고 **삭제**를 클릭합니다.

등록된 단어를 참조해 연속 바꾸기

일상적으로 사용되는 단어가 포함돼 있을 때는 단어 등록 시 **등록된 단어를 참조하여 연속 바꾸기**를 선택하고 **한 자로**를 클릭합니다.

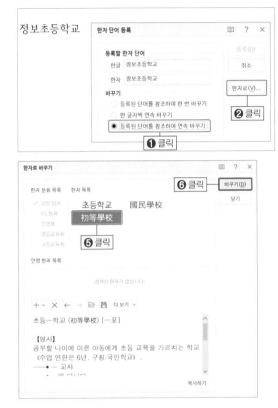

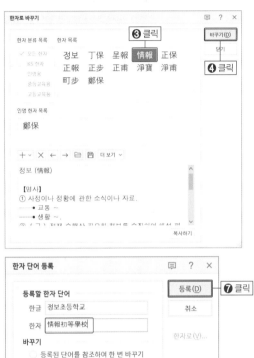

사용자 정의 한자 사전 저장하고 불러오기

한자 단어를 등록한 후 컴퓨터를 초기화하거나 한글 프로그램을 삭제한다면 등록된 한자 단어도 함께 삭제됩니다. 단어를 다시 등록하려면 불편하므로 미리 사용자 정의 사전을 저장하는 것이 좋습니다.

01. 한자 단어를 등록한 후 (한자)를 누릅니다. **사용자 한 자 사전 저장하기**를 클릭합니다.

02. 파일을 저장할 폴더를 선택한 후 **파일 이름**을 입력하고 **저장**을 클릭합니다.

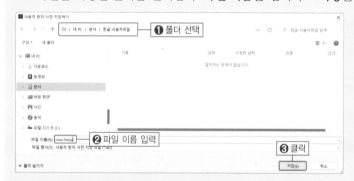

03. 한글을 다시 설치하거나 다른 컴퓨터에서 한자를 실행하면 다음과 같이 해당 단어에 대한 한자가 나타 나지 않습니다. 이때 **사용자 한자 사전 불러오기**를 클릭합니다.

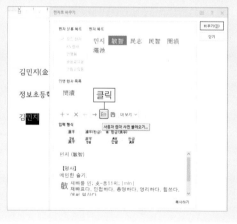

04. 저장한 **사용자 한자 사전**을 선택한 후 **열기**를 클릭합니다.

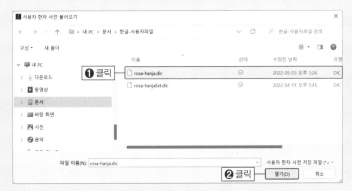

05. 등록된 한자를 찾으려면 현재 창을 닫아야 합니다. **닫기**를 클릭합니다.

06. 다시 한자를 누르면 다음과 같이 해당 단어의 한자가 나타납니다.

Section

26 특수 문자 입력하기

키보드에 없는 특수 문자를 입력할 때는 문자표를 이용합니다. 문자표의 특수 문자는 영역별로 구분돼 있고 자주 사용하는 특수 문자를 사용자 문자표에 등록할 수도 있습니다.

Key Word 특수 문자, 문자표

01. 특수 문자를 입력할 위치에 마우스 오른쪽 버튼을 클릭하면 나타나는 단축 메뉴에서 **문자표**를 클릭합니다. 단축키는 Ctrl + F10입니다. 자주 사용하는 기능이므로 단축키를 기억해 두는 것이 좋습니다.

Point

마우스 오른쪽 버튼을 누를 때는 정확하게 특수 문자를 입력할 위치에서 눌러야 합니다. 특수 문자 넣기를 실행하면 마우스 커서의 위치와 무관하게 마우스 오른쪽 버튼을 누른 위치에 입력됩니다.

02. 사용자 문자표 탭을 클릭한 후 문자 영역을 선택하고 입력할 글자를 클릭합니다. 여러 문자를 동시에 입력하려면 입력할 순서대로 더블클릭해야 합니다. **넣기**를 클릭합니다.

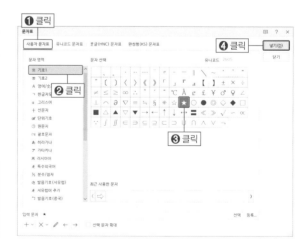

Point

『』【】와 같이 연속된 문자를 입력할 때는 첫 글자를 클릭한 후 Space Bar 를 두 번 누르고 **넣기**를 클릭합니다.

윈도우에서 특수 문자를 입력하는 것처럼 한글 자음을 누른 후 (한자)를 눌러 입력할 수도 있습니다. ㅁ을 누른 후 (한자)를 누르면 특수 문자 목록이 나타납니다. 문자를 선택한 후 **바꾸기**를 클릭합니다. ㅈ은 로마자, ㄹ은 단위 문자입니다.

03. 글을 입력한 후 다시 (Ctrl)+(F10)을 누릅니다. 특수 문자를 선택하고 **넣기**를 클릭합니다.

★ 어린이날 행사 안내 ★

04. 원문자를 입력하기 위해 (Ctrl)+(F10)을 누릅니다. 그런 다음 **사용자 문자표** 탭 ➪ **원문자**를 선택하고 ①을 클릭합니다. (Space Bar)를 네 번 누르고 **넣기**를 클릭합니다.

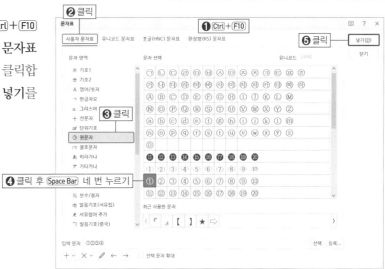

05. ①과 ② 사이를 클릭한 후 내용을 입력합니다. (Enter)를 누른 후 ②와 ③ 사이를 클릭하고 내용을 입력합니다. 같은 방법으로 나머지 내용도 입력합니다.

자주 사용하는 특수 문자 영역

- **사용자 문자표 탭 ⇨ 기호1**

- **사용자 문자표 탭 ⇨ 기호2**

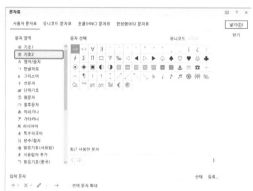

- **사용자 문자표 탭 ⇨ 그리스어**

- **사용자 문자표 탭 ⇨ 단위기호**

- **사용자 문자표 탭 ⇨ 원문자**

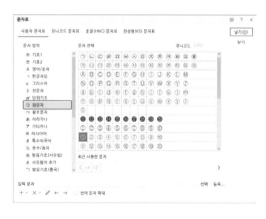

- **사용자 문자표 탭 ⇨ 특수기호 및 딩뱃 기호**

- 유니코드 문자표 탭 ⇨ 여러 가지 기호
- 한글(HNC) 문자표 탭 ⇨ 사전용 약물

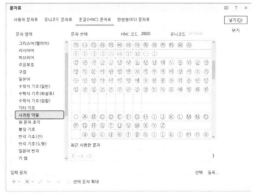

Point

- + ∨ : 새 문자 영역을 등록하거나 선택한 문자를 사용자 문자표에 등록합니다.
- × ∨ : 문자 영역 지우기 또는 선택 문자 지우기를 실행할 수 있습니다.
- 🖉 : 문자 영역의 이름을 수정할 수 있습니다.
- ← → : 현재 선택된 문자의 왼쪽/오른쪽 문자를 선택합니다.
- □ 선택 문자 확대 : 선택한 문자를 확대해 표시합니다.

나만의 문자 영역 만들기

자주 사용하는 특수 문자들을 모아 문자 영역을 만들어 두면 빠르게 찾을 수 있습니다.

01. Ctrl + F10을 눌러 문자표를 실행한 후 **등록** +ˇ ⇨ **문자 영역 등록하기**를 클릭합니다.

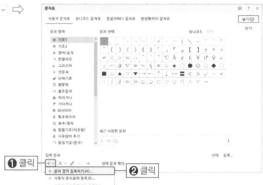

02. 새로 등록할 **문자 영역의 이름**을 입력한 후 **추가**를 클릭합니다.

03. 각 영역별로 새 문자표 영역인 **즐겨찾기** 영역에 등록할 문자를 더블클릭합니다. 모두 선택한 후 **등록**을 클릭합니다.

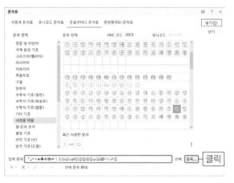

04. 등록할 문자 영역 목록에서 새 문자표 영역인 **즐겨찾기**를 선택한 후 추가를 클릭합니다.

05. **사용자 문자표** 탭을 클릭한 후 맨 아래에 새로 생긴 **즐겨찾기** 영역을 클릭하면 등록된 문자를 확인할 수 있습니다.

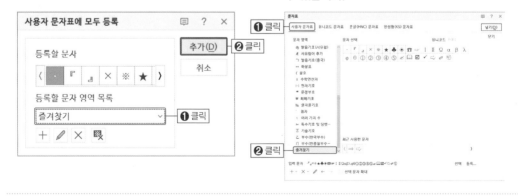

27 글자 겹치기

특수 문자표에서 찾을 수 없는 글자는 글자 겹치기 기능을 이용해 만들 수 있습니다. 특히, 원문자를 입력할 때 문자표에서는 50번까지 입력할 수 있고 문단 번호를 이용하면 20번까지 자동 입력되지만, 그 이후의 번호는 입력할 수 없습니다. 큰 숫자를 원문자로 표시하려면 글자 겹치기를 활용해야 합니다.

◉ Key Word 글자 겹치기

01. 입력 탭 ⇨ 입력 도우미 ⇨ 글자 겹치기를 클릭합니다.

02. 글자를 **입력**한 후 겹치기 종류를 선택하고 **넣기**를 클릭합니다.

03. 글자가 겹치기 기호 안에 표시되지 않고 기호와 겹쳐져 잘 보이지 않으면 **글자 크기 조절**을 이용해 글자 크기를 줄입니다.

04. 글자에 체크 표시를 하려면 겹치기 종류는 ＼을 선택하고 겹쳐 쓸 글자에 글자와 체크 표시 ∨를 입력합니다. 체크 표시는 Ctrl + F10 ⇨ **사용자 문자표** ⇨ **특수 기호 및 딩뱃 기호**에서 찾아 클릭한 후 **모양 안에 글자 겹치기**를 클릭하고 **넣기**를 클릭합니다.

28 문서 저장하기

작성한 문서를 저장하지 않으면 다음에 확인하거나 수정할 수 없습니다. 비밀 문서는 암호를 설정하고 중요한 문서는 백업 파일을 만들어 안전하게 보호합니다. MS-Word, PDF, 이미지 형식 등으로 저장할 수 있습니다.

☞ Key Word **저장하기, 다른 이름으로 저장**

01. 다음 내용을 입력합니다.

📖 책의 날 행사 참가자 모집

① 인주시는 『2022 책의 날』 행사의 하나로 오는 5월 24일 시청 앞 광장에서 '책의 날' 행사를 공동 개최(開催)한다고 밝혔다.

② '책의 날' 행사는 5월 24일 오후 3시부터 시청 앞 광장에서 진행되며, 참가를 희망하는 인주시민 200명을 모집해 함께 진행(進行)할 예정이다.

③ 참가비는 무료(無料)이며, 오는 4월 30일까지 2022 책의 날 홈페이지에서 인터넷으로 신청 접수를 받아 추점을 통해 5월 10일 최종 참가자를 확정한다.

④ 기타 자세한 사항은 2020 책의 날 인주시청 홈페이지를 참고하거나 인주시청 문화예술과(☎ 088-955-2525)로 문의하면 된다.

02. 저장하기를 클릭합니다. 단축키는 Alt + S 또는 Ctrl + S입니다.

03. 파일 이름에 문서 첫 행의 내용이 자동으로 입력돼 표시됩니다. 파일을 저장할 폴더를 선택한 후 파일 이름을 확인 또는 수정하고 저장을 클릭합니다.

04. 파일을 저장하면 한글 2022 창의 상단에 파일이 저장된 경로와 파일 이름이 표시됩니다. 그리고 하단의 문서 탭에 지정한 파일 이름이 검은색으로 표시됩니다.

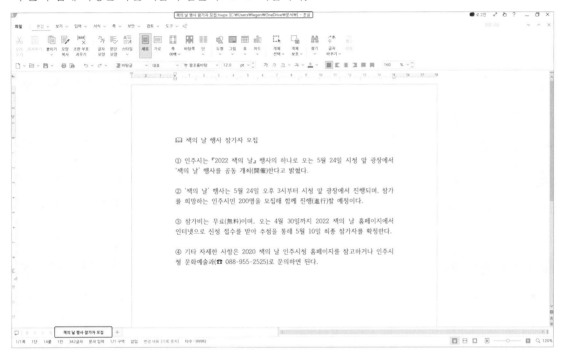

문서 탭의 글자색에 따른 저장 여부 확인

문서를 한 번도 저장하지 않았을 때는 문서 탭에 빈 문서로 표시됩니다.

문서 탭의 글자색이 빨간색일 때는 저장되지 않은 내용이 있다는 뜻입니다. 문서를 한 번 저장한 후에도 새로운 내용을 입력하면 문서 탭이 빨간색으로 표시됩니다.

문서에 새로운 내용을 입력한 후 컴퓨터에서 손을 떼고 10초가 지나면 문서 탭의 글자색이 파란색으로 변경됩니다. 문서 탭의 글자색이 파란색일 때는 자동 저장이 된 상태로, 컴퓨터가 다운되거나 한글이 강제 종료됐을 때 다시 한글을 실행하면 자동 저장된 내용이 복구되며 **저장하기**를 클릭해 안전하게 보관할 수 있습니다.

문서를 직접 저장하면 문서 탭의 글자색이 검은색으로 바뀝니다.

05. 이미 저장한 문서의 저장 위치나 이름을 변경하려면 **다른 이름으로 저장하기**를 실행합니다. 파일을 USB 메모리에 저장하기 위해 컴퓨터에 USB 메모리를 꽂습니다. **저장** 옆의 펼침 버튼∨을 클릭한 후 **다른 이름으로 저장하기**를 클릭하거나 **파일** 탭 ⇨ **다른 이름으로 저장하기**를 클릭합니다. 단축키는 Alt + V 입니다.

06. 내 PC를 클릭한 후 **장치 및 드라이브**에서 USB 메모리를 더블클릭합니다. USB 메모리의 이름은 장치에 따라 다를 수 있습니다.

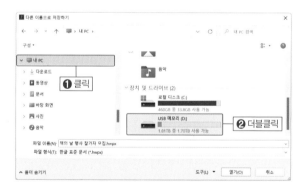

USB 메모리의 이름 변경하기

USB 메모리의 이름을 천천히 두 번 클릭하면
이름을 입력할 수 있도록 기존 이름이 파랗게
범위로 지정됩니다. 새 이름을 입력한 후 (Enter)
를 누르면 장치의 이름이 변경됩니다. 분실했을
때를 대비해 본인의 이름이나 전화번호를 입력
하는 경우도 있습니다.

07. 파일을 저장할 폴더를 더블클릭한 후 **저장**을
클릭합니다.

자주 사용하는 폴더 등록하기

자주 사용하는 폴더는 폴더 이름에서 마우스 오른쪽 버튼 ⇨
즐겨찾기에 고정을 클릭합니다. 왼쪽 즐겨찾기 목록에 해당
폴더가 등록돼 빠르게 선택할 수 있습니다.

자동 저장 간격 확인 및 수정하기

한글 2022는 기본적으로 문서 작성 후 컴퓨터 작업을 하지 않은 지 10초가 지나면 문서를 자동으로 저장합니다. 설사 문서 작성 중이라고 해도 마지막으로 저장한 지 10분이 지나면 자동 저장을 실행합니다. 이 시간은 환경 설정에서 확인할 수 있으며 수정할 수도 있습니다.

- **도구** 탭 ⇨ **환경 설정**을 클릭한 후 **파일** 탭을 클릭합니다.
- **복구용 임시 파일 자동 저장**에서 무조건 자동 저장과 쉴 때 자동 저장의 간격을 확인하고 수정합니다. **설정**을 클릭합니다.

29 블록 저장하기

문서의 내용 일부만 저장할 때는 범위로 지정한 후 블록 저장을 실행합니다. 블록 저장은 범위로 지정된 내용뿐만 아니라 해당 문서에 설정된 용지, 스타일 등이 함께 저장됩니다.

⊙ Key Word 블록 저장하기
예제 파일 Part1-Section29(블록 저장하기)-예제.hwpx

01. 저장할 내용을 범위로 지정한 후 **저장** 버튼 옆 펼침 버튼∨ ▷ **블록 저장**을 클릭합니다.

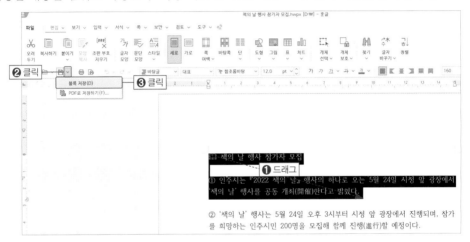

02. 파일 이름을 입력한 후 **저장**을 클릭합니다.

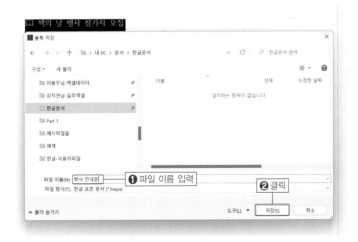

30 문서에 암호 설정하기

비밀 문서는 남이 볼 수 없도록 암호를 설정할 수 있습니다. 다만, 암호를 분실했을 때는 절대 찾을 수 없으므로 꼭 기록해 두기 바랍니다.

◯➔ Key Word **암호 설정**

01. 내용을 입력한 후 **저장하기**를 클릭합니다.

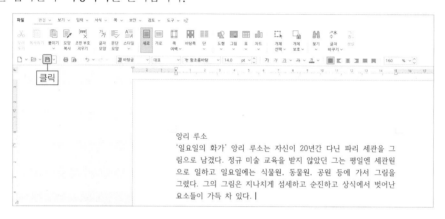

02. 문서를 저장할 **폴더**를 선택한 후 **이름**을 입력합니다. **도구** 버튼 옆의 펼침 버튼▾을 클릭한 후 **문서 암호**를 클릭합니다.

앙리 루소
'일요일의 화가' 앙리 루소는 자신이 20년간 다닌 파리 세관을 그

03. 열기 암호와 쓰기 암호를 입력합니다. 암호는 5자 이상 입력합니다. 만약 암호를 분실했다면 암호를 찾을 방법이 없으므로 꼭 기록해 둬야 합니다.

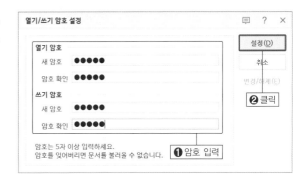

04. 저장을 클릭합니다.

05. 문서를 닫은 후 **열기** 옆의 펼침 버튼⌄을 클릭하고 암호를 설정했던 문서 이름을 클릭합니다.

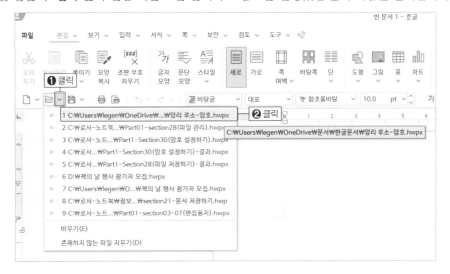

06. 조금 전에 설정한 **열기 암호**를 입력합니다.

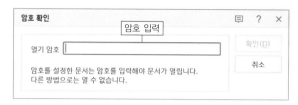

07. 쓰기 암호 창이 나타나면 쓰기 암호를 입력합니다. 만약 쓰기 암호를 모른다면 읽기 전용을 클릭합니다.

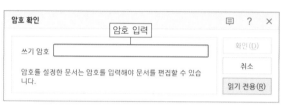

08. 읽기 전용으로 열린 문서는 상단의 제목 표시줄에 **[읽기 전용]**으로 표시되고 내용을 확인할 수는 있지만, 어떠한 수정도 불가능합니다.

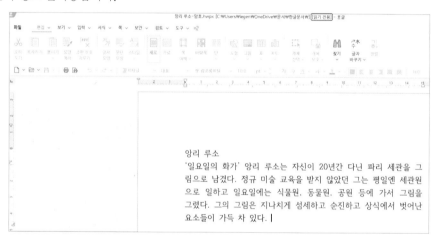

31 백업 파일 만들기

문서의 내용이 실수로 삭제됐을 때 복구할 수 있도록 백업 파일을 설정합니다. 문서를 저장할 때 같은 이름의 .HWPX 파일이 있으면 그 파일의 확장자를 .BAK로 변경하고 저장되는 문서를 .HWPX 확장자로 저장합니다.

⊙ Key Word 백업, 저장 설정
예제 파일 Part1-Section31(백업 파일 만들기)-예제.hwpx

01. 문서를 작성한 후 **저장**을 클릭합니다. 그런 다음 **다른 이름으로 저장하기** 창에서 **도구** 옆의 펼침 버튼▼을 클릭하고 **저장 설정**을 클릭합니다.

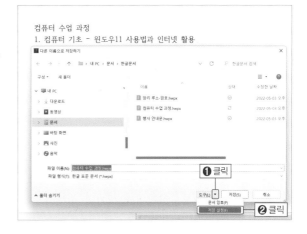

02. **백업 파일 만듦**을 클릭한 후 **설정**을 클릭합니다. 백업 파일은 현재 파일이 저장된 폴더에 저장됩니다. 🖿 을 클릭하면 백업 파일을 저장할 폴더를 선택할 수 있습니다.

03. 저장을 클릭합니다.

04. 백업 파일을 확인하기 위해 문서 내용의 일부를 삭제해 보겠습니다. 문서의 일부를 드래그해 범위로 지정한 후 Delete를 누릅니다. 내용이 삭제된 채로 **저장하기**를 클릭합니다.

05. 삭제된 내용을 복구하려면 **탐색기**를 실행한 후 파일이 저장된 **폴더**를 확인합니다. 시계 모양이 그려진 아이콘이 백업 파일입니다.

06. 확장자가 HWPX인 파일에서는 내용이 삭제됐지만, 확장자가 BAK인 파일을 더블클릭하면 삭제됐던 내용을 확인할 수 있습니다.

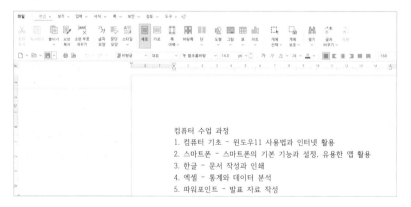

07. 파일 이름을 확인 또는 수정한 후 **저장**을 클릭합니다.

08. 만약 기존 한글 파일과 같은 이름으로 저장한다면 다음과 같은 창이 나타납니다. **예**를 클릭하면 기존의 일부가 삭제된 문서는 지워지고 백업파일의 내용이 저장됩니다.

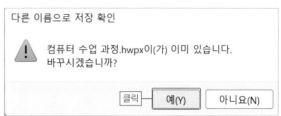

Tip

파일 확장자 표시하기

탐색기에서 파일의 확장자가 보이지 않는다면 상단의 ⋮를 클릭한 후 **옵션**을 클릭합니다.

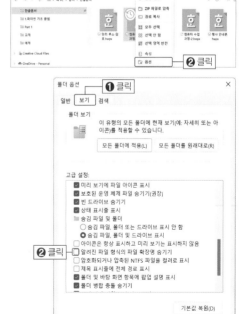

※ 윈도우 10에서는 **파일** 탭 ⇨ **폴더 및 검색 옵션 변경**을 클릭합니다.
보기 탭에서 **알려진 파일 형식의 파일 확장명 숨기기**를 클릭합니다.

저장 설정 살펴보기

- **새 문서를 저장할 때 문서 암호 설정**: 도구를 클릭하지 않아도 문서를 저장할 때 [**암호 설정**] 대화상자가 자동으로 표시됩니다.

- **임시 폴더에 저장할 때 안내문 띄우기**: 인터넷에 업로드된 파일을 클릭해 열기하면 파일이 삭제될 수 있으므로 이를 알리는 안내문을 보여 줍니다.

- **변경 내용 저장 시 최종본 함께 저장**: 한글 이전 판에서 변경 내용 최종본을 확인하려면 변경 내용 추적 문서를 저장할 때 최종본을 함께 저장합니다.

- **미리 보기 이미지 저장**: 미리 보기 창에 나타난 이미지를 문서에 저장합니다.

- **압축 저장**: 문서를 작은 크기로 줄여 저장합니다. 중요한 문서는 압축 저장을 해제한 후에 작업하는 것이 좋습니다.

- **개인 정보 보호가 동작 중인 문서를 저장할 때 개인 정보 검색**: 개인 정보 보호가 동작 중인 문서를 저장할 때 개인 정보를 검색해 보호 문자로 변경할 수 있도록 합니다.

- **동시 저장**: 한글 파일과 선택된 형식의 파일로 동시에 저장합니다.

- **다음 형식으로 파일 저장**: 문서를 저장할 파일 형식을 선택합니다.

- **무조건 자동 저장**: 일정한 시간 간격으로 복구용 임시 파일을 자동으로 저장합니다. 저장 간격은 1~60분까지 설정할 수 있습니다.

- **쉴 때 자동 저장**: 일정한 시간 동안 새로운 입력이 없을 때 복구용 임시 파일을 자동으로 저장합니다. 저장 간격은 1~360초까지 설정할 수 있습니다.

32 PDF로 저장하기

문서를 다른 기기에서 불러올 때 개체의 배치나 글자 서식 등의 변형 없이 원본 그대로 확인할 수 있도록 하려면 PDF 파일로 저장해야 합니다.

➥ Key Word PDF 저장
예제 파일 Part1-Section32(PDF로 저장하기)-예제.hwpx

01. 문서를 한글 파일로 저장한 후 **저장** 버튼의 펼침 버튼∨을 클릭합니다. **PDF로 저장하기**를 클릭합니다.

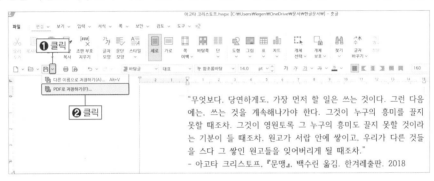

02. 저장을 클릭합니다.

Tip

PDF 저장 설정

도구 탭 ➪ **저장 설정**을 클릭하면 저장 범위와 그림 저장 품질을 선택할 수 있습니다.

1. 저장 범위

❶ **문서 전체**: 문서 전체를 PDF 파일로 저장합니다.
❷ **현재 쪽**: 마우스 커서가 위치한 쪽만을 PDF 파일로 저장합니다. 쪽을 분리하는 단축키는 Ctrl + Enter입니다.

❸ **현재 구역**: 마우스 커서가 위치한 구역만을 PDF 파일로 저장합니다. 구역을 분리하는 단축키는 Alt + Shift + Enter 입니다.

❹ **현재부터**: 마우스 커서가 위치한 쪽부터 문서의 끝까지 PDF 파일로 저장합니다.

❺ **현재까지**: 문서의 처음부터 마우스 커서가 위치한 쪽까지 PDF 파일로 저장합니다.

❻ **일부분**: 지정한 쪽만 PDF 파일로 저장합니다.

　(예) 1, 3 ⇨ 1쪽과 3쪽, 5-7 ⇨ 5쪽부터 7쪽, 즉 5, 6, 7쪽

　1, 5, 8-10 ⇨ 1, 5, 8, 9, 10쪽

2. 그림 저장 품질: **문서에 포함된 그림을 변환할 때 그림의 해상도 선택**

03. PDF로 저장하는 작업이 끝나면 **흔 PDF**가 실행되고 변환된 문서를 확인할 수 있습니다. 문서를 확인한 후 PDF 프로그램을 **종료**합니다.

33 이미지로 저장하기

문서를 사진처럼 이미지 파일로 저장할 수도 있습니다. 한 쪽당 한 장의 이미지로 저장됩니다.

Key Word **이미지 저장**
예제 파일 Part1-Section33(이미지로 저장하기)-예제.hwpx

01. 예제 파일을 불러온 후 **다른 이름으로 저장하기**를 클릭합니다.

02. 파일 형식에서 **PNG 이미지**를 선택합니다.

03. 저장을 클릭합니다.

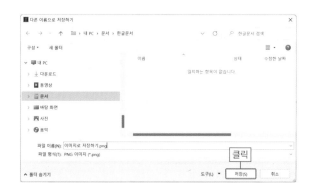

04. 다음과 같이 한 쪽당 하나의 이미지로 저장되며 파일 이름에 001, 002와 같이 쪽 순서대로 일련 번호가 포함됩니다.

그림 파일 저장 설정

그림 파일 형식을 선택한 후 **도구** 탭 ⇨ **저장 설정**에서 그림의 해상도와 색을 설정할 수 있습니다. 해상도는 **고해상도**로 선택할수록 사진의 품질이 좋고 **색 지정**에서 색의 개수가 많아질수록 다양한 색을 표현할 수 있습니다.

34 배포용 문서로 저장하기

문서를 다른 사람에게 전달하거나 배포할 때 쓰기 암호를 설정해 수정, 인쇄, 복사할 수 없도록 합니다.

Key Word 배포용 문서
예제 파일 Part1-Section34(배포용 문서로 저장하기)-예제.hwpx

01. 문서를 작성한 후 **저장**합니다. 배포용 문서로 다시 저장하기 위해 **보안 탭** ⇨ **배포용 문서로 저장**을 클릭합니다.

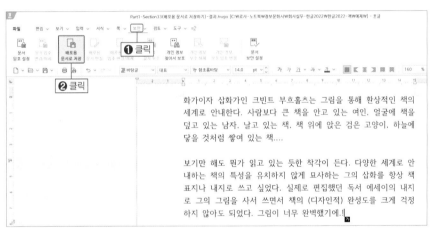

02. 쓰기 암호를 입력한 후 암호 확인에 똑같이 한 번 더 입력합니다.

Point

인쇄 제한을 해제하면 인쇄를 할 수 있고, 복사 제한을 해제하면 복사를 할 수 있습니다.

03. 배포용 문서로 저장되면 다음과 같이 모든 기능이 비활성화됩니다. 문서를 편집하려면 **보안** 탭 ⇨ **배포용 문서 편집**을 클릭합니다.

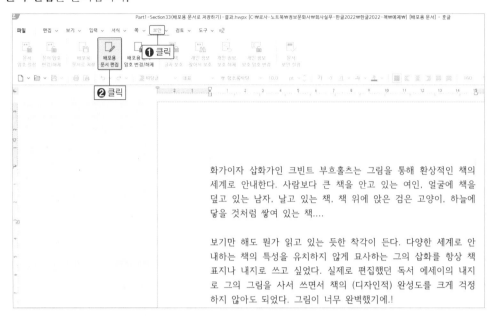

04. **쓰기 암호**를 입력한 후 **편집**을 클릭합니다.

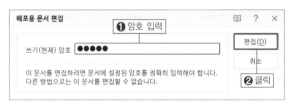

05. 쓰기 암호를 정확하게 입력하면 다음과 같이 정상적으로 편집하거나 인쇄할 수 있습니다.

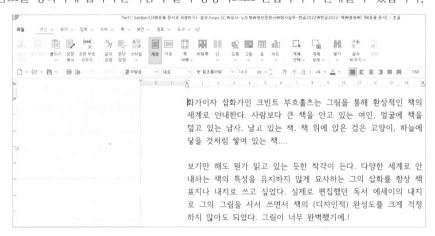

35 문서 불러오기

저장된 문서를 확인하거나 편집하려면 불러오기를 실행합니다. 한글 2022를 시작하면 나타나는 문서 시작 도우미에서 최근 문서를 선택할 수도 있고 주기적으로 작성하는 문서는 목록에 고정할 수도 있습니다.

Key Word 불러오기, 읽기 전용, 복사본으로 열기
예제 파일 Part1-Section35(불러오기).hwpx

01. 저장된 문서를 열기 위해 **불러오기** 버튼 📁 을 클릭합니다. 단축키는 Alt + O입니다.

02. 문서가 저장된 폴더를 더블클릭한 후 파일을 선택하고 **열기**를 클릭합니다. 문서 이름을 더블클릭해도 됩니다.

03. 저장됐던 문서를 확인할 수 있습니다.

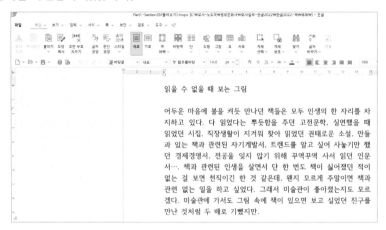

04. 불러오기 버튼 을 클릭한 후 **현재 창에**를 클릭합니다. 그런 다음 파일을 선택하고 **열기**를 클릭하면
현재 문서와 같은 창에 새로운 탭으로 표시합니다.

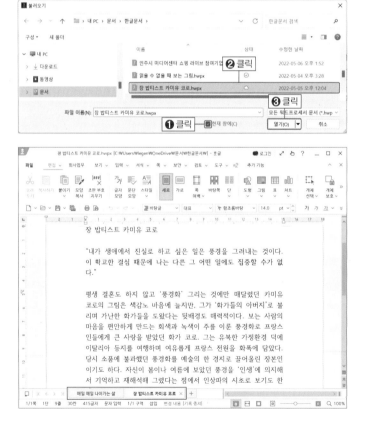

36 최근 문서 불러오기

최근에 작업한 문서는 일일이 폴더를 찾을 필요 없이 최근 문서 목록에서 찾는 것이 빠릅니다. 또한
주기적으로 사용하는 문서는 핀으로 고정해 최근 문서 목록에서 제외되지 않도록 하는 것이 좋습니다.

◯→ Key Word 최근 문서, 불러오기

01. **불러오기** 버튼 📄 옆의 펼침 버튼 ∨을 클릭합니다. 파일 이름을 클릭하면 문서가 열립니다.

02. 문서가 열리고 내용을 확인할 수 있습니다.

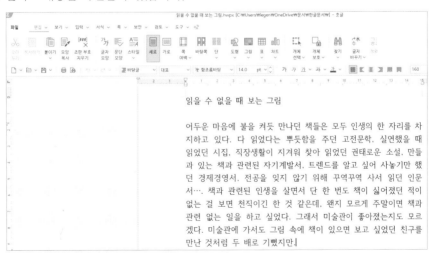

03. 주기적으로 작성하는 문서라면 파일 이름 앞의 ⬜을 클릭해 문서 목록에 고정합니다. 핀이 📍 모양으로 바뀌면서 목록에 고정돼 다른 문서를 작업하더라도 목록에서 사라지지 않습니다.

04. 최근 문서 목록에서 **비우기**를 클릭하면 문서 목록이 모두 사라집니다.

05. **비우기**를 클릭하면 핀으로 고정한 문서도 목록에서 사라지므로 주의해야 합니다.

06. 비우기를 클릭하면 문서 시작 도우미에 나타난 최근 문서 목록에서 한글 파일이 사라집니다.

07. USB에 저장한 파일은 USB 장치가 연결돼 있을 때만 작업할 수 있습니다. USB를 제거하고 USB에 저장된 파일을 클릭하면 오류가 발생합니다.

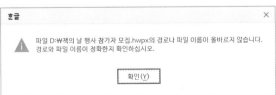

08. USB를 제거한 후에는 **존재하지 않는 파일 지우기**를 클릭해 실행합니다.

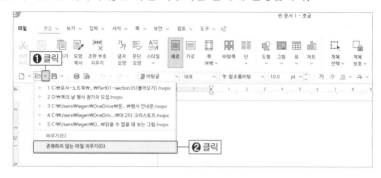

09. USB 드라이브의 문서가 최근 문서 목록에서 사라집니다.

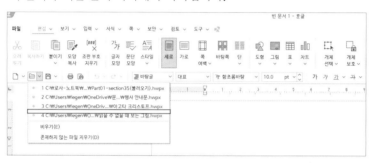

Tip

최근 문서 목록 개수 변경하기

도구 탭 ⇨ **환경 설정**을 클릭합니다. **편집** 탭에서
파일 메뉴에 최근 문서 보이기 항목의 숫자를 수
정합니다. 최대 9까지 입력할 수 있습니다.

37 최근 문서 목록에서 특정 파일만 제거하기

한글 2022는 최근 문서 목록에서 특정 파일만 제거할 수 없습니다. 만약 다른 목록은 유지한 채 특정 파일만 제거하고자 한다면 해당 파일의 이름이나 경로를 변경한 후 존재하지 않는 파일 지우기를 실행해야 합니다.

🔾 Key Word 최근 문서 목록, 목록에서 제거

01. 다음 화면의 최근 문서 목록에서 **아고타 크리스토프**.hwpx 파일만 제거해 보겠습니다.

02. 탐색기 ▣ 를 실행합니다.

클릭

Point

탐색기가 보이지 않는다면 ▦ + ⓢ를 누른 후 검색 창에 탐색기를 입력해 찾습니다.

03. 파일 이름을 **천천히 두 번** 누른 후 **새 이름**을 입력합니다. Enter를 누릅니다.

❶ 파일 이름을 천천히 두 번 누른 후 새 이름 입력 ❷ Enter

04. 불러오기 버튼 🗁 옆의 펼침 버튼 ∨을 클릭합니다. 그런 다음 **존재하지 않는 파일 지우기**를 클릭합니다.

05. 다음과 같이 목록에서 **아고타 크리스토프**.hwpx 파일이 사라집니다.

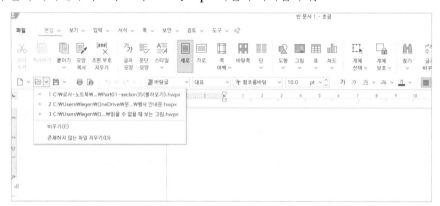

38 문서 끼워 넣기

현재 문서의 마우스 커서 위치에 선택한 문서 파일을 삽입합니다. 서로 다른 문서를 연결해 하나의
문서로 합칠 수 있습니다.

↳ Key Word **끼워 넣기**
예제 파일 Part1-Section38(끼워 넣기)-예제1.hwpx, Part1-Section38(끼워 넣기)-예제2.hwpx

01. 문서가 연결될 위치를 클릭한 후 **입력** 메뉴의 펼침 버튼∨을 클릭하고 **문서 끼워 넣기**를 클릭합니다.
단축키는 Ctrl + O 입니다.

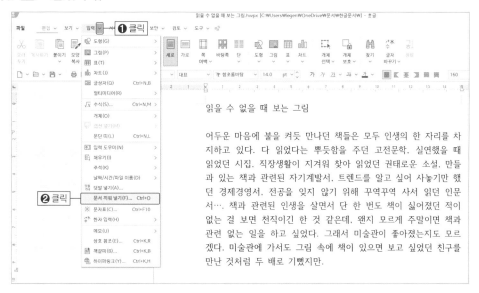

02. 끼워 넣을 문서 Part1-Section38(끼워 넣
기)-예제2.hwpx를 선택한 후 **넣기**를 클릭합
니다. 현재 문서와 용지 설정이 다르다면 **쪽
모양 유지**를 선택해야 합니다.

03. 쪽 모양 유지를 선택한 후 세로 문서에 가로 문서를 끼워 넣기하면 다음과 같이 문서의 구역이 분리돼 서로의 용지를 유지하면서 끼워 넣기됩니다.

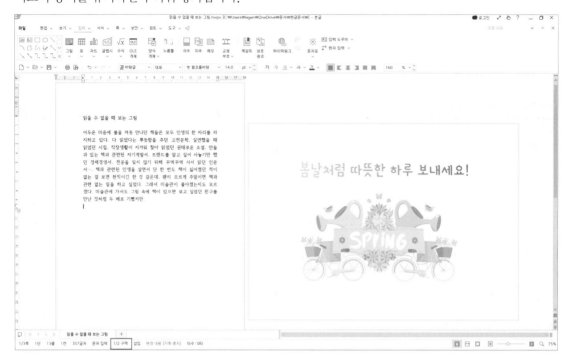

Tip

문서 끼워 넣기 옵션

- **글자 모양 유지**: 끼워 넣을 문서의 글자 모양을 그대로 유지한 채 끼워 넣습니다.
- **문단 모양 유지**: 끼워 넣을 문서의 문단 모양을 그대로 유지한 채 끼워 넣습니다.
- **스타일 유지**: 끼워 넣을 문서의 스타일을 그대로 유지한 채 끼워 넣습니다. 같은 이름의 스타일이 있을 때는 스타일 이름 뒤에 숫자를 넣어 끼워 넣습니다.
- **쪽 모양 유지**: 새로운 구역을 삽입해 삽입하는 문서의 쪽 모양을 유지한 채 끼워 넣습니다. 마우스 커서의 위치에서 구역이 분리돼, 문서가 새 쪽으로 삽입됩니다.

39 PDF 문서를 한글 문서로 변환하기

PDF 문서로 저장된 문서를 한글 문서로 변환해 편집할 수도 있습니다.

➤ Key Word PDF 문서 변환
예제 파일 Part1-Section39(PDF문서를 한글 문서로)-예제.pdf

01. 파일 탭 ➪ **PDF를 오피스 문서로 변환하기**를 클릭합니다.

02. PDF 문서를 선택한 후 **열기**를 클릭합니다.

03. 다음과 같은 메시지가 나타나면 **확인**을 클릭합니다. **다시 표시 안 함**을 선택하면 다음부터 이 창이 나타나지 않습니다.

04. 다음과 같이 PDF 문서가 편집할 수 있는 파일로 열립니다.

> "무엇보다. 당연하게도, 가장 먼저 할 일은 쓰는 것이다. 그런 다음에는, 쓰는 것을 계속해나가야 한다. 그것이 누구의 흥미를 끌지 못할 때조차. 그것이 영원토록 그 누구의 흥미도 끌지 못할 것이라 는 기분이 들 때조차, 원고가 서랍 안에 쌓이고, 우리가 다른 것들 을 스다 그 쌓인 원고들을 잊어버리게 될 때조차."
> - 아고타 크리스토프, 『문맹』, 백수린 옮김. 한겨레출판. 2018

05. 문서에 내용을 추가로 입력한 후 **저장하기**를 클릭합니다.

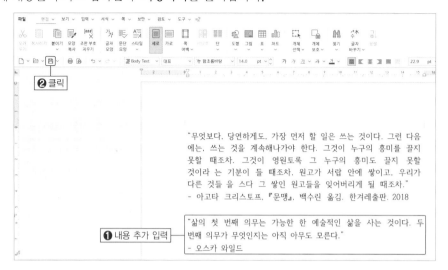

❷ 클릭

❶ 내용 추가 입력

"무엇보다, 당연하게도, 가장 먼저 할 일은 쓰는 것이다. 그런 다음에는, 쓰는 것을 계속해나가야 한다. 그것이 누구의 흥미를 끌지 못할 때조차. 그것이 영원토록 그 누구의 흥미도 끌지 못할 것이라 는 기분이 들 때조차. 원고가 서랍 안에 쌓이고, 우리가 다른 것들 을 스다 그 쌓인 원고들을 잊어버리게 될 때조차."
- 아고타 크리스토프, 『문맹』, 백수린 옮김. 한겨레출판. 2018

"삶의 첫 번째 의무는 가능한 한 예술적인 삶을 사는 것이다. 두 번째 의무가 무엇인지는 아직 아무도 모른다."
- 오스카 와일드

06. 한글 2022는 PDF 문서를 수정한 후 바로 PDF 문서로 저장합니다. **저장하기**를 클릭한 후 **파일 이름**을 확인 또는 수정하고 **저장**을 클릭합니다.

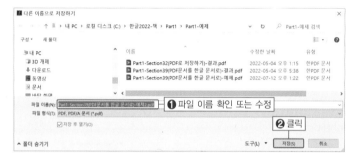

❶ 파일 이름 확인 또는 수정

❷ 클릭

07. PDF 파일을 한글 파일로 저장하고 싶다면 저장하기📳의 펼침 버튼∨을 클릭한 후 **다른 이름으로 저장하기**를 클릭합니다.

❶ 클릭

❷ 클릭

다른 이름으로 저장하기(A)... Alt+V

PDF로 저장하기(F)...

08. 파일 형식을 **한글 표준 문서**로 선택한 후 **저장**을 클릭합니다.

❶ 클릭

❷ 클릭

PDF 파일 변환 시 스타일 변경

PDF 파일을 변환하면 스타일이 변경돼 불편할 수 있으므로 문서의 기본 스타일인 바탕글 스타일로 변경하는 것이 좋습니다.

01. Ctrl + A로 문서 전체를 선택한 후 스타일 펼침 버튼∨을 클릭합니다. 스타일 목록에서 **바탕글**을 클릭합니다.

02. 글자 크기가 작다면 크기를 크게 하고 정렬 방식이 양쪽 정렬이 아니라면 **양쪽 정렬** 방식으로 변경합니다.

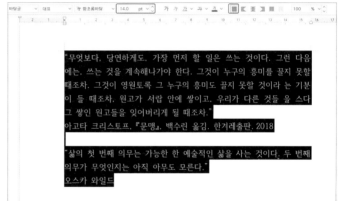

03. 변환 도중 오류가 생긴 부분을 수정하고 저장합니다.

"무엇보다, 당연하게도, 가장 먼저 할 일은 쓰는 것이다. 그런 다음에는, 쓰는 것을 계속해나가야 한다. 그것이 누구의 흥미를 끌지 못할 때조차. 그것이 영원토록 그 누구의 흥미도 끌지 못할 것이라 는 기분이 들 때조차, 원고가 서랍 안에 쌓이고, 우리가 다른 것들을 쓰다 그 쌓인 원고들을 잊어버리게 될 때조차."
아고타 크리스토프, 『문맹』, 백수린 옮김. 한겨레출판. 2018

"삶의 첫 번째 의무는 가능한 한 예술적인 삶을 사는 것이다. 두 번째 의무가 무엇인지는 아직 아무도 모른다."
오스카 와일드

40 문서마당 활용하기

문서마당은 자주 사용하는 문서의 모양을 미리 서식 파일(*.Hwt)로 만들어 놓고 필요할 때마다 불러와 문서의 빈 부분만 채우면 문서를 빠르게 만들 수 있는 템플릿(Template) 방식의 기능입니다.

Key Word 문서마당, 서식 파일

01. 파일 탭 ⇨ 문서마당을 클릭합니다. 단축키는 Ctrl + Alt + N 입니다.

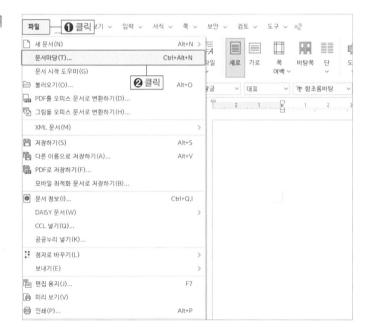

02. 문서마당 **꾸러미**에서 사용할 문서 서식을 선택한 후 **열기**를 클릭합니다.

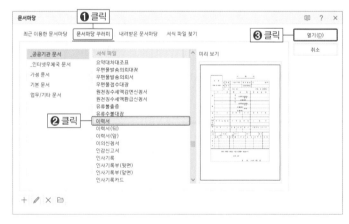

03. 내용을 입력한 후 **저장하기**를 클릭합니다.

Point

- 성별을 표시하는 ㉔는 글자 겹치기 기능을 이용합니다.
- 날짜에는 오늘 날짜가 자동으로 입력됩니다.

Tip

서식 파일 다운로드하기

01. **파일** 탭 ⇨ **문서 시작 도우미**를 클릭합니다. **온라인 콘텐츠**를 클릭합니다.

02. 하단의 페이지 이동 버튼 ▶을 클릭해 다양한 문서를 확인한 후 마음에 드는 문서에 마우스 커서를 올려 놓고 **내려받기** ⬇를 클릭합니다.

03. 문서가 열리면 내용을 확인하고 필요한 부분에 내용을 추가로 입력한 후 저장합니다.

04. 다운로드한 서식 파일은 [**문서마당**] 대화상자의 **내려받은 문서마당**에서 확인할 수 있습니다.

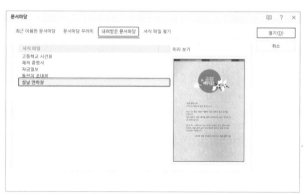

Section

41 서식 파일 만들어 활용하기

문서를 HWTX 형식으로 저장한 후 문서마당에 등록하면 해당 서식 파일을 쉽게 활용할 수 있습니다.
공문서 양식과 같이 자주 사용하는 문서 양식이 있다면 서식 파일로 등록하세요.

⊙ Key Word 문서마당 등록하기, 서식 파일 만들기
　　예제 파일 Part1-Section41(서식 파일)-예제.hwpx

01. 서식 파일로 활용할 파일을 불러온 후 **다른 이름으로 저장하기**를 클릭합니다.

02. 새 폴더를 클릭해 서식 파일을 저장할 **폴더**를 생성한 후 파일 형식에서 **한글 표준 서식(*.hwtx)**을 선택합니다. **저장**을 클릭합니다.

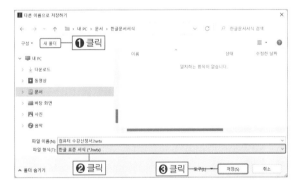

03. 해당 문서를 닫은 후 **파일** 탭 ➡ **문서마당**을 클릭합니다. 단축키는 Ctrl + Alt + N입니다.

04. 하단의 **새 꾸러미**⊞를 클릭합니다.

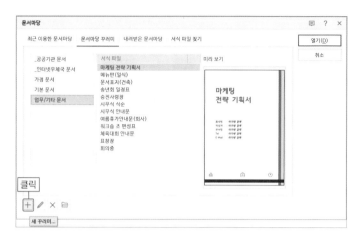

05. 꾸러미 이름을 입력한 후 **다른 곳의 꾸러미를 등록**을 클릭합니다. 서식 파일이 저장된 폴더를 등록하기 위해 **경로 지정** 🗀을 클릭합니다.

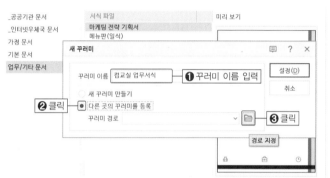

06. 폴더 찾아보기 창에서 서식 파일을 저장했던 **폴더를 선택**한 후 **확인**을 클릭합니다.

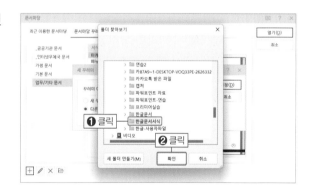

07. 설정을 클릭합니다.

08. 문서마당 꾸러미에 조금 전에 등록했던 서식 파일이 나타납니다. 서식 파일을 **더블클릭**하거나 선택한 후 **열기**를 클릭합니다.

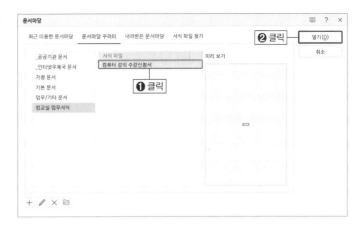

Tip

문서마당 꾸러미 편집하기

- `+` : 새 서식 폴더(꾸러미)를 등록합니다.
- `✎` : 선택한 꾸러미의 이름 또는 지정된 폴더를 수정합니다.
- `×` : 선택한 꾸러미를 삭제합니다.
- `▱` : 문서마당에 등록하지 않은 서식 파일을 불러옵니다.

09. 내용을 입력한 후 **저장하기**를 클릭합니다.

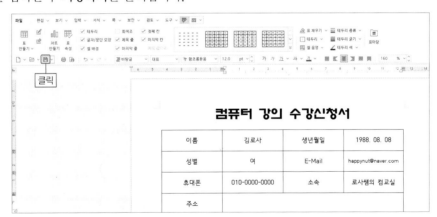

Point

- 서식 파일로 불러온 문서는 저장되지 않은 빈 문서 형태로 열리므로 내용을 작성한 후 반드시 저장해야 합니다.
- 서식 파일에 저장돼 있던 개체나 글자도 수정할 수 있습니다.

42 글꼴 변경하기

문서의 종류와 상황에 따라 어울리는 글자의 서체를 설정합니다. 한글, 영문, 한자, 일어, 외국어 등 각각의 언어별로 다른 글꼴을 지정할 수 있습니다.

Key Word **글꼴, 글자 모양**
예제 파일 Part1-Section42(글꼴 변경하기)-예제.hwpx

01. 다음과 같이 내용을 입력합니다.

> 2022 청소년을 위한 인문학 강의
>
> 1. 교육일시 : 2022. 05. 10(화) 10:00~12:00
> 2. 교육대상 : 관내 중. 고등학생
> 3. 교육장소 : 실시간 온라인 라이브강의
> 4. 신청방법 : 청소년센터 홈페이지
> 5. 신청기간 : 2022. 05. 01 ~ 마감시까지 (선착순 접수)
> 6. 교육문의 : 032-000-0000
>
> 인천시 남동구 청소년센터

02. 글꼴을 설정할 부분을 범위로 지정합니다.

> 2022 청소년을 위한 인문학 강의   드래그
>
> 1. 교육일시 : 2022. 05. 10(화) 10:00~12:00
> 2. 교육대상 : 관내 중. 고등학생
> 3. 교육장소 : 실시간 온라인 라이브강의
> 4. 신청방법 : 청소년센터 홈페이지
> 5. 신청기간 : 2022. 05. 01 ~ 마감시까지 (선착순 접수)
> 6. 교육문의 : 032-000-0000
>
> 인천시 남동구 청소년센터

03. 글꼴 옆의 펼침 버튼∨을 클릭합니다. 글꼴 목록에서 적용할 글꼴을 선택합니다.

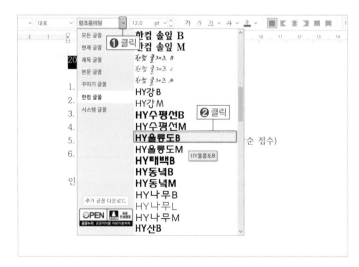

04. 하단의 '인천 남동구 청소년센터'를 범위로 지정한 후 글꼴에서 **한컴말랑말랑Bold**를 선택합니다. 글꼴이 많지 않을 때는 왼쪽 글꼴 범주에서 **모든 글꼴**을 선택합니다.

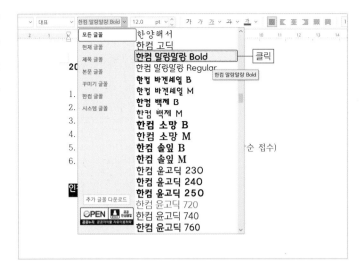

Point

범위로 지정하지 않고 글자 모양을 변경하면 마우스 커서의 위치에 입력되는 모든 글자의 모양이 변경돼 불편합니다. 항상 글자를 미리 입력한 후에 범위로 지정하고 글자 모양을 변경하는 것이 좋습니다.

05. 글꼴 이름을 직접 입력할 수도 있습니다. 글꼴 입력란을 클릭한 후 글꼴 이름의 일부를 입력하고 목록에서 사용할 글꼴을 클릭합니다. 이때에는 **모든 글꼴**이 선택돼 있어야 합니다.

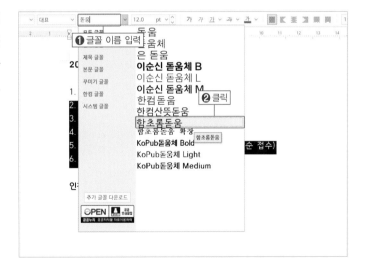

06. 다음과 같이 글꼴이 변경됩니다.

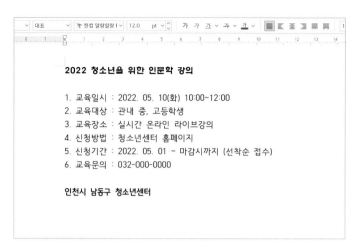

Point

같은 글꼴에서 마지막 글자는 굵기를 의미합니다.
- L(Light): 가장 얇은 글꼴
- M(Medium): 중간 글꼴
- B(Bold): 굵은 글꼴
- EB(Extra Bold): 가장 굵은 글꼴

43 언어에 따라 다른 글꼴 적용하기

언어를 선택한 후 글꼴을 설정하면 해당 언어에만 글꼴이 적용됩니다. 특히, 영문 글꼴을 변경할 때 언어를 영문으로 선택하면 평소보다 많은 글꼴을 확인할 수 있습니다.

➔ Key Word 대표, 언어, 글꼴, 글자 모양
예제 파일 Part1-Section43(언어별 다른 글꼴 설정하기)-예제.hwpx

01. 예제 파일을 불러온 후 Ctrl + A를 눌러 문서 전체를 범위로 지정합니다. 그런 다음 언어를 선택하기 위해 **대표**의 펼침 버튼∨을 클릭하고 **영문**을 선택합니다.

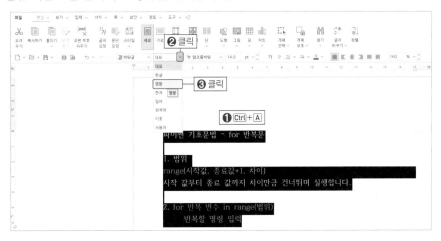

02. 글꼴을 선택합니다. 언어가 대표로 설정돼 있을 때보다 훨씬 다양한 영문 글꼴을 확인할 수 있습니다.

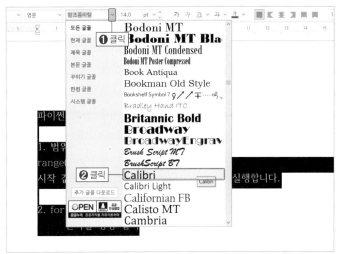

03. 만약 언어를 **대표**로 선택한 후 **한글 글꼴**을 설정하면 다음과 같이 영문도 함께 변경됩니다.

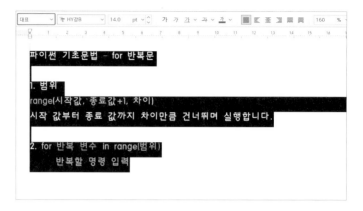

04. Ctrl + Z를 눌러 실행 취소합니다. 다시 언어를 **한글**로 변경한 후 **글꼴을 선택**하면 영문 글꼴은 그대로 유지한 채 한글 글꼴만 변경됩니다.

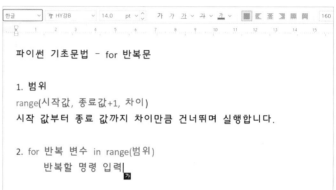

05. 작업 후에는 언어를 다시 **대표**로 변경해야 합니다.

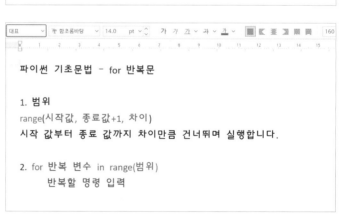

추가 글꼴 다운로드하기

01. **글꼴**의 펼침 버튼∨을 클릭한 후 **추가 글꼴 다운로드**를
클릭합니다.

02. 마음에 드는 글꼴에 마우스 커서를 올
려놓고 **내려받기**를 클릭합니다.

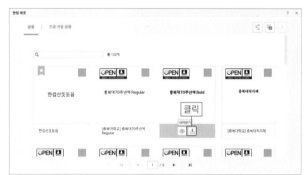

03. 글꼴 설치 화면이 나타나면 **다음**을 클릭합니다.

04. **종료**를 클릭합니다.

05. **확인**을 클릭합니다.

06. 을 클릭하면 해당 페이지의 모든 글꼴이 선택됩니다. 내려받기를 클릭하면 해당 페이지의 글꼴들을 한꺼번에 내려받을 수 있습니다.

07. 한글을 종료하고 다시 실행한 후 글꼴 목록에서 내려받은 글꼴을 확인할 수 있습니다.

Point

이 책에서 주로 사용하는 글꼴

경기천년제목 Medium, 경기천년제목B Bold, 경기천년바탕 Bold, 나눔스퀘어 Bold, 이순신 돋움체B, 행복고흥M, 마루부리 굵은, 마루부리 조금 굵은, 충북대70주년체 Bold, 충북대직지체, 상주곶감체, G마켓 산스

44 자주 사용하는 글꼴 영역 만들기

환경 설정에서 글꼴 목록을 생성한 후 자주 사용하는 글꼴을 등록하면 글꼴을 빠르게 찾을 수 있어 매우 편리합니다.

↪ Key Word 글꼴, 글꼴 영역, 환경 설정
예제 파일 Part1-Section44(글꼴 영역 활용하기)-예제

01. 도구 탭 ⇨ 환경 설정을 클릭합니다.

02. 글꼴 탭에서 글꼴 목록 설정을 클릭합니다.

03. 글꼴 목록 **추가하기**를 클릭합니다.

04. 글꼴 목록의 이름을 입력한 후 **추가**를 클릭합니다.

05. Ctrl 을 누른 채 클릭해 여러 글꼴을 선택한 후
복사하기 ‹ 를 클릭합니다.

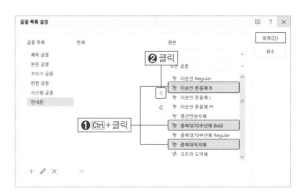

Point

모두 복사하기 « 를 클릭하면 현재 영역의 모든 글꼴이 새 영역에 추가됩니다.

06. 설정을 클릭합니다.

07. 설정을 클릭합니다.

08. 글자를 범위로 지정한 후 **글꼴**을 설정합니다. 글꼴 목록에 안내문 영역이 생성되고 선택했던 글꼴이 목록으로 나타난다는 것을 알 수 있습니다.

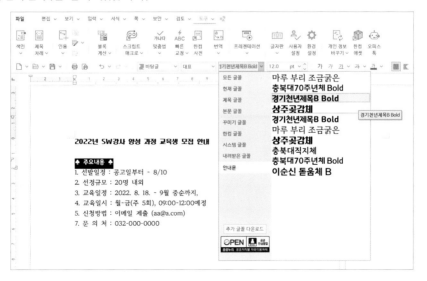

45 글자 크기 설정하기

글자의 크기를 지정합니다. 한글, 영문, 한자, 일어, 외국어 등 각각의 언어별로 다른 글자 크기를 지정할 수 있습니다.

☞ Key Word 글꼴, 글꼴 영역, 환경 설정
예제 파일 Part1-Section45(글자 크기 설정하기)-예제.hwpx

01. 글자를 범위로 지정한 후 글자 크기의 펼침 버튼✓을 클릭하고 설정할 글자 크기를 선택합니다.

Point

글자 단위는 포인트(pt), 인치("), 밀리미터(mm), 급(Q), 글자(ch)가 있으며, 기본적으로 포인트 단위를 사용합니다. 1pt는 가로 X 세로 0.35mm이고, 1inch는 25.4mm, 34geup은 24pt와 같습니다.

02. 글자 크기를 직접 입력할 수도 있습니다. 글자 크기란을 클릭한 후 숫자를 입력하고 Enter 를 누릅니다. Enter 를 누르지 않으면 크기가 적용되지 않습니다.

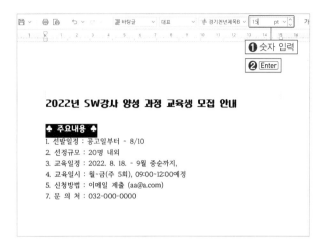

03. 글자 크기의 스핀 버튼⬍을 클릭하면 범위로 지정한 글자의 **현재 크기보다 1pt씩 커지거나 작아집니다.**

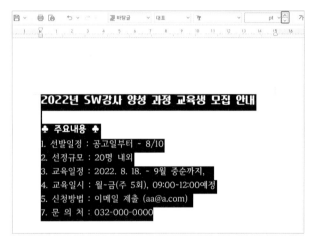

Point

글자 크기의 수치를 직접 선택하면 범위로 지정한 글자가 모두 같은 크기로 설정되지만, 스핀 버튼⬍을 조절하면 각자 현재의 크기에서 일정한 단계만큼 크거나 작게 설정된다는 점이 중요합니다.

Tip

- 글자 키우기 단축키: Ctrl +], Alt + Shift + E
- 글자 줄이기 단축키: Ctrl + [, Alt + Shift + R

46 언어별로 글자 크기 설정하기

같은 글꼴이라 해도 한글과 영문 글자의 크기가 다르게 보이는 경우가 있습니다. 이때 [글자 모양] 대화상자에서 언어를 선택한 후 상대 크기를 변경하면 해당 언어의 글자 크기만 변경할 수 있습니다.

➔ Key Word 언어별 글자 크기, 영어 글자 크기
예제 파일 Part1-Section46(언어별 글자 크기 설정하기)-예제.hwpx

01. Ctrl + A를 눌러 문서 전체를 범위로 지정한 후 **편집** 탭 ⇨ **글자 모양**을 클릭합니다.

02. 언어를 **영문**으로 선택한 후 **상대 크기**에 **120%**를 입력합니다.

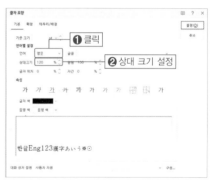

03. 언어를 영문으로 선택하면 영문과 숫자가 함께 조절됩니다. 오른쪽 화면에서 한글에 비해 영문자와 숫자의 크기가 조금 크게 설정된다는 것을 알 수 있습니다.

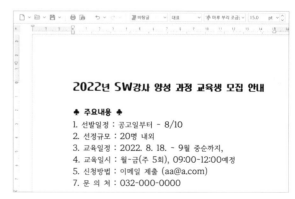

47 글자색 설정하기

글자의 색을 다양한 방법으로 설정합니다. 테마 색상표에서 선택하거나 팔레트, 스펙트럼에서 색을 선택할 수도 있고 색 골라 내기 기능을 활용해 화면에 표시된 색상을 그대로 적용할 수도 있습니다.

Key Word 글자 꾸미기, 글자색, 테마색, 색 골라 내기, 색상표

01. Part1−Section47(글자색 설정하기)−예제.hwpx 파일을 불러오기합니다. 글자를 **범위**로 **지정**한 후 글자색 옆의 펼침 버튼∨을 클릭합니다. 적용할 색상을 선택합니다.

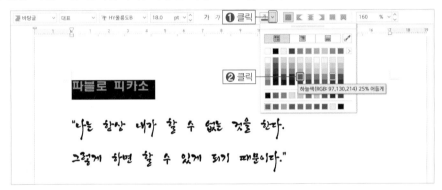

02. 글자색의 색상 옆의 펼침 버튼∨을 클릭하면 다양한 **테마**의 색상을 선택할 수 있습니다.

Point

빨간색, 노란색, 파란색 등의 원색은 테마 색의 하단과 오피스 테마에서 찾을 수 있습니다.

03. 테마 색상표에서 **색**을 선택합니다.

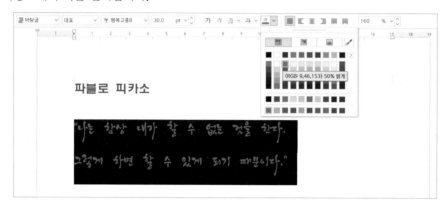

글자색 단축키

색상	단축키	색상	단축키
검정	Ctrl + M + K	빨강	Ctrl + M + R
파랑	Ctrl + M + B	자주	Ctrl + M + D
초록	Ctrl + M + G	노랑	Ctrl + M + Y
청록	Ctrl + M + C	흰색	Ctrl + M + W

색 도구 상자 분리

색 도구 상자의 **분리선**을 클릭하면 도구 상자가 **분리**됩니다. 분리선을 드래그해 도구 상자를 원하는 위치로 이동할 수도 있습니다.

01. 분리선을 드래그하면 색 도구 상자가 분리됩니다. 분리된 색 도구 상자의 제목 표시줄을 드래그해 이동할 수 있으며 ×를 클릭하면 색 도구 상자의 분리가 종료됩니다.

04. 좀 더 많은 색을 확인하려면 색상에서 **팔레트** ▥를 클릭한 후 색을 클릭합니다.

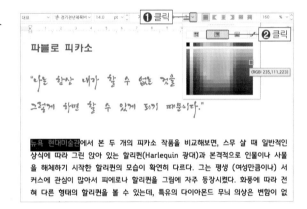

05. 색을 표현하는 RGB 값이나 색상표의 **16진수**를 직접 입력할 수도 있습니다. 색상에서 스펙트럼 ▥을 클릭한 후 하단의 색상 바에서 색을 선택합니다.

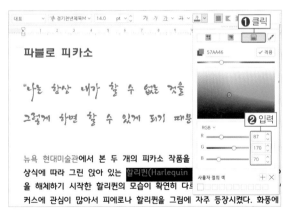

06. 색상 조합 웹 사이트(**https://colorhunt.co**)를 활용하면 다양한 색상의 조합을 확인하고 활용할 수 있습니다. 인터넷에서 'colorhunt'를 검색해 colorhunt **웹 사이트**를 클릭합니다. 왼쪽에서 테마를 선택한 후 마음에 드는 색상에 마우스 커서를 올려놓으면 색상 번호가 표시됩니다. **색상 번호를 클릭**하면 클립보드에 색상 번호가 복사됩니다.

07. 한글 색상에서 **스펙트럼**을 클릭합니다. **색상 번호란**을 클릭한 후 Ctrl + V를 누르면 조금 전에 복사된 색상 번호가 입력됩니다. **적용을 클릭**합니다.

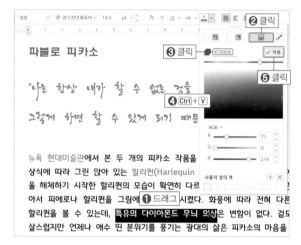

08. 색상 스펙트럼에서 하단의 ⊞를 클릭하면 사용자 정의 색에 해당 색상이 추가돼 다음에도 사용할 수 있습니다. 사용자 정의 색을 클릭한 후 ⊠를 클릭하면 사용자 정의 색이 삭제됩니다.

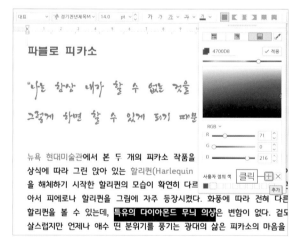

09. 색 골라 내기를 활용하면 한글 창뿐만 아니라 다른 창에 있는 색을 사용할 수도 있습니다. 그림 파일을 더블클릭하거나 인터넷 창을 띄워놓고 ⊞ + ⊟를 클릭하면 창이 오른쪽으로 배치됩니다. 왼쪽에 현재 실행 중인 창이 나타났을 때 작성 중인 문서 창을 클릭하면 두 창이 나란히 배치됩니다.

그룹 창 활용하기

윈도우 11은 이렇게 2개의 창을 띄워놓고 작업할 때 2개의 창을 그룹으로 인식합니다. 다른 작업 후 한글 아이콘을 클릭하고 그룹 창을 클릭하면 2개의 창이 동시에 화면에 나타납니다. 인터넷에서 중요한 정보를 검색해 입력할 때나 색 골라 내기 작업을 할 때 매우 유용합니다.

10. 색상을 변경할 글자를 범위로 지정한 후 글자색에서 **색 골라 내기** 📝 를 클릭합니다.

11. 사진에서 가져올 **색상이 있는 곳을 마우스로 클릭**합니다. 마우스의 움직임에 따라 한글 창 왼쪽 위에 해당 색상이 표시되므로 색을 정확히 확인하고 클릭합니다. 특히, 흰색 부분을 클릭하면 글자가 사라진 것처럼 보일 수 있습니다.

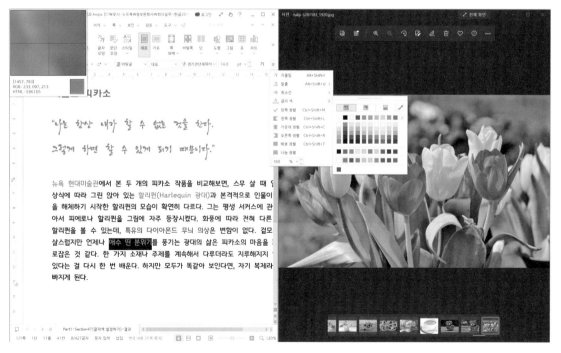

Section

48 서식 도구에서 글자 속성 설정하기

진하게, 기울임꼴, 밑줄 등의 속성을 설정하거나 해제할 수 있습니다. [글자 모양] 대화상자를 이용하면 더 많은 속성을 설정할 수 있습니다.

Key Word 글자 속성, 진하게, 기울임꼴, 밑줄, 취소선
예제 파일 Part1-Section48(글자 속성 설정하기)-예제.hwpx

01. 글자를 범위로 지정한 후 **진하게**를 클릭하면 글자가 두껍게 표시됩니다. 다시 클릭하면 진하게 기능이 해제돼 원래의 굵기로 표시됩니다. 단축키는 Alt + Shift + B 또는 Ctrl + B입니다.

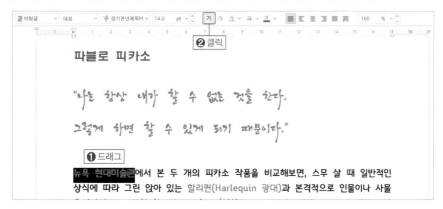

02. 글자를 범위로 지정한 후 **기울임꼴**을 클릭하면 글자가 오른쪽으로 기울여 표시되고 다시 클릭하면 해제돼 반듯하게 표시됩니다. 단축키는 Alt + Shift + I 또는 Ctrl + I입니다.

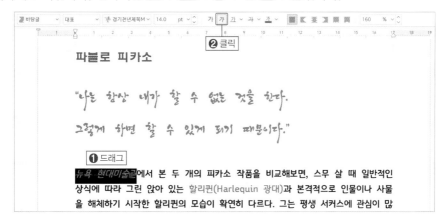

03. 글자를 범위로 지정한 후 밑줄을 클릭하면 글자 아래에 밑줄을 그려 줍니다. 단축키는 Alt + Shift + U 또는 Ctrl + U입니다.

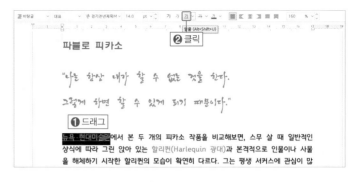

04. 밑줄 가의 펼침 버튼∨을 클릭하면 다양한 밑줄의 종류와 밑줄 색을 선택할 수 있습니다.

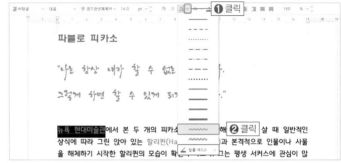

Tip

글자 위에 밑줄 표시하기

밑줄을 글자 위에 표시하고 싶다면 글자를 범위로 지정한 후 **편집** 탭 ⇨ 글자 모양을 클릭해 **확장** 탭을 클릭합니다. 밑줄의 위치를 위쪽으로 선택한 후 **모양**과 **색**을 설정하고 설정을 클릭합니다.

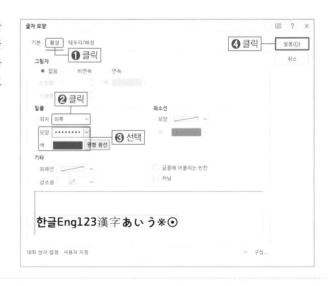

05. 글자를 범위로 지정한 후 **취소선**을 클릭하면 글자에 취소선이 그려집니다.

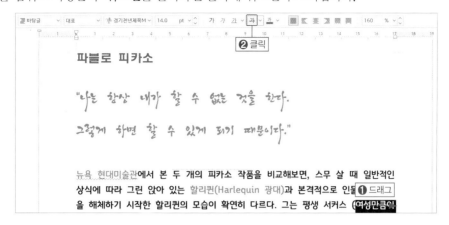

06. 취소선 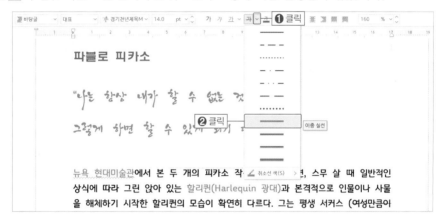의 펼침 버튼 ∨을 클릭하면 취소선의 모양과 색을 설정할 수 있습니다.

49 [글자 모양] 대화상자 활용하기

[글자 모양] 대화상자를 이용하면 서식 도구에 없는 장평과 자간, 외곽선과 음영색, 강조점 등을 설정할 수 있습니다. 특히, 글꼴, 글자 크기, 장평, 자간은 언어 종류에 따라 각각 다르게 설정할 수 있습니다.

→ Key Word 글자 모양, 장평, 자간, 글자 위치, 상대 크기, 속성, 음영, 그림자, 강조점
예제 파일 Part1-Section49(글자 모양 대화상자)-예제.hwpx

01. 글자를 범위로 지정한 후 마우스 오른쪽 버튼 ➡ 글자 모양을 클릭합니다. 단축키는 Alt + L 입니다. **장평**을 **130**으로 입력합니다. 장평은 글자의 세로에 대한 가로의 비율입니다. 50~200%까지 설정할 수 있습니다. 100%보다 작으면 가로가 좁게, 100%보다 크면 넓게 표시됩니다.

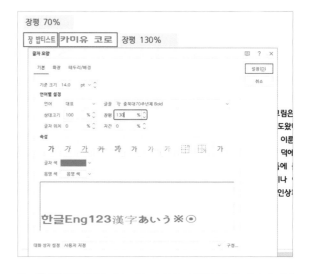

Point

- 장평 1%씩 늘리기: Alt + Shift + K
- 장평 1%씩 줄이기: Alt + Shift + J

02. 자간은 글자 사이의 간격입니다. −50~50%까지 설정할 수 있으며, 0%보다 작으면 글자 사이 간격이 좁아지고 0%보다 크면 넓어집니다.

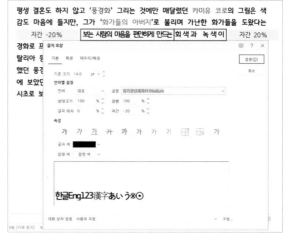

Point

- 자간 1% 넓히기: Alt + Shift + W
- 자간 1% 좁히기: Alt + Shift + N

03. 글자 위치는 글자를 글자 기준선의 위나 아래로 이동합니다. −100~100%까지 설정할 수 있으며, 0%보다 작으면 글자가 기준선 위에 위치하고 0%보다 크면 아래에 위치합니다.

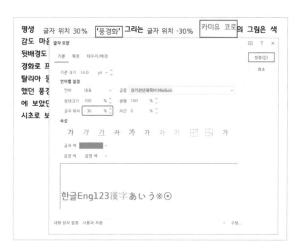

04. 상대 크기는 글자의 현재 크기보다 일정 비율만큼 키우거나 줄일 수 있습니다. 상대 크기를 해제하려면 100%로 설정합니다.

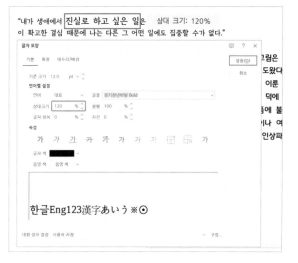

Point

기준 크기는 범위로 지정된 글자를 모두 특정 크기로 설정합니다. 다만, 상대 크기가 설정돼 있을 경우, 기준 크기에 상대 크기의 비율이 적용돼 표시됩니다.

05. 속성에서 **진하게, 기울임꼴, 밑줄, 취소선, 외곽선, 그림자, 양각, 음각, 위 첨자, 아래 첨자** 등을 설정할 수 있습니다. 가를 클릭하면 모든 속성이 해제되고 보통 모양으로 설정됩니다. 보통 모양의 단축키는 Alt + Shift + C 입니다.

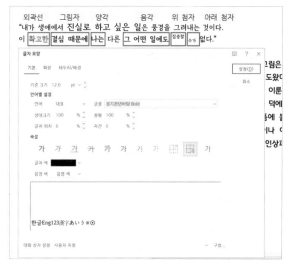

Point

- 위 첨자: Alt + Shift + P
- 아래 첨자: Alt + Shift + S

06. 음영을 설정하면 글자의 바탕색을 지정할 수 있습니다. 글자를 강조하기 위해 자주 사용합니다. 현재의 글자색을 음영색으로 설정하거나 현재의 음영색을 글자색으로 설정하면 **역상 문자**가 됩니다.

07. **확장** 탭에서 **그림자**를 설정하면 **그림자의 종류와 색** 등을 선택할 수 있습니다. **비연속**을 선택하면 글자와 그림자 사이에 간격이 생기고 **연속**을 선택하면 그림자와 글자 사이 간격이 그림자 색으로 채워집니다.

풍경화: 연속, 글자색(파랑 RGB(0, 0, 255)),
　　　　　 그림자 색(RGB(144, 234, 234)),
　　　　　 X 방향(10%), Y 방향(10%)

예술의 한 경지: 연속, 글자색(녹색 RGB(0, 128, 0)),
　　　　　 그림자 색(초록 60% 밝게),
　　　　　 X 방향(-20%), Y 방향(10%)

봄이나 여름: 연속, 글자색(선명한 보라 RGB(128, 0, 255)), 그림자 색(#EFCEF7),
　　　　　 X 방향(20%), Y 방향(20%)

Point

- **X 방향**은 그림자의 가로 위치입니다. 0보다 작은 값을 지정하면 글자의 왼쪽으로 이동하고 0보다 큰 값을 입력하면 오른쪽으로 이동합니다. **Y 방향**은 그림자의 세로 위치입니다. 0보다 작은 값을 입력하면 글자의 위쪽으로 이동하고 0보다 큰 값을 입력하면 글자의 아래쪽으로 이동합니다.
- 기본 탭의 그림자는 X 방향: 10%, Y 방향: 10%, 회색 30%의 비연속 그림자로 설정됩니다.

08. 밑줄의 방향을 선택한 후 **밑줄의 종류**와 색을 설정할 수 있습니다.

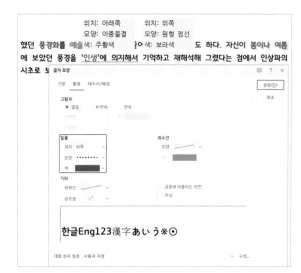

Point

밑줄을 해제하려면 **위치**에서 **없음**을 선택합니다.

09. 취소선의 **모양**을 선택한 후 **색**을 설정할 수 있습니다.

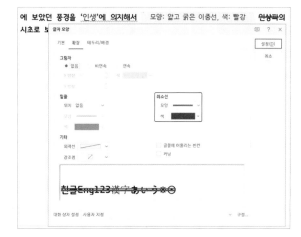

Point

취소선을 해제하려면 **모양**에서 **없음** ___ 을 선택합니다.

10. **외곽선**의 선 모양을 설정하면 다음과 같이 적용됩니다.

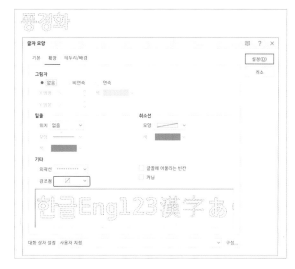

Point

외곽선을 해제하려면 **모양**에서 **없음** ___ 을 선택합니다.

11. 강조점을 설정하면 글자의 **위나 중간 또는 아래**에 강조점을 표시해 글자를 강조할 수 있습니다. 강조점은 글자의 색과 속성이 똑같이 적용됩니다.

여유 롭게 : 강조점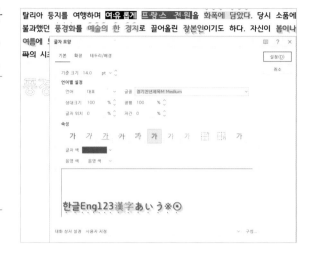

프랑스 전원 :

화폭에 담았다. :

풍경화 :

예술의 한 경지 :

장본인 :

Point

- 강조점을 이용해 **중국어, 베트남어, 태국어 성조**를 표현할 수 있습니다.
- 강조점에서 ⚬ 는 글자의 위치를 의미합니다. ⚬는 글자의 위에 표시하고 ●⚬ 는 글자의 왼쪽에 표시하며 ⚬ 는 글자의 아래에 표시합니다.
- **글꼴에 어울리는 빈칸**은 글꼴별로 빈칸의 크기를 따로 설정합니다. 해제하면 빈칸의 폭은 글자 크기의 1/2로 설정됩니다.

> 멈추지 않으면 얼마나 천천히 가는지는 문제가 되지 않는다. ⇨ 글꼴에 어울리는 빈칸 설정
> 멈추지 않으면 얼마나 천천히 가는지는 문제가 되지 않는다. ⇨ 글꼴에 어울리는 빈칸 해제

- **커닝**은 영문 두 글자 사이의 간격을 조절하는 것입니다. WA에서 글자 간격이 너무 넓어 보일 수 있으므로 W와 A 사이를 좁게 해서 보기 좋게 표시합니다.

> ALL TRULY GREAT THOUGHTS ARE CONCEIVED BY WALKING. ⇨ 커닝 해제
> ALL TRULY GREAT THOUGHTS ARE CONCEIVED BY WALKING. ⇨ 커닝 설정

12. **테두리/배경** 탭에서 **글자 테두리**를 설정할 수 있습니다. 종류와 굵기, 색을 설정한 후 방향을 설정합니다. 방향은 각각 ▯ 왼쪽, ▯ 오른쪽, ▭ 위쪽, ▭ 아래쪽, ☐ 바깥쪽입니다. 바깥쪽을 클릭하면 네 방향이 모두 설정됩니다.

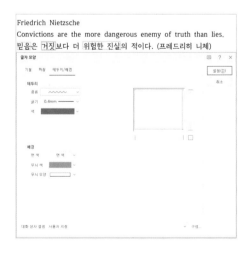

- 글자 테두리는 글자와 테두리 사이의 간격을 조절할 수 없어 자주 사용하지 않습니다. 오히려 입력 메뉴의 글상자를 사용하는 것이 좋습니다. 다만, 글상자에는 선 종류에 물결무늬가 없습니다.
- **테두리**를 해제하려면 종류에서 ⬚ 을 설정하고 **바깥쪽 방향**을 클릭합니다.

13. 테두리/배경 탭에서 **배경색**을 지정할 수 있습니다. 배경색은 음영색과 달리, 같은 줄의 다른 글자 크기와 무관하게 현재 글자의 크기에 맞게 적용됩니다. 또한 **무늬**와 **무늬색**을 적용할 수도 있습니다.

Convictions are the more dangerous enemy of truth than lies.
믿음은 거짓보다 더 위험한 진실의 적이다. (프레드리히 니체)

Point

배경을 해제하려면 **면 색**을 **없음**으로 설정하고 **무 늬 모양**도 **없음** ⬚ 으로 설정합니다.

50 문단 정렬 설정하기

문단 모양 중 문단의 배치 방식을 결정하는 기능입니다. 마우스 커서가 위치한 문단에 적용되고 여러 문단에 적용하려면 문단을 범위로 지정해야 합니다. 문단 모양을 설정할 때는 문단의 모든 글자가 범위에 포함될 필요가 없습니다.

○ Key Word **문단, 정렬**
예제 파일 Part1-Section50(문단 정렬)-예제.hwpx

01. 제목인 'A Christmas Carol'을 클릭한 후 정렬 방식 중 **가운데 정렬**을 클릭하거나 Ctrl + Shift + C 를 누릅니다. 제목은 가운데 정렬이 좋습니다.

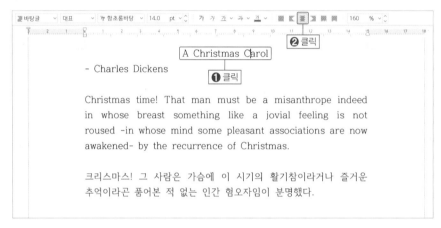

02. 작가의 이름을 클릭한 후 **오른쪽 정렬**을 클릭하거나 Ctrl + Shift + R 을 누릅니다.

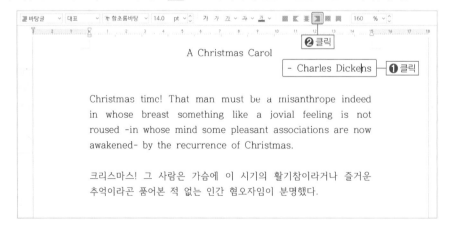

03. 영어로 된 본문 내용을 클릭한 후 **왼쪽 정렬**을 클릭하거나 Ctrl + Shift + L을 누릅니다. 영문은 단어 정렬로 빈칸의 너비 간격이 매 줄마다 달라지므로 왼쪽 정렬을 하는 경우가 많습니다.

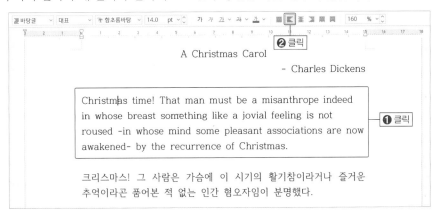

04. 과일이 입력된 여러 문단에 정렬 방식을 설정하기 위해 과일부터 애플망고까지 드래그해 범위로 지정합니다. **배분 정렬** ▤을 클릭하거나 Ctrl + Shift + T를 누릅니다.

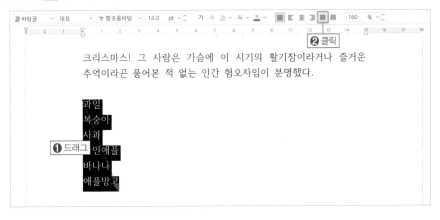

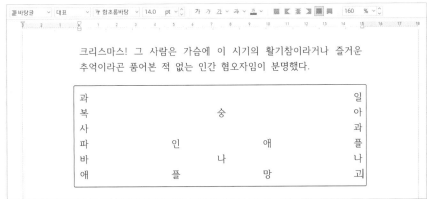

05. 독서 목록 내용을 범위로 지정한 후 **나눔 정렬**■을 클릭합니다. 각 단어 사이의 간격이 자동으로 조절돼 양쪽 끝이 맞춰집니다. 글자 단위로 분리되지 않고 단어 단위로만 분리됩니다.

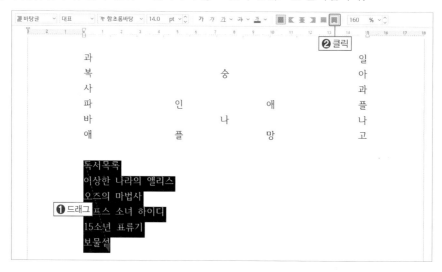

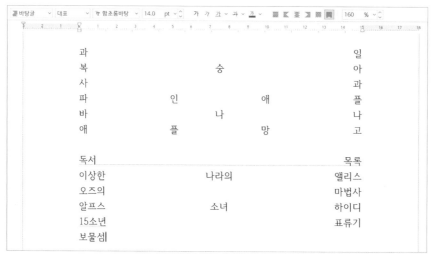

줄 나눔 기준 설정

01. 기본적으로 한글은 **글자** 단위로 줄 바꿈하고 영문은 **단어** 단위로 줄 바꿈합니다. 이 기준은 [문단 모양] 대화상자에서 변경할 수 있습니다.

02. 예제 파일의 2쪽 내용을 범위로 지정한 후 **편집** 탭 ⇨ **문단 모양**을 클릭하거나 Alt + T를 누릅니다. 한글 단위는 글자를 **어절**, 영어 단위는 단어를 **하이픈**으로 변경합니다.

03. 다음과 같이 줄 나눔 기준이 변경됩니다. **영어 단위**가 **하이픈**으로 바뀌었으므로 단어를 입력할 공간이 부족한 경우 한 단어가 두 줄로 분리되고 분리된 단어 사이에 하이픈이 표시됩니다. **한글 단위가 어절**로 바뀌었으므로 **단어**를 입력할 공간이 부족한 경우 **마지막 단어를 다음 줄에 표시**하고 남은 공간은 각 단어 사이의 빈칸이 나눠 갖습니다. 따라서 공백이 다른 줄에 비해 넓게 적용될 수도 있습니다.

04. 문단 모양에서 **최소 공백**을 작게 설정하면 줄 끝의 단어가 분리되지 않도록 조절하기 위한 **단어 사이 간격의 최소 크기**를 설정할 수 있습니다. 최소 공백이 작을수록 최대한 단어가 분리되지 않고 윗줄에 표시됩니다.

51 줄 간격 설정하기

선택된 문단의 줄과 줄 사이 간격을 설정합니다. 기본값은 160%이고 0~500%까지 설정할 수 있습니다. 줄 간격의 단위를 비율로 설정하거나 고정 값으로 설정할 수 있습니다.

Key Word **문단 모양, 줄 간격**
예제 파일 Part1-Section51(문단 줄 간격)-예제.hwpx

01. 줄 간격을 설정할 문단을 클릭한 후 서식 도구에서 줄 간격의 펼침 버튼 ∨을 클릭합니다. 160%보다 작은 값을 선택하면 기존 줄 간격보다 좁아지고 160%보다 큰 값을 선택하면 넓어집니다. 오른쪽 본문 중 첫 번째 문단의 줄 간격은 200%, 두 번째 문단의 줄 간격은 160%를 설정했습니다.

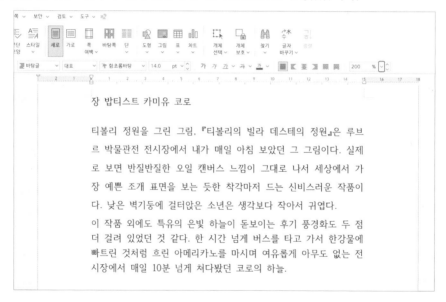

Point

- 스핀 버튼 ⌃을 클릭하면 5%씩 넓히거나 줄일 수 있습니다.
- 수치를 직접 입력할 수도 있습니다. 다만, 수치를 직접 입력한 후에는 반드시 Enter를 눌러야 합니다.

02. [문단 모양] 대화상자에서 **줄 간격의 종류**를 설정할 수 있습니다. **편집 탭** ⇨ **문단 모양** (Alt + T) ⇨ **줄 간격**을 누릅니다. **글자에 따라** 현재 줄의 맨 위에서 다음 줄의 맨 위까지의 간격을 비율로 지정하고 그 문단에서 가장 큰 글씨의 높이에 비례해 설정됩니다.

티볼리의 빌라 데스테의 정원	글자에 따라 : 200%
티볼리의 빌라 데스테의 정원	

03. **고정 값**은 현재 줄의 맨 위에서 다음 줄의 맨 위까지의 간격을 포인트로 지정합니다.

티볼리의 빌라 데스테의 정원	고정값 : 30pt
티볼리의 빌라 데스테의 정원	

04. **여백만 지정**은 현재 줄의 맨 아래에서 다음 줄의 맨 위까지의 간격을 포인트로 지정합니다.

티볼리의 빌라 데스테의 정원	
	여백만 지정 : 30pt
티볼리의 빌라 데스테의 정원	

05. **최소**는 **최소 줄 간격**입니다. 즉, 현재 줄의 맨 위에서 다음 줄의 맨 위까지의 간격을 입력한 값만큼 일정하게 띄우되, 설정한 최솟값 이하로는 적용하지 않습니다.

티볼리의 빌라 데스테의 정원 티볼리의 빌라 데스테의 정원	최소 : 20pt

Tip

- **줄 간격 좁게**(Alt + Shift + A): 한 번 누를 때마다 줄 간격을 10%씩 좁힙니다.
- **줄 간격 넓게**(Alt + Shift + Z): 한 번 누를 때마다 줄 간격을 10%씩 넓힙니다.

52 문단 위, 아래 설정하기

문단과 문단 사이의 간격은 줄 간격과 동일합니다. 하지만 문단 모양에서 문단 위 또는 아래의 여백을 지정하면 줄 간격에 추가로 지정된 값만큼 간격이 넓어집니다.

Key Word **문단 간격, 문단 위, 문단 아래**
예제 파일 Part1-Section52(문단 위아래)-예제.hwpx

01. 예제 파일의 두 번째 문단을 클릭한 후 **편집** 탭 ⇨ **문단 모양**(Alt + T) ⇨ **문단 위**를 클릭한 후 **10**을 입력합니다. 현재 문단과 위 문단 사이의 간격이 10pt만큼 넓어집니다. 그런 다음 **문단 아래**를 클릭하고 **20**을 입력합니다. 현재 문단과 아래 문단 사이의 간격이 20pt만큼 넓어집니다.

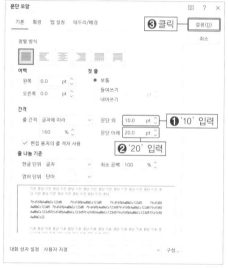

02. 다음과 같이 문단 사이의 간격이 달라집니다.

장 밥티스트 카미유 코로

티볼리 정원을 그린 그림, 『티볼리의 빌라 데스테의 정원』은 루브르 박물관 전 전시장에서 내가 매일 아침 보았던 그 그림이다. 실제로 보면 반질반질한 오일 캔버스 느낌이 그대로 나서 세상에서 가장 예쁜 조개 표면을 보는 듯한 착각마저 드는 신비스러운 작품이다. 낮은 벽기둥에 걸터앉은 소년은 생각보다 작아서 귀엽다.

이 작품 외에도 특유의 은빛 하늘이 돋보이는 후기 풍경화도 두 점 더 걸려 있었던 것 같다. 한 시간 넘게 버스를 타고 가서 한강물에 빠트린 것처럼 흐린 아메리카노를 마시며 여유롭게 아무도 없는 전시장에서 매일 10분 넘게 쳐다봤던 코로의 하늘.

캔버스를 벗 삼아 연인 삼아 자연과 교감하며 살아갔을 그의 평온한 인생도 '꾸준함'을 빼고는 남는 것이 없어 보인다. 정작 그의 그림을 배경 삼아 커피나 홀짝이던 시절에는 깨닫지 못한 사실이지만. 가만히 들여다보면 놀라울 만큼 어두운 회색이 나무 속에 숨겨져 있다.

문단 위: 10pt

문단 아래: 20pt

---

53 문단 보호 설정하기

내용이 두 페이지 이상의 길이를 차지할 때 하나의 문단이 두 페이지로 분리될 수 있습니다. 만약, 문단이 분리돼 내용이 끊어지는 것을 원하지 않는다면 문단 보호 기능을 설정해 하나의 문단이 두 페이지로 분리되지 않도록 해야 합니다.

Key Word 문단 모양, 문단 보호, 외톨이줄
예제 파일 Part1-Section53(다음 문단과 함께)-예제.hwpx, Part1-Section53(문단 보호)-예제.hwpx,
Part1-Section53(문단 앞에서 항상 쪽 나눔)-예제.hwpx, Part1-Section53(외톨이줄 보호)-예제.hwpx

01. Part1-Section53(문단 보호)-예제.hwpx에서 첫 번째 페이지의 마지막 문단이 두 페이지로 분리됐습니다. **해당 문단을 클릭합니다.**

코로가 남긴 수백 장의 스케치가 그걸 증명한다. 대형 살롱전에 출품했던 대작들은 모두 그가 매일 연습한 스케치가 있었기에 가능했다. 한 작가의 한 작품이 오라를 뿜어내려면 천 시간이 넘는 수련이 필요하다. 한 도예가의 한 작품이 상품적 가치를 가지려면 1만 개의 실패작이 있어야 한다.

원인을 알 수 없는 권태가 찾아올 것이 분명한 가을이 오면, 다시 시카고

미술관에 가서 코로의 섬세한 스케치나 실컷 구경하고 오고 싶다. 화려한 풍경화에 정신 팔려서 지나쳤을 것이 분명하므로….

02. 문단을 클릭한 후 **편집** 탭 ⇨ **문단 모양**(Alt + T) ⇨ **확장** ⇨ **문단 보호**를 클릭합니다. **설정을 클릭합니다.**

03. 전체 문단이 다음 페이지로 이동합니다.

> 코로가 남긴 수백 장의 스케치가 그걸 증명한다. 대형 살롱전에 출품했던 대작들은 모두 그가 매일 연습한 스케치가 있었기에 가능했다. 한 작가의 한 작품이 오라를 뿜어내려면 천 시간이 넘는 수련이 필요하다. 한 도예가의 한 작품이 상품적 가치를 가지려면 1만 개의 실패작이 있어야 한다.
>
> 원인을 알 수 없는 권태가 찾아올 것이 분명한 가을이 오면, 다시 시카고 미술관에 가서 코로의 섬세한 스케치나 실컷 구경하고 오고 싶다. 화려한 풍경화에 정신 팔려서 지나쳤을 것이 분명하므로….

04. 외톨이줄 보호를 선택하면 전체 문단 중에서 마지막 줄만 다음 페이지에 표시되는 것을 방지합니다. Part1-Section53(외톨이줄 보호)-예제. hwpx에서 첫 번째 페이지의 마지막 문단의 마지막 줄이 2페이지로 분리돼 있습니다. 해당 문단을 클릭합니다.

> 코로가 남긴 수백 장의 스케치가 그걸 증명한다. 대형 살롱전에 출품했던 대작들은 모두 그가 매일 연습한 스케치가 있었기에 가능했다. 한 작가의 한 작품이 오라를 뿜어내려면 천 시간이 넘는 수련이 필요하다. 한 도예가의 한 작품이 상품적 가치를 가지려면 1만 개의 실패작이 있어야 한다.
>
> 원인을 알 수 없는 권태가 찾아올 것이 분명한 가을이 오면, 다시 시카고
>
> 미술관에 가서 코로의 섬세한 스케치나 실컷 구경하고 오고 싶다. |
>
> "거장 화가라면 으레 소묘를 다작했다. 흠모하는 작품을 모사해두는가 하면, 나중에 쓸모 있을 듯한 아이디어가 샘솟거나 이런저런 생각이 어수선하게 피어오를 때 이를 정리하고자 크로키형식으로 그리기도 했다."

05. 편집 탭 ⇨ **문단 모양**(Alt + T) ⇨ **확장** ⇨ **외톨이줄 보호**를 클릭합니다. **설정**을 클릭합니다.

06. 한 줄만 다음 페이지에 표시되는 것을 막기 위해 앞 페이지에 공간이 있는데도 마지막 **두 줄이 다음 페이지로 이동**해 표시됩니다.

코로가 남긴 수백 장의 스케치가 그걸 증명한다. 대형 살롱전에 출품했던 대작들은 모두 그가 매일 연습한 스케치가 있었기에 가능했다. 한 작가의 한 작품이 오라를 뿜어내려면 천 시간이 넘는 수련이 필요하다. 한 도예가의 한 작품이 상품적 가치를 가지려면 1만 개의 실패작이 있어야 한다.

원인을 알 수 없는 권태가 찾아올 것이 분명한 가을이 오면, 다시 시카고 미술관에 가서 코로의 섬세한 스케치나 실컷 구경하고 오고 싶다.

07. 다음 문단과 함께를 제목 문단에 설정하면 제목만 이전 페이지에 표시되는 것을 방지할 수 있습니다. Part1-Section53(다음 문단과 함께)-**예제**.hwpx 파일에서 첫 페이지의 마지막 문단을 클릭합니다.

코로가 남긴 수백 장의 스케치가 그걸 증명한다. 대형 살롱전에 출품했던 대작들은 모두 그가 매일 연습한 스케치가 있었기에 가능했다. 한 작가의 한 작품이 오라를 뿜어내려면 천 시간이 넘는 수련이 필요하다. 한 도예가의 한 작품이 상품적 가치를 가지려면 1만 개의 실패작이 있어야 한다.

필리프 코스타마냐, 『안목에 대하여』

"거장 화가라면 으레 소묘를 다작했다. 흠모하는 작품을 모사해두는가 하면, 나중에 쓸모 있을 듯한 아이디어가 샘솟거나 이런저런 생각이 어수선하게 피어오를 때 이를 정리하고자 크로키형식으로 그리기도 했다."
- 김세은 옮김. 아날로그(글담). 2017

08. 편집 탭 ⇨ 문단 모양(Alt + T) ⇨ 확장 ⇨ 다음 문단과 함께를 선택합니다. 설정을 클릭합니다.

09. 다음과 같이 제목이 다음 페이지로 이동합
니다.

> 코로가 남긴 수백 장의 스케치가 그걸 증명한다. 대형 살롱전에 출품했던 대작들은 모두 그가 매일 연습한 스케치가 있었기에 가능했다. 한 작가의 한 작품이 오라를 뿜어내려면 천 시간이 넘는 수련이 필요하다. 한 도예가의 한 작품이 상품적 가치를 가지려면 1만 개의 실패작이 있어야 한다.
>
> 필리프 코스타마냐, 『안목에 대하여』
> "거장 화가라면 으레 소묘를 다작했다. 흠모하는 작품을 모사해두는가 하면, 나중에 쓸모 있을 듯한 아이디어가 샘솟거나 이런저런 생각이 어수선하게 피어오를 때 이를 정리하고자 크로키형식으로 그리기도 했다."

10. 문단 앞에서 항상 쪽 나눔을 설정하면 해당 문
단은 항상 다음 페이지의 첫 문단이 됩니다. 제목
에 설정하면 매우 유용합니다. Part1-Section53
(**문단 앞에서 항상 쪽 나눔**)-예제.hwpx에서 첫
페이지의 마지막 줄을 클릭합니다.

> 대작들은 모두 그가 매일 연습한 스케치가 있었기에 가능했다. 한 작가의 한 작품이 오라를 뿜어내려면 천 시간이 넘는 수련이 필요하다. 한 도예가의 한 작품이 상품적 가치를 가지려면 1만 개의 실패작이 있어야 한다.
>
> 필리피 코스타마냐, 『안목에 대하여』
>
> 클릭
>
> "거장 화가라면 으레 소묘를 다작했다. 흠모하는 작품을 모사해두는가 하면, 나중에 쓸모 있을 듯한 아이디어가 샘솟거나 이런저런 생각이 어수선하게 피어오를 때 이를 정리하고자 크로키형식으로 그리기도 했다."
> - 김세은 옮김. 아날로그(글담). 2017

11. 편집 탭 ⇨ **문단 모양**(Alt + T) ⇨ **확장** ⇨ **문단 앞에서
항상 쪽 나눔**을 설정합니다.

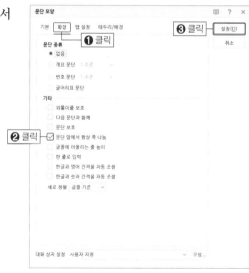

12. 다음과 같이 제목이 다음 페이지로 이동합니다.

대작들은 모두 그가 매일 연습한 스케치가 있었기에 가능했다. 한 작가의 한 작품이 오라를 뿜어내려면 천 시간이 넘는 수련이 필요하다. 한 도예가의 한 작품이 상품적 가치를 가지려면 1만 개의 실패작이 있어야 한다.

필리프 코스타마냐, 『안목에 대하여』
"거장 화가라면 으레 소묘를 다작했다. 흠모하는 작품을 모사해두는가 하면, 나중에 쓸모 있을 듯한 아이디어가 샘솟거나 이런저런 생각이 어수선하게 피어오를 때 이를 정리하고자 크로키형식으로 그리기도 했다."
- 김세은 옮김. 아날로그(글담). 2017

54 한 줄로 입력하기

1~5자 정도의 내용이 다음 줄로 내려간다면 상당히 많은 공간을 낭비하게 되고 보기에도 좋지 않습니다. 이때 직접 장평이나 자간을 조절해 한 줄로 만들 수도 있지만, 문단 모양의 기능을 이용하면 좀 더 빠르게 해결할 수 있습니다.

> Key Word **문단 모양, 한 줄로 입력하기**
> 예제 파일 Part1-Section54(한 줄로 입력)-예제.hwpx

01. 예제 파일을 불러온 후 Ctrl + A를 눌러 문서 전체를 범위로 지정합니다. **편집** 탭 ➡ **문단 모양**(Alt + T) ➡ **확장** ➡ **한 줄로 입력**을 설정합니다.

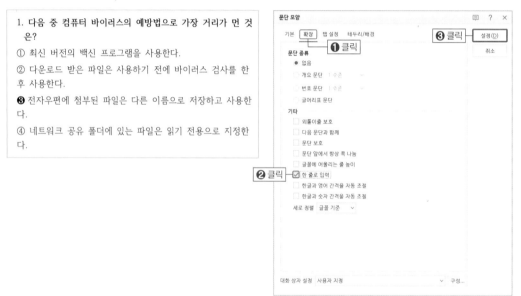

02. 다음과 같이 모든 내용이 한 줄로 표시됩니다.

1. 다음 중 컴퓨터 바이러스의 예방법으로 가장 거리가 먼 것은?
① 최신 비전의 백신 프로그램을 사용한다.
② 다운로드 받은 파일은 사용하기 전에 바이러스 검사를 한 후 사용한다.
❸ 전자우편에 첨부된 파일은 다른 이름으로 저장하고 사용한다.
④ 네트워크 공유 폴더에 있는 파일은 읽기 전용으로 지정한다.|

55 문단 여백 설정하기

특정 문단의 시작 위치를 다르게 설정할 때 문단의 왼쪽 여백을 설정합니다. 오른쪽 여백을 설정할 수도 있습니다.

Key Word 문단 모양, 문단 여백
예제 파일 Part1-Section55(문단 여백)-예제.hwpx

01. 예제 파일에서 플리마켓~놀이터 문단을 드래그해 범위로 지정합니다.

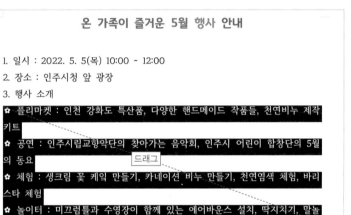

02. 서식 탭을 클릭한 후 다음과 같이 정리되도록 ▣를 여러 번 클릭하거나 Ctrl + Alt + F6을 여러 번 누릅니다. 다시 왼쪽 여백을 줄이고 싶다면 Ctrl + Alt + F5를 누릅니다.

온 가족이 즐거운 5월 행사 안내

1. 일시 : 2022. 5. 5(목) 10:00 ~ 12:00
2. 장소 : 인주시청 앞 광장
3. 행사 소개
　✿ 플리마켓 : 인천 강화도 특산품, 다양한 핸드메이드 작품들, 천연비누 제작 키트
　✿ 공연 : 인주시립교향악단의 찾아가는 음악회, 인주시 어린이 합창단의 5월의 동요
　✿ 체험 : 생크림 꽃 케잌 만들기, 카네이션 비누 만들기, 천연염색 체험, 바리스타 체험
　✿ 놀이터 : 미끄럼틀과 수영장이 함께 있는 에어바운스 설치, 딱지치기, 말놀이 등의 다양한 놀이체험

- Ctrl + Alt + F5 / Ctrl + Shift + E: 문단의 왼쪽 여백이 1pt씩 줄어듭니다.
- Ctrl + Alt + F6 / Ctrl + Shift + G: 문단의 왼쪽 여백이 1pt씩 늘어납니다.
- Ctrl + Alt + F8 / Ctrl + Shift + F: 문단의 오른쪽 여백이 1pt씩 줄어듭니다.
- Ctrl + Alt + F7 / Ctrl + Shift + D: 문단의 오른쪽 여백이 1pt씩 늘어납니다.

|문단 모양| 대화상자 활용하기

편집 탭 ⇨ **문단 모양(**Alt + T**)** ⇨ **왼쪽 여백**을 클릭한 후 **18**을 입력합니다. 안내문에서 특정 번호의 하위 내용에 대한 왼쪽 여백을 설정할 때 번호, 마침표, 빈칸의 크기만큼 여백을 설정하며 번호, 마침표, 빈칸은 한글 크기의 1/2이므로 글자 크기의 약 150%로 설정합니다. 글자 크기가 12pt일 때는 18pt, 글자 크기가 14pt일 때는 21pt로 설정합니다. 정확한 수치는 글꼴에 따라 달라집니다.

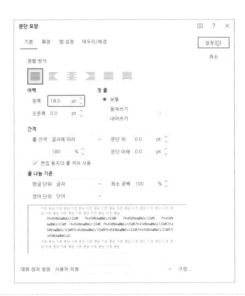

Point

- **오른쪽 여백**을 설정하면 선택된 문단의 오른쪽 공간이 다른 문단에 비해 넓게 설정됩니다.
- 눈금자의 **여백 표시를 드래그**해 여백을 설정할 수도 있습니다.

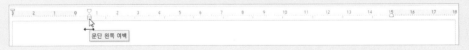

- ⧗ : ⊣ 왼쪽 여백, △ 나머지 줄 시작 위치, ▽ 첫 줄 시작 위치, ⬚ : 오른쪽 여백

  Alt**를 누른 채 드래그**하면 여백이 숫자로 표시돼 정확한 여백을 설정할 수 있습니다.

Section

56 문단 첫 줄 들여쓰기와 내어쓰기

한 문단에서 첫 줄의 시작 위치가 다른 줄에 비해 오른쪽으로 들어가 시작하면 '들여쓰기', 왼쪽으로 나와서 시작하면 '내어쓰기'입니다.

➔ Key Word 문단 모양, 들여쓰기, 내어쓰기
예제 파일 Part1-Section56(들여쓰기)-예제.hwpx

01. 예제 파일을 불러온 후 '가정의 달' 문단을 클릭합니다. 서식 탭에서 **첫 줄 들여쓰기** 를 여러 번 클릭합니다. 단축키는 Ctrl + F6 입니다.

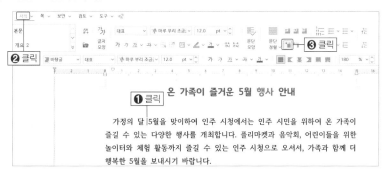

02. 플리마켓 문단부터 놀이터 문단까지는 행사의 제목이 눈에 잘 띄도록 제목 아래에 글자가 입력되지 않는 것이 좋습니다. 이때 이용하는 것이 **첫 줄 내어쓰기**입니다. 플리마켓 문단을 클릭한 후 **서식** 탭에서 **첫 줄 내어쓰기** 를 여러 번 클릭합니다. 단축키는 Ctrl + F5 입니다.

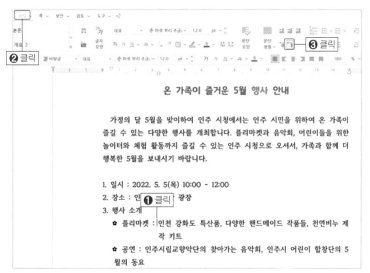

03. 첫 줄 내어쓰기는 단축키를 이용할 수도 있습니다. 공연 문단에서 나머지 줄이 시작해야 할 위치, 즉 '인주시립교향악단' 앞을 클릭합니다. 그런 다음 Shift + Tab 을 누릅니다. 나머지 줄들이 현재 마우스 커서 위치로 이동합니다. 같은 방법으로 나머지 문단들도 첫 줄 내어쓰기를 실행합니다. 다만, Shift + Tab 은 여러 문단에 대해 한 번에 실행할 수 없습니다.

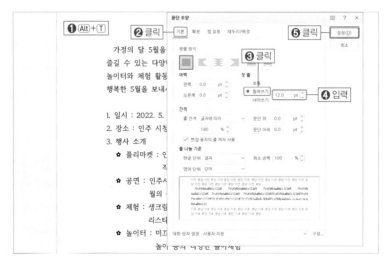

04. [문단 모양] 대화 상자를 실행해 들여쓰기와 내어쓰기의 수치를 직접 입력할 수도 있습니다. 일반적으로 문단의 첫 줄에서 사용하는 첫 줄 들여쓰기는 글자 한 자만큼 실행하므로 **글자 크기와 같은 숫자**를 입력합니다.

Point

내어쓰기는 문단에 적용된 왼쪽 여백과 나머지 줄이 시작되는 위치까지의 글자 수만큼 더해 입력합니다. 다만, 계산이 복잡해질 수 있으므로 Shift + Tab 을 이용하는 것이 좋습니다.

57 탭

탭은 표를 이용하지 않고 여러 항목을 세로로 정렬된 위치에 입력할 때 이용합니다. 왼쪽, 오른쪽, 가운데, 소수점 정렬 탭을 활용할 수 있고 사용자가 탭 간격을 지정하지 않았을 때의 기본 탭 간격은 40pt, 영문 8자 간격입니다.

↪ Key Word 문단 모양, 탭, 소수점 정렬

01. 글자 크기를 **12pt**로 설정합니다. 눈금자의 **1cm** 위치에서 마우스 오른쪽 버튼을 클릭하면 나타나는 단축 메뉴에서 **왼쪽 탭**을 클릭합니다. 왼쪽 탭은 입력되는 글자의 왼쪽을 기준으로 정렬합니다.

02. 눈금자의 **5cm** 위치에서 마우스 오른쪽 버튼을 클릭하면 나타나는 단축 메뉴에서 **가운데 탭**을 클릭합니다. 가운데 탭은 입력되는 글자의 가운데를 기준으로 정렬합니다.

03. 눈금자의 **10cm** 위치에서 마우스 오른쪽 버튼을 클릭하면 나타나는 단축 메뉴에서 **오른쪽 탭**을 클릭합니다. 오른쪽 탭은 입력되는 글자의 오른쪽을 기준으로 정렬합니다.

04. 눈금자의 **13cm** 위치에서 마우스 오른쪽 버튼을 클릭하면 나타나는 단축 메뉴에서 **소수점 탭**을 클릭합니다. 소수점 탭은 입력되는 숫자의 소수점을 기준으로 정렬합니다.

05. 선택한 정렬에 따라 **탭**의 모양이 달라진다는 것을 알 수 있습니다.

06. 첫 번째 왼쪽 탭에 내용을 입력하기 위해 Tab을 한 번 누릅니다. **사과**를 입력합니다. Tab ⇨ 파인애플 ⇨ Tab ⇨ 바나나 ⇨ Tab ⇨ 53.2를 입력합니다.

07. Enter를 누른 후 Tab을 누르고 위와 같은 방법으로 내용을 입력합니다. 다음과 같이 각각의 항목이 탭의 설정 기준에 맞춰 입력된 것을 알 수 있습니다. 특히, **소수점 탭**은 숫자의 길이와 상관없이 소수점을 기준으로 정렬하므로 숫자의 단위를 정확하게 구분할 수 있습니다.

사과	파인애플	바나나	53.2
밤	레몬	콩	3.569
양상추	청포도	딸기	895.23
아보카도	배	브로콜리	15.87953

08. 탭의 설정을 수정하려면 범위로 지정한 후 **문단 모양**(Alt + T) ⇨ **탭 설정**을 클릭합니다. 탭 목록에서 **오른쪽 탭**을 클릭합니다. 채울 모양에서 **점선**을 선택한 후 **추가**를 클릭합니다. **설정**을 클릭합니다.

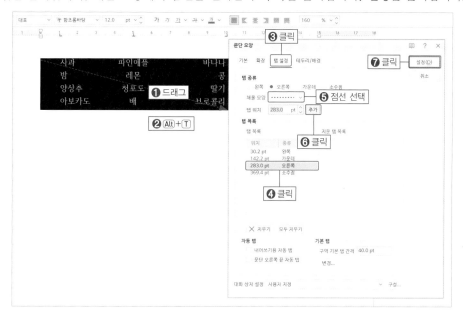

09. 다음과 같이 선택한 탭에 점선이 설정됩니다.

사과	파인애플 ····················· 바나나	53.2
밤	레몬 ······································ 콩	3.569
양상추	청포도 ······························ 딸기	895.23
아보카도	배 ······························ 브로콜리	15.87953

Point

- 눈금자에서 마우스 오른쪽 버튼을 클릭하면 나타나는 단축 메뉴에서 **탭 설정**을 클릭해도 됩니다.
- **탭 설정**에서 **탭**을 클릭한 후 ✕ 지우기 를 클릭하면 선택된 탭이 삭제됩니다. 모두 지우기 를 클릭하면 선택된 문단에 설정된 모든 탭이 삭제됩니다.

58 탭 설정 이용해 차례 만들기

오른쪽 탭과 채우기 기능을 이용하면 차례 페이지를 쉽게 만들 수 있습니다.

ⓞ Key Word **문단 모양, 탭, 차례, 점선 채우기**

01. 새 문서에서 글자 크기를 12pt로 설정한 후 눈금자의 오른쪽 끝부분에서 마우스 오른쪽 버튼을 누르면 나타나는 단축 메뉴에서 **오른쪽 탭**을 클릭합니다.

02. 문단 모양(Alt + T) ➾ 탭 설정을 클릭합니다. 채울 모양을 **점선**으로 선택한 후 **추가**를 클릭하고 설정을 클릭합니다.

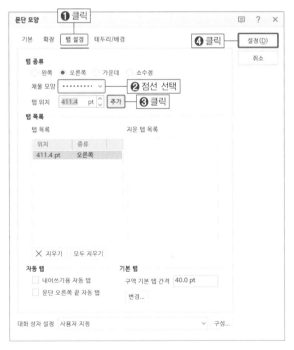

03. '**차   례**'를 입력한 후 `Enter`를 두 번 누릅니다. `Ctrl` + `Shift` + `Insert`를 누르면 문단 번호가 자동으로 입력됩니다.

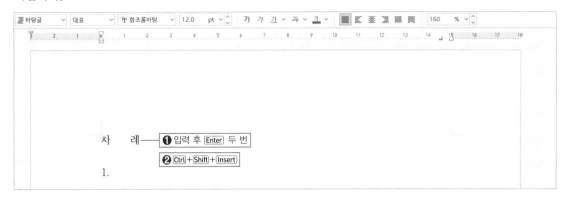

04. 글을 **입력**한 후 `Tab`을 누르고 **쪽 번호**를 입력합니다. `Enter`를 누르면 2.가 자동으로 입력됩니다. 2번의 **내용을 입력**한 후 `Tab`을 누르고 **쪽 번호**를 입력합니다. 같은 방법으로 모든 내용을 입력합니다.

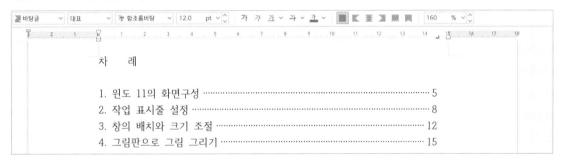

05. 차례를 클릭한 후 **가운데 정렬** 을 클릭하거나 `Ctrl` + `Shift` + `C`를 눌러 가운데 정렬을 설정합니다.

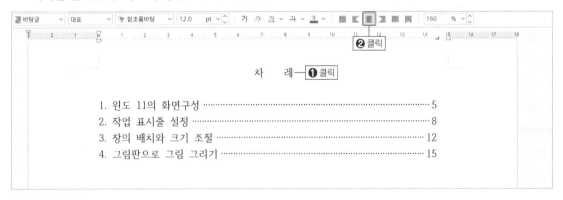

59 문단 첫 글자 장식하기

문단의 첫 글자를 크게 표현해 강조할 수 있습니다. 단, 범위로 지정하지 않고 해당 문단을 클릭해 실행해야 합니다.

→ KeyWord **문단 모양, 문단 첫 글자 장식**
예제 파일 Part1-Section59(문단 첫 글자 장식)-예제.hwpx

01. 첫 글자 장식을 실행할 문단을 **클릭**합니다. 글을 범위로 지정하면 첫 글자 장식을 실행할 수 없습니다. **서식 탭 ⇨ 문단 첫 글자 장식**을 클릭합니다.

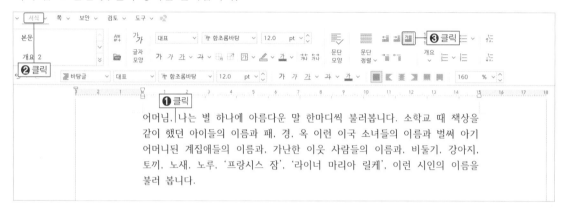

02. 모양에서 2줄을 클릭합니다. 글꼴과 선 종류, 선 굵기, 선 색, 면 색 등을 선택한 후 **설정**을 클릭합니다.

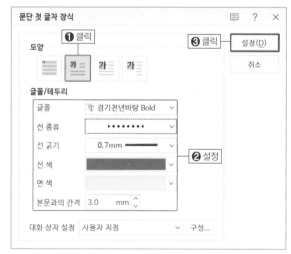

03. 다음과 같이 문단 첫 글자 장식이 설정됩니다.

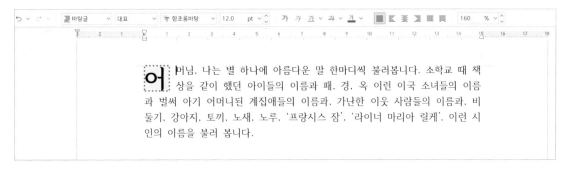

04. 문단 첫 글자 장식으로 설정된 글자를 범위로 지정한 후 글꼴, 글자색 등을 변경할 수도 있습니다.

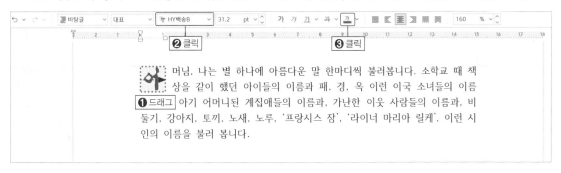

05. 다음과 같이 선 종류는 **없음**을 설정한 후 면 색을 **진한 색**으로 설정하고 글자색을 **연한 색**으로 설정할 수도 있습니다.

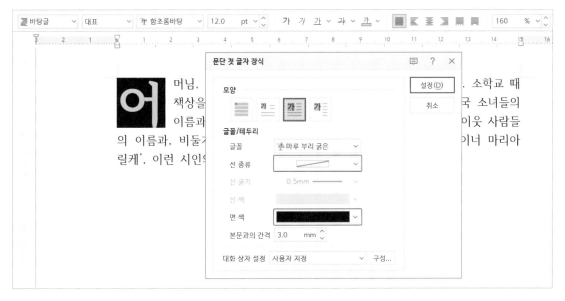

06. 문단 첫 글자 장식을 해제하려면 문단 첫 글자 장식 아이콘을 클릭한 후 **없음**을 클릭하고 설정을 클릭합니다.

Tip ·

문단 첫 글자 장식의 모양

- ▤ 없음: 문단 첫 글자 장식을 **해제**합니다.
- ▥ 2줄: 첫 글자의 크기를 **2줄**만큼 설정합니다.
- ▥ 3줄: 첫 글자의 크기를 **3줄**만큼 설정합니다.
- ▥ 여백: 첫 글자의 크기를 **3줄**만큼 설정한 후 **왼쪽 여백**에 표시합니다. 화면에 여백이 표시되지 않으면 보이지 않으므로 **보기** 탭 ⇨ **쪽 윤곽**을 선택해야 합니다.

60 글머리표 설정하기

안내문이나 공문에서 항목들을 연속으로 입력할 때 선택한 글머리표를 문단 처음에 자동으로 표시합니다.

⊙ Key Word 문단 모양, 글머리표

01. 행사 안내를 입력한 후 Enter 를 누릅니다. **서식** 탭 ⇨ **글머리표** 🔲의 펼침 버튼 ∨을 클릭한 후 표시할 글머리표를 클릭합니다.

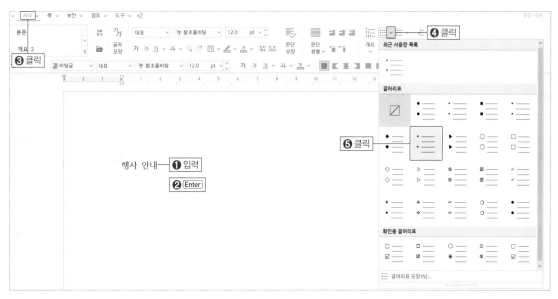

02. 내용을 입력한 후 Enter 를 누릅니다.

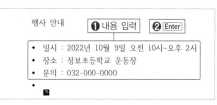

03. Enter 를 누르면 글머리표가 자동으로 표시됩니다. 글자를 입력하지 않고 다시 Enter 를 누르면 글머리표가 사라집니다. 만약, 글머리표가 사라지지 않으면 Ctrl + Shift + Delete 를 눌러 글머리표를 해제합니다.

```
행사 안내

◆ 일시 : 2022년 10월 9일 오전 10시~오후 2시
◆ 장소 : 정보초등학교 운동장
◆ 문의 : 032-000-0000
|
```

04. 확인용 글머리표를 입력하면 마우스로 클릭해 해당 항목을 선택하거나 해제할 수 있습니다. 관심 분야를 입력한 후 Enter를 누르고 **서식** 탭 ⇨ **글머리표**📋의 펼침 버튼∨을 클릭합니다. **확인용 글머리표**에서 마음에 드는 글머리표를 클릭합니다.

05. Enter를 누르면서 항목을 입력한 후 마지막에 Enter를 두 번 눌러 글머리표를 해제합니다.

행사 안내

◆ 일시 : 2022년 10월 9일 오전 10시~오후 2시
◆ 장소 : 정보초등학교 운동장
◆ 문의 : 032-000-0000

관심 분야
☐ 문학
☐ 과학
☐ 철학
☐ 역사
☐ 고전
☐ 컴퓨터

06. 선택할 항목에서 글머리표를 클릭하면 다음과 같이 체크 표시가 나타납니다.

행사 안내

◆ 일시 : 2022년 10월 9일 오전 10시~오후 2시
◆ 장소 : 정보초등학교 운동장
◆ 문의 : 032-000-0000

관심 분야
☐ 문학
☐ 과학
☑ 철학
☐ 역사
☐ 고전
☑ 컴퓨터

Point

Ctrl + Shift + Delete를 누르면 글머리 기호가 원 모양●으로 설정됩니다.

61 글머리표 사용자 정의 모양 설정하기

사용자 정의를 이용하면 글머리표의 글자 모양과 글머리표 위치 등을 설정하거나 저장할 수 있습니다. 이렇게 설정한 모양을 저장해 다른 파일에서 활용할 수도 있습니다.

👉 Key Word 문단 모양, 글머리표, 사용자 정의
예제 파일 Part1-Section61(글머리표 사용자 정의)-예제.hwpx

01. 글머리표가 적용된 부분을 범위로 지정한 후 **서식** 탭 ➡ **글머리표** 의 펼침 버튼 을 클릭하고 글머리표 모양을 클릭합니다.

Point

서식 메뉴 옆의 펼침 버튼 ➡ **문단 번호 모양** 또는 단축키(Ctrl + K + N)를 누른 후 **글머리표** 탭을 클릭해도 됩니다.

02. 사용자 정의를 클릭합니다.

03. 글자 모양 지정을 클릭해 선택한 후 글자 모양을 클릭합니다.

04. 글자색, 속성 등을 선택한 후 설정을 클릭합니다.

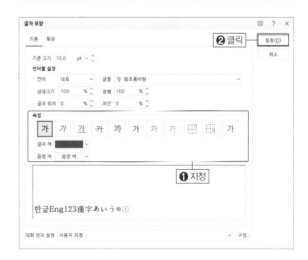

05. 본문 글자 크기 따름을 클릭합니다. 글머리표가 표시된 글자의 크기가 달라지면 글머리표의 크기도 자동으로 변경됩니다. **너비 조정**에 숫자를 입력한 후 정렬을 **오른쪽**으로 설정합니다. 글머리표가 표시된 문단에 항상 왼쪽 여백이 설정되고 글머리 기호는 너비의 오른쪽으로 정렬됩니다.

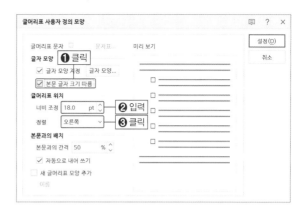

06. 설정한 모양을 다음에도 사용할 수 있도록 **새 글머리표 모양 추가**를 클릭합니다. **이름을 입력**한 후 **설정**을 클릭합니다. 다시 한번 **설정**을 클릭합니다.

Point

너비 조정의 수치는 문단의 왼쪽 여백을 설정할 때와 마찬가지로 일반적인 글자 크기의 **150%** 정도로 입력합니다. 정확한 수치는 글꼴에 따라 달라집니다. 글자 크기가 12pt일 때 너비 조정은 18pt로 입력합니다.

07. '**※ 선택 과목**'을 입력한 후 (Enter)를 누릅니다. **서식** 탭 ⇨ **글머리표** 의 펼침 버튼 을 클릭한 후 확인용 글머리표의 마지막 **안내문─체크박스** 글머리표를 클릭합니다.

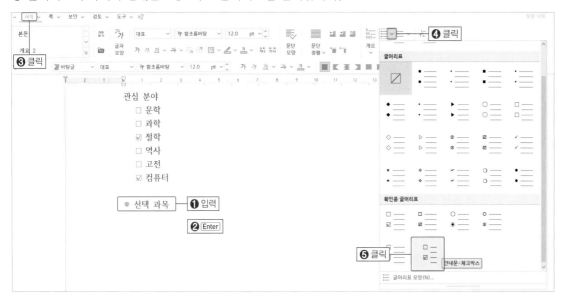

08. **안내문─체크박스**로 저장해 둔 글머리표가 표시됩니다. 나머지 항목을 입력합니다.

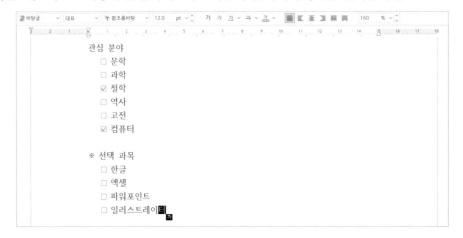

62 새로운 글머리표 모양 등록하기

일반 글머리표를 선택한 후 사용자 정의를 클릭하면 문자표를 이용해 새로운 글머리표 모양을 등록할 수 있습니다.

G▸ Key Word 문단 모양, 글머리표, 새로운 글머리표 등록

01. Ctrl + K + N을 누른 후 [문단 번호 모양] 대화상자에서 **글머리표** 탭을 클릭합니다. 그런 다음 첫 번째 기본 원 모양 **글머리표**를 선택하고 **사용자 정의**를 클릭합니다.

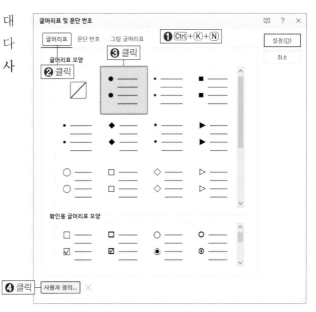

02. 글머리표 문자에 새로운 모양의 문자를 등록하기 위해 **문자표**를 클릭합니다.

03. 문자표에서 **등록할 문자**를 선택한 후 **넣기**를 클릭합니다.

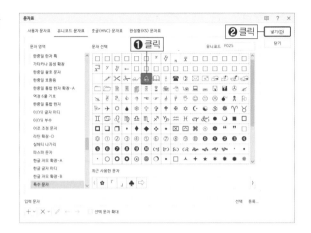

04. 새 글머리표 모양 추가를 클릭한 후 이름을 입력하고 **설정**을 클릭합니다.

05. 서식 탭 ⇨ **글머리표**의 펼침 버튼∨을 클릭한 후 조금 전에 등록한 모양을 선택합니다.

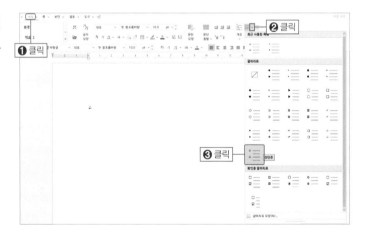

06. 다음과 같이 능복한 글머리표를 이용해 안내문을 작성합니다.

크리스마스 파티

🔔 **일시** : 2022. 12. 25. 10:00 ~ 12:00

🔔 **장소** : 정보문화센터 1층 대강당

63 그림 글머리표 설정하기

그림으로 된 글머리표를 문단 처음에 자동으로 표시합니다.

○➔ Key Word 문단 모양, 글머리표, 그림 글머리표

01. 정보문화사 도서 목록을 입력한 후 Enter를 누릅니다. 글자 크기는 **14pt**입니다. 서식 탭 ⇨ 글머리표 ⊞ 의 펼침 버튼∨을 클릭한 후 표시할 그림 글머리표를 클릭합니다.

02. 내용을 모두 입력한 후 Enter를 두 번 누릅니다.

Point

그림 글머리표가 설정된 부분을 범위로 지정한 후 새로운 모양을 지정하면 모두 새 모양으로 변경됩니다.

03. 다양한 그림 글머리표를 확인하기 위해 **서식** 탭의 펼침 버튼∨ ⇨ **문단 번호 모양**을 클릭하거나 Ctrl + K + N을 누릅니다. 그런 다음 **그림 글머리표** 탭에서 마음에 드는 모양을 클릭하고 **설정**을 클릭합니다.

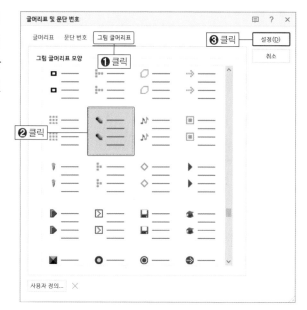

04. 글을 모두 입력한 후 Enter를 **두 번** 누릅니다.

64 그림 파일을 글머리표로 등록하기

컴퓨터에 저장된 그림 파일을 그림 글머리표로 등록할 수도 있습니다. 글머리표는 매우 작게 표시되므로 간단한 아이콘 형태의 그림을 등록하는 것이 좋습니다.

↳ Key Word 문단 모양, 글머리표, 그림 글머리표 등록

01. 서식 탭의 펼침 버튼∨ ⇨ **문단 번호 모양**을 클릭하거나 Ctrl + K + N을 누릅니다. **그림 글머리표** 탭에서 임의의 그림 글머리표를 클릭합니다. 새로운 그림을 등록하기 위해 **사용자 정의**를 클릭합니다.

02. 새로운 그림을 등록하기 위해 그림 선택 아이콘 📁 을 클릭합니다.

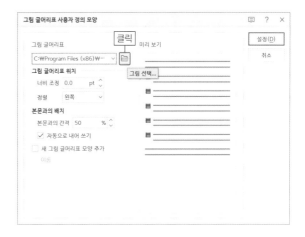

03. 그림을 선택한 후 **열기**를 클릭합니다. **파일 형식**에서 **모든 그림 파일**이 선택돼 있어야 합니다. 파일 형식에 특정 형식의 그림 파일만 선택돼 있다면, 모든 그림 파일로 변경합니다.

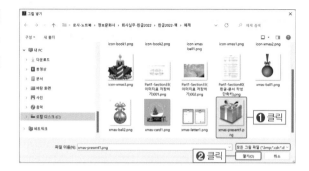

04. 새 그림 글머리표 모양 추가를 선택한 후 성탄-선물상자를 입력합니다. 설정을 클릭합니다.

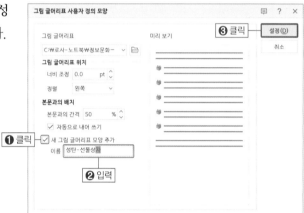

Point

그림 글머리표에 사용할 아이콘 형태의 그림은 무료 그림 웹 사이트인 pixabay.com과 flaticon.com에서 다운로드할 수 있습니다.

05. 새로 등록된 모양을 선택한 후 **설정**을 클릭합니다.

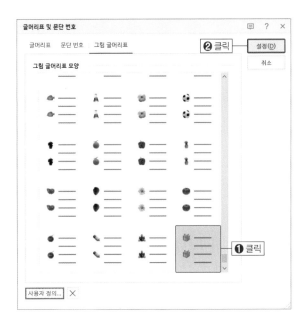

06. 다음과 같이 새롭게 등록된 글머리표와 내용을 입력합니다.

Point

추가된 그림 글머리표는 해당 컴퓨터에 저장되므로 다른 문서를 작성할 때도 활용할 수 있습니다.

65 문단 번호 설정하기

여러 항목을 연속으로 입력할 때 선택한 모양의 번호를 문단 처음에 자동으로 표시합니다. Enter 를 누르면 다음 번호가 자동으로 표시되고, 하나의 번호를 삭제하면 다음 번호는 자동으로 변경됩니다. 또한 10수준까지 단계에 따른 번호 모양을 설정할 수 있습니다.

↪ Key Word 문단 모양, 문단 번호

01. 인주시 미디어센터 쇼핑 라이브 참여 기업 모집을 입력한 후 Enter 를 누릅니다. 서식 탭 ⇨ 문단 번호를 클릭하거나 Ctrl + Shift + Insert 를 누릅니다.

02. 문단 번호 1.이 표시됩니다. 다음과 같이 내용을 입력한 후 Enter 를 누릅니다. 마지막 번호 5.가 표시됩니다. 서식 탭 ⇨ 한 수준 감소 를 클릭하거나 Ctrl + + (숫자 키패드 오른쪽의 더하기)를 누릅니다.

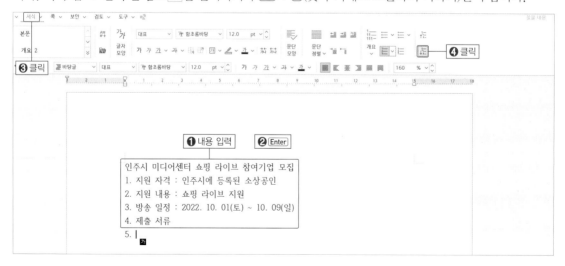

가.는 정부 공문서 규정의 문단 번호 순서에서 두 번째 기호입니다. **Ctrl**+**+**를 여섯 번 누르면 일반적으로 많이 사용하는 ①, ②, ③, …이 표시됩니다.

03. 2수준의 번호 모양인 **가.**가 표시됩니다. 다음과 같이 내용을 입력한 후 **Enter**를 누릅니다.

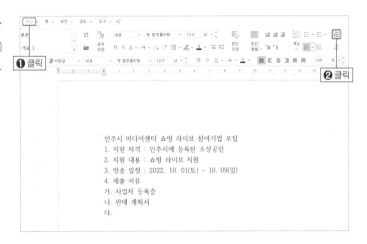

04. **다.**가 표시됩니다. **서식** 탭 ⇨ **한 수준 증가**를 클릭하거나 **Ctrl**+**-**(숫자 키패드 오른쪽의 빼기)를 누릅니다.

05. 1수준의 번호 모양인 **5.**가 표시됩니다. 다음과 같이 내용을 입력한 후 **Enter**를 누릅니다. **6.**이 표시되면 **서식** 탭 ⇨ **한 수준 감소**를 클릭하거나 **Ctrl**+**+**(키패드 오른쪽의 더하기)를 누릅니다.

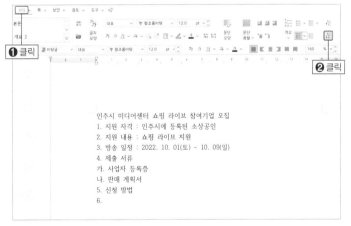

06. **가.**가 표시되면 다음과 같이 내용을 입력합니다. 모든 내용을 입력한 후 [Enter]를 두 번 누릅니다.

인주시 미디어센터 쇼핑 라이브 참여기업 모집
1. 지원 자격 : 인주시에 등록된 소상공인
2. 지원 내용 : 쇼핑 라이브 지원
3. 방송 일정 : 2022. 10. 01(토) ~ 10. 09(일)
4. 제출 서류
가. 사업자 등록증
나. 판매 계획서
5. 신청 방법
가. 이메일 : inju@aaa.or.kr   [Enter] 두 번
나. 전 화 : 032-000-0000

Point

- 1.이 아닌 다른 모양으로 시작하는 번호를 설정하려면 **서식** 탭 ⇨ **문단 번호**의 펼침 버튼∨을 클릭한 후 번호 모양을 선택해야 합니다.
- 번호가 1. 2. 3.과 같이 순서대로 연결되지 않고 1. 다음에 다시 1. 이 표시될 때는 [Ctrl]+[Shift]+[Insert]를 두 번 눌러 문단 번호를 다시 설정해야 합니다.

07. 인터넷 주소, 이메일 주소 등을 입력한 후 [Enter]나 [Space Bar]를 누르면 하이퍼링크가 자동으로 설정됩니다. 링크를 삭제하려면 입력된 내용에서 마우스 오른쪽 버튼 ⇨ **하이퍼링크 지우기**를 클릭합니다.

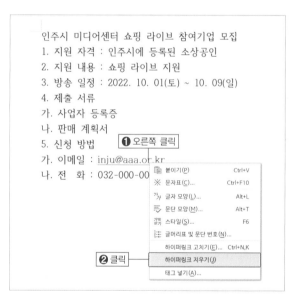

인주시 미디어센터 쇼핑 라이브 참여기업 모집
1. 지원 자격 : 인주시에 등록된 소상공인
2. 지원 내용 : 쇼핑 라이브 지원
3. 방송 일정 : 2022. 10. 01(토) ~ 10. 09(일)
4. 제출 서류
가. 사업자 등록증
나. 판매 계획서
5. 신청 방법   ❶ 오른쪽 클릭
가. 이메일 : inju@aaa.or.kr
나. 전 화 : 032-000-00

붙이기(P)	Ctrl+V
문자표(C)...	Ctrl+F10
글자 모양(L)...	Alt+L
문단 모양(M)...	Alt+T
스타일(S)...	F6
글머리표 및 문단 번호(N)...	
하이퍼링크 고치기(E)...	Ctrl+N,K
하이퍼링크 지우기(J)	
태그 넣기(A)...	

❷ 클릭

08. 2수준의 내용을 범위로 지정한 후 **왼쪽 여백 늘리기**를 여러 번 클릭하거나 Ctrl + Alt + F6을 여러 번 누릅니다. 또는 눈금자에서 **문단 왼쪽 여백**을 설정하는 사각형을 드래그해 다른 문단보다 안쪽에서 시작하도록 설정합니다.

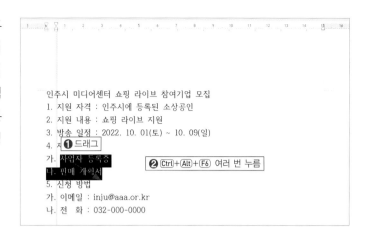

09. 같은 방법으로 5. 신청 방법에 속한 2수준의 내용을 범위로 지정한 후 **왼쪽 여백 늘리기**를 여러 번 클릭하거나 Ctrl + Alt + F6을 여러 번 누릅니다. 또는 눈금자에서 **문단 왼쪽 여백**을 설정하는 사각형을 드래그해 다른 문단보다 안쪽에서 시작하도록 설정합니다.

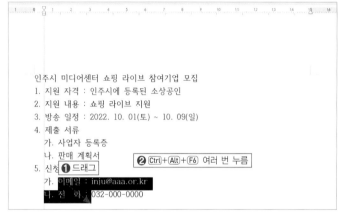

Tip

시작 번호 설정하기

연속된 번호가 아닌 새로운 번호를 표시하고자 할 때는 Ctrl + K + N을 눌러 [**문단 번호 모양**] 대화상자를 실행합니다. **새 번호 목록 시작**을 클릭한 후 표시할 번호를 입력하고 **설정**을 클릭합니다.

❶ **앞 번호 목록에 이어**: 현재 문단의 앞쪽으로 가장 가까운 번호 문단의 번호를 이어나갑니다.

❷ **이전 번호 목록에 이어**: 앞 문단의 번호가 아닌 그 이전 문단의 번호를 이어나갑니다.

❸ **새 번호 목록 시작**: 현재 문단부터 새로운 번호로 다시 시작합니다.

❹ **1수준 시작 번호**: 새로 시작할 번호를 입력합니다.

66 문단 번호 사용자 정의 활용하기

글머리표와 같이 문단 번호도 사용자 정의를 이용해 번호의 종류와 위치 등을 설정할 수 있습니다. 문단 번호는 글머리표에 비해 매우 자주 사용되므로 사용자 정의 형식을 반드시 저장해 두기 바랍니다.

⊙ KeyWord 문단 모양, 문단 번호

01. 서식 탭의 펼침 버튼∨ ⇨ **문단 번호 모양**을 클릭하거나 Ctrl + K + N을 누릅니다. 그런 다음 첫 번째 문단 번호 모양을 선택하고 **사용자 정의**를 클릭합니다.

02. 2수준을 클릭합니다. 번호 모양을 **원문자**로 선택한 후 번호 서식에서 **마침표(.)**를 삭제합니다. 그런 다음 번호 위치에서 너비 조정에 12pt 글자의 150%인 **18pt**를 입력하고 정렬은 **오른쪽**으로 선택합니다.

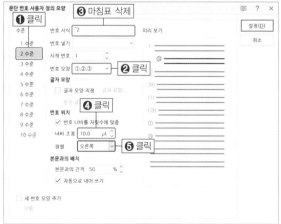

03. 3수준을 클릭합니다. 번호 모양을 **a, b, c**로 선택한 후 번호 위치에서 너비 조정에 18pt의 2배 인 **36pt**를 입력하고 정렬은 **오른쪽**으로 선택합니다. 다른 문서에도 활용할 수 있도록 **새 번호 모양 추가**를 클릭한 후 **이름**을 입력합니다. **설정**을 클릭합니다.

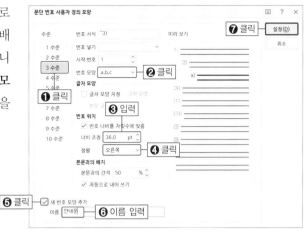

04. **설정**을 클릭합니다.

05. Ctrl + + 와 Ctrl + - 를 이용해 수준을 변경하면서 다음과 같이 입력합니다. 사용자 정의에서 왼쪽 여백을 설정했으므로 문단 모양에서 왼쪽 여백을 설정할 필요가 없습니다.

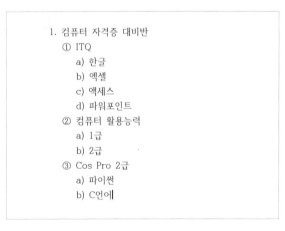

67 모양 복사 설정하기

한 문서에서 특정 글자 모양과 문단 모양을 자주 설정한다면, 매번 설정하지 않고 모양 복사를 이용하는 것이 편리합니다.

☞ KeyWord **모양 복사**
예제 파일 Part1-Section67(모양복사)-예제.hwpx

01. 숲 체험행사의 글자 모양과 문단 모양을 정보도서관에 적용하기 위해 **숲 체험행사**를 클릭합니다. 그런 다음 **편집** 탭의 **모양 복사**를 클릭하거나 [Alt] + [C]를 누릅니다.

Point

모양을 복사할 때는 복사할 모양이 적용된 글자의 뒤를 클릭해야 합니다.

02. 숲 체험행사의 글꼴과 글자색 그리고 문단 모양인 가운데 정렬까지 복사하기 위해 **글자 모양과 문단 모양 둘 다 복사**를 클릭한 후 **복사**를 클릭합니다.

Point

글자 모양과 문단 모양 둘 다 복사를 선택하면 글꼴, 글자색 등의 글자 모양과 정렬, 문단 여백, 문단 번호, 글머리표 등을 모두 복사할 수 있습니다.

03. 적용할 부분인 기관명 정보 도서관을 드래그해 **범위로 지정**한 후 **모양 복사**를 클릭하거나 Alt + C를 누릅니다.

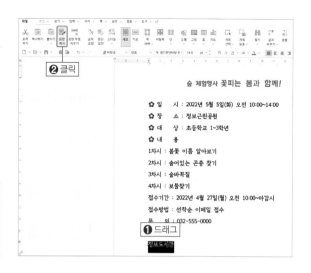

Point

글자의 뒤를 클릭한 후 **모양 복사**를 클릭하면 모양을 복사하고 범위로 지정한 다음 **모양 복사**를 클릭하면 복사된 모양을 적용합니다.

04. 다음과 같이 정보 도서관에 숲 체험행사의 글자 모양과 문단 모양이 그대로 적용됐습니다.

숲 체험행사 꽃피는 봄과 함께!

✿ 일　　　시 : 2022년 5월 5일(화) 오전 10:00~14:00

✿ 장　　　소 : 정보근린공원

✿ 대　　　상 : 초등학교 1~3학년

✿ 내　　　용

1차시 : 봄꽃 이름 알아보기

2차시 : 숨어있는 곤충 찾기

3차시 : 숨바꼭질

4차시 : 보물찾기

접수기간 : 2022년 4월 27일(월) 오전 10:00~마감시

접수방법 : 선착순 이메일 접수

문　　　의 : 032-555-0000

정보도서관

Tip

모양 복사 선택사항

- **글자 모양**: 글자 모양만 복사합니다.
- **문단 모양**: 문단 모양만 복사합니다.
- **글자 모양과 문단 모양 둘 다 복사**: 글자 모양과 문단 모양 둘 다 복사합니다.
- **글자 스타일**: 마우스 커서의 위치에서 글자 스타일로 설정된 모양을 복사합니다. 적용된 글자 스타일이 없다면 활성화되지 않습니다.
- **문단 스타일**: 마우스 커서의 위치에서 문단 스타일로 설정된 모양을 복사합니다.
- **셀 모양 복사**: 표에서 마우스 커서가 위치한 셀의 모양을 복사합니다.
- **표에서 적용 대상**: 셀 모양을 복사한 후 적용 대상을 설정합니다.

05. 1~4차시까지 범위로 지정한 후 Ctrl + K + N을 눌러 [글머리표 및 문단 번호] 대화상자를 실행합니다. **그림 글머리표** 탭을 클릭하고 표시할 모양을 선택합니다. 여백을 설정하기 위해 **사용자 정의**를 클릭합니다.

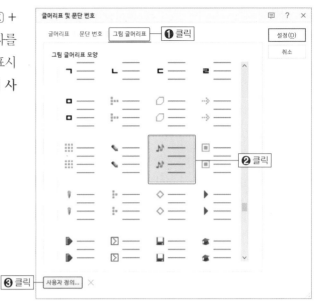

06. 그림 글머리표 위치에서 너비 조정을 **18pt**로 입력하고 정렬은 **오른쪽**으로 선택합니다. **설정**을 클릭합니다.

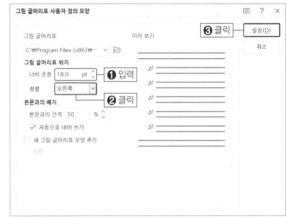

07. 다음과 같이 그림 글머리표가 적용됩니다.

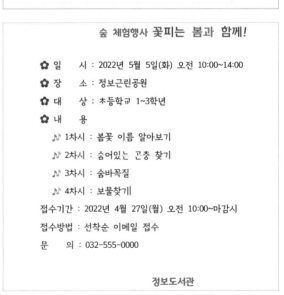

08. 접수기간~문의는 일시~내용까지의 문단 번호를 그대로 적용하려고 합니다. 문단 모양만 복사해도 되고 글자 모양도 같으므로 글자 모양과 문단 모양 둘 다 복사해도 됩니다. **일시**를 클릭하고 **편집** 탭 ⇨ **모양 복사**를 클릭합니다.

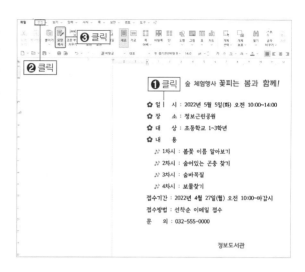

09. 글자 모양과 문단 모양 둘 다 복사를 선택한 후 **복사**를 클릭합니다.

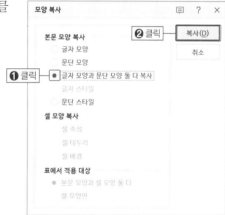

10. 접수 기간~문의까지 범위로 지정한 후 **모양 복사**를 클릭하거나 Alt + C를 누릅니다.

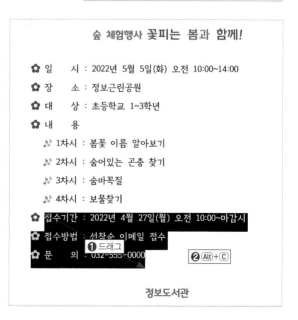

11. 글자 모양을 복사해 적용해 보겠습니다. 예제의 **정보근린공원**을 범위로 지정한 후 Alt + L을 눌러 글자 모양을 실행하고 다음과 같이 **글자색**과 **음영색**을 설정합니다.

.

12. 정보근린공원 사이를 클릭한 후 **편집** 탭 ⇨ **모양 복사**를 클릭하거나 Alt + C를 누릅니다. 그런 다음 **글자 모양**을 선택하고 **복사**를 클릭합니다.

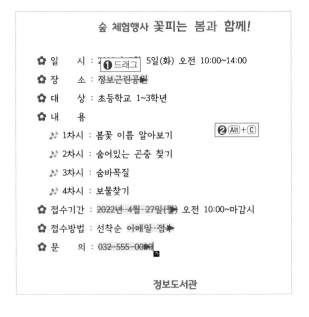

13. 모양을 적용할 부분을 범위로 지정한 후 **편집** 탭 ⇨ **모양 복사**를 클릭하거나 Alt + C를 누릅니다.

Section

68 다단 활용하기

신문과 같이 한 쪽을 여러 단으로 나눠 글을 작성할 수 있습니다. 한 쪽에서 단의 개수를 각각 다르게 설정할 수도 있고 필요에 따라 평행 다단, 배분 다단의 기능을 활용할 수도 있습니다.

👉 Key Word 다단, 단 나누기

01. 글자 크기를 **12pt**로 설정한 후 **편집** 탭 ⇨ **단** 아이콘을 클릭합니다.

Point

단 아이콘이 아닌 단 아래에 있는 펼침 버튼∨을 클릭하면 세부 설정 없이 단 수와 형태를 빠르게 선택할 수 있습니다.

02. 자주 쓰이는 모양에서 둘을 클릭합니다. 구분선 넣기를 클릭한 후 종류를 **점선**으로 선택합니다. 설정을 클릭합니다.

Point

단 너비 동일하게를 해제하면 각 단별 너비와 단과 단 사이 간격을 직접 설정할 수 있습니다.

단 방향

- **왼쪽부터**: 맨 왼쪽 단부터 내용이 채워지기 시작해 오른쪽 단으로 채워집니다.
- **오른쪽부터**: 오른쪽 단부터 먼저 내용이 채워지기 시작해 왼쪽 단으로 글이 채워집니다.
- **맞쪽**: 책을 펼쳤을 때 홀수 쪽과 짝수 쪽이 서로 마주 보는 모양에 맞춰 글이 채워집니다. 홀수 쪽에서는 왼쪽 단, 짝수 쪽에서는 오른쪽 단부터 내용이 채워집니다.

03. 글을 입력합니다. 왼쪽 단의 내용을 모두 입력한 후 Ctrl + Shift + Enter 를 눌러 다음 단으로 이동합니다.

계절이 지나가는 하늘에는
가을로 가득 차 있습니다. ❶ 입력

나는 아무 걱정도 없이
가을 속의 별들을 다 헤일 듯합니다.
❷ Ctrl + Shift + Enter

04. 오른쪽 단의 내용을 입력합니다.

내용 입력

계절이 지나가는 하늘에는
가을로 가득 차 있습니다.

나는 아무 걱정도 없이
가을 속의 별들을 다 헤일 듯합니다.

가슴 속에 하나 둘 새겨지는 별을
이제 다 못 헤는 것은
쉬이 아침이 오는 까닭이요,
내일 밤이 남은 까닭이요,
아직 나의 청춘이 다하지 않은 까닭
입니다.

Point

- **일반 다단**: 기본 다단으로 한 단의 내용이 채워진 후 다음 단을 채워 나갑니다.
- **배분 다단**: 마지막 쪽에서 각 단의 높이가 가능한 한 같아지도록 들어가는 내용의 양을 자동으로 조절합니다.
- **평행 다단**: 왼쪽 단에 항목을 입력하고 오른쪽 단에 설명을 입력하는 경우에 선택합니다.

05. 단의 설정을 변경하기 위해 **편집** 탭 ➡ **단** 아이콘을 클릭합니다. **하나**를 클릭한 후 **적용 범위**를 클릭해 **새 다단으로**를 선택합니다. **설정**을 클릭합니다.

06. 내용을 입력합니다. 다음과 같이 한 단으로 입력됩니다.

계절이 지나가는 하늘에는
가을로 가득 차 있습니다.

나는 아무 걱정도 없이
가을 속의 별들을 다 헤일 듯합니다.

가슴 속에 하나 둘 새겨지는 별을
이제 다 못 헤는 것은
쉬이 아침이 오는 까닭이요,
내일 밤이 남은 까닭이요,
아직 나의 청춘이 다하지 않은 까닭입니다.

어머님, 나는 별 하나에 아름다운 말 한마디씩 불러봅니다. 소학교 때 책상을 같이 했던 아이들의 이름과 패, 경, 옥 이런 이국 소녀들의 이름과 벌써 아기 어머니된 계집애들의 이름과, 가난한 이웃 사람들의 이름과, 비둘기, 강아지, 토끼, 노새, 노루, '프랑시스 잠', '라이너 마리아 릴케', 이런 시인의 이름을 불러봅니다.

Tip

적용 범위

- **현재 다단**: 현재 다단의 모양을 새로운 설정으로 변경합니다.
- **문서 전체**: 설정한 내용을 문서 전체에 적용합니다. 기존의 단 모양이 모두 해제되고 모든 페이지에 새로운 단이 적용됩니다.
- **새 쪽으로**: 현재 단의 모양은 그대로 두고 새 쪽을 삽입한 후 새 단의 모양을 적용합니다.
- **새 다단으로**: 현재 쪽에서 기존 단의 모양은 그대로 두고 다음 문단부터 새 단의 모양을 적용합니다.

배분 다단과 평행 다단

배분 다단

배분 다단을 설정하기 위해 단 아이콘을 클릭합니다. **자주 쓰이는 모양**에서 **둘**을 클릭한 후 단 종류에서 **배분 다단**을 클릭합니다. 그런 다음 **구분선 넣기**를 클릭하고 선 종류를 선택합니다. 적용 범위를 **새 다단으로** 선택한 후 **설정**을 클릭합니다.

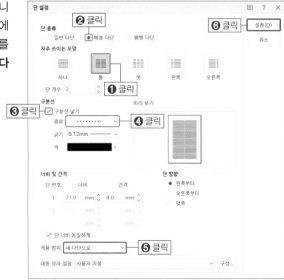

내용을 입력합니다. 한 줄을 입력하고 Enter를 누르면 오른쪽 단으로 자동 이동합니다. 분량이 늘어날 때마다 왼쪽 단과 오른쪽 단을 이동하면서 내용이 양 단에 균형 있게 배치됩니다.

나는 무엇인지 그리워서 이 많은 별빛이 내린 언덕 위에	내 이름자를 써 보고 흙으로 덮어 버리었습니다.

평행 다단

용어 등의 설명에는 평행 다단이 적합합니다. 평행 다단을 설정하기 위해 단 아이콘을 클릭합니다. 자주 쓰이는 모양에서 **왼쪽**을 클릭한 후 단 종류에서 **평행 다단**을 클릭합니다. 그런 다음 **구분선 넣기**를 클릭하고 선 종류를 선택합니다. 적용 범위를 **새 다단으로** 선택한 후 **설정**을 클릭합니다.

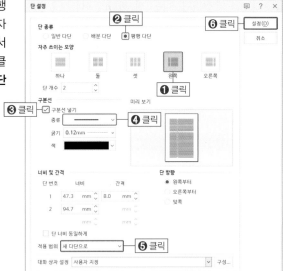

왼쪽에 단어를 입력한 후 Ctrl + Shift + Enter 를 누릅니다. 오른쪽 단에 단어의 설명을 입력합니다.

파이썬 ❶ 클릭 ❷ Ctrl + Shift + Enter	1991년 프로그래머인 귀도 반 로섬(Guido van Rossum)이 발표한 고급 프로그래밍 언어로 배우기 쉽고 간결하다는 특징이 있다. 웹 프로그래밍과 데이터 분석이 가능하다. 구글 프로그램의 50%가 파이썬으로 제작되었다.	❸ 클릭 ❹ Ctrl + Shift + Enter

Ctrl + Shift + Enter 를 누른 후 **두 번째 용어**를 입력합니다. 첫 번째 단어 이후 공간이 충분하지만, 단어의 설명이 입력된 다음 줄에 두 번째 용어가 입력되는 것을 알 수 있습니다. Ctrl + Shift + Enter 를 누른 후 **두 번째 단어에 대한 설명**을 입력합니다.

파이썬	1991년 프로그래머인 귀도 반 로섬(Guido van Rossum)이 발표한 고급 프로그래밍 언어로 배우기 쉽고 간결하다는 특징이 있다. 웹 프로그래밍과 데이터 분석이 가능하다. 구글 프로그램의 50%가 파이썬으로 제작되었다.　　❸ 클릭
turtle 모듈 ❶ 클릭 ❷ Ctrl + Shift + Enter	파이썬에 내장된 그래픽 모듈로 간단한 선과 점, 곡선을 그릴 수 있는 벡터 그래픽 프로그래밍이 가능하다.

69 인쇄 미리 보기

인쇄할 내용을 미리 확인하거나 인쇄에 필요한 항목을 설정할 수 있습니다.

➤ Key Word 미리 보기, 인쇄
예제 파일 Part1-Section69(인쇄 미리 보기)-예제.hwpx

01. 인쇄할 파일을 불러온 후 **미리 보기**📧를 클릭합니다.

02. 문서 전체의 구성을 확인할 수 있습니다. **인쇄**를 클릭하면 [인쇄] 대화 상자가 표시됩니다. **다음 쪽**을 클릭하거나 마우스 휠을 움직이면 다음 페이지를 확인할 수 있습니다. 단축키는 Shift + PageDown입니다. 이전 쪽을 확인하려면 Shift + PageUp을 누릅니다.

03. 화면을 클릭하면 해당 위치를 중심으로 확대됩니다. **손 도구**를 클릭하면 확대된 문서 화면을 **드래그**해 이동할 수 있습니다. 다시 클릭하면 이전 크기로 돌아갑니다.

Point

에서 화면 확대/축소 비율을 확인하고 수정할 수 있습니다. 를 클릭하면 25%씩 축소 또는 확대됩니다.

04. **용지 크기**를 클릭하면 인쇄하는 프린터에 공급되는 용지를 선택할 수 있습니다. 편집 용지를 클릭하면 [**편집 용지**] 대화상자가 표시돼 용지 크기와 종류, 여백 등을 설정할 수 있습니다. **세로/가로**를 클릭해 용지의 방향을 지정할 수 있습니다. 가로를 클릭해 용지 방향을 변경했습니다.

05. 여백 보기를 클릭하면 해당 문서에 설정된 용지 여백을 확인할 수 있습니다. **쪽 여백**을 클릭하면 여백을 수정할 수도 있습니다. 미리 설정된 여백을 선택하거나 **쪽 여백 설정**을 클릭해 [편집 용지] 대화상자에서 직접 입력합니다.

06. 미리 보기를 종료하려면 미리 보기의 X를 클릭하거나 ⊗를 클릭합니다. 또는 Esc를 누릅니다.

미리 보기 도구

- **선택 인쇄**를 클릭하면 그림, 도형 등을 인쇄하거나 인쇄되지 않도록 제외할 수 있습니다. 선택된 항목은 인쇄하고, 선택되지 않은 항목은 인쇄하지 않습니다. 인쇄 시 도형이나 그림이 인쇄되지 않는다면 선택 항목을 확인하세요.

  ❶ **그리기 개체**: 문서에 포함된 사각형, 글상자, 타원, 선 등의 도형을 인쇄하도록 선택합니다. 선택하지 않으면 그리기 개체가 있던 자리에 ⊠ 표시가 인쇄됩니다.

  ❷ **그림 개체**: 그림을 인쇄하도록 선택합니다. 선택하지 않으면 그림 개체가 있던 자리에 ⊠ 표시가 인쇄됩니다.

  ❸ **양식 개체**: ▭ 명령 단추(B) , ☑ 선택 상자(C) , ▭ 콤보 상자(L) , ◉ 라디오 단추(R) , ▭ 입력 상자(T) 등을 인쇄합니다. 선택하지 않으면 양식 개체가 있던 자리에   표시가 인쇄됩니다.

  ❹ **누름틀**: 문서의 특정 항목 입력에 대한 안내글인 누름틀을 인쇄합니다.

  ❺ **형광펜**: 문서에 표시된 형광펜을 인쇄합니다.

  ❻ **교정 부호**: 문서에 표시된 교정 부호를 인쇄합니다.

  ❼ **메모**: 문서에 입력된 메모를 인쇄합니다.

  ❽ **편집 용지 표시**: 문서를 축소해 인쇄하거나 인쇄 용지보다 편집 용지가 작을 때 용지의 경계선을 표시해 자르기 쉽도록 합니다.

  ❾ **한자 발음 표시**: 보기 탭 ⇨ 한자 발음 표시로 설정한 한자의 발음을 인쇄합니다.

- **워터마크**를 설정하면 워터마크 그림이나 글자를 인쇄합니다.
- **컬러**가 선택되면 문서에 적용된 색상이 그대로 인쇄됩니다. **회색조**를 클릭하면 색상을 회색 톤으로 인쇄합니다. **연한 회색조**를 클릭하면 회색조보다 훨씬 흐리게 인쇄돼 잉크를 아낄 수 있습니다.
- **쪽 여백**을 클릭하면 미리 설정된 다양한 쪽 여백 중 하나를 선택할 수 있습니다. 하단의 **쪽 여백 설정**을 클릭하면 직접 여백 수치를 입력해 변경할 수 있습니다.
- **여백 보기**를 클릭하거나 키보드의 **마침표(.)**를 누르면 현재 설정된 여백을 빨간 점선으로 보여 줍니다. 여백을 표시하는 빨간색 점선은 인쇄되지 않습니다. 여백 보기를 다시 클릭하거나 키보드의 마침표(.)를 다시 누르면 빨간색 점선이 사라집니다.
- **편집 용지 보기**를 클릭하면 현재 설정된 용지 테두리를 초록색 실선으로 표시합니다.
- **쪽 보기**를 클릭하면 한 화면에 여러 페이지를 표시합니다. **맞쪽**을 클릭하면 한 화면에 2쪽을 표시하고 **여러 쪽**을 클릭하면 한 화면에 표시할 페이지 수를 지정할 수 있습니다.
- **쪽 맞춤**을 클릭하면 미리 보기 화면의 확대 비율을 선택할 수 있습니다.
- **현재 쪽 편집**을 클릭하면 미리 보기를 끝내고 편집 화면으로 돌아갑니다. 이때 마우스 커서는 미리 보기에서 선택된, 즉 테두리가 파랗게 표시된 페이지의 첫 줄에 위치합니다.

70 인쇄

현재 문서를 인쇄하며 인쇄 시 인쇄 범위와 확대/축소, 구성 요소의 인쇄 여부, 바인더 구멍, 워터마크 등을 설정할 수 있습니다.

○→ Key Word 인쇄, 모아 찍기, 나눠 찍기, 바인더 구멍, 워터마크
예제 파일 Part1-Section70(인쇄)-예제.hwpx, Part1-Section70(인쇄)-예제2.hwpx

01. 인쇄할 문서를 불러온 후 **인쇄**📰를 클릭합니다.

02. 인쇄 범위와 인쇄 매수를 선택한 후 **인쇄**를 클릭합니다.

Point

- **인쇄 매수**: 같은 내용을 여러 장 인쇄할 수 있습니다.
- **한 부씩 인쇄**: 문서의 처음부터 끝까지 한 부를 인쇄한 후 다시 처음부터 끝까지 인쇄하는 방식입니다. 해제하면 1페이지를 여러 매 인쇄한 후 2페이지를 여러 매 인쇄하는 식으로 진행합니다.
- **파일** 탭 ➡ **문서 정보** ➡ **일반** ➡ **문서 연결**을 클릭하면 문서를 연결할 수 있고 쪽 번호와 각주 번호도 연결해 표시할 수 있습니다. 여러 명이 작성한 문서를 하나로 취합할 때 편리합니다.

인쇄 범위

- **모두**: 현재 문서의 모든 페이지를 인쇄합니다.
- **연결된 문서 포함**: 문서 정보에서 연결한 문서를 함께 인쇄합니다.
- **현재 쪽**: 마우스 커서가 있는 현재 페이지를 인쇄합니다.
- **현재까지**: 1페이지부터 현재 페이지까지 인쇄합니다.
- **현재 구역**: 마우스 커서가 있는 현재 구역을 인쇄합니다.
- **현재부터**: 마우스 커서가 있는 현재 페이지부터 마지막 페이지까지 인쇄합니다.
- **일부분**: 페이지 번호를 직접 입력해 인쇄합니다. 1,3,6처럼 인쇄하고자 하는 페이지를 콤마(,)로 구분해 입력합니다. 연속된 범위는 3–5와 같이 하이픈(–)으로 연결해 입력합니다.
- **사용자가 입력한 순서대로 인쇄**: 사용자가 입력한 페이지 번호 순서대로 인쇄합니다.
- **쪽 번호 기준으로 인쇄**: 사용자가 입력한 페이지 순서와 무관하게 쪽 번호 순서대로 인쇄합니다.

03. 편집한 용지와 인쇄 용지의 크기가 다르다면 인쇄 방식을 변경합니다. **기본 인쇄**에서 자동 인쇄를 공급 용지에 맞추어로 변경하면, 인쇄하는 용지의 크기에 맞게 자동 확대/축소됩니다.

04. 인쇄 용지가 편집 용지보다 더 작을 때 축소하지 않고 편집한 크기 그대로 인쇄하려면 **나눠 찍기**를 선택합니다. 편집 용지가 A4이고 인쇄 용지가 A5라면 문서가 A5 두 장에 나눠 인쇄되므로 이를 연결하고 붙일 수 있습니다. 겹침에 5mm 정도 설정하면 종이의 경계 부분이 두 페이지에 반복 인쇄돼 자연스럽게 연결할 수 있습니다.

- 편집 용지(A4), 프린터 용지(A5)로 설정한 후 나눠 찍기(겹침 5mm) 미리 보기

- 편집 용지(A4), 프린터 용지(A5)로 설정한 후 나눠 찍기 (겹침 5mm) 미리 보기

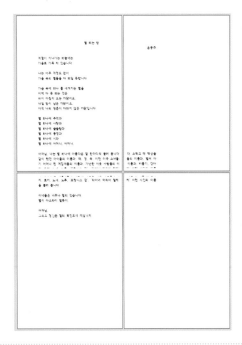

05. 여러 페이지를 한 페이지에 인쇄할 때 **모아 찍기**를 선택합니다. 모아 찍기를 선택하면 내용을 자동으로 축소해 종이 한 장에 여러 페이지를 인쇄합니다. 종이 한 장에 인쇄할 페이지수로 2, 3, 4, 6, 8, 9, 16쪽을 선택할 수 있습니다. 인쇄한 내용을 접어서 활용하기 좋습니다. **빈 쪽 없이 이어서 인쇄**는 2부 이상 인쇄할 때 활성화되며 빈 영역이 없도록 내용을 이어서 인쇄하므로 용지를 절약할 수 있습니다.

Tip

인쇄 방식

- **소책자 모양으로 찍기**: 문서가 책처럼 펼쳐지도록 자동으로 페이지를 정리해 인쇄합니다. 양면 인쇄가 가능한 경우에 활성화됩니다.
- **끊어 찍기**: 지정한 페이지만큼 인쇄한 후 잠시 멈춥니다. 사용자가 (Enter)를 누르면 다시 인쇄를 시작해 일정 분량만큼 나눠 묶을 때 편리합니다.
- **역순 인쇄**: 문서의 마지막 페이지부터 인쇄합니다.
- **절약 인쇄**: 문서를 회색조 또는 연한 회색조로 인쇄해 잉크를 절약할 수 있습니다.
- **프린터 용지**: 인쇄 용지를 선택할 수 있습니다.

06. 확장 탭에서 **확대/축소 비율**을 직접 설정할 수도 있습니다. 편집 용지 A4, 프린터 용지 A5, 가로 세로 같은 비율 유지 선택, 가로/세로 70% 미리 보기 편집 용지 보기를 클릭하면 축소된 용지의 경계선을 보여 줍니다.

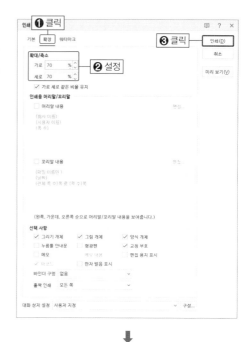

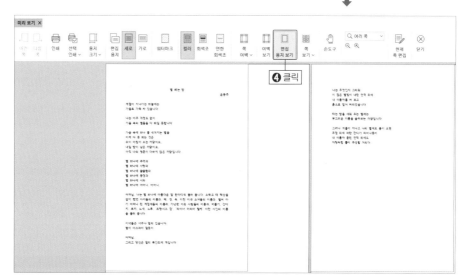

확대/축소 비율

- **같은 종류(A 또는 B)의 용지에서 용지 크기가 1만큼 작아질 때**: 70%
- **같은 종류(A 또는 B)의 용지에서 용지 크기가 1만큼 커질 때**: 141%
- **같은 용지 크기에서 종류가 B에서 A로 바뀔 때**: 81%
- **같은 용지 크기에서 종류가 A에서 B로 바뀔 때**: 122%
- **종류가 A에서 B로 바뀌고, 용지 크기가 1만큼 작아질 때**: 86%
- **종류가 B에서 A로 바뀌고, 용지 크기가 1만큼 커질 때**: 115%
- **종류가 A에서 B로 바뀌고, 용지 크기가 2만큼 작아질 때**: 61%

편집 용지	인쇄 용지	확대/축소 비율	편집 용지	인쇄 용지	확대/축소 비율
A3	A4	70%	A4	B4	122%
A4	A5	70%	A4	B5	86%
B4	B5	70%	A3	B4	86%
A4	A3	141%	B5	A4	115%
A5	A5	141%	B4	A3	115%
B4	A4	81%	A3	B5	61%

07. 인쇄용 머리말/꼬리말을 이용해 인쇄하는 모든 페이지 상단에 머리말, 모든 페이지 하단에 꼬리말을 설정할 수 있습니다. **도구 탭 ⇨ 환경 설정 ⇨ 일반** 탭에서 사용자 정보를 입력합니다.

08. 인쇄 ▷ 확장 탭에서 인쇄용 머리말/꼬리말의 **머리말 내용**과 **꼬리말 내용**을 클릭해 선택합니다. 확인하기 위해 **미리보기**를 클릭합니다.

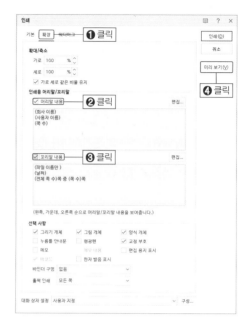

09. 다음과 같이 머리말과 꼬리말의 내용을 확인할 수 있습니다.

인쇄용 머리말/꼬리말

인쇄용 머리말/꼬리말의 편집을 클릭하면 머리말 내용과 꼬리말 내용을 변경할 수 있습니다. 해당 위치에 머리말/꼬리말이 불필요하다면 **(내용 없음)**을 클릭합니다.

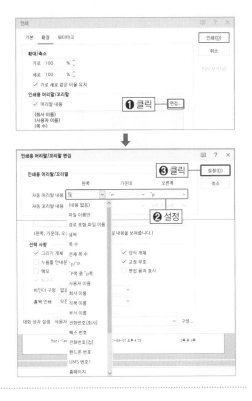

10. 확장 탭의 선택 사항에서 그리기 개체(도형, 글상자), 그림 개체(그림), 양식 개체(선택 상자, 콤보 버튼 등), 누름틀, 형광펜 등의 인쇄 여부를 선택할 수 있습니다. 특히 **바인더 구멍**을 클릭하면 일지와 같이 바인더로 철하는 용지의 구멍 위치를 인쇄할 수 있습니다. 정확한 위치에 바인더 구멍을 인쇄하므로 모든 종이의 바인더 구멍이 일정해 보기 좋게 철할 수 있습니다.

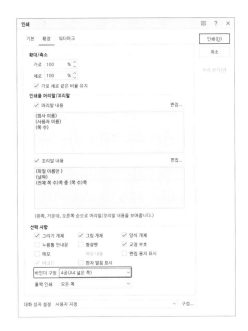

- **바코드**는 바코드를 출력할 수 있을 때 활성화되고 페이지 상단 오른쪽에 2차원 바코드를 인쇄합니다.
- **홀짝 인쇄**를 이용해 홀수 쪽 또는 짝수 쪽만 인쇄할 수 있습니다. 양면 인쇄를 지원하지 않는 프린터에서 양면 인쇄를 할 때 먼저 홀수 쪽을 인쇄한 후 종이를 뒤집어서 넣고 짝수 쪽을 인쇄하는 방법을 사용하면 양면 인쇄가 가능합니다.

11. 워터마크를 설정하면 워터마크 그림이나 글자를 인쇄합니다. 문서에 회사의 로고 등을 표시할 때 유용합니다. 그림으로 된 회사 로고를 인쇄하려면 **그림 워터마크**를 선택한 후 **그림 선택** 📃 을 클릭합니다. 로고 파일을 더블클릭해 연 후 채우기 유형과 효과, 밝기 등을 설정합니다. 배치는 **글 뒤로**를 선택하는 것이 좋습니다. **글 앞으로**를 선택하면 워터마크가 글자 앞에 배치돼 글자가 가려질 수 있습니다.

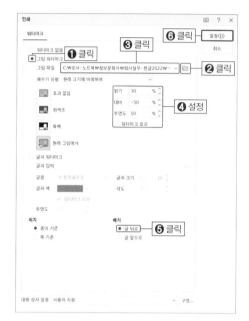

워터마크 효과를 클릭하면 **밝기 70%, 대비 −50%, 투명도 70%**로 자동 설정해 그림이 흐리게 표시되고 글자가 잘 보이도록 합니다. 밝은 그림일 때는 보이지 않을 수도 있습니다.

- 그림 워터마크, 밝기 30%, 대비 −50%, 투명도 50% 미리 보기

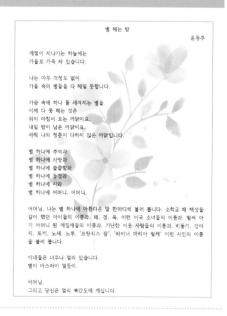

12. 글자 **워터마크**를 선택하면 직접 글자를 입력하고 글꼴과 글자색, 글자 크기, 각도 등을 설정할 수 있습니다. 배치는 **글 뒤로**를 선택합니다.

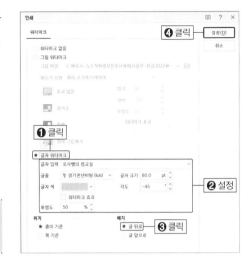

Point

워터마크는 이후의 모든 인쇄에 적용됩니다. 워터마크를 사용하지 않으려면 **워터마크 없음**을 클릭합니다.

글자 워터마크, 글꼴 경기천년바탕 Bold, 글자 크기 80pt, 각도 −45°, 투명도 50% 미리 보기

Tip

위치와 배치

위

❶ **종이 기준**: 워터마크가 편집 용지 전체 크기를 기준으로 삽입됩니다.
❷ **쪽 기준**: 쪽 테두리 부분에서 워터마크가 삽입됩니다.

배치

❶ **글 뒤로**: 워터마크와 본문 내용이 겹치면 워터마크를 본문 뒤에 배치합니다.
❷ **글 앞으로**: 워터마크와 본문 내용이 겹치면 워터마크를 본문 앞에 배치합니다.

PART

02

한글 2022의
활용

01 글맵시 만들기

큰 글자를 표현할 때는 글맵시를 활용합니다. 글자의 색과 모양을 다양하게 표현할 수 있고 문서 내에서 원하는 위치에 배치하기도 쉽습니다.

ⓖ Key Word: 글맵시

01. 입력 탭 ⇨ 글맵시 아래에 있는 펼침 버튼∨을 클릭한 후 원하는 색과 모양의 글맵시를 클릭합니다.

Point

🏷를 클릭하면 파란색의 기본 글맵시가 생성됩니다. 글맵시를 최대한 크게 표현하려면 편집 용지의 방향을 가로로 설정하는 것이 좋습니다.

02. [글맵시 만들기] 대화상자가 나타나면 내용 창을 클릭하시 않고 글맵시로 표시할 **내용**을 바로 **입력**합니다.

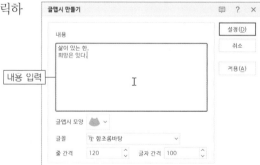

03. 글맵시 **모양**을 변경합니다. 글맵시 모양은 글자를 담는 그릇입니다. 글의 느낌을 잘 표현할 수 있는 모양으로 선택합니다.

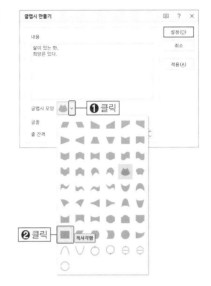

04. **글꼴**을 선택합니다. 글맵시로 입력하는 글자는 굵은 글꼴을 선택하는 것이 좋습니다. **설정**을 클릭합니다.

05. 글맵시가 입력되면 **조절점을 클릭, 드래그**해 글자의 크기를 조절합니다. Shift를 누른 채 모서리 조절점을 드래그하면 가로/세로 비율을 유지한 채 크기를 조절할 수 있습니다.

06. 글맵시 안쪽에서 드래그하면 글맵시가 이동합니다. Shift 를 누른 채 드래그하면 **수평/수직 위치**로 이동합니다.

07. Ctrl 을 누른 채 **글맵시 안쪽**에서 드래그하면 글맵시가 복사됩니다.

08. 글맵시가 선택된 상태에서 **글맵시** 🅐 의 **그림자 모양** % 을 클릭하면 **그림자**가 해제됩니다.

Point

글맵시 바깥쪽을 클릭해 글맵시 선택이 해제되면(글맵시의 조절점이 사라지면) 글맵시 🅐 가 나타나지 않습니다. **글맵시** 🅐 **가 보이지 않으면 글맵시를 클릭해 선택해 주세요.**

09. 글맵시를 2줄 이상 입력했을 때는 **문단 정렬** 방식을 선택할 수 있습니다. **문단 정렬**을 클릭한 후 **가운데 정렬**을 선택합니다.

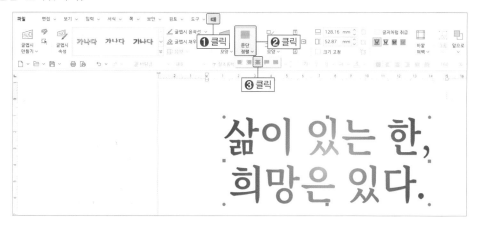

Point

- 글맵시를 선택한 후 방향키(←, ↑, →, ↓)를 누르면 각 방향으로 0.2mm씩 이동해 위치를 세밀하게 조정할 수 있습니다.
- 글맵시를 선택한 후 Shift를 누른 채 방향키(←, ↑, →, ↓)를 누르면 글자를 1mm씩 각 방향으로 키우거나 줄일 수 있습니다.
- 글맵시를 선택한 후 Delete를 누르면 글맵시가 삭제됩니다.

Tip

글맵시 반전

글맵시의 크기를 조절할 때 왼쪽 상단 모서리의 시작점보다 왼쪽이나 위쪽으로 줄이면 글자의 좌우/상하가 반전된다는 것을 기억하기 바랍니다.

02 다양한 글맵시 채우기와 그림자, 회전

글맵시 삽입 후 글맵시 █를 이용해 모양과 글자, 색, 크기 등을 수정할 수 있습니다.

○→ Key Word: 글맵시 수정, 글맵시 채우기, 글맵시 윤곽선, 그림자, 회전, 상하 대칭
　　예제 파일: Part2-Section02(글맵시 수정하기)-예제.hwpx

01. 예제 파일을 불러온 후 글맵시를 클릭해 선택합니다. 글맵시 🄰를 클릭합니다. 글맵시의 글자와 글꼴을 수정할 때는 내용 편집 아이콘🖌을 클릭합니다.

02. 내용, 글맵시 모양, 글꼴, 줄 간격 등을 변경할 수 있습니다. 필요한 내용을 수정한 후 **설정**을 클릭합니다.

03. 글맵시의 크기는 유지되지만, 글자가 추가돼 각 글자의 가로/세로 비율이 달라집니다. **조절점을 드래그**해 글맵시의 크기를 조절합니다.

04. 글맵시 윤곽선의 펼침 버튼✓을 클릭해 윤곽선의 색, 굵기, 선 종류 등을 설정할 수 있습니다. 글맵시 윤곽선은 글자를 선명하게 보이도록 하지만, **없음**을 설정하는 것이 더 자연스러운 경우가 많습니다. ⓛ을 누르면 [**개체 속성**] 대화상자의 선 탭이 바로 실행됩니다.

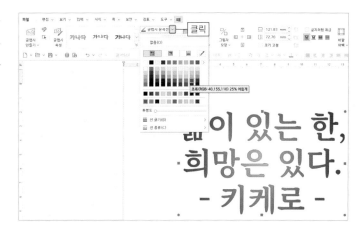

Point

한글의 글맵시 윤곽선은 글자의 공간을 윤곽선에 할당해 윤곽선이 굵을수록 글자 영역이 좁아지므로 선 굵기를 너무 굵게 설정하지 않도록 주의합니다.

05. 글맵시 채우기의 펼침 버튼✓을 클릭하면 글자색을 변경할 수 있습니다. 여기서는 글맵시 채우기 색을 변경하고 **글맵시 윤곽선**에서 **없음**을 선택했습니다.

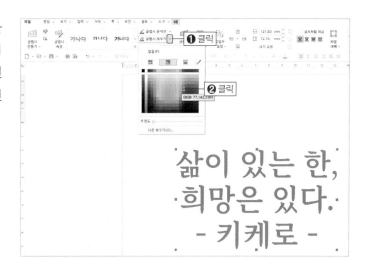

Point

- 투명도를 높이면 글자의 색이 연하게 표시되고 100%로 설정하면 글자가 보이지 않게 됩니다.
- 글맵시 채우기에서 색을 선택하면 단색으로만 설정할 수 있고 그러데이션, 그림 등의 채우기를 설정하려면 **다른 채우기**를 클릭하거나 [**개체 속성**] 대화상자를 이용합니다.

06. 글맵시 채우기 색을 다양하게 변경하기 위해 글맵시를 선택한 후 ⓒ를 누릅니다. [**개체 속성**] 대화상자의 **채우기** 탭이 열립니다. **무늬 색**과 **무늬 모양**을 선택할 수도 있습니다.

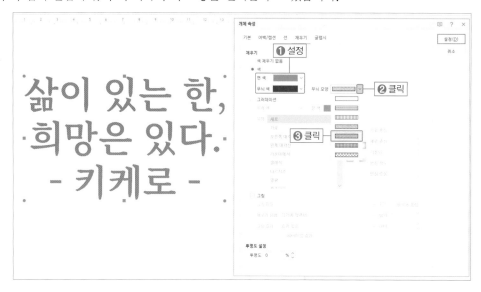

07. 색조 상태가 서서히 변하는 것을 **그러데이션**이라고 합니다. 채우기 종류에서 **그러데이션**을 선택하면 하나의 글맵시에 2가지 색상을 적용할 수 있습니다. **시작 색**과 **끝 색**을 선택한 후 **유형** 등을 선택해 설정합니다.

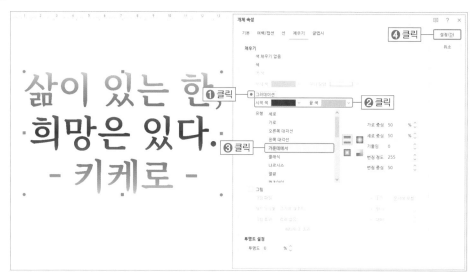

그러데이션 모양

같은 색이라고 해도 그러데이션의 모양에 따라 적용되는 방식이 달라집니다. 가로 중심, 세로 중심, 기울임, 번짐 정도, 번짐 중심을 변경해 다른 느낌으로 표현할 수도 있습니다. 기본적으로 가로 중심과 세로 중심의 기본값은 50%로 설정돼 있으므로 그러데이션의 색 변화는 글맵시의 정중앙에서 시작해 바깥쪽에서 끝납니다.

1. 줄무늬

2. 원형

3. 사각형

4. 원뿔

그러데이션 설정

- **시작 색**: 글맵시의 중심에서 시작해 바깥쪽으로 퍼져 나가는 색을 지정합니다.
- **끝 색**: 글맵시의 바깥쪽에서 시작해 안쪽으로 들어오는 색을 지정합니다.
- **유형**: 그러데이션의 두 색이 적용되는 모양 또는 미리 만들어진 템플릿을 선택합니다.
- **가로/세로 중심**: 그러데이션이 적용될 시작 위치를 설정합니다.
- **기울임**: 그러데이션의 기울기 정도를 0~359도 사이의 숫자로 설정합니다.
- **번짐 정도**: 시작 색과 끝 색의 퍼짐 단계입니다. 번짐 정도가 낮을수록 두 색의 경계가 확실하게 표시됩니다. 번짐 정도가 0일 때는 면색을 주지 않는 것과 같아서 글자가 사라지게 된다는 것에 주의해야 합니다.
- **번짐 중심**: 번짐 정도의 기준 위치입니다. 0~100 사이의 값을 지정할 수 있습니다. 번짐 중심 값이 작을수록 시작 색 쪽에 가깝고 값이 클수록 끝 색 쪽에 가깝습니다.

08. 미리 설정된 그러데이션을 활용할 수도 있습니다. **그러데이션**을 선택한 후 **유형** 목록 중에서 마음에 드는 색상을 클릭합니다. 여기서는 **천국과 지옥**을 선택했습니다. **설정**을 클릭합니다.

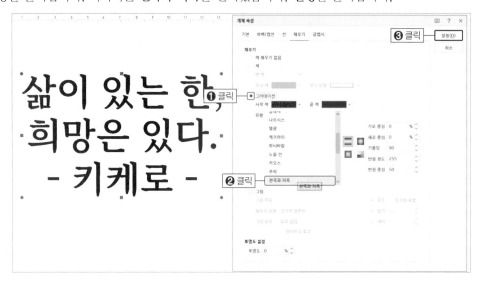

Point

모양의 종류나 가로 중심 등을 설정한 후 유형을 변경하면 가로 중심이 바뀌어 버리므로 유형을 선택한 후 나머지를 선택하는 것이 좋습니다.

09. 글맵시의 채우기 색을 그림으로 설정할 수도 있습니다. **개체 속성**의 **채우기** 탭에서 면 색과 그러데이션이 함께 적용되지 않도록 **색 채우기 없음**을 클릭한 후 **그림**을 클릭해 선택합니다. **그림 선택 아이콘**📂을 클릭해 글맵시에 적용할 그림을 선택하고 **설정**을 클릭합니다.

Tip

그림으로 채우기 선택사항

1. **문서에 포함**: 그림 파일을 삽입 그림 형식으로 문서에 포함시켜 원본 그림 파일을 수정하거나 위치를 변경해도 문서에 포함된 그림에는 영향을 미치지 않습니다. 해제하면 그림 파일이 이동하거나 삭제됐을 때, 다른 컴퓨터에서 글맵시 파일을 열었을 때 그림을 불러올 수 없습니다.

2. **채우기 유형**
   - **크기에 맞추어**: 그림 파일의 원래 크기를 무시하고 현재 면 크기에 맞게 그림의 크기를 확대/축소해 면을 채웁니다.
   - **위로/가운데로/아래로**: 그림 파일의 원래 크기대로 지정한 방향에 하나의 그림 파일만을 채웁니다.
   - **바둑판식으로**: 그림 파일의 원래 크기대로 면을 채웁니다. 개체의 면 크기가 그림 파일의 크기보다 작으면 그림의 일부분만 나타나게 되고, 개체의 면 크기가 그림 파일의 크기보다 크면 그림을 바둑판식으로 연속해 배치합니다.

3. **그림 효과**: 배경을 채운 그림 파일에 대해 회색조, 흑백 또는 워터마크 효과를 적용할 수 있습니다.

4. **워터마크 효과**: 불러온 그림 파일의 70%의 밝기와 −50%의 명암을 줘 밝고 명암 대비가 작은 그림으로 바꿉니다.

5. **밝기**: 선택한 그림 파일의 밝기를 조절합니다. −100으로 설정하면 이미지가 검은색, 100으로 설정하면 흰색으로 나타납니다. 처음 값은 0입니다.

6. **대비**: 선택한 그림 파일의 명암을 조절합니다. 명암의 단계는 −100부터 100까지 설정할 수 있습니다.

10. 글맵시 ▨ 에서 그림자를 선택하면 다음과 같이 기본색과 기본 위치로 적용됩니다.

11. 그림자 이동 아이콘을 클릭하면 위치를 조절할 수 있습니다. 방향 아이콘(←, ↑, ↓, →)을 클릭하면 각 방향으로 2%씩 이동합니다.

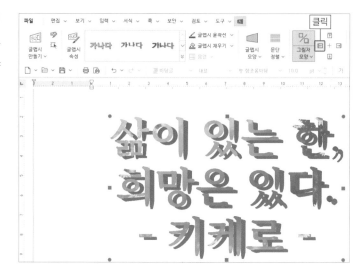

12. 그림자 모양을 클릭한 후 **다른 그림자 색**에서 그림자의 색을 선택할 수 있습니다.

13. 글맵시를 선택한 후 ⓟ를 누르면 [개체 속성] 대화상자가 표시됩니다. [개체 속성] 대화상자의 **글맵시** 탭에서 그림자를 **1%씩 이동**할 수 있습니다.

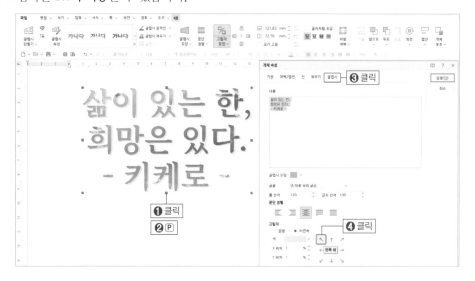

14. 글맵시  ⇨ 회전 ⇨ 개체 회전을 클릭한 후 연두색 조절점 ●을 드래그하면 글맵시를 회전할 수 있습니다. Ctrl을 누른 채 글맵시 조절점을 드래그하면 해당 방향으로 15도만큼 회전합니다.

15. 회전 조절점을 드래그해 글맵시의 각도를 조절합니다. ◈을 드래그하면 회전 시 중심축을 이동할 수 있습니다.

Point

- 개체 회전을 종료하려면 **회전** ⇨ **개체 회전**을 다시 클릭하거나 Esc를 누릅니다.
- **글자처럼 취급**이 선택돼 있다면 글맵시에 개체 회전이나 기울이기를 적용할 수 없습니다.

16. 글맵시를 선택한 후 P를 눌러 [**개체 속성**] 대화상자를 실행하면 **기본** 탭에서 **개체 회전 각도**를 확인한 후 수치를 직접 입력할 수 있습니다.

Point

개체가 회전하지 않도록 설정하려면 [**개체 속성**] 대화상자의 **기본** 탭에서 **개체 회전** ⇨ **회전각**에 0을 입력합니다.

17. **기울이기**에 수치를 입력하면 글맵시가 가로/세로 방향으로 입력한 수치만큼 기울어 표시됩니다. **가로**에서 −10을 입력하면 왼쪽으로 10도 기울어집니다.

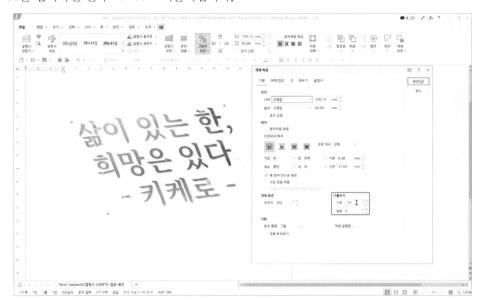

Point

- 기울이기는 −89~89도까지 입력할 수 있습니다.
- 기울이기를 해제하려면 **[개체 속성]** 대화상자의 **기본** 탭에서 **개체 회전** ➡ **기울이기**에 0을 입력합니다.

Tip

회전

- **개체 회전**: 개체의 각 모서리에 표시되는 연두색 조절점⬤을 드래그하면 개체가 회전합니다. ◈를 드래그하면 회전 중심점을 이동할 수 있습니다.
- **왼쪽으로 90도 회전**: 개체를 왼쪽으로 90도 회전합니다.
- **오른쪽으로 90도 회전**: 개체를 오른쪽으로 90도 회전합니다.
- **좌우 대칭**: 개체의 좌우가 바뀝니다.
- **상하 대칭**: 개체의 상하기 비뀝니다.

03 개체 배치와 여백 설정하기

글맵시, 도형, 그림, 표, 수식, 차트 등 모든 개체의 위치와 본문 내용과의 배치 방법 등을 설정합니다. 특히, 개체를 문서의 제목으로 활용할 때 설정할 내용과 다단이 설정된 문서에서 보기 좋게 배치하는 방법을 알아 두는 것이 좋습니다.

↪ Key Word: 글자처럼 취급, 본문과의 배치, 밖 여백
예제 파일: Part2-Section03(개체의 배치)-예제.hwpx

01. 예제 파일을 불러온 후 **글맵시**를 입력합니다. 여기서는 **글맵시 윤곽선**을 **없음**으로 설정했습니다.

- 글맵시 스타일: 주황색 그러데이션, 역등변사다리꼴 모양
- 글맵시 윤곽선: 없음, 글맵시 글꼴: 이순신 돋움체 B, 글맵시 모양: ▨

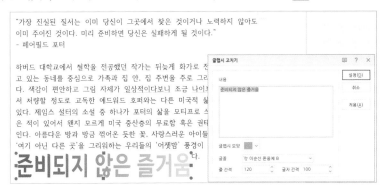

02. 글맵시를 더블클릭한 후 [개체 속성] 대화상자의 **기본** 탭에서 **자리 차지**를 설정합니다.

03. 가로의 기준 위치를 **단**, 실제 위치를 **가운데**로 설정합니다. 세로의 기준 위치는 **쪽**, 실제 위치는 **위**를 선택합니다. 세로의 실제 위치가 위로 설정돼 있다 해도 기준의 숫자가 0이 아니라면 실제 위치를 클릭해 위치 목록 중에서 **위**를 클릭해야 합니다.

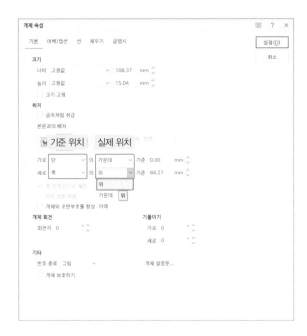

- 글자처럼 취급: 글맵시를 글자처럼 취급해 글자와 나란히 배치하고 [Enter]를 누르거나 글자를 삭제하는 등과 같은 작업 시 글맵시가 따라서 이동됩니다. 글자처럼 취급이 선택된 상태에서는 본문과의 배치를 설정할 수 없습니다.
- 세로 쪽의 위, 기준 84.27mm는 용지의 여백을 제외한 부분에서 84.27mm만큼 아래에 배치된다는 뜻입니다.
- 기준 위치가 쪽일 때는 개체를 쪽을 벗어난 여백에 배치할 수 없습니다. 기준 위치가 종이일 때 개체를 여백에 배치할 수 있습니다.
- 세로 기준 위치가 문단일 때는 글맵시가 문단을 벗어날 수 없으므로 위/아래로 드래그해도 원래의 자리로 돌아갑니다. 글맵시를 세로로 이동하기 불편할 때는 기준 위치를 문단이 아닌 쪽이나 종이로 설정해야 합니다.

Tip

본문과의 배치

- **어울림 Ⅶ**: 개체가 여러 줄의 글자 옆에 배치됩니다. 개체의 위치를 왼쪽 또는 오른쪽으로 지정할 수 있습니다. 개체가 왼쪽에 배치될 때는 **여백/캡션** 탭에서 오른쪽 여백을 3~5mm 정도 설정하는 것이 좋습니다. 본문 위치를 선택하면 글자를 글맵시의 양쪽, 왼쪽 또는 오른쪽에 배치합니다.

> "가장 진실된 질서는 이미 당신이 그곳에서 찾은 것이거나 노력하지 않아도 이미 수어신 것이다. 미리 준비하면 당신은 실패하게 될 것이다."
> - 페어필드 포터
>
> ## 준비되지 않은 즐거움
>
> 하버드 대학교에서 철학을 전공했던 작가는 뒤늦게 화가로 전향해 자신이 살고 있는 동네를 중심으로 가족과 집 안, 집 주변을 주로 그리다 여생을 마쳤다. 색감이 편안하고 그림 자체가 일상적이다보니 조금 나이브해보인다. 그래서 저량할 정도로 고독한 에드워드 호퍼와는 다른 미국적 삶을 상상해볼 수 있다. 제임스 셜터의 소설 중 하나가 포터의 삶을 모티프로 쓰였다는 글을 읽은 적이 있어서 왠지 모르게 미국 중산층의 무료함 혹은 권태가 은연중에 보인다. 아름다운 방과 방금 꺾어온 듯한 꽃, 사랑스러운 아이들이 있다. 그러나 '여기 아닌 다른 곳'을 그리워하는 우리들의 '어젯밤' 풍경이 은은하게 엿보인다.

- **자리차지** ▼: 개체 옆에 글자가 표시되지 않습니다. 글맵시의 아래에 글자가 배치되므로 글맵시를 제목으로 사용할 때 유용합니다. 자리 차지를 설정할 때는 **여백/캡션** 탭에서 아래쪽 여백을 3~5mm 정도로 설정하는 것이 좋습니다.

- **글 앞으로** ▼: 개체가 글자와 같은 위치에 표시되며 개체가 위에 표시되고 본문 내용이 개체에 가려진 채로 표시됩니다. 도형으로 글자를 가릴 때 사용합니다(단축키: Shift + Home).

- **글 뒤로** ▼: 개체가 글자와 같은 위치에 표시되며 개체가 아래에 표시되고 본문 내용이 개체 위에 표시됩니다. 배경 그림 위에 글을 입력할 때 사용합니다(단축키: Shift + End).

Tip

기준 위치

- **종이**: [편집 용지] 대화상자에서 설정한 여백을 무시하고 종이 전체의 어느 곳에나 개체를 배치할 수 있습니다. 여백과 무관하게 배치하므로 실제 위치를 가운데로 설정하면 종이 전체의 가운데에 배치됩니다.
- **쪽**: [편집 용지] 대화상자에서 설정한 여백을 제외하고 실제 문서가 작성되는 부분에 개체를 배치합니다. 여백을 제외한 후 배치하므로 왼쪽과 오른쪽의 여백이 다를 경우, 개체가 한쪽으로 치우친 것처럼 보일 수 있습니다.
- **단**: 개체를 삽입할 때 마우스 커서가 위치한 단 내에 개체를 배치합니다. 여러 단으로 설정된 문서일 경우, 개체가 해당 단을 벗어나지 못합니다.
- **문단**: 개체를 삽입할 때 마우스 커서가 위치한 문단 내에 개체를 배치합니다. 문단에 왼쪽/오른쪽 여백이 설정돼 있을 경우, 여백을 제외하고 글자가 입력되는 부분에 개체를 배치합니다. 특히, 세로의 기준 위치가 문단으로 설정돼 있을 경우, 개체를 위/아래로 드래그했을 때 뜻대로 움직이지 않아 불편할 수 있습니다. 다른 문단으로 이동할 때는 개체의 세로 기준 위치를 **쪽**으로 설정하는 것이 좋습니다.

개체 배치 관련 선택사항

- **쪽 영역 안으로 제한**: 개체의 세로 위치 기준이 **문단**일 때 개체의 세로 위치가 쪽 영역 밖으로 나가면 개체를 다음 쪽으로 넘깁니다.
- **서로 겹침 허용**: 그림 그리기 개체를 제외한 그림이나 표 개체의 **본문과의 배치**를 **어울림**이나 **자리 차지**로 지정 한 경우, 개체끼리 겹쳐지지 않고 서로의 영역만큼 떨어집니다. **서로 겹침 허용**을 켜면 **어울림**이나 **자리 차지**로 지정된 개체끼리도 서로 겹쳐 놓을 수 있습니다.
- **개체와 조판 부호를 항상 같은 쪽에 놓기**: 개체의 본문과의 배치가 **자리 차지**일 때 **개체와 조판 부호를 항상 같은 쪽에 놓기**를 켜 놓으면 문서를 편집하는 도중 개체가 쪽을 넘어가거나 당겨지더라도 해당 개체의 조판 부호를 함 께 옮겨 줍니다.

04. 글맵시와 본문과의 여백을 설정하기 위해 **여 백/캡션** 탭을 클릭합니다. 글맵시가 제목으로 배 치돼 본문은 글맵시의 아래쪽에 위치하므로 **아래 쪽 여백**에 **3mm**를 입력한 후 **설정**을 클릭합니다.

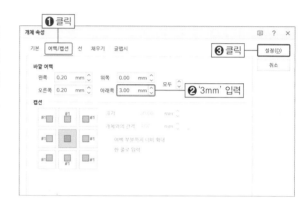

05. 다음과 같이 글맵시가 문서의 상단에 배치되고 본문과의 간격이 3mm로 설정됩니다.

준비되지 않은 즐거움

"가장 진실된 질서는 이미 당신이 그곳에서 찾은 것이거나 노력하지 않아도 이미 주어진 것이다. 미리 준비하면 당신은 실패하게 될 것이다." - 페어필드 포터

하버드 대학교에서 철학을 전공했던 작가는 뒤늦게 화가로 전향해 자신이 살 고 있는 동네를 중심으로 가족과 집 안, 집 주변을 주로 그리다 여생을 마쳤 다. 색감이 편안하고 그림 자체가 일상적이다보니 조금 나이브해보인다. 그래 시 처량할 징도로 고독한 에드워드 호퍼와는 다른 미국적 삶을 상상해볼 수 있다. 제임스 설터의 소설 중 하나가 포터의 삶을 모티프로 쓰였다는 글을 읽 은 적이 있어서 왠지 모르게 미국 중산층의 무료함 혹은 권태가 은연중에 보 인다. 아름다운 방과 빙금 꺾어온 듯한 꽃, 사랑스러운 아이들이 있다. 그러나 '여기 아닌 다른 곳'을 그리워하는 우리들의 '어젯밤' 풍경이 은은하게 엿보인 다.

04 다단 문서에서 개체 배치하기

다단 문서에서 개체의 배치는 기준 위치에 따라 달라집니다. 기준 위치가 다단일 때는 글맵시를 삽입할 때 마우스 커서가 위치한 단 내에 배치되고 기준 위치가 쪽일 때는 단을 벗어나 마우스 커서가 위치한 쪽 내에 배치됩니다.

Key Word: 글자처럼 취급, 본문과의 배치, 밖 여백
예제 파일: Part2-Section04(다단 문서에서 개체의 배치)-예제.hwpx

01. 예제 파일을 불러온 후 **글맵시**를 입력합니다.

- 글맵시 스타일: 진한 자주색 그러데이션, 연자주색 그림자, 위쪽 리본 사각형 모양
- 글맵시 글꼴: 한컴 소망 B, 글맵시 모양: ▨

02. 글맵시를 처음 삽입하면 기준 위치가 단으로 설정돼 있습니다. 글맵시를 더블클릭한 후 [**개체 속성**] 대화상자에서 본문과의 배치는 **자리 차지**, 가로 기준 위치는 **쪽**을 선택합니다. 실제 위치는 **가운데**, 세로 기준 위치는 **쪽**, 실제 위치는 **위**로 설정합니다.

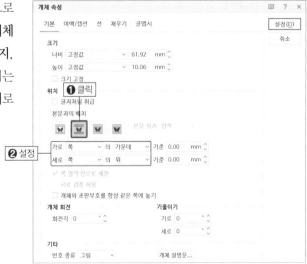

03. **여백/캡션** 탭을 클릭한 후 아래쪽에 **3**을 입력하고 **설정**을 클릭합니다.

04. 가로 기준 위치를 쪽으로 설정했으므로 단과 무관하게 **쪽**의 **가운데**에 배치됩니다.

카미유 피사로

피사로의 그림은 하나같이 편안하다. 사람들과 마차 등이 바쁘게 움직이는 아침 풍경을 그렸지만, 그가 그린 오페라 거리는 목가적으로 보인다. 그는 같은 장소에서 반복해서 그림을 그렸는데, 어떤 날은 해가 나 있고, 어떤 날은 비가 오고, 어떤 날은 안개가 자욱이 끼어 있다. 빛과 대기의 변화를 화면에 담고자 했던 인상파의 아버지답게 그림 속에 인상이 그대로 드러난다. 그는 평생 쉬지 않고 조금씩 앞으로 나아가는 작품 세계를 보여주었다.

이런 삶은 분명 후회가 없었을 것이다. 검색하면 끝도 없이 나오는 피사로의 그림에는 '끈질김에서 드러나는 고귀함'이 있다. 비가 오든 눈이 오든 날이 밝든 해가 저물었든 그는 계속 그렸다. 멀리서 보면 아지랑이처럼 모든 것이 흐릿한 그림을 그리며 그는 자신이 본 것을 그림 속에 재현하기 위해 그리고 또 그렸을 것이다. 피카소나 마티스, 세잔과는 다른 피사로만의 일개미 같은 꾸준함에 자극을 받게 된다.

05. 왼쪽 단의 첫 글자 앞을 클릭한 후 글맵시를 삽입합니다. 글맵시를 더블클릭한 후 [**개체 속성**] 대화상자에서 본문과의 배치는 **자리 차지**, 가로 기준 위치는 **단**을 선택합니다. 실제 위치는 **가운데**, 세로 기준 위치는 **문단**, 실제 위치는 **위**로 설정합니다. **여백/캡션** 탭에서 **바깥 여백 아래쪽**을 **3mm**로 입력하고 **설정**을 클릭합니다.

- 글맵시 스타일: 주황색 그러데이션, 역등변사다리꼴 모양
- 글맵시 윤곽선: 없음, 글맵시 글꼴: 경기천년제목 Bold
- 글맵시 모양: ▨

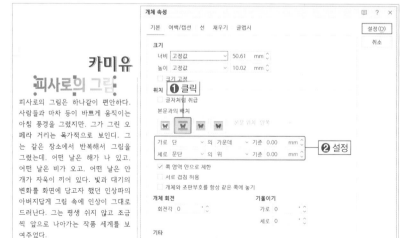

Point

세로 기준 위치를 문단으로 설정하면 해당 문단 내에서 지정한 위치에 배치되므로 쪽의 위로 설정한 제목과 겹치지 않습니다.

06. 왼쪽의 글맵시를 복사해 다음 단에 입력하기 위해 글맵시가 선택된 상태에서 Ctrl + C 를 누릅니다. 그런 다음 오른쪽 단의 첫 글자 앞을 클릭하고 Ctrl + V 를 눌러 복사한 글맵시를 붙여넣기합니다.

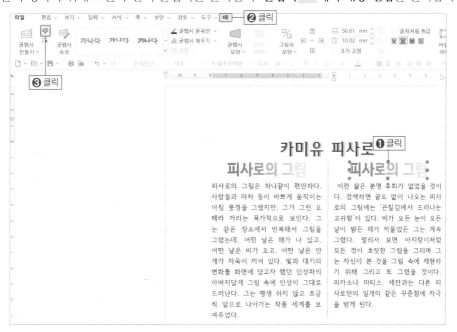

07. 내용을 수정하기 위해 오른쪽 단의 글맵시를 클릭한 후 **글맵시 ▲ 에서 내용 편집**을 클릭합니다.

08. 새로운 내용을 입력한 후 **설정**을 클릭합니다.

09. 글자 수가 달라져도 글맵시의 크기는 그대로 유지되므로 글자의 너비가 달라질 수 있습니다. **글맵시의 너비를 조절**해 글자의 가로/세로 비율이 달라지지 않도록 설정합니다. 현재 배치된 가로 가운데 위치를 유지하면서 너비를 줄이기 위해서는 Ctrl을 누른 채 조절점에서 드래그합니다.

Point

글맵시, 도형, 그림 등의 모든 개체에 대해 현재 위치를 유지한 채 크기를 조절할 때는 Ctrl을 누른 채 조절점에서 드래그합니다.

카미유 피사로

Ctrl+드래그

피사로의 그림

피사로의 그림은 하나같이 편안하다. 사람들과 마차 등이 바쁘게 움직이는 아침 풍경을 그렸지만, 그가 그린 오페라 거리는 목가적으로 보인다. 그는 같은 장소에서 반복해서 그림을 그렸는데, 어떤 날은 해가 나 있고, 어떤 날은 비가 오고, 어떤 날은 안개가 자욱이 끼어 있다. 빛과 대기의 변화를 화면에 담고자 했던 인상파의 아버지답게 그림 속에 인상이 그대로 드러난다. 그는 평생 쉬지 않고 조금씩 앞으로 나아가는 작품 세계를 보여주었다.

꾸준한 노력

이런 삶은 분명 후회가 없었을 것이다. 검색하면 끝도 없이 나오는 피사로의 그림에는 '끈질김에서 드러나는 고귀함'이 있다. 비가 오든 눈이 오든 날이 밝든 해가 저물었든 그는 계속 그렸다. 멀리서 보면 아지랑이처럼 모든 것이 흐릿한 그림을 그리며 그는 자신이 본 것을 그림 속에 재현하기 위해 그리고 또 그렸을 것이다. 피카소나 마티스, 세잔과는 다른 피사로만의 일개미 같은 꾸준함에 자극을 받게 된다.

Section

05 글맵시 분리해 여러 색 적용하기

글맵시를 복사한 후 그림으로 저장하면 글맵시의 일부를 자르기해 2가지 이상의 색으로 표현할 수 있습니다.

ⓖ Key Word: 글맵시 채우기, 글맵시 분리, 그림으로 저장

01. 글맵시를 크게 표현하기 위해 **편집** 탭에서 **용지 방향**을 **가로**로 설정합니다.

02. 용지 방향을 가로로 설정한 후에는 한 쪽이 한 화면에 모두 보이도록 **보기** 탭 ⇨ **쪽 맞춤**을 설정하는 것이 좋습니다(단축키: Ctrl + G + P).

03. 기본 글맵시를 삽입하기 위해 **입력** 탭 ⇨ **글맵시** 아이콘을 클릭합니다.

04. 글맵시 내용을 입력한 후 **글꼴**(CookieRun Black)과 글맵시 **모양**을 선택합니다. **설정**을 클릭합니다.

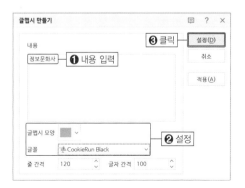

05. 글맵시의 크기를 키운 후 **글맵시 채우기** 색을 **검은 군청**으로 설정합니다.

06. 글맵시가 선택된 상태에서 Ctrl + C ⇨ Ctrl + V를 눌러 글맵시를 복사합니다.

07. 상단의 글맵시가 선택된 상태에서 **글맵시 채우기** 색을 하늘색으로 변경합니다.

08. 상단의 글맵시에서 마우스 오른쪽 버튼을 누른 후 **그림 파일로 저장**을 클릭합니다.

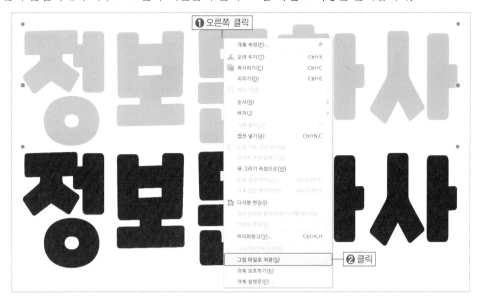

09. 글맵시 파일을 저장할 **폴더를 선택**
한 후 **파일 이름**을 입력하고 **저장**을 클
릭합니다. 파일 이름을 지정하지 않으
면 **image01.png**로 자동 설정됩니다.

10. Delete 를 눌러 그림 파일로 저장한 글맵시를 삭제합니다. 그림 파일로 저장한 글맵시를 불러오기 위해
입력 탭 ➡ **그림** 아이콘을 클릭합니다(단축키: Ctrl + N + I).

11. 글맵시를 저장했던 폴더에서 **그림 파일**을 선택합니다. 하단의 옵션에서 **마우스로 크기 지정**을 해제하고 **열기**를 클릭합니다.

12. 두 글맵시가 겹쳐지도록 상단의 **그림** 에서 **글 앞으로** 를 클릭합니다.

13. 하늘색 글맵시의 조절점에 마우스 커서를 올려놓고 Shift를 누른 채 **안쪽으로 드래그**해 그림을 자르기합니다.

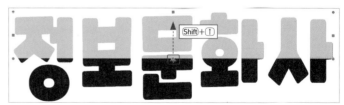

14. 약간의 분리된 느낌을 표현하기 위해 그림에 테두리를 설정하는 것도 좋습니다. **그림** 에서 **그림 테두리**의 색은 **흰색**, **선 굵기**는 **1mm**로 선택합니다.

15. 두 개체를 하나로 묶기 위해 두 개체를 모두 선택합니다. 상단의 그림 파일 글맵시를 클릭한 후 Shift를 누른 채 하단의 글맵시를 클릭합니다. 두 개체가 모두 선택되면 G를 누릅니다. [개체 묶기] 대화상자가 나타나면 **실행**을 클릭합니다.

Point

개체의 크기를 조절할 때 Shift를 누른 채 모서리의 조절점에서 드래그하면 가로/세로 비율을 유지한 채 크기를 조절할 수 있습니다.

16. 그림의 위쪽에서 자르기하면 그림이 위로 올라오면서 글맵시의 위치와 달라집니다. 그림의 세로 기준 위치가 문단으로 설정돼 있기 때문입니다.

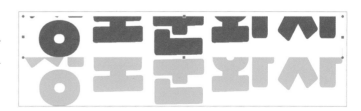

17. 그림을 더블클릭한 후 [**개체 속성**] 대화상자에서 세로의 기준 위치를 **쪽**으로 변경하고 **설정**을 클릭합니다.

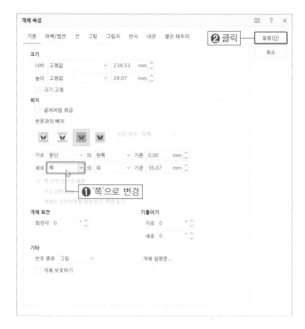

18. 그림 글맵시가 아래쪽에 배치돼 작품이 완성됐습니다.

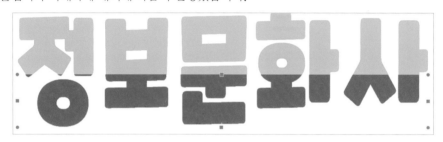

06 도형 그리기

문서에 필요한 도형을 그리거나 다양한 모양으로 꾸밀 수 있습니다. 직사각형과 타원, 직선, 호, 다각형, 곡선 등의 도형을 그릴 수 있고 자유선을 이용해 펜으로 그리는 것처럼 그릴 수도 있습니다.

Key Word: 도형, 직사각형, 타원, 호, 선, 다각형, 곡선, 도형 연결선, 채우기, 윤곽선, 그림자

01. **편집** 탭 ▷ **도형**을 클릭해 문서에 추가할 도형을 선택합니다. **입력** 탭에서 도형을 선택할 수도 있습니다.

02. 도형을 그릴 위치에서 대각선 방향으로 드래그해 도형을 그립니다. Shift를 누른 채 드래그하면 **정사각형**이 그려집니다. 도형에 조절점이 있을 때 Delete를 누르면 도형이 삭제됩니다.

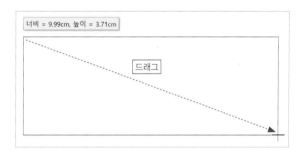

03. 둥근 원을 그릴 때는 **타원**을 선택한 후 Shift를 누른 채 드래그합니다.

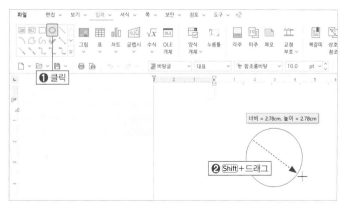

04. 도형이 그려지면 글맵시와 같이 조절점을 드래그해 크기를 조절할 수 있습니다. 도형의 안쪽에서 드래그하면 도형이 이동합니다. 도형이 선택된 상태에서 Delete를 누르면 도형이 삭제됩니다.

05. **입력** 탭에서 도형을 더블클릭하면 계속 같은 도형을 그릴 수 있습니다. Esc를 누르면 도형 그리기를 종료합니다. 도형을 하나만 그릴 때는 더블클릭하지 않고 **클릭**해야 합니다.

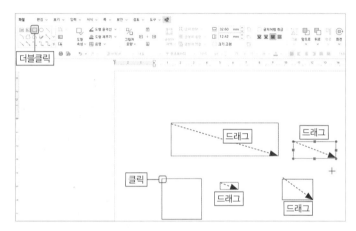

06. 도형 의 **도형 채우기**에서 도형의 **채우기 색**을 설정할 수 있습니다.

- 도형 채우기 색: RGB 173, 235, 235

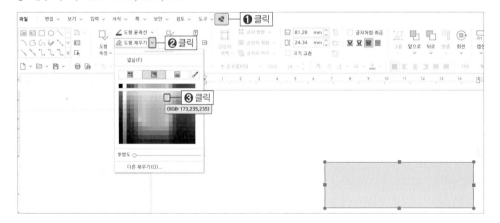

07. **도형** 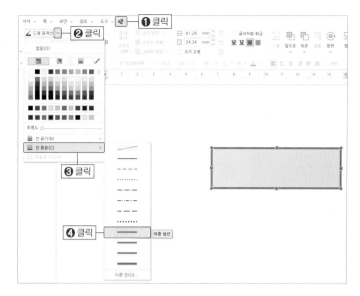의 **도형 윤곽선**에서 도형 윤곽선의 **색, 굵기** 등을 설정할 수 있습니다.

- 도형 윤곽선 종류: 이중 실선
- 도형 윤곽선 색: 검은 군청

08. **음영**을 클릭하면 도형 채우기 색의 **밝기 비율**을 증가시키거나 감소시킬 수 있습니다.

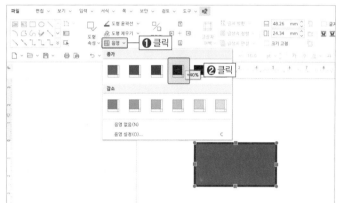

09. 도형의 크기를 직접 입력해 설정할 수도 있습니다. **도형** 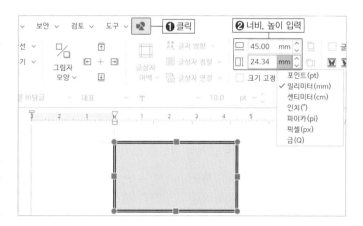을 클릭한 후 **너비**□와 **높이**□를 입력합니다. ㎜을 클릭해 단위를 변경할 수도 있습니다.

Point

도형의 현재 크기가 변경되지 않도록 하려면 **크기 고정**을 선택합니다.

10. 도형 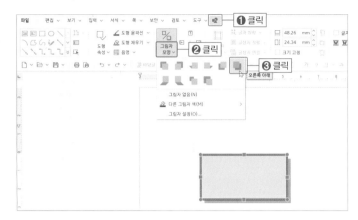 에서 **그림자 모양**을 클릭한 후 원하는 모양을 선택하면 그림자를 추가할 수 있습니다.

11. 그림자 모양 ⇨ **다른 그림자 색** ⇨ 색을 선택하면 그림자 색을 변경할 수 있습니다.

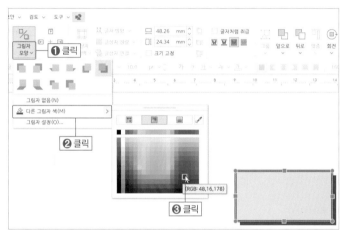

12. 그림자 이동 아이콘(←, ↑, ↓, →)을 클릭하면 그림자의 위치를 네 방향으로 이동할 수 있습니다.

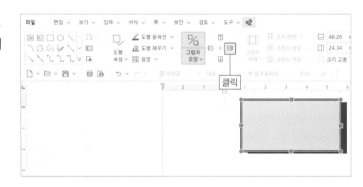

13. 선을 그릴 때는 **입력** 탭에서 **직선**을 선택합니다.

14. Shift를 누른 채 드래그하면 **수평, 수직** 또는 **45도로 반듯한 선**이 그려집니다.

15. 선은 **도형 윤곽선**에 관한 항목만 설정할 수 있습니다. 채우기 색을 적용할 면이 없으므로 도형 채우기와 음영은 설정할 수 없습니다.

- 도형 윤곽선 색: 파랑
- 도형 윤곽선 굵기: **0.7**mm

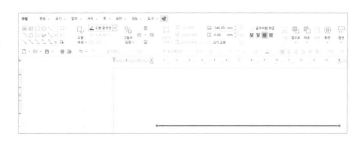

16. 도형 ⬛ ⇨ **도형 윤곽선**의 펼침 버튼∨ ⇨ **선 종류**를 선택할 수 있습니다.

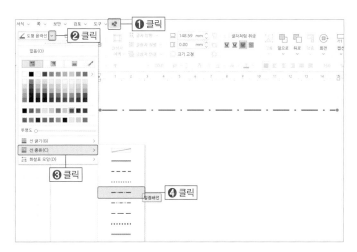

17. 도형 ⬛ ⇨ **도형 윤곽선**의 펼침 버튼∨ ⇨ **화살표 모양**을 선택할 수 있습니다.

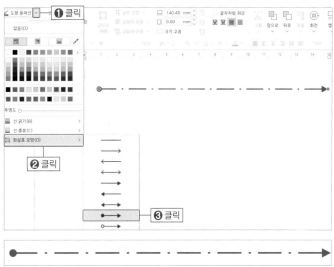

18. 호를 클릭한 후 화면에 드래그합니다. Shift를 누른 채 드래그하면 가로/세로가 동일하게 그려집니다.

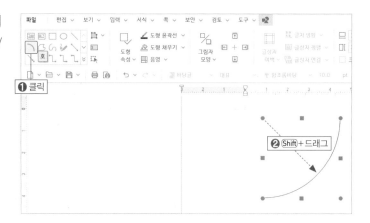

19. 도형 채우기 색은 **빨강**, 도형 윤곽선 색은 초록을 선택합니다. 도형 윤곽선의 선 굵기는 **4mm**를 선택합니다. **타원**을 선택한 후 수박 안에서 드래그해 수박씨를 그립니다. 도형 채우기 색은 **검은색**으로 선택합니다.

20. 수박씨를 선택한 후 Ctrl + C를 눌러 복사합니다. 그리고 Ctrl + V를 눌러 붙여넣기합니다. Ctrl + V를 여러 번 누르면 다음과 같이 수박씨가 그려집니다.

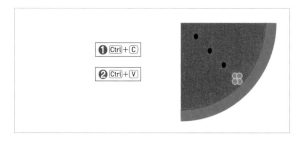

21. 더 많은 수박씨를 복사한 후 드래그해 위치를 이동합니다. 도형을 이동할 때는 마우스 커서의 모양이 🔀이어야 합니다. 모양이 📐일 때 드래그하면 도형의 조절점에 마우스가 위치한 상태이므로 도형이 이동하지 않고 크기가 달라집니다.

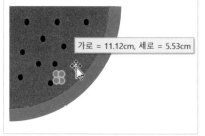

22. 호와 원들은 하나의 수박을 표현하므로 개체 묶기를 이용해 하나의 도형으로 묶어 줘야 합니다. 모든 도형을 쉽게 선택하기 위해 **도형** 에서 **개체 선택** 아이콘 을 클릭합니다.

23. 모든 도형이 포함되도록 사각형을 그려 범위를 지정합니다. 다음과 같이 모든 도형의 조절점이 표시됩니다.

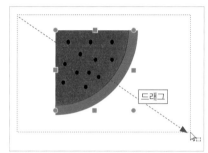
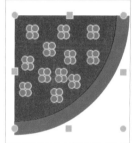

24. G를 누르면 **개체 묶기**가 실행됩니다. 개체 묶기를 실행하면 여러 도형이 하나의 도형이 되므로 이동할 때 함께 이동하는 것은 물론, 도형 채우기와 도형 윤곽선 등의 설정이 모두 동일하게 적용됩니다.

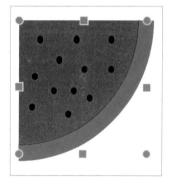

Point

개체 묶기를 해제할 때는 U를 누릅니다. U를 누르면 모든 도형의 조절점이 다시 표시되고 개별적으로 채우기 색 등을 설정하거나 이동할 수 있습니다. 다만, **글자처럼 취급**이 선택된 상태에서 **개체 묶기**를 해제하면 모든 도형이 다른 위치로 이동해 형태가 분리되므로 **글자처럼 취급을 해제**한 후 U를 누르는 것이 좋습니다.

25. 다각형을 정확하게 그리기 위해서는 **보기** 탭 ⇨ **격자** 아이콘 을 클릭해 격자를 표시합니다.

격자

격자의 펼침 버튼▽을 클릭한 후 **격자 설정**을 클릭하면 격자의 모양과 간격을 조절할 수 있습니다. 기본 간격은 **5mm** 입니다. 격자를 해제하려면 격자 아이콘▦을 다시 클릭합니다.

26. 다각형을 그리기 위해 도형 중에서 **다각형**을 선택합니다. 다각형의 꼭 짓점이 될 부분을 각각 클릭합니다. 드래그하면 울퉁불퉁한 선이 그려지므로 주의해야 합니다. 선을 그릴 때와 마찬가지로 Shift를 누른 채 클릭하면 수평/수직 또는 45도로 반듯한 선을 그릴 수 있습니다. 시작점을 만나거나 **더블클릭**하면 다각형이 완성됩니다.

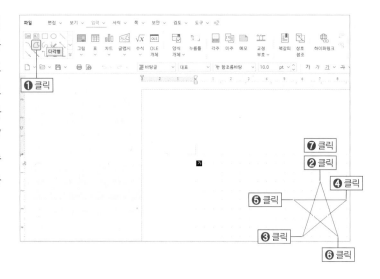

27. 곡선을 그리기 위해 **곡선**을 클릭합니다. 휘어지는 각 지점들을 클릭, 클릭합니다. 클릭할 때 마우스를 살짝 드래그하면 곡선의 곡률이 달라집니다. 마지막에 더블클릭하면 곡선이 완성됩니다.

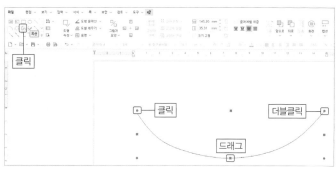

28. 도형 윤곽선 색은 **빨강**, 도형 윤곽선 선 굵기는 **2mm**, 도형 윤곽선의 선 **종류**는 **원형 점선**을 선택합니다.

29. 자유선 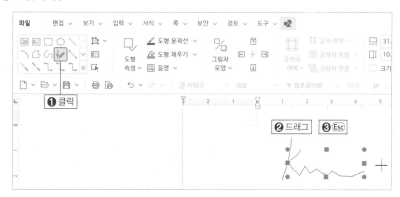을 활용하면 펜으로 글씨를 쓰거나 그림을 그리듯이 직접 그릴 수 있습니다. **자유선**을 클릭한 후 **원하는 모양대로 드래그**합니다. 자유선은 마우스에서 손을 뗀 후 바로 다음 선을 그릴 수 있습니다. Esc를 누르면 종료됩니다.

30. 자유선으로 그린 도형은 마우스에서 손을 뗄 때마다 분리돼 여러 개의 도형으로 그려지므로 묶기를 실행하는 것이 좋습니다. Shift를 누른 채 도형을 클릭, 클릭해 그룹으로 묶을 도형을 선택합니다. 도형을 선택한 후 G를 누르면 묶기를 실행합니다.

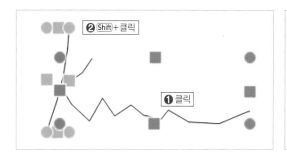
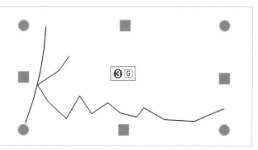

31. 도형 연결선을 그리기 위해 사각형을 2개 그립니다. **꺾인 화살표 연결선**을 클릭합니다.

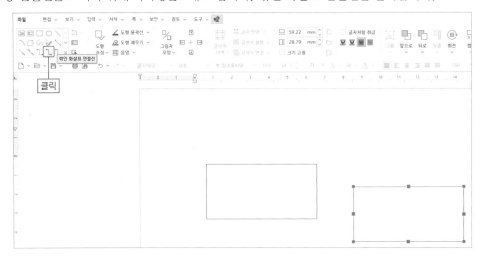

32. 마우스를 드래그해 연결선을 그린 후 선의 끝점을 드래그해 연결할 도형의 조절점과 겹치도록 이동합니다.

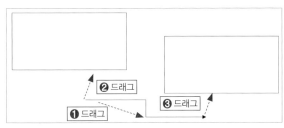

33. 양쪽 모두 연결하면 다음과 같이 조절점이 검은색으로 바뀝니다. 도형을 드래그해 이동하면 연결선이 따라다니고 선의 모양도 자동으로 변합니다. ◆ 를 드래그하면 연결선과 도형의 거리를 조절할 수 있습니다.

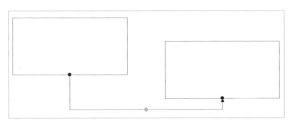

34. 도형에 글자를 입력하려면 **도형** ✎ ⇨ **글자 넣기** 아이콘 ▣ 을 클릭합니다.

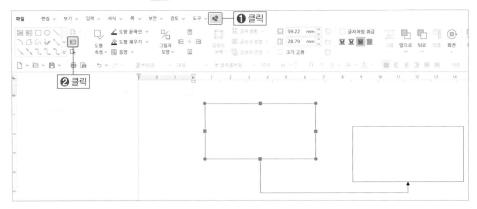

35. 글자를 입력한 후 [Ctrl]+[A]를 눌러 사각형 안의 모든 글자를 선택하고 **글꼴, 글자 크기** 등을 설정합니다. 마찬가지로 오른쪽 도형을 클릭한 후 **글자 넣기** 아이콘 을 클릭합니다.

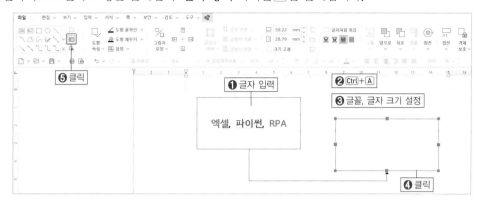

36. 세 도형이 현재의 형태를 유지하고 함께 움직이도록 **묶기**를 실행합니다. [Shift]**를 누른 채 모든 도형을 클릭**해 선택한 후 [G]를 눌러 묶기합니다.

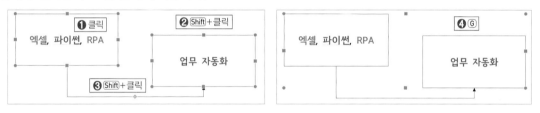

Point

묶기가 적용돼 있다면 **글자 넣기** 아이콘 을 선택할 수 없습니다. **글자 넣기** 아이콘 은 단일 도형에 대해서만 적용할 수 있습니다.

07 개체 모양 복사 활용하기

한 번 설정한 도형 모양을 다음 도형에도 적용하고 싶다면 개체 모양 복사를 활용합니다. 또한 새 그리기 속성을 이용하면 앞으로 그려질 모든 도형에 대해 같은 색과 윤곽선, 그림자 등의 속성을 미리 설정할 수 있습니다.

Key Word: 개체 모양 복사, 새 그리기 속성으로

---

01. 채우기, 윤곽선 등의 모양이 설정된 도형을 클릭한 후 **도형 속성** 아래에 있는 펼침 버튼⌄ ⇨ **개체 모양 복사**를 클릭합니다(단축키: Alt + Shift + C).

Point

도형에서 마우스 오른쪽 버튼을 클릭하면 나타나는 단축 메뉴에서 **개체 모양 복사**를 클릭해도 됩니다.

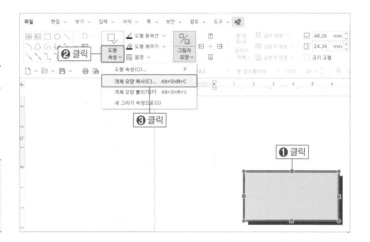

02. 복사할 모양을 클릭해 선택합니다. 개체 크기를 선택하면 도형의 크기도 같게 설정할 수 있습니다. **복사**를 클릭합니다.

Point

도형을 처음 그릴 때는 기본 그리기 속성에 따라 그려집니다. 일반적으로 도형 채우기 색은 **흰색**, 도형 윤곽선 색은 **검은색**입니다.

03. 새 도형을 그린 후 **도형 속성** 아래에 있는 펼침 버튼∨ ➡ **개체 모양 붙이기**를 클릭합니다(단축키: Alt + Shift + V). 다음과 같이 복사한 개체의 속성이 그대로 적용됩니다.

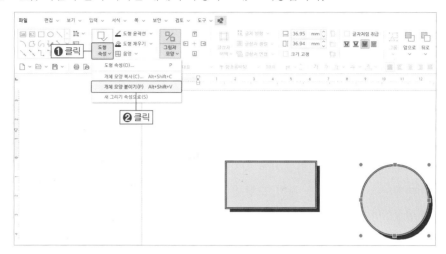

04. 특정 도형 속성을 계속 사용하고 싶다면 도형의 속성을 설정한 후 **새 그리기 속성으로** 지정합니다. 사각형을 그린 후 **도형 윤곽선** ➡ **없음**, 도형 채우기 ➡ **그러데이션**을 다음과 같이 설정합니다.

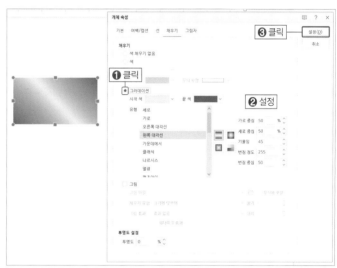

05. 도형을 클릭한 후 **도형 속성** 펼침 버튼∨ ➡ **새 그리기 속성으로**를 클릭합니다.

06. 새 도형을 그리면 다음과 같이 조금 전에 지정했던 속성대로 도형이 그려집니다.

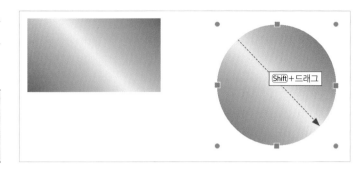

07. 새 그리기 속성은 한글에 적용되는 도형의 기본 속성을 변경한 것이므로 한글을 종료하고 새로 시작해 도형을 그릴 때도 계속 적용됩니다. 특히, **도형 윤곽선 ⇨ 없음**을 설정했다면 선을 그렸을 때 조절점만 표시되고 선이 보이지 않게 됩니다.

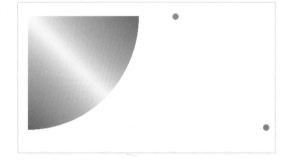

08. 새 그리기 속성을 원래대로 설정하기 위해서는 **도형 채우기 ⇨ 흰색, 도형 윤곽선 ⇨ 검은색, 도형 그림자 ⇨ 없음**으로 설정한 후 **새 그리기 속성으로**를 클릭합니다.

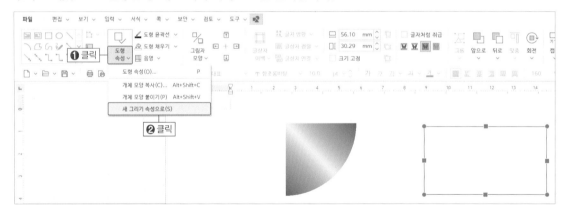

08 다각형과 타원 편집하기

다각형, 타원, 곡선, 자유선은 다각형 편집을 이용해 수정할 수 있습니다. 타원을 부채꼴로 만들거나 다각형에 점을 추가/삭제할 수도 있습니다.

⤷ Key Word: 다각형 편집, 타원 편집, 점 추가, 점 삭제

01. 보기 탭 ⇨ **격자** 아이콘▦을 클릭해 격자를 표시합니다. **다각형**을 클릭한 후 각 꼭짓점을 클릭해 다음과 같이 다각형을 그립니다.

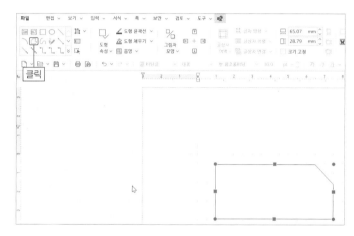

02. 도형 ✎ 에서 **다각형 편집** 아이콘 ▱ ∨ ⇨ **다각형 편집**을 클릭합니다.

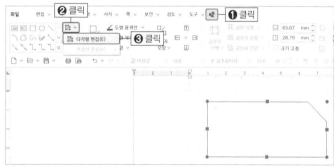

Point

묶기를 실행한 도형은 다각형 편집을 실행할 수 없습니다. Ⓤ를 눌러 묶기를 해제한 후 하나의 도형만 선택해야 다각형 편집 아이콘▱ ∨이 활성화됩니다.

03. 점을 추가할 지점에서 Ctrl을 누른 채 클릭합니다.

04. 두 곳의 점을 추가한 후 **점을 삭제**할 지점에서 [Ctrl]을 누른 채 **클릭**합니다.

05. 다음과 같이 다각형이 변형됐습니다. 점을 드래그하면 점의 위치가 이동합니다.

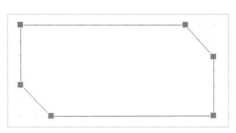

06. 타원을 편집하기 위해 타원을 클릭한 후 [Shift]를 누른 채 화면에서 드래그해 타원을 그립니다. **도형** 🖫 에서 **다각형 편집** 아이콘 🖫 ☑ ➡ **다각형 편집**을 클릭합니다.

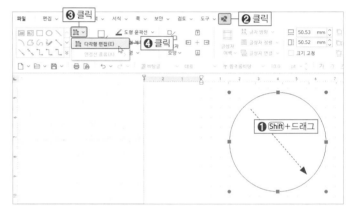

07. 원에 표시된 점을 드래그합니다.

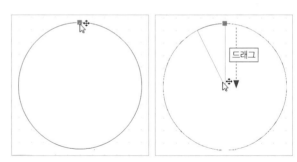

08. 다음과 같이 타원의 모양이 변형됩니다.

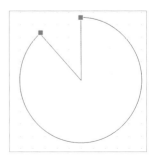

Point

점을 오른쪽으로 드래그하면 작은 부채꼴이 그려집니다.

09 도형 맞추고 배치하기

도형을 여러 개 배치할 때 맞춤 기능을 이용해 가로/세로의 위치나 간격을 동일하게 설정할 수 있습니다. 또한 도형을 그린 순서에 따라 배치되는 순서를 변경할 수도 있습니다.

↪ Key Word: 도형, 맞춤, 배분, 배치, 숨은 개체 찾기

01. 도형을 그린 후 도형의 안쪽에서 Ctrl + Shift를 누른 채 드래그하면 도형을 수직/수평 위치로 복사할 수 있습니다.

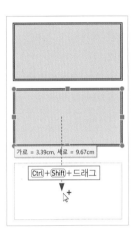

Point

Ctrl을 누른 채 드래그하면 **복사**, Shift를 누른 채 드래그하면 **수직/수평 위치로 이동**합니다.

02. 복사된 도형의 세로 간격을 동일하게 만들기 위해 Shift를 누른 채 도형을 클릭, 클릭해 복사된 도형들을 선택합니다. 도형 🔳 ⇨ 맞춤 ⇨ 세로 간격을 동일하게를 클릭합니다.

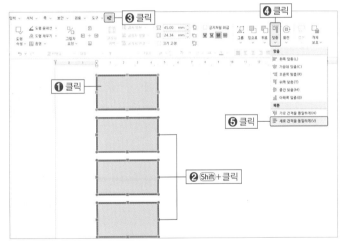

Point

도형의 위치가 맞지 않다면 맞춤 목록의 왼쪽/가운데/오른쪽 맞춤을 이용해 가로의 위치를 맞출 수 있고 위쪽/중간/아래쪽 맞춤을 이용해 세로의 위치를 맞출 수 있습니다.

03. 사각형의 모서리 모양을 변경하려면 **사각형을 더블클릭**합니다. [**개체 속성**] 대화상자의 **선** 탭에서 **사각형 모서리 곡률**을 **둥근 모양** 또는 **반원**을 선택합니다. **곡률 지정**을 클릭해 곡률을 직접 입력할 수도 있습니다. **0~50%**까지 입력할 수 있습니다.

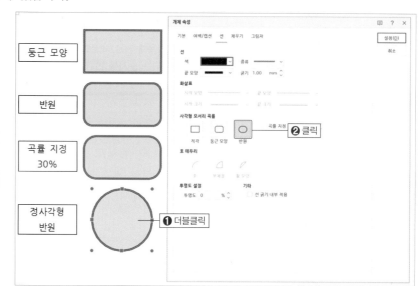

Point

정사각형에 반원을 설정하면 원처럼 보일 수 있습니다. 반원 모서리는 정사각형이 아닐 때 선택하는 것이 좋습니다.

Tip

맞춤과 배분

2개 이상의 도형을 선택하면 맞춤을 실행할 수 있고 3개 이상의 도형을 선택하면 간격을 조절하는 배분을 실행할 수 있습니다. 맞춤을 실행할 때 기준이 되는 개체는 마지막에 선택한 개체이고 마지막에 선택한 개체는 조절점이 옥색으로 표시됩니다. 맞춤과 배분 기능은 같은 쪽에 위치한 도형들에 대해서만 적용할 수 있습니다.

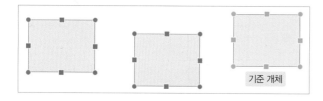

맞춤과 배분

- **맞춤**: 2개 이상의 도형을 선택해 도형의 가로/세로의 위치가 같아지도록 조절합니다.
- **왼쪽 맞춤**: 선택된 도형들을 기준으로 도형의 왼쪽과 같은 위치로 이동합니다.
- **가운데 맞춤**: 선택된 도형들을 기준으로 도형의 가운데와 같은 위치로 이동합니다.
- **오른쪽 맞춤**: 선택된 도형들을 기준으로 도형의 오른쪽과 같은 위치로 이동합니다.
- **위쪽 맞춤**: 선택된 도형들을 기준으로 도형의 위쪽과 같은 위치로 이동합니다.
- **중간 맞춤**: 선택된 도형들을 기준으로 도형의 중간과 같은 위치로 이동합니다.
- **아래쪽 맞춤**: 선택된 도형들을 기준으로 도형의 아래쪽과 같은 위치로 이동합니다.
- **배분**: 3개 이상의 도형을 선택해 도형의 가로/세로 간격이 같아지도록 조절합니다.
- **가로 간격을 동일하게**: 3개 이상의 도형을 선택했을 때 도형 간의 가로 간격이 동일해지도록 가로 위치를 조절합니다.
- **세로 간격을 동일하게**: 3개 이상의 도형을 선택했을 때 도형 간의 세로 간격이 동일해지도록 세로 위치를 조절합니다.

04. 호를 클릭한 후 화면에 드래그합니다. 가로, 세로가 동일하게 그려지도록 Shift를 누른 채 드래그합니다.

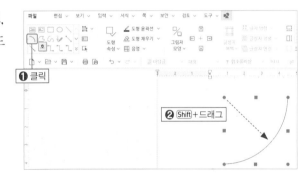

05. 도형 에서 **도형 채우기**와 **도형 윤곽선**을 설정합니다. Ctrl + Shift를 누른 채 옆으로 드래그해 복사합니다.

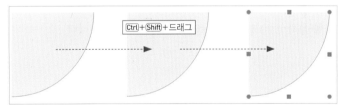

06. 세 도형의 간격을 동일하게 만들기 위해 Shift를 누른 채 클릭, 클릭해 세 도형을 모두 선택한 후 **도형** ⇨ **맞춤** ⇨ **가로 간격을 동일하게**를 클릭합니다.

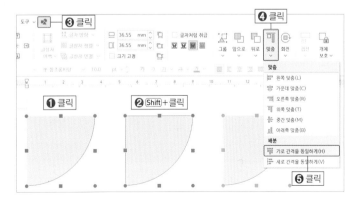

07. 그려진 호를 더블클릭한 후 [**개체 속성**] 대화상자에서 **선** 탭을 클릭하면 호 테두리를 **부채꼴** 또는 **활 모양**으로 변경할 수 있습니다.

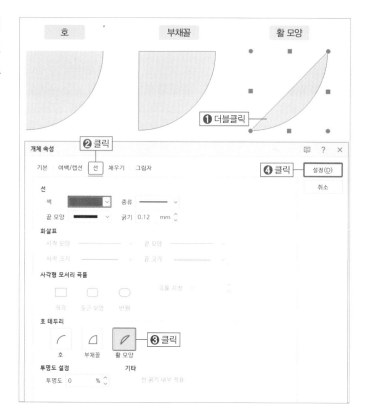

08. 도형 위에 도형을 그리면 먼저 그린 도형이 가려지고 나중에 그린 도형이 앞에 배치됩니다. 타원을 선택한 후 Shift를 **누른 채 드래그**해 둥근 원을 그립니다. **도형 윤곽선** ⇨ **없음, 도형 채우기** ⇨ **검은 군청색**을 선택합니다. Ctrl + C ⇨ Ctrl + V를 누르면 도형이 하나 더 복사됩니다. **도형 윤곽선** ⇨ **흰색, 선 굵기** ⇨ **1mm**로 설정합니다.

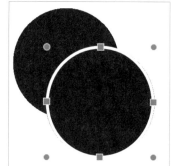

09. 새로 복사된 도형을 먼저 그려진 도형과 같은 위치로 이동합니다. 도형의 중심을 현재의 위치로 유지하고 가로/세로 비율도 그대로 유지하면서 크기를 줄이기 위해 Ctrl과 Shift를 함께 누른 채 도형의 조절점을 안쪽으로 드래그합니다.

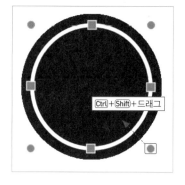

10. 원 위에 사각형을 그립니다. **도형 윤곽선** ⇨ **없음, 도형 채우기** ⇨ **흰색**을 설정하고 **글자 넣기** 아이콘을 클릭합니다. 다음과 같이 내용을 입력하고 글꼴과 글자 크기를 설정합니다.

- 글꼴: G마켓 산스 TTF Bold
- 글자 크기: 16pt

11. 글자가 입력된 **도형의 테두리를 클릭**해 도형을 선택한 후 **도형**에서 **뒤로** 아이콘을 클릭합니다. **뒤로**를 클릭하면 한 단계 뒤로 이동합니다.

Point

도형의 테두리를 클릭하지 않으면 도형의 배치에 관한 설정을 선택할 수 없습니다.

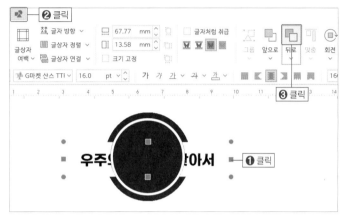

12. **뒤로**를 한 번 더 클릭하면 다음과 같이 글자가 입력된 도형이 맨 뒤로 이동합니다. 이번에는 흰색 테두리로 그려진 원을 클릭한 후 **뒤로**를 클릭합니다.

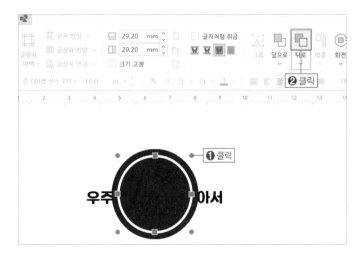

13. Esc를 눌러 도형의 선택을 해제합니다. 흰색 테두리의 원이 검은 군청색의 원보다 크기가 작고 뒤에 배치돼 있어 선택할 수 없는 상태가 됩니다.

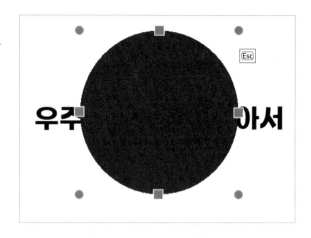

14. 이렇게 도형 뒤에 숨은 개체를 선택할 때 Alt를 누른 채 숨은 도형이 위치한 곳을 클릭하면 숨은 개체를 선택할 수 있습니다. 앞으로🖿를 클릭해 다시 앞으로 이동합니다.

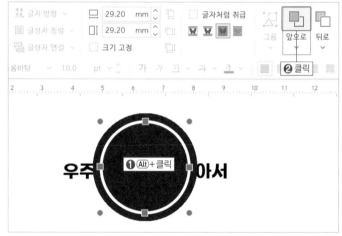

15. 맨 뒤에 배치된 사각형을 맨 앞으로 가져오기 위해 사각형을 클릭한 후 **도형** 🔲 ⇨ **앞으로**의 펼침 버튼∨ ⇨ **맨 앞으로**를 클릭합니다(단축키: Shift + PageUp).

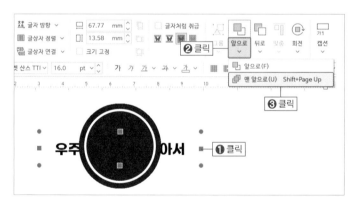

16. Shift를 누른 채 모든 도형을 선택하고 ⑥를 눌러 **개체 묶기**를 실행합니다.

17. 다음과 같이 하나의 도형으로 완성됩니다.

10 도형 회전하기

글맵시와 같이 회전 도구를 이용하면 도형을 회전할 수 있습니다. 만약, 도형 안에 글을 입력하면 도형은 회전하지만, 글은 회전하지 않으므로 글맵시를 이용해 입력하고 회전해야 합니다.

Key Word: 도형, 회전, 글맵시 회전

01. 사각형을 그린 후 **도형 윤곽선** ⇨ **없음, 도형 채우기** ⇨ **그러데이션**을 다음과 같이 설정합니다.

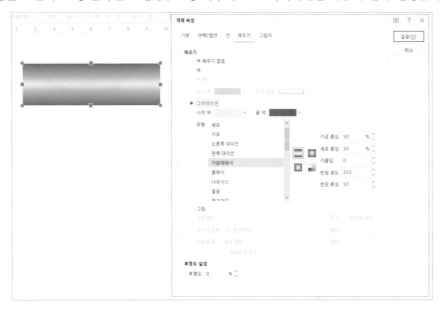

02. 도형을 회전하기 위해 **도형** ⇨ **회전** ⇨ **개체 회전**을 클릭합니다.

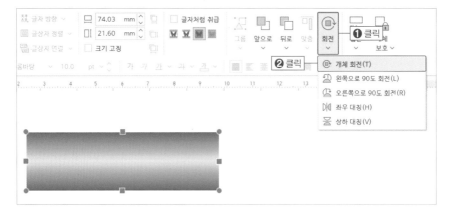

03. 회전 조절점을 드래그해 도형을 회전합니다.

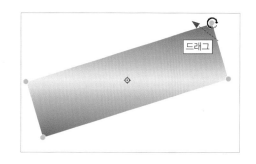

04. 회전 ⇨ **좌우 대칭**을 클릭하면 도형의 좌우가 변경됩니다. **상하 대칭**을 클릭하면 도형의 위/아래를 변경할 수 있습니다.

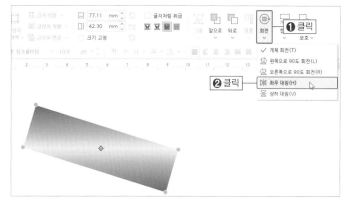

Point

◈를 드래그하면 회전 중심축을 이동할 수 있습니다.

05. 도형을 회전할 때 도형에 글자가 입력돼 있다면 글자는 도형과 함께 회전하지 않습니다.

06. 도형과 함께 회전하는 글자를 입력하고 싶다면 글맵시를 이용합니다. 도형에서 [Shift] + [Esc]를 눌러 도형을 빠져나온 후 글맵시를 다음과 같이 입력합니다.

• 글맵시 모양: ▨
• 글꼴: 행복 고흥B

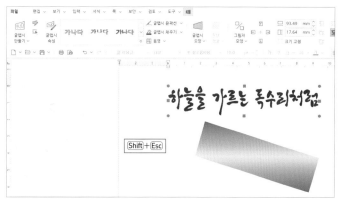

07. 글맵시를 도형 위에 배치하기 위해 **글 앞으로**▼를 클릭한 후 **앞으로**의 펼침 버튼∨ ⇨ **맨 앞으로**를 클릭합니다 (단축키: ⓢ Shift + PageUp).

08. 도형과 글맵시의 회전각을 동일하게 설정하기 위해 도형의 테두리를 더블클릭합니다. [**개체 속성**] 대화상자의 **기본** 탭에서 **회전각**을 15로 입력합니다.

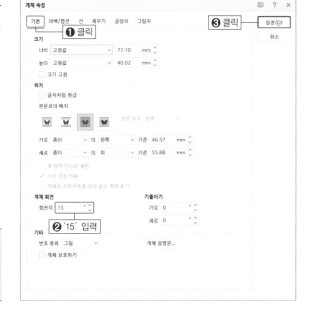

09. 글맵시를 더블클릭한 후 [개체 속성] 대화상자의 **기본** 탭에서 **회전각**을 15로 입력합니다.

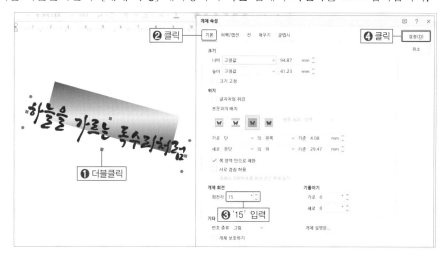

10. 도형 또는 글맵시의 크기를 조절합니다. 글자와 도형이 함께 배치될 때는 글맵시가 답답해 보일 수 있으므로 윤곽선을 얇게 설정하는 것도 좋습니다. **글맵시** ⇨ **글맵시 윤곽선** ⇨ **흰색**을 선택합니다.

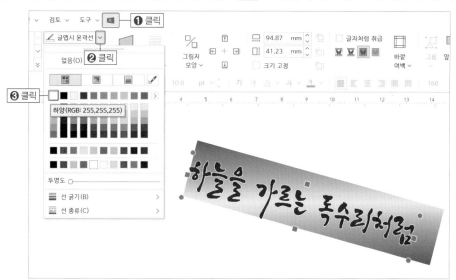

11. 글맵시가 선택된 상태에서 Shift 를 누른 채 도형을 클릭합니다. 두 개체를 묶기 위해 G 를 누릅니다.

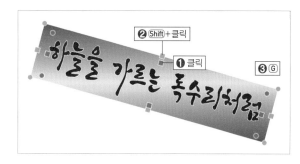

11 사진 동그랗게 삽입하기

원을 그린 후 도형 채우기에서 그림을 선택하면 사진을 동그랗게 삽입할 수 있습니다.

Key Word: 원, 사진, 채우기

01. 입력 탭 ⇨ 타원을 선택한 후 Shift 를 누른 채 드래그해 둥근 원을 그립니다.

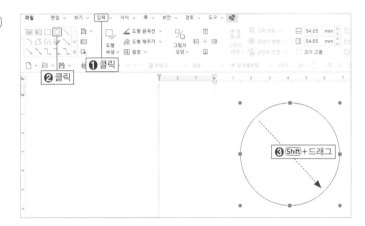

02. 원을 더블클릭해 [개체 속성] 대화상자를 실행합니다. 채우기 탭 ⇨ 그림을 클릭합니다.

03. 그림 채우기를 처음으로 실행하면 **그림 넣기** 창이 자동으로 나타납니다. **그림 넣기** 창이 나타나지 않는다면 **그림 선택** 아이콘을 클릭합니다.

04. **그림**을 선택한 후 **열기**를 클릭합니다.

05. 그림 파일에 **삽입 그림**이 표시되고 **문서에 포함**은 자동으로 선택됩니다. 채우기 유형은 **크기에 맞추어**로 선택됩니다. **설정**을 클릭합니다.

Point

- **문서에 포함**을 선택하지 않으면, 그림 파일이 이동하거나 삭제됐을 때 그림을 표시할 수 없습니다.
- 채우기 유형에서 **크기에 맞추어**를 선택하지 않으면 그림의 일부만 보이거나 도형이 모두 채워지지 않을 수 있습니다(PART 02의 section02 다양한 글맵시 채우기와 그림자, 회전 참조).

06. 도형의 윤곽선이 사라지면 그림이 좀 더 자연스러워 보입니다. **도형** 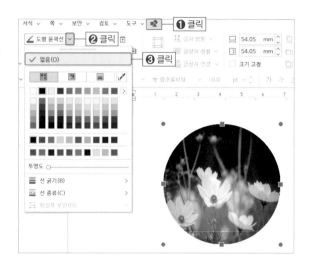 ⇨ **도형 윤곽선** ⇨ **없음**을 설정합니다.

07. 도형 안에 배경이 투명한 png 형식의 그림 파일로 채우기를 실행하면, 도형에 적용한 면 색이나 그러데이션이 함께 나타납니다. 도형에서 **타원**을 선택한 후 **Shift**를 누른 채 드래그해 원을 그립니다. 도형이 선택된 상태에서 **C**를 누릅니다. [**개체 속성**] 대화상자가 나타나면 **채우기** 탭에서 다음과 같이 그러데이션을 설정합니다.

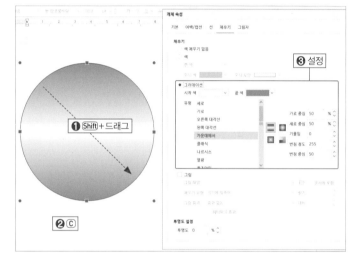

- 시작 색: 흰 색
- 끝 색: RGB(234, 144, 225)
- 유형: 가운데에서
- 줄무늬, 가로 중심: 50%
- 세로 중심: 50%

08. 그림을 클릭한 후 **그림 선택** 아이콘을 클릭합니다.

09. 원 안에 넣을 그림을 선택한 후 **열기**를 클릭합니다.

※ 위 아이콘 그림은 flaticon.com 사이트에서 제공하는 무료 이미지입니다.

10. 도형을 클릭한 후 **도형** ⇨ 도형 윤곽선 ⇨ **없음**을 선택하면 다음과 같이 완성됩니다.

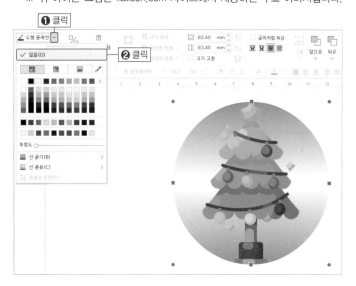

12 글상자 활용하기

글상자를 이용해 글을 입력하면 가로/세로의 방향을 쉽게 변경할 수 있고 배치도 자유롭습니다. 특히, 사진 위에 글을 입력할 때는 글상자를 활용해 글을 입력하고 개체 묶기를 실행하는 것이 좋습니다.

Key Word: 가로 글상자, 세로 글상자, 글상자 연결

01. 입력 탭 ➡ 가로 글상자를 클릭한 후 화면에 드래그하면 바로 글상자가 생성되고 글자를 입력할 수 있습니다.

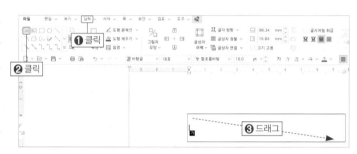

02. 글상자에 글을 입력합니다. Ctrl + A를 눌러 전체 글을 범위로 지정한 후 글꼴과 글자 크기를 설정합니다.
- 글꼴: 경기천년바탕 Bold
- 글자 크기: 16pt

03. 도형 ➡ 글상자 정렬을 클릭한 후 글상자 내에서 글자의 위치를 선택합니다. 일반적으로 **정가운데**를 클릭합니다.

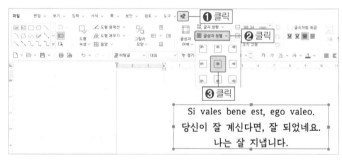

글상자 정렬

- **왼쪽 위** : 글상자 내에서 글자를 가로 왼쪽, 세로 위쪽에 배치합니다.
- **위쪽 가운데** : 글상자 내에서 글자를 가로 가운데, 세로 위쪽에 배치합니다.
- **오른쪽 위** : 글상자 내에서 글자를 가로 오른쪽, 세로 위쪽에 배치합니다.
- **왼쪽 가운데** : 글상자 내에서 글자를 가로 왼쪽, 세로 가운데에 배치합니다.
- **정가운데** : 글상자 내에서 글자를 가로 가운데, 세로 가운데에 배치합니다.
- **오른쪽 가운데** : 글상자 내에서 글자를 가로 오른쪽, 세로 가운데에 배치합니다.
- **왼쪽 아래** : 글상자 내에서 글자를 가로 왼쪽, 세로 아래쪽에 배치합니다.
- **아래쪽 가운데** : 글상자 내에서 글자를 가로 가운데, 세로 아래쪽에 배치합니다.
- **오른쪽 아래** : 글상자 내에서 글자를 가로 오른쪽, 세로 아래쪽에 배치합니다.

---

04. 도형 ⇨ **글상자 여백**을 클릭하면 글자와 글상자 사이의 여백을 조절할 수 있습니다. **넓게**를 선택하면 글상자에 위/아래/왼쪽/오른쪽에 4mm의 여백을 설정하느라 글상자의 크기가 조금 늘어날 수 있습니다.

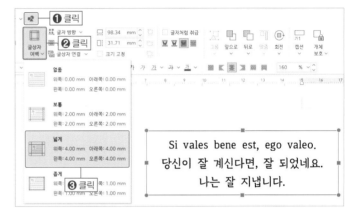

05. 도형 ⇨ **글자 방향**을 클릭하면 가로쓰기/세로쓰기를 선택할 수 있습니다. 세로쓰기는 다시 영문 눕힘/영문 세움 중에서 선택할 수 있습니다. 먼저 **세로쓰기(영문 눕힘)**을 선택합니다.

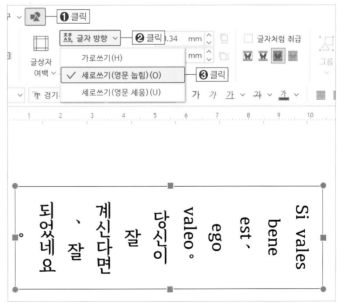

06. 글상자를 세로 방향으로 길게 변경하기 위해 **도형** 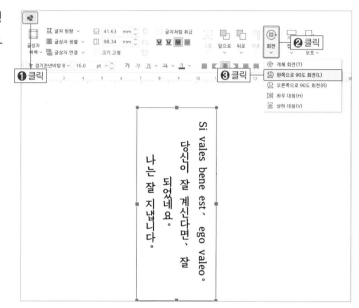 ⇨ **회전** ⇨ **왼쪽으로 90도 회전**을 클릭합니다.

07. 글을 세로쓰기로 변경했을 때는 글자를 위쪽에 배치하는 것이 좋습니다. **도형** ⇨ **글상자 정렬** ⇨ **왼쪽 가운데**를 선택합니다.

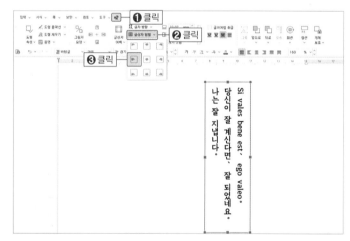

08. 도형 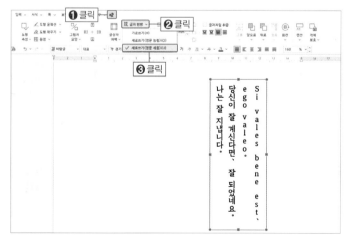 ⇨ **글자 방향** ⇨ **세로쓰기(영문 세움)**을 선택하면 다음과 같이 영문자의 방향이 변경됩니다. 글자의 일부가 보이지 않는다면 글상자의 크기를 키워 줍니다.

09. 도형 ⇨ 도형 윤곽선 ⇨ **없음**, 도형 채우기 ⇨ **없음**을 선택하면 글상자는 사라지고 글만 남습니다.

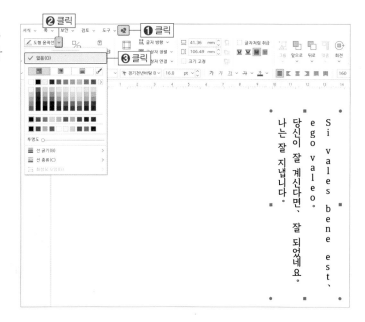

10. 글상자에 글을 입력하면 [**개체 속성**] 대화상자의 **기본** 탭에서 **본문과의 배치**와 **가로/세로 위치**를 설정해 필요한 위치에 쉽게 배치할 수 있습니다.

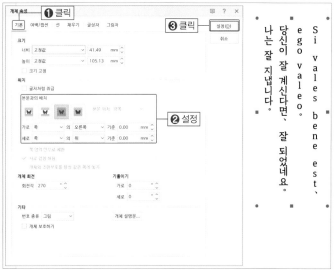

11. 글상자를 연결하면 하나의 글상자에 글자가 가득 찼을 때 자동으로 다음 글상자에 글자가 입력됩니다. **가로 글상자**█를 선택한 후 화면에 드래그합니다. Ctrl + Shift를 누른 채 글상자 테두리를 드래그해 글상자를 복사합니다.

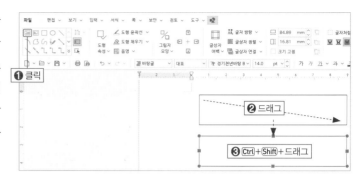

12. 글상자에 글을 많이 입력하거나 글자 크기를 키우더라도 글상자의 크기가 변경되지 않도록 **도형** ▨ ⇨ **크기 고정**을 선택합니다.

Point

크기 고정을 설정하면 글상자의 테두리 조절점이 ▣와 같은 모양으로 변경됩니다.

13. 첫 번째 글상자에 마우스 커서가 있는 상태에서 **도형** ▨ ⇨ **글상자 연결**을 클릭합니다.

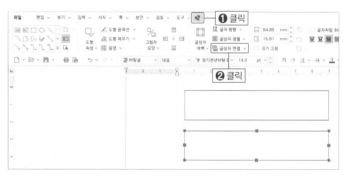

14. 두 번째 글상자를 클릭합니다.

15. 다음과 같이 두 글상자가 연결되고 첫 번째 글상자에는 ▼, 두 번째 글상자에는 ▲ 표시가 나타납니다.

16. 첫 번째 글상자에서 글꼴과 글자 크기를 설정한 후 글을 입력합니다. 첫 번째 글상자에 공간이 부족하면 다음 내용은 자동으로 두 번째 글상자에 표시됩니다.

- 글꼴: 한컴 쿨재즈B
- 글자 크기: 16pt
- 내용: Verumtamen oportet me hodie et cras et sequenti die ambulare(오늘도 내일도 그 다음날도 계속해서 내 길을 가야 한다).

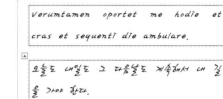

17. 두 글상자 사이의 연결을 해제하려면 글상자를 클릭한 후 **도형** 🖼 ⇨ **글상자 연결** 펼침 버튼∨ ⇨ **연결 끊기**를 클릭합니다.

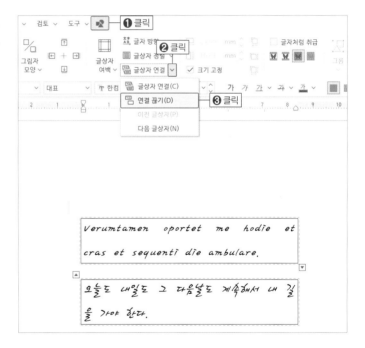

18. 글상자의 연결을 끊으면 모든 내용이 첫 번째 글상자에 표시됩니다. 글상자의 크기가 자동으로 조절될 수 있도록 **도형** 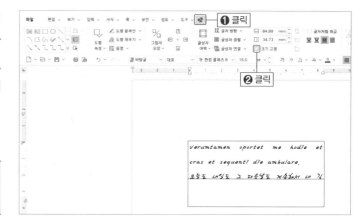 ⇨ **크기 고정**을 클릭해 해제합니다.

Point

다시 글상자를 연결하면 넘치는 내용이 연결된 글상자로 이동합니다.

19. **두 번째 글상자**를 클릭한 후 드래그해 이동하거나 Delete 를 눌러 삭제합니다.

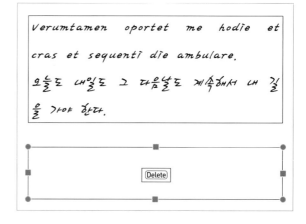

13 그리기마당 활용하기

그리기마당을 활용하면 기본 도형에 없는 도형과 클립아트 등을 문서에 삽입할 수 있습니다. 글상자를 이용해 그리기마당에서 삽입한 그림에 글을 입력하는 방법을 살펴보겠습니다.

☞ Key Word: 그리기마당, 기본 도형, 블록 화살표 설명 상자

01. **편집** 탭 ⇨ **그림** 아래의 펼침 버튼∨ ⇨ **그리기마당**을 클릭합니다. **입력** 탭의 **그림** 펼침 버튼∨ ⇨ **그리기마당**을 클릭해도 됩니다.

02. [그리기마당] 대화상자에서 **그리기 조각** 탭 ⇨ **기본 도형**을 클릭한 후 문서에 삽입할 도형을 더블클릭합니다. 선택할 꾸러미 종류별로 다양한 그림이 준비돼 있습니다.

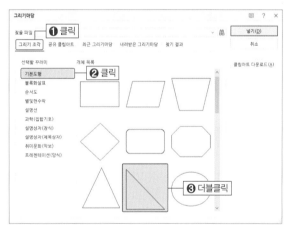

03. 편집 화면을 클릭하면 그림이 기본 크기로 삽입됩니다. 편집 화면에서 드래그하면 드래그한 크기만큼의 그림이 삽입됩니다. Shift를 누른 채 드래그하면 가로/세로 비율이 같은 그림을 그릴 수 있습니다.

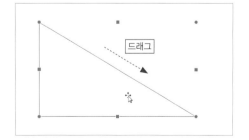

Point

조절점에서 드래그하면 크기를 조절할 수 있고 안쪽에서 드래그하면 이동할 수 있습니다.

04. 삼각형을 선택한 상태에서 Ctrl + C ⇨ Ctrl + V 를 누릅니다. **도형** 🔧 ⇨ **회전** ⇨ **좌우 대칭** 후 **상하 대칭**을 실행한 후 다음과 같은 위치로 이동합니다.

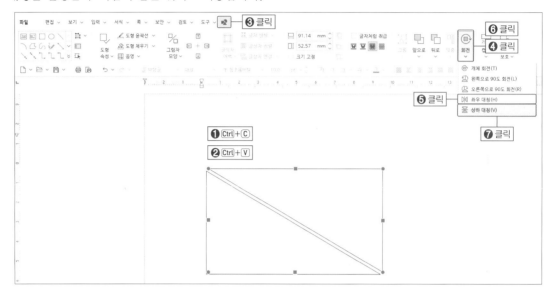

05. 그리기 도형의 도형에 그림 채우기를 실행할 수도 있습니다. Shift 를 누른 채 다른 도형을 클릭해 두 도형을 모두 선택합니다. G 를 눌러 **개체 묶기**를 실행합니다. [개체 묶기] 대화상자가 나타나면 **실행**을 클릭합니다.

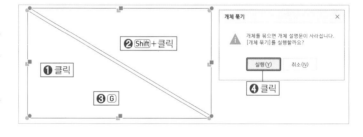

06. C 를 눌러 [개체 속성] 대화상자의 **채우기** 탭을 실행한 후 그림을 클릭합니다. 그런 다음 그림 선택 아이콘 🖼️을 클릭하고 그림을 선택합니다. **설정**을 클릭합니다.

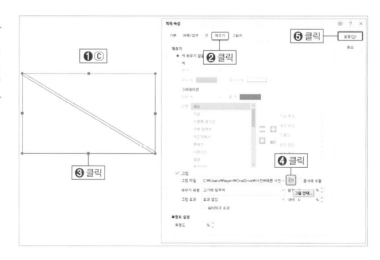

07. 그림의 비율에 맞게 도형의 크기를 조절한 후
도형 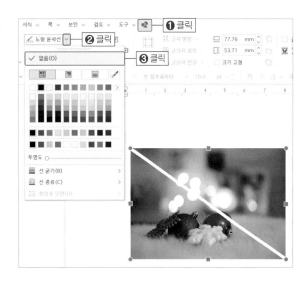 ⇨ **도형 윤곽선**의 펼침 버튼∨ ⇨ **없음**
을 선택합니다. 다음과 같이 분리된 듯한 느낌의
그림을 만들 수 있습니다.

Point

삼각형은 그림을 채웠을 때 상단 또는 하단만 보이므로
위와 같은 작품을 만들 수 있습니다. 다른 도형으로 실
행했을 때는 다음과 같이 그림이 도형마다 별도로 채워
집니다.

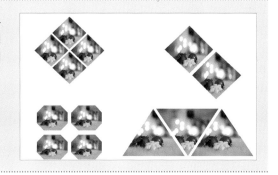

08. 그리기마당의 설명 상자와 공유 클립아트를 활용할 수도 있습니다. **편집** 탭 ⇨ **그림** 아래의 펼침 버
튼∨ ⇨ **그리기마당**을 클릭합니다.

09. 그리기 조각 탭 ⇨ **설명 상자(제목 상자)**를 클릭한 후 마음에 드는 모양을 더블클릭합니다.

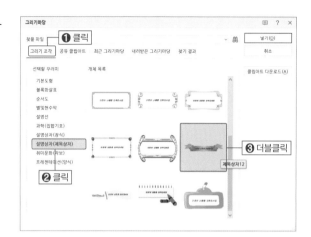

10. 화면을 클릭하면 그리기마당 개체가 삽입됩니다. 그리기마당 개체의 크기를 조절하려면 **모서리 조절점**에서 Shift를 누른 채 드래그합니다.

11. Esc를 눌러 조절점을 해제한 후 그리기마당 개체 안의 누름틀에서 마우스 커서가 Ⅰ일 때 클릭해 글자를 입력합니다.

12. 다음과 같이 글을 입력한 후 글꼴, 글자 크기, 글자색 등을 설정합니다.

- 글꼴: 상주경천섬체
- 글자 크기 :18pt

14 클립아트 다운로드하기

클립아트 다운로드를 이용하면 다양한 클립아트를 다운로드해 활용할 수 있습니다.

Key Word: 그리기마당, 클립아트, 클립아트 다운로드, 배경

01. 편집 탭 ⇨ 그림 아래의 펼침 버튼∨ ⇨ 그리기마당을 클릭합니다. [그리기마당] 대화상자에서 **클립아트 다운로드**를 클릭합니다.

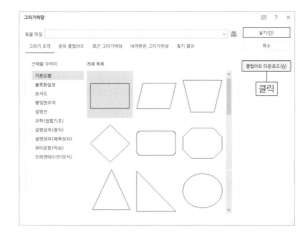

02. 필터를 클릭한 후 찾고 싶은 그림의 주제어를 클릭합니다. **감성**을 클릭하면 다음과 같은 그림 개체를 확인할 수 있습니다.

03. 필터에서 다른 주제어를 추가로 클릭하면 두 조건을 모두 만족하는 그림 개체를 확인할 수 있습니다. 마음에 드는 그림 개체에 마우스 커서를 올려놓고 **내려받기** 아이콘을 클릭합니다.

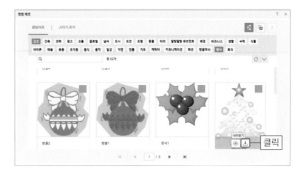

04. 모두 선택 아이콘 📑 을 클릭하면 현재 페이지의 모든 그림 개체가 선택됩니다.

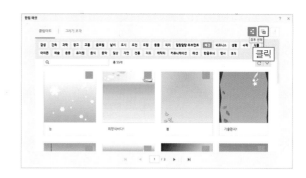

05. 내려받기 아이콘 ⬇ 을 클릭하면 선택된 모든 그림 개체를 다운로드할 수 있습니다.

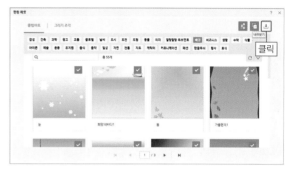

06. 그리기 조각 탭을 클릭하면 각 분류별 그림을 확인하고 다운로드할 수 있습니다.

Point

클립아트는 하나의 그림이므로 각 항목별 분리가 불가능하지만, 그리기 조각은 Ⓤ를 눌러 각 개체를 분리할 수 있습니다.

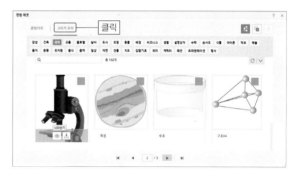

07. 모든 개체를 다운로드한 후 한컴 애셋 창을 종료하면 다음과 같이 **내려받은 그리기마당** 탭이 열리고 다운로드한 그림 개체들을 확인할 수 있습니다. 문서에 삽입할 그림 개체를 더블클릭합니다.

08. 클립아트가 문서에 삽입되면 모서리 조절점을 드래그해 크기를 조절합니다. 클립아트는 하나의 완성된 그림 파일이므로 **Shift**를 누른 채 조절점에서 드래그하면 그림 자르기가 실행됩니다. **Shift**를 누르지 않고 모서리 조절점에서 드래그하면 가로/세로 비율을 유지한 채 크기를 조절할 수 있습니다.

09. 다음과 같이 클립아트가 아닌 그리기 조각을 삽입한 후 **U**를 누르면 그림이 분리됩니다. 그리기 조각의 크기를 조절할 때는 **Shift**를 누른 채 드래그하고 그림의 일부만 필요할 때는 **U**를 눌러 분리합니다.

Point

클립아트 위에 글자를 입력하려면 글맵시 또는 글상자를 삽입한 후 입력합니다. 글상자를 입력했을 때는 **도형 윤곽선 없음, 도형 채우기 없음**을 설정하고 **글 앞으로** 배치해야 합니다.

Section

15 그림 넣기

문서에 그림 또는 사진을 삽입해 글의 배경으로 사용할 수도 있고 다양한 효과를 적용할 수도 있습니다. 한글 문서에 삽입할 수 있는 파일 형식은 BMP, CDR, DRW, DXF, EMF, GIF, JPG, PCX, PIC, PNG, SVG, TIFF, WMF 등입니다.

Key Word: 그림 넣기, 문서에 포함, 그림 자르기

01. **편집** 탭 ➡ **그림** 아이콘▨을 클릭합니다. **입력** 탭에서 **그림** 아이콘▨을 클릭해도 됩니다(단축키: Ctrl + N + I).

02. 마우스로 크기 지정을 해제합니다. 문서에 삽입할 그림을 더블클릭하면 그림이 삽입됩니다.

Point

• 탐색기를 실행한 후 그림 파일을 한글 창으로 드래그해도 그림이 삽입됩니다.

• 마우스로 크기 지정을 해제하지 않으면 그림을 열기한 후 도형을 그리듯이 마우스를 대각선 방향으로 드래그하면 그림이 해당 크기로 삽입됩니다. 그림의 원래 크기와 크게 달라지면 그림이 선명하지 않을 수 있으므로 **마우스로 크기 지정**은 해제하는 것이 좋습니다.

03. 그림의 조절점을 드래그해 크기를 조절합니다.

04. Shift를 누른 채 조절점에서 **그림의 안쪽으로 드래그**하면 그림을 자르기할 수 있습니다. 다시 Shift를 누른 채 그림의 **바깥쪽으로 드래그**하면 자르기한 부분이 다시 표시됩니다.

Point

그림이 선택된 상태에서 Delete를 누르면 그림이 삭제됩니다.

Tip

그림 넣기 선택사항

- **문서에 포함**: 그림 파일을 문서에 포함해, 문서를 다른 장치에 저장해도 그림이 사라지지 않습니다. **문서에 포함**에 체크 표시를 하지 않으면 문서를 USB에 복사하거나 다른 컴퓨터에서 확인했을 때 그림이 표시되지 않고 그림 경로를 묻는 대화 창이 나타납니다. 그림 파일이 컴퓨터에 저장돼 있지 않다면 그림은 표시할 수 없습니다. 다만, **문서에 포함**을 체크 표시하지 않으면 문서에 포함된 그림과 원본 그림 파일이 연결돼 원본 그림 파일의 수정 내용을 바로 문서에 적용할 수 있습니다.
- **앞 개체 속성 적용**: 이전에 삽입된 그림에 적용된 그림의 테두리와 효과, 크기를 새로 삽입하는 그림에 똑같이 적용합니다. **마우스로 크기 지정**에 체크 표시돼 있을 때는 비활성화돼 선택할 수 없습니다.
- **캡션에 파일 이름 넣기**: 그림, 표, 글상자 등에 붙이는 제목을 캡션이라고 하며, 그림의 캡션에 파일 이름을 자동으로 표시합니다.
- **마우스로 크기 지정**: 그림을 삽입하면 바로 표시되지 않고 도형처럼 드래그해 사용자가 그림의 크기를 직접 지정합니다.
- **촬영 정보 반영해 자동 회전**: 그림 파일 속성에 저장된 사진 촬영 정보의 회전 값을 기준으로 그림 파일을 자동으로 회전해 삽입합니다.
- **글자처럼 취급**: 그림에 글자처럼 취급 속성을 적용합니다. 그림을 글이나 다른 그림과 겹치게 배치할 수 없고 일반 글자와 같이 Enter를 누르고 글자를 삭제하는 등의 작업 시 그림이 따라서 이동합니다.

그림 보기

보기 탭 ⇨ **그림**을 해제하면 그림이 화면에 표시되지 않습니다. 화면상으로만 그림을 숨겨 화면 스크롤 시 작업이 빠르게 실행되도록 하기 위한 것이며 미리 보기 또는 인쇄 시 그림이 정상적으로 표시됩니다. 그림이 다음과 같이 표시되고 보이지 않아 불편할 때는 **보기** 탭 ⇨ **그림**을 클릭해 선택합니다.

16 그림 꾸미기

그림에 그림자, 반사, 네온, 옅은 테두리 등과 같은 다양한 효과를 적용하거나 해제할 수 있습니다.

Key Word: 그림 스타일, 그림자, 반사, 네온, 옅은 테두리

01. **편집** 탭 ⇨ **그림** 아이콘 을 클릭합니다. **입력** 탭에서 **그림** 아이콘 을 클릭해도 됩니다(단축키: Ctrl + N + I). **그림 넣기** 창에서 배경으로 사용할 그림을 더블클릭해 **열기**합니다.

02. 그림이 삽입되면 **그림** 이 표시됩니다. 미리 정해진 **스타일**을 클릭하면 테두리와 효과를 쉽게 적용할 수 있습니다. 를 클릭하면 더 많은 스타일을 확인하고 적용할 수 있습니다.

03. 그림 **테두리**의 펼침 버튼∨을 클릭해 색을 선택하면 그림의 테두리에 색이 적용됩니다.

04. 그림 **효과**를 클릭해 **그림자**를 선택하면 그림에 그림자 효과를 적용할 수 있습니다. 원근감을 선택하면 다음과 같이 적용됩니다. **다른 그림자 색**을 클릭해 그림자 색을 변경할 수도 있습니다.

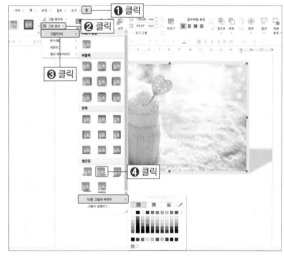

Point

그림자 없음을 클릭하면 적용된 그림자가 해제됩니다.

05. 그림 **효과**를 클릭해 **그림자**를 선택한 후 **그림자 설정**을 클릭하면 개체 속성의 **그림자** 탭이 열립니다. 그림자 **색**과 투명도, 흐리게, 크기, 기울기, 거리, 각도 등을 조절할 수 있습니다.

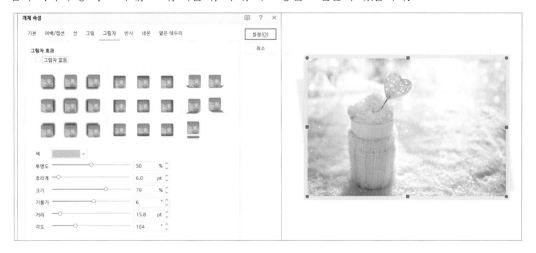

06. 그림 효과를 클릭해 **반사**를 선택하면 다양한 형태와 크기의 반사 효과를 적용할 수 있습니다.

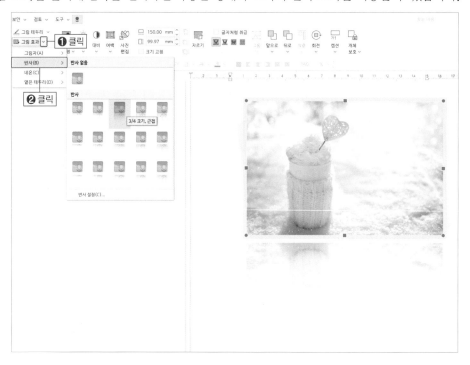

07. 그림 효과를 클릭해 **반사**를 선택한 후 **반사 설정**을 클릭하면 크기와 거리를 세밀하게 조절할 수 있습니다.

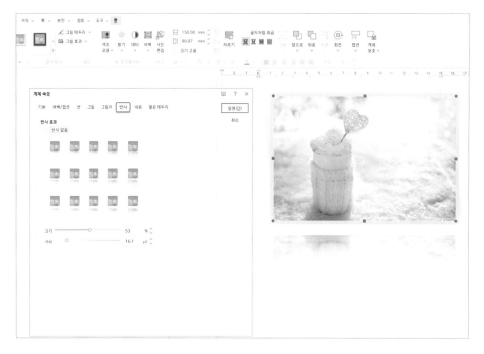

08. 그림 효과를 클릭해 **네온**을 선택하면 그림 뒤에서 조명이 비치는 듯한 효과를 줄 수 있습니다. 특히, 다음 그림과 같이 배경이 투명한 그림에 네온 효과를 적용하면 그림 개체의 테두리에 네온 효과가 적용돼 예쁘고 화려한 그림을 표현할 수 있습니다.

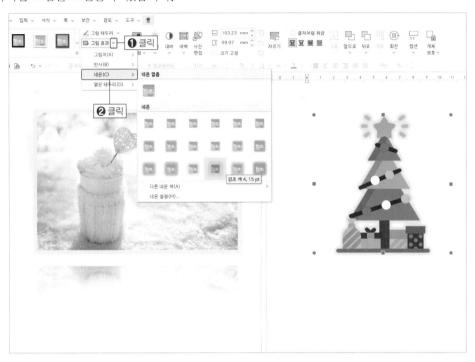

09. 그림 효과를 클릭해 **네온**을 선택한 후 **네온 설정**을 클릭하면 색, 투명도, 크기를 세밀하게 조절할 수 있습니다.

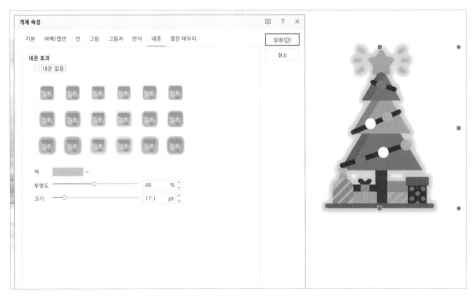

10. 그림 효과를 클릭해 **옅은 테두리**를 선택하면 그림의 테두리가 흐리고 은은하게 표현됩니다.

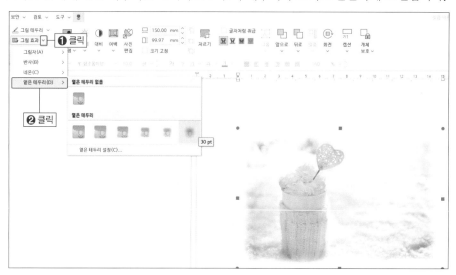

11. 그림 효과를 클릭해 **옅은 테두리**를 선택한 후 **옅은 테두리 설정**을 클릭하면 옅은 테두리의 크기를 **50pt** 까지 설정할 수 있습니다.

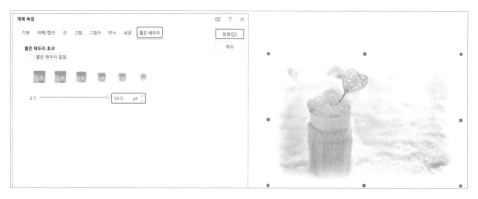

12. 색조 조정 ⇨ **회색조**를 클릭하면 사진의 색을 제거해 흑백 사진으로 표현합니다.

색조 조정

- **효과 없음**: 색조 조정에서 설정한 항목을 해제하고 원래의 사진으로 되돌립니다.
- **회색조**: 사진을 회색조로 표현합니다.
- **흑백**: 사진을 검은색과 흰색으로 표현합니다.
- **워터마크**: 사진을 밝기 70%, 대비 −50%로 설정해 매우 흐리게 표현합니다. 문서의 배경에 로고를 넣을 때 많이 활용합니다.

13. **밝기**를 선택하면 사진을 밝게 또는 어둡게 설정할 수 있습니다.

14. **대비**를 클릭해 대비를 조절할 수도 있습니다. 대비(콘트라스트)는 **사진의 밝은 부분과 어두운 부분의 차이**를 말합니다. 대비가 약하면 사진이 부드럽고 풍부해 보이고 대비가 강하면 선명하고 딱딱해 보입니다.

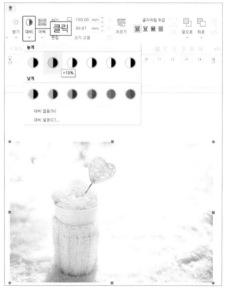

15. 여백을 클릭하면 그림과 테두리 사
이에 여백이 설정됩니다. **그림 테두리**
색을 설정하면 여백을 정확하게 확인
할 수 있습니다.

16. 여백의 펼침 버튼∨ ⇨ **그림 여백 설정**을 클릭하면 **개체 속성** ⇨ **그림** 탭이 표시되며 그림 여백에서 수
치를 직접 입력해 여백을 설정할 수 있습니다. 아래쪽에 그림에 대한 설명을 입력하기 위해 아래쪽 여백을
15mm로 다른 방향의 여백에 비해 넓게 설정했습니다.

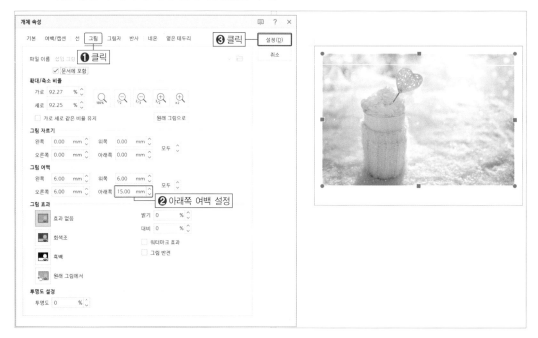

17. 그림에 캡션을 설정하면 문서 내에서의 그림 일련번호가 자동으로 삽입되고 그림에 대한 제목이나 설명을 표시할 수 있습니다. **캡션**의 펼침 버튼∨을 클릭한 후 **방향**을 선택합니다.

18. 다음과 같이 **그림 일련번호**가 표시됩니다. 삭제할 때는 드래그해 범위로 지정한 후 (Delete)를 누르면 됩니다.

19. 다음과 같이 글을 입력한 후 글꼴, 글자 크기, 글자색 등을 설정합니다. 필요에 따라 가운데 정렬, 오른쪽 정렬 등의 정렬 방식을 설정할 수도 있습니다.

- 글꼴: 경기천년제목 Bold
- 글자크기: 16pt

시즌 메뉴 - 크림 듬뿍 하트 라떼

20. 그림에서 그림 크기를 수치로 설정할 수 있습니다. 는 가로 너비, 는 세로 높이를 설정합니다. 다만, 크기를 직접 수치로 입력했을 때 가로와 세로의 비율이 달라질 수 있으므로 꼭 필요할 때만 사용합니다.

Point

mm 를 클릭하면 수치의 단위를 설정할 수 있습니다. 설정 가능한 단위는 포인트, 밀리미터, 센티미터, 인치, 파이카, 픽셀, 급입니다.

21. 그림을 더블클릭해 **개체 속성** ⇨ 그림 탭에서 **가로 세로 같은 비율 유지**를 클릭한 후 **비율을 입력**하면 그림의 가로/세로 비율을 유지하면서 크기를 조절할 수 있습니다.

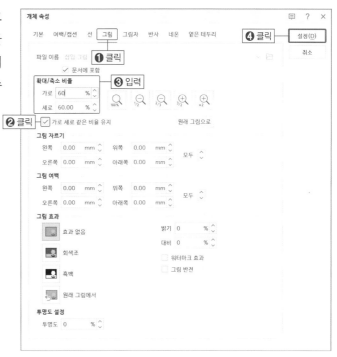

22. 그림이 다음과 같이 60% 크기로 축소됐습니다.

23. 다시 80%로 설정하면 그림 원래 크기의 80%로 설정되므로 조금 전 60%의 크기보다 확대돼 표시됩니다.

그림 크기 확대/축소

[개체 속성] 대화상자의 **그림** 탭에서 아이콘을 클릭해 쉽게 확대/축소할 수 있습니다.

- : 그림 파일의 원래 크기인 100% 크기로 설정
- : 현재 그림 크기의 1/2, 50% 크기로 설정
- : 현재 그림 크기의 2/3 크기로 축소
- : 현재 그림의 2/3 크기로 확대
- : 현재 그림의 2배 크기로 확대
- 원래 그림으로 : 효과, 자르기 등의 작업을 취소하고 그림을 100% 크기의 원래 모양으로 설정

17 사진 편집 활용하기

그림을 선택한 후 사진 편집 기능을 활용하면 사진 보정 및 아웃 포커싱 효과 적용, 배경을 투명하게 설정하는 작업을 할 수 있습니다.

⟳ Key Word: 사진 편집, 투명 효과, 아웃포커싱 효과, 수평 맞추기

01. 그림을 삽입한 후 **그림** 🎤 에서 **사진 편집**을 클릭합니다.

02. 간편 보정 탭에서 밝게, 어둡게, 선명하게, 색상을 풍부하게, 플래시 보정(노란색), 플래시 보정(붉은 색)을 설정할 수 있습니다. 적용할 효과를 클릭한 후 **단계**를 선택합니다. **효과**를 선택한 후 **적용**을 클릭합니다.

- 효과를 해제하려면 ☑을 클릭하거나 **효과 없음**을 클릭합니다.
- **적용**을 클릭하면 현재 선택한 기능을 적용하고 사진 편집기를 종료합니다. **재설정**을 클릭하면 현재 선택된 모든 효과를 해제하고 사진을 처음 상태로 되돌립니다.

- ☒을 클릭하면 다음과 같은 대화상자가 나타납니다.
  - **호글로 저장**: 사진 편집기가 종료되고 설정한 효과가 적용됩니다.
  - **닫기**: 사진 편집기가 종료되고 설정한 효과는 모두 취소됩니다.
  - **취소**: 사진 편집기를 종료하지 않습니다.

- 간편 보정을 설정한 후 바로 다른 메뉴를 선택하면 다음과 같은 대화상자가 나타납니다. **예**를 클릭하면 간편 보정을 적용한 후에 다른 메뉴를 실행하고 **아니요**를 클릭하면 간편 보정 설정을 해제한 후에 다른 메뉴를 실행합니다.

03. 배경을 제거할 사진을 삽입한 후 **사진 편집**을 클릭합니다. 사진의 배경을 제거하기 위해 상단 메뉴에서 **투명 효과**를 클릭합니다. **테두리를 부드럽게**의 수치를 높이고 유사 색상 범위를 조절합니다. 투명 효과를 적용할 배경의 색이 일정하지 않다면 유사 색상 범위를 높이고 배경의 색이 일정하다면 낮추는 것이 좋습니다.

인접 영역만 적용을 클릭하면 클릭한 위치의 색상만 제거되고 해제하면 클릭한 색상과 같은 색상이 모두 제거됩니다. 해제하면 원하지 않는 부분의 색상까지 제거될 수 있습니다.

04. 오른쪽 [보정 후] 그림에서 지워야 할 배경 부분에 마우스 커서를 올려놓고 마우스 커서의 모양이 일 때 클릭합니다. 배경이 투명해지면 격자무늬가 나타납니다. 투명하게 설정할 부분들을 모두 클릭한 후 **적용**을 클릭합니다.

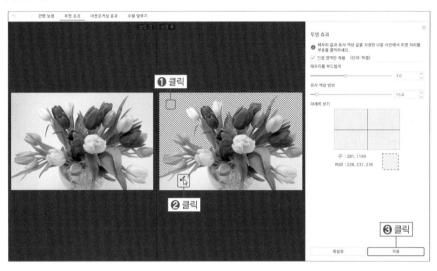

05. 그림 ⇨ **그림 효과** ⇨ 네온을 클릭하면 다음과 같이 그림 개체의 테두리에 네온을 표시할 수 있습니다.

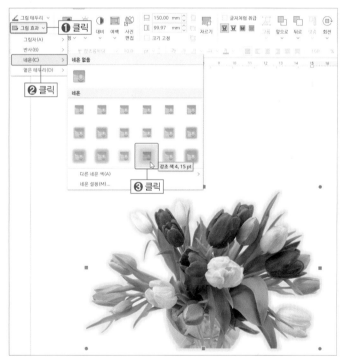

06. 배경이 투명하지 않다면 다음과 같이 네온이 사각형 테두리에 표시됩니다.

07. 아웃 포커싱 효과를 적용하면 특정 부분만 강조할 수 있습니다. 포커스 모양을 **원형**으로 선택한 후 **포커스 크기**와 **흐림 강도**를 조절합니다. [보정 후] 사진에서 마우스로 강조할 부분을 클릭하거나 마우스를 드래그해 강조할 부분을 선택합니다. **적용**을 클릭합니다.

08. 한 송이의 꽃만 선명하게 강조되고 다른 꽃들은 흐리게 보입니다.

09. 수평이 맞지 않는 사진은 **수평 맞추기**를 이용해 조절합니다. **수평 맞추기**를 클릭한 후 오른쪽의 **회전 각도**를 마우스로 드래그해 조절합니다. 흰색 선 바깥쪽은 수평 맞추기 실행 후 잘려나가는 부분입니다.

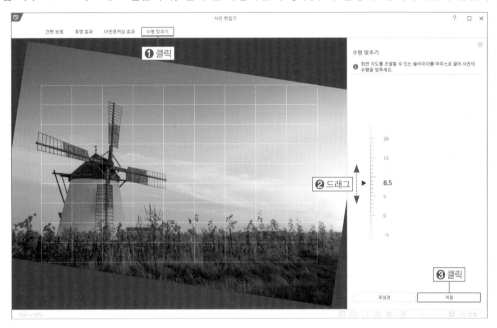

10. 다음과 같이 사진의 수평이 반듯하게 조절됐습니다.

18 그림 바꾸기

효과가 적용된 그림에 대해 효과와 크기를 그대로 유지한 채 다른 그림으로 바꿀 수 있습니다.

Key Word: **바꾸기, 원래 그림으로**
예제 파일: Part2-Section18(그림 바꾸기)-예제.hwpx

01. 그림을 삽입합니다. **스타일**을 지정한 후 크기를 조절합니다.

02. 그림 [ ] ▷ 바꾸기/저장 [ ] ▷ 그림 바꾸기를 클릭합니다.

03. [그림 바꾸기] 창에서 **바꿀 그림**을 더블클릭해 열기합니다.

04. 다음과 같이 그림의 효과와 크기는 유지한 채 그림 파일만 변경됐습니다.

Point

그림의 크기가 그대로 유지되므로 그림의 비율도 그대로 반영돼, 그림을 변경했을 때 가로/세로 비율이 달라질 수 있습니다.

05. 그림 🎤 ➡ **원래 그림으로**를 클릭하면 그림의 스타일과 크기가 해제됩니다.

19 그림 용량 줄이기

그림을 자르기한 후 잘라 낸 영역을 지우거나 설정된 해상도에 맞추는 방법으로 그림의 용량을 줄일 수 있습니다. 실제로 용량이 줄어드는 그림 파일 형식은 JPG, BMP, PNG, GIF(ani GIF 제외) 형식입니다.

Key Word: 그림 용량 줄이기
예제 파일: Part2-Section19(그림 용량 줄이기)-예제.hwpx

01. ⊞ + E를 눌러 탐색기를 실행한 후 파일이 저장된 폴더를 더블클릭하고 상단 메뉴에서 **보기** 탭 ⇨ **자 세히**를 선택하면 각 파일의 크기를 확인할 수 있습니다. 글자가 입력된 문서에 비해 그림이 포함된 문서의 크기가 상당히 크다는 것을 확인할 수 있습니다.

이름	수정한 날짜	유형	크기
Part1-Section14(글자 수 확인하기).hwpx	2022-05-02 오전 11:11	한컴오피스 한글 표...	27KB
Part1-Section18(자료의 복사).hwpx	2022-05-02 오후 12:37	한컴오피스 한글 표...	26KB
Part1-Section18(자료의 복사)-결과.hwpx	2022-05-02 오후 12:47	한컴오피스 한글 표...	31KB
Part2-Section19(그림 용량 줄이기)-예제.hwpx	2022-05-27 오후 9:21	한컴오피스 한글 표...	12,300KB

02. 그림을 삽입한 예제 파일을 열고 **그림**을 클릭합니다. **그림** ⇨ **줄이기** ⇨ **용량 줄이기 설정**을 클릭합니다.

03. 설정한 해상도(dpi)로 변경하기를 선택한 후 100을 입력합니다. 설정을 클릭합니다.

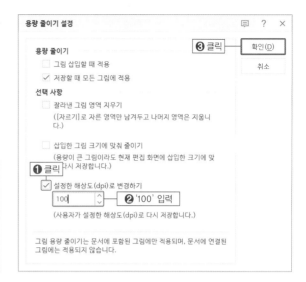

Point

설정한 해상도(dpi)의 기본값은 '150'입니다. 이보다 더 낮은 값으로 입력해야 그림의 용량이 줄어들고 문서의 용량도 그만큼 줄어듭니다. 다만, 너무 낮은 값을 입력하면 화질이 낮아질 수 있습니다.

Tip

용량 줄이기

- **그림 삽입할 때 적용**: 그림을 삽입할 때 용량 줄이기 설정에 맞게 그림 용량을 줄입니다.
- **저장할 때 모든 그림에 적용**: 문서를 저장할 때 용량 줄이기 설정에 맞게 그림 용량을 줄입니다.

Tip

선택사항

- **잘라 낸 그림 영역 지우기**: 자르기한 그림에서 잘라 낸 부분을 삭제해 용량을 줄입니다. 이 항목을 선택하면 자르기한 후 자른 부분을 다시 복구할 수 없고 그림을 다시 삽입해야 합니다.
- **삽입한 그림 크기에 맞춰 줄이기**: 문서에 삽입한 그림이 편집 화면보다 클 때 삽입한 그림 크기로 맞춰 줄입니다.
- **설정한 해상도(dpi)로 변경하기**: 문서에 삽입한 그림의 해상도를 지정한 해상도로 낮춰 저장하므로 그림의 용량이 줄어듭니다.

04. 그림  ➡ 줄이기 ➡ 모든 그림에 바로 적용을 클릭합니다.

05. Alt + S 를 눌러 문서를 저장한 후 ⊞ + E 를 눌러 탐색기를 실행합니다. 파일의 용량이 약 12MB에서 2MB 정도로 줄어들었다는 것을 확인할 수 있습니다.

이름	수정한 날짜	유형	크기
Part1-Section14(글자 수 확인하기).hwpx	2022-05-02 오전 11:11	한컴오피스 한글 표...	27KB
Part1-Section18(자료의 복사).hwpx	2022-05-02 오후 12:37	한컴오피스 한글 표...	26KB
Part1-Section18(자료의 복사)-결과.hwpx	2022-05-02 오후 12:47	한컴오피스 한글 표...	31KB
Part2-Section19(그림 용량 줄이기)-결과.hwpx	2022-05-27 오후 9:43	한컴오피스 한글 표...	2,156KB
Part2-Section19(그림 용량 줄이기)-예제.hwpx	2022-05-27 오후 9:21	한컴오피스 한글 표...	12,300KB

20 스크린샷 활용하기

인터넷 화면을 캡처해 문서에 포함할 때 별도의 캡처 프로그램을 사용하지 않고 한글 2022의 기능을
이용해 쉽게 캡처할 수 있습니다.

Key Word: **화면 캡처, 스크린샷**

01. 인터넷을 실행한 후 사진의 주제를 검색합니다. 검색 결
과 중에서 문서에 삽입할 사진이 화면에 보이도록 합니다.

02. 입력 탭 ⇨ **그림**의 펼침 버튼∨ ⇨ **스크린샷** ⇨ **화면 캡처**를 클릭합니다.

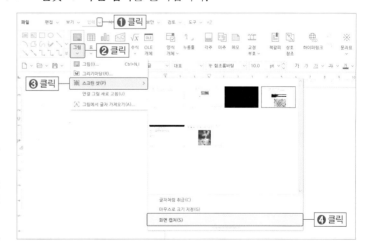

Point

스크린샷을 클릭했을 때 나타나는
창 목록에서 특정 창을 클릭하면
해당 화면이 바로 문서에 삽입됩
니다.

03. 문서에 삽입할 그림의 **왼쪽 상단부터 오른쪽 하단까지 대각선 방향으로 드래그**해 캡처할 영역을 지정합니다.

04. 다음과 같이 캡처한 사진이 현재 작업 문서의 마우스 커서 위치에 삽입됩니다.

05. 캡처한 그림을 컴퓨터에 저장하려면 그림에서 마우스 오른쪽 버튼 ⇨ **그림 파일로 저장**을 클릭합니다.

06. 그림 파일을 저장할 폴더를 더블클릭한 후 그림 파일의 **이름을 입력**하고 **저장**을 클릭합니다.

21 그림으로 저장하기

한글 2022에서 작업한 그림을 그림 파일 형식으로 저장해 SNS에 올리거나 카카오톡으로 전송할 수 있습니다.

Key Word: 그림에 글쓰기, 그림으로 저장하기

01. 그림 아이콘을 클릭해 그림을 삽입한 후 스타일을 적용합니다.

02. 입력 탭 ⇨ 가로 글상자를 클릭합니다.

03. 글을 입력한 후 Ctrl + A를 눌러
글상자 안의 모든 글자를 범위로 지정
합니다. 글꼴과 글자색, 글자 속성을
설정합니다.

- 글꼴: 한컴 쿨재즈B
- 글자크기: 18pt
- 글자 속성: 진하게

04. 글자가 자연스럽게 보이도록 **도형** ⇨ **도형 윤곽선 없음, 도형 채우기 없음**을 설정한 후 **글자색**을
설정합니다.

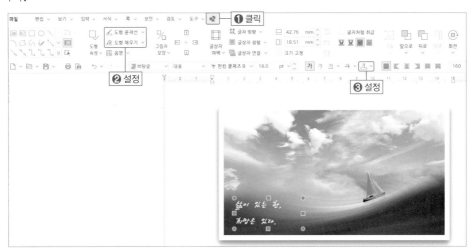

05. 글상자 테두리가 선택된 상태에서
C를 누른 후 [**개체 속성**] 대화상자의
채우기 탭에서 **도형 채우기 색을 흰색**
으로 선택하고, **투명도를 60~80%** 정
도로 설정하면 다음과 같이 표현할 수
있습니다.

06. 그림과 글상자를 하나로 묶기 위해 글상자가 선택된 상태에서 Shift를 누른 채 그림을 클릭해 두 개체를 모두 선택합니다. G를 누릅니다. [개체 묶기] 대화상자가 나타나면 실행을 클릭합니다.

Point

개체 묶기를 실행하지 않으면 그림으로 저장을 실행했을 때 그림만 저장되고 글상자는 저장되지 않습니다.

07. 그림에서 마우스 오른쪽 버튼 ⇨ 그림 파일로 저장을 클릭합니다.

08. 그림을 저장할 폴더를 선택한 후 그림 파일의 이름을 입력하고 **저장**을 클릭합니다.

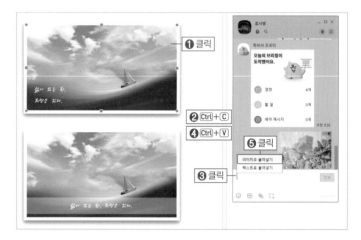

09. 그림을 복사해 바로 카카오톡 채팅창에서 전송할 수도 있습니다. **개체 묶기**를 실행한 후 Ctrl + C 를 누르고 카카오톡 채팅창에서 Ctrl + V 를 누릅니다. **이미지로 붙여넣기**를 클릭합니다.

Point

텍스트로 붙여넣기를 클릭하면 그림은 전송되지 않고 글상자에 입력한 글자만 전송됩니다.

10. 전송을 클릭합니다. 복사된 그림이 채팅창으로 전송됩니다.

22 표 만들기

문서에 표를 삽입하면 내용이 깔끔하게 정리됩니다. 표 안에 표를 삽입할 수도 있고 표에 그림을 채워 여러 그림을 정리할 수도 있습니다. 특히, 표에 관한 단축키를 활용하면 매우 빠른 작업이 가능합니다.

ᐅ Key Word: 표, 줄 개수, 칸 개수, 너비, 높이

01. 편집 탭에서 표 아이콘⊞을 클릭합니다(단축키: Ctrl + N + T).

Point

- **표**의 펼침 버튼∨을 클릭하면 표의 모양을 확인하면서 줄 개수와 칸 개수를 마우스로 선택할 수 있습니다. 다만, 줄 수 12, 칸 수 12까지만 가능하므로 더 많은 양의 줄과 칸이 필요하다면 표 아이콘을 누르는 것이 좋습니다.
- 한글 2022에서 표의 최대 셀 수는 **128x128**로 **16,384개**입니다. 줄 수를 300개로 만들었다면, 칸 수는 54개까지 가능합니다.

02. 줄 개수와 칸 개수를 입력합니다. 글자처럼 취급을 클릭하고 만들기를 클릭합니다.

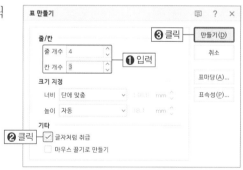

- 줄 개수는 표의 가로 행의 개수입니다. 칸 개수는 표의 세로 열의 개수입니다. 칸 개수에 비해 줄 개수는 단축키를 이용해 쉽게 추가할 수 있으므로 정확하게 입력하지 않아도 됩니다.
- 표를 글자와 어울림 형태로 삽입하는 특별한 경우가 아니라면 **글자처럼 취급**을 선택하는 것이 좋습니다.
- **마우스 끌기로 만들기**에 체크 표시를 하면 도형을 그리듯이 마우스로 드래그한 크기만큼의 표가 그려집니다.

Tip

너비 설정과 높이 설정

너비 설정
- **임의 값**: 사용자가 지정한 수치의 너비로 만들기합니다.
- **단에 맞춤**: 현재 위치의 단에 맞는 크기로 만들기합니다.
- **문단에 맞춤**: 현재 마우스 커서가 위치한 문단의 너비만큼의 크기로 만들기합니다.

높이 설정
- **자동**: 바탕글 스타일인 10pt의 글자가 입력될 수 있는 최소한의 높이로 만들기합니다.
- **임의 값**: 사용자가 지정한 수치의 높이로 만들기합니다.

03. 다음과 같이 **줄 개수 4, 칸 개수 3**의 표가 완성됐습니다.

04. 표의 **테두리를 클릭**한 후 와 같이 파란색으로 표시된 조절점을 드래그하면 크기를 조절할 수 있습니다. 와 같이 표시된 조절점에서는 표의 크기를 조절할 수 없습니다.

05. 표의 **테두리를 클릭**한 후 `Delete`를 누르면 표가 삭제됩니다.

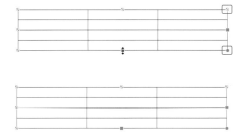

06. 표를 정해진 크기로 삽입할 수도 있습니다. **표 아이콘**을 클릭한 후 줄 개수와 칸 개수를 입력합니다. **너비**와 **높이**를 **임의 값**으로 선택한 후 표의 크기를 mm 단위로 입력합니다. **만들기**를 클릭합니다.

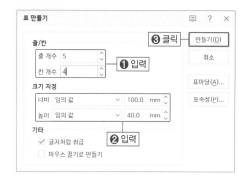

Point

mm 를 클릭하면 포인트, 센티미터, 인치, 픽셀 등의 단위를 선택할 수 있습니다.

07. 다음과 같이 정해진 크기의 표가 삽입됩니다.

08. **마우스 끌기로 만들기**를 클릭하면 글자처럼 취급은 자동으로 해제되고 도형을 그리듯이 원하는 크기로 표를 만들 수 있습니다. **줄 개수**와 **칸 개수**를 입력하고 **마우스 끌기로 만들기**를 선택한 후 **만들기**를 클릭합니다.

09. 마우스를 대각선 방향으로 드래그합니다.

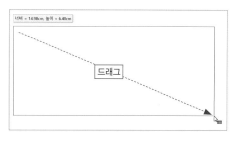

10. 표 안에 표를 삽입할 수도 있습니다. 표 안을 클릭한 후 표 **디자인** 에서 표 **아이콘**을 클릭합니다.

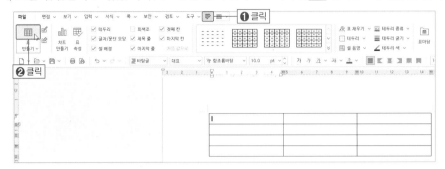

11. 줄 개수 2와 칸 개수 2를 입력합니다. 크기 지정에서 너비는 단에 맞춤, 높이는 자동을 선택하고 글자처럼 취급을 선택한 후 만들기를 클릭합니다.

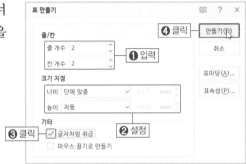

Tip

표마당과 표 속성

- **표마당**: 표의 스타일을 미리 선택할 수 있습니다. 표마당을 클릭한 후 스타일을 선택하고 **만들기**를 클릭하면 표가 해당 스타일로 그려집니다.
- **표 속성**: 테두리, 배경, 여러 쪽 지원, 표의 안 여백 등을 미리 설정할 수 있습니다.

Point

- 너비를 임의 값으로 설정해 직접 수치를 입력할 수는 있지만, 현재 셀의 너비보다 큰 숫자를 입력하면 오류가 발생해 진행할 수 없습니다. 현재 셀의 높이보다 큰 높이를 입력하면 표의 크기가 자동으로 그에 맞게 늘어납니다.
- 글자처럼 취급이 비활성화돼 신택되지 않을 때는 **마우스 끌기로 만들기**를 클릭해 **해제**합니다.

12. 다음과 같이 표 안에 새로운 표가 삽입됐습니다.

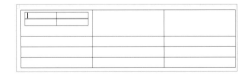

23 표에 자료 입력하기

표를 구성하는 하나의 칸을 셀이라고 합니다. 셀에 자료를 입력한 후 글자 모양/문단 모양을 설정하는 방법, 빠르게 이동, 선택하는 방법을 살펴보겠습니다.

G→ Key Word: **표, 줄 삽입**

01. 제목을 입력한 후 Enter 를 누릅니다. 제목을 범위로 지정한 후 **글꼴, 글자 크기, 글자색** 등을 설정합니다.
- 글꼴: 경기천년제목B Bold
- 글자 크기: 16pt

정보복지관 평생학습 프로그램 안내

02. 제목 아래에서 클릭해 마우스 커서를 표시한 후 표 아이콘을 클릭합니다. **줄 개수 3**와 **칸 개수 4**를 입력합니다. 그런 다음 크기 지정에서 **너비**는 **단에 맞춤, 높이**는 **자동**을 선택하고 **글자처럼 취급**을 선택한 후 **만들기**를 클릭합니다.

정보복지관 평생학습 프로그램 안내			

Point

글을 입력한 후 표를 삽입할 때는 글의 오른쪽 끝에서 Enter 를 누른 후 표를 삽입합니다.

03. 글을 입력한 후 다음 셀로 이동할 때 Tab 을 누릅니다. 셀의 너비가 좁을 때는 다음과 같이 셀의 세로 높이가 늘어납니다. 모든 자료를 입력한 후에 너비를 조절하는 것이 빠르므로 무시하고 마지막 셀까지 자료를 입력합니다.

정보복지관 평생학습 프로그램 안내			
번호	프로그램명	대상	수강료
1	생활과학교실	초 1~3학년	35000
2	팝송으로 배우는 영어	성인	50000

04. 마지막 셀에서 (Tab)을 누르면 표의 맨 아래에 새 줄이 삽입됩니다. 마지막 셀에서 (Tab)을 누른 후 아래 내용을 입력합니다. 번호는 자동 채우기 기능을 사용할 예정이므로 2까지만 입력하고 그 이후는 입력하지 않습니다.

정보복지관 평생학습 프로그램 안내

번호	프로그램명	대상	수강료
1	생활과학교실	초 1~3학년	35000
2	팝송으로 배우는 영어	성인	50000
	토요 기타-초급	성인	50000
	색연필 플라워아트	성인	65000
	ITQ 엑셀 자격증	성인	50000

05. '팝송으로 배우는 영어'와 '토요 기타-초급' 사이에 새 줄을 추가하려고 합니다. '팝송으로 배우는 영어' 셀을 클릭한 후 (Ctrl) + (Enter)를 누르면 아래에 새 줄이 추가됩니다. 추가된 줄에 자료를 입력합니다.

정보복지관 평생학습 프로그램 안내

번호	프로그램명	대상	수강료
1	생활과학교실	초 1~3학년	35000
2	팝송으로 배우는 영어	성인	50000
❶클릭 여행 영어	성인	50000	
❷Ctrl+Enter 토요 기타-초급	성인	50000	
❸입력 색연필 플라워아트	성인	65000	
ITQ 엑셀 지격증	성인	50000	

06. 번호를 자동으로 입력하기 위해 **1이 입력된 셀부터 맨 아래 셀까지 드래그해 범위로 지정합니다. 자동 채우기**를 실행하기 위해서는 자료를 2개까지 미리 입력해야 하고 범위를 지정할 때 해당 자료가 꼭 포함돼야 합니다.

정보복지관 평생학습 프로그램 안내

번호	프로그램명	대상	수강료
1	생활과학교실	초 1~3학년	35000
2	팝송으로 배우는 영어	성인	50000
	여행 영어	성인	50000
	토요 기타-초급	성인	50000
	색연필 플라워아트	성인	65000
	ITQ 엑셀 자격증	성인	50000

(드래그)

07. Ⓐ를 누릅니다. 다음과 같이 나머지 번호가 자동으로 입력됩니다.

정보복지관 평생학습 프로그램 안내

번호	프로그램명	대상	수강료
1	생활과학교실	초 1~3학년	35000
2	팝송으로 배우는 영어	성인	50000
3	여행 영어	성인	50000
4	토요 기타-초급	성인	50000
5	색연필 플라워아트	성인	65000
6	ITQ 엑셀 자격증	성인	50000

Ⓐ

08. 숫자에 1,000단위 구분 기호를 입력하기 위해 숫자가 입력된 셀을 드래그해 범위로 지정합니다. **표 레이아웃 ⇨ 1000단위 구분 쉼표 ⇨ 자릿점 넣기**를 클릭합니다.

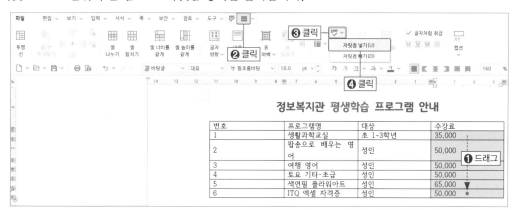

09. 표의 전체 글자 크기와 글꼴을 설정하기 위해 F5를 세 번 누릅니다. 글꼴과 글자 크기를 설정하고 **가운데 정렬**을 클릭합니다.
- 글꼴: 함초롬돋움
- 글자 크기: 12pt, 가운데 정렬

❶F5 세 번 누르기 ❷설정 ❸클릭

정보복지관 평생학습 프로그램 안내

번호	프로그램명	대상	수강료
1	생활과학교실	초 1~3학년	35,000
2	팝송으로 배우는 영어	성인	50,000
3	여행 영어	성인	50,000
4	토요 기타-초급	성인	50,000
5	색연필 플라워아트	성인	65,000
6	ITQ 엑셀 자격증	성인	50,000

10. 각 셀마다 글자 수에 맞는 너비로 설정해야 합니다. 오른쪽 표에서 번호 셀의 크기는 더 작아져야 하고 프로그램명 셀의 너비는 더 넓어져야 하므로 **번호 셀과 프로그램명 셀 사이의 세로 선**에 마우스 커서를 올려놓고 **왼쪽으로 드래그**합니다. 번호 셀이 좁아지면서 프로그램명의 셀이 넓어집니다.

정보복지관 평생학습 프로그램 안내

번호	프로그램명	대상	수강료
1	생활과학교실	초 1~3학년	35,000
2	팝송으로 배우는 영어	성인	50,000
3	여행 영어	성인	50,000
4	토요 기타-초급	성인	50,000
5	색연필 플라워아트	성인	65,000
6	ITQ 엑셀 자격증	성인	50,000

Point

- 셀의 크기를 조절할 때 ***Ctrl*을 누른 채 방향키(**←, →, ↓, ↑**)를** 누르면 해당 셀의 크기가 달라지면서 표 전체의 크기가 달라집니다.
- 셀의 크기를 조절할 때 **마우스로 셀 구분선을 드래그**하면 해당 셀의 크기가 달라지면서 바로 옆 셀의 너비 또는 바로 아래 셀의 높이가 달라집니다. ***Alt*를 누른 채 방향키(**←, →, ↓, ↑**)를** 누르는 것과 같습니다.

11. 표 전체적으로 세로 높이를 늘리기 위해 *F5*를 세 번 누릅니다. 표 전체가 선택되면 *Ctrl*을 누른 채 방향키↓를 세 번 또는 다섯 번 정도 눌러 표의 세로 높이를 늘립니다.

정보복지관 평생학습 프로그램 안내

번호	프로그램명	대상	수강료
1	생활과학교실	초 1~3학년	35,000
2	팝송으로 배우는 영어	성인	50,000
3	여행 영어	성인	50,000
4	토요 기타-초급	성인	50,000
5	색연필 플라워아트	성인	65,000
6	ITQ 엑셀 자격증	성인	50,000

❶ *F5* 세 번 누르기   ❷ *Ctrl*+↓(세 번~다섯 번 누르기)

Point

*F5*를 세 번 누르면 표 전체가 범위로 지정됩니다.

24 표마당 활용하기

표마당을 이용하면 셀의 배경 색과 선 색, 선 모양 등을 일일이 설정하지 않아도 멋진 스타일의 표를 쉽게 만들 수 있습니다. 또한 다양한 선 색과 배경색 등이 지정된 표에 대해 기본 설정으로 쉽게 바꿀 수 있습니다.

Key Word: 표, 표 스타일, 표마당
예제 파일: Part2-Section24(표마당 활용하기)-예제.hwpx

01. 표 안 임의의 셀을 클릭한 후 **표 디자인**을 클릭합니다. **표 스타일**의 자세히 아이콘을 클릭합니다.

Point

표 안에 마우스 커서가 있을 때만 표 디자인, 표 레이아웃 메뉴가 나타납니다. 표 밖을 클릭하면 표 탭이 나타나지 않는다는 것을 기억하세요.

02. 마음에 드는 스타일을 선택합니다. 여기서는 **밝은 스타일 1-청록 색조**를 클릭했습니다.

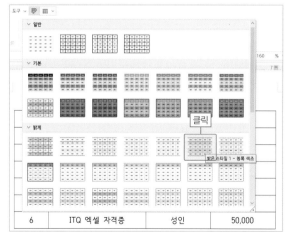

03. 다음과 같이 설정됩니다.

번호	프로그램명	대상	수강료
	정보복지관 평생학습 프로그램 안내		
1	생활과학교실	초 1~3학년	35,000
2	팝송으로 배우는 영어	성인	50,000
3	여행 영어	성인	50,000
4	토요 기타-초급	성인	50,000
5	색연필 플라워아트	성인	65,000
6	ITQ 엑셀 자격증	성인	50,000

04. 표 스타일에서 **일반-기본**을 클릭하면 모든 선 색과 선 모양, 배경 색을 해제하고 기본 모양으로 설정됩니다.

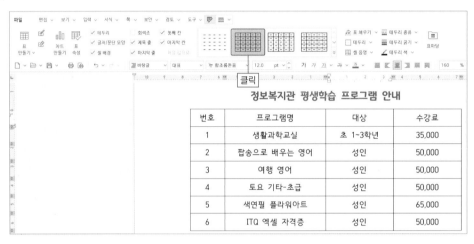

05. 표마당을 설정하면 특정 부분에 대해 표 스타일을 적용할 것인지의 여부를 선택할 수 있습니다. **표 안**을 클릭한 후 **표 디자인**에서 **표마당**을 클릭합니다.

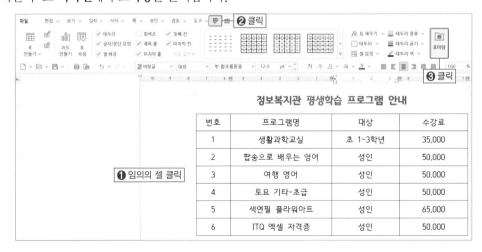

06. [표마당]의 표마당 목록에서 원하는 스타일을 선택합니다. 하단에서 적용할 서식과 적용 대상을 선택할 수 있습니다. 예를 들어 **글자/문단 모양**을 해제하면 글자색이 적용되지 않습니다. 적용할 서식과 적용 대상 중 해제할 항목을 클릭한 후 **설정**을 클릭합니다.

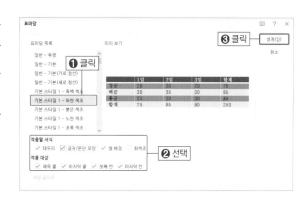

07. 다음과 같이 표마당의 스타일이 적용됐습니다. 참고로 글자 수가 일정하지 않은 경우, 가운데 정렬은 적절하지 않습니다. 글자 수가 일정하지 않은 프로그램명의 자료 부분만 드래그해 범위로 지정한 후 **왼쪽 정렬**을 클릭해 표를 완성합니다.

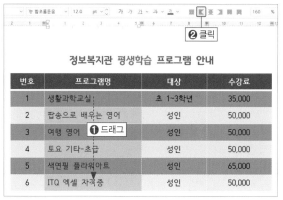

25 표 범위 지정 및 크기 조절하기

표의 크기를 조절하고 설정을 변경하기 위해 셀 또는 줄/칸을 빠르게 선택하는 방법과 표 전체 또는 각 줄/칸이나 셀에 대해 크기를 조절하는 방법을 알아보겠습니다.

Key Word: 표, 표 스타일, 표마당

01. 2022 평생학습 동아리 회원 명단을 입력한 후 Enter를 누릅니다. 그런 다음 제목을 범위로 지정하고 글꼴과 글자 크기, 가운데 정렬을 설정합니다.

- 글꼴: 이순신 돋움체 B
- 글자 크기: 16pt,
- 가운데 정렬

02. 제목 아래 줄을 클릭한 후 표를 삽입하기 위해 Ctrl + N + T를 누릅니다. 그런 다음 줄 개수 4, 칸 개수 5를 입력하고 표를 만듭니다.

03. F5를 세 번 눌러 표 전체를 범위로 지정합니다. 글꼴과 글자 크기, 가운데 정렬을 설정한 후 첫 번째 셀을 더블클릭하고 자료를 입력합니다. 특히, 주소를 입력할 때는 Enter를 누르지 않고 입력해야 합니다.

- 글꼴: 함초롬돋움
- 글자 크기: 12pt
- 가운데 정렬

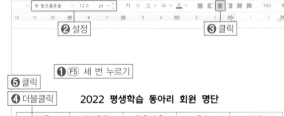

2022 평생학습 동아리 회원 명단

이름	생년월일	전화번호	주소	비고
김은지	1989.05.24	010-1234-4521	인천시 남동구 논현동	
김정훈	1999.12.24.	010-5632-4125	인천시 연수구 송도동	
박해성	1988.05.05.	010-7485-7489	인천시 남동구 구월동	

Point

- 표의 셀들이 범위로 지정돼 있을 때는 글자를 입력할 수 없습니다. 이때는 Esc를 누르거나 **글자를 입력할 셀을 더블클릭한 후** 글자를 입력합니다.
- 셀이 범위로 지정된 채 Esc를 누르면 범위가 해제되고 마우스 커서는 범위로 지정된 마지막 셀에 위치합니다.

04. 이름 열의 너비를 줄이기 위해 이름과 생년월일 사이의 선에 마우스 커서를 올려놓고 왼쪽으로 드래그합니다.

2022 평생학습 동아리 회원 명단

이름	생년월일	전화번호	주소	비고
김은지	1989.05.24	010-1234-45 21	인천시 남동구 논현동	
김정훈	1999.12.24.	010-5632-41 25	인천시 연수구 송도동	
박해성	1988.05.05.	010-7485-74 89	인천시 남동구 구월동	

05. 같은 방법으로 생년월일 셀의 너비를 줄이고 전화번호 셀의 너비도 조절합니다. 주소와 비고 사이의 세로 선은 오른쪽으로 드래그해 주소 셀의 너비를 늘립니다.

2022 평생학습 동아리 회원 명단

이름	생년월일	전화번호	주소	비고
김은지	1989.05.24	010-1234-4521	인천시 남동구 논현동	
김정훈	1999.12.24.	010-5632-4125	인천시 연수구 송도동	
박해성	1988.05.05.	010-7485-7489	인천시 남동구 구월동		

06. F5를 세 번 눌러 표 전체를 범위로 지정합니다. Ctrl + ↓를 세 번 눌러 셀의 세로 높이를 늘립니다.

2022 평생학습 동아리 회원 명단

❶ F5 세 번 누르기 · **❷ Ctrl + ↓(세 번~다섯 번 누르기)**

이름	생년월일	전화번호	주소	비고
김은지	1989.05.24	010-1234-4521	인천시 남동구 논현동	
김정훈	1999.12.24.	010-5632-4125	인천시 연수구 송도동	
박해성	1988.05.05.	010-7485-7489	인천시 남동구 구월동	•

07. 제목 줄의 색을 설정하기 위해 **이름** 셀을 클릭한 후 F5를 두 번 누르고 End를 누릅니다. 표 디자인 ▷ 표 채우기의 펼침 버튼∨ ▷ 노랑 80% 밝게를 선택합니다.

표 안에서의 범위 지정

- **F5 한 번**: 현재 셀 범위 지정
- **F5 한 번** ⇨ **F7**: 마우스 커서가 위치한 칸 전체를 범위로 지정
- **F5 한 번** ⇨ **F8**: 마우스 커서가 위치한 줄 전체를 범위로 지정
- **F5 두 번** ⇨ 방향키(─, ─, ↓, ↑): 여러 셀을 범위로 지정
- **F5 두 번** ⇨ **Home**: 현재 셀에서 그 줄의 첫 셀까지 범위로 지정
- **F5 두 번** ⇨ **End**: 현재 셀에서 그 줄의 마지막 셀까지 범위로 지정
- **F5 두 번** ⇨ **PageUp**: 현재 셀에서 그 칸의 첫 셀까지 범위로 지정
- **F5 두 번** ⇨ **PageDown**: 현재 셀에서 그 칸의 마지막 셀까지 범위로 지정
- **F5 세 번**: 모든 셀을 범위로 지정

---

08. 이름이 입력된 셀의 색을 변경하려고 합니다. 김은지 셀을 클릭한 후 **F5**를 **두 번** 누르고 **PageDown**을 누릅니다. 그런 다음 **표 채우기**의 펼침 버튼∨ ⇨ **초록 80% 밝게**를 선택합니다.

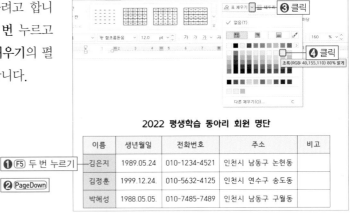

09. **Ctrl**을 이용하면 비연속으로 배치된 여러 셀을 범위로 지정할 수도 있습니다. 주소가 '인천시 남동구'일 때 글자색을 다르게 표현하고 싶다면 **Ctrl**을 누른 채 '김은지'의 주소를 클릭한 후 '박해성'의 주소를 **클릭**합니다. 그런 다음 글자색을 **파랑**으로 선택하고 속성에서 **진하게**를 클릭합니다.

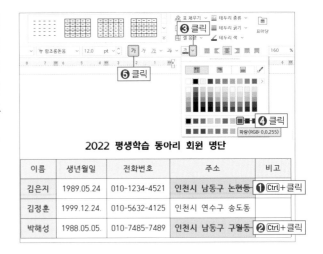

Tip

크기 조절 단축키

- **경계선 드래그 또는 범위 지정 후 Alt 를 누른 채 방향키**: 표의 전체 크기는 유지하면서 해당 경계선만 이동합니다. 주로 칸의 너비를 조절할 때 사용합니다(해당 줄/칸의 크기가 작아지면 옆 줄/칸의 크기가 늘어납니다).

- **경계선에서 Ctrl 을 누른 채 드래그 또는 범위 지정 후 Ctrl 을 누른 채 방향키**: 줄/칸의 크기가 조절됨에 따라 표의 전체 크기도 조절됩니다. 주로 줄의 높이를 조절할 때 사용합니다(해당 줄/칸의 크기가 작아져도 옆 줄/칸의 크기가 늘어나지 않습니다).

- **경계선에서 Shift 를 누른 채 드래그 또는 범위 지정 후 Shift 를 누른 채 방향키**: 전체 줄/칸이 함께 조절되지 않고 범위 지정된 셀의 너비와 높이만 조절됩니다.

26 표 나누기/붙이기

하나의 표를 2개로 분리할 수도 있고 2개 이상의 표를 하나로 붙일 수도 있습니다.

○ Key Word: 표 나누기, 표 붙이기
예제 파일: Part2-Section26(표 나누기와 붙이기)-예제.hwpx

01. 예제 파일을 불러옵니다. 교육 일정을 분기별로 분리하기 위해 **첫 번째 3분기 셀**을 클릭합니다. **표 레이아웃** ▦ ⇨ **표 나누기**를 클릭합니다(단축키: Ctrl + N + A).

Point

범위로 지정돼 있다면 표를 분리할 수 없습니다. 범위로 지정돼 있을 때는 셀을 더블클릭해 마우스 커서가 나타났을 때 작업합니다.

02. 표를 분리했을 때 분리된 표는 제목줄이 표시되지 않습니다. 표의 제목을 두 번째 표에 복사하기 위해 첫 번째 표의 제목줄을 드래그합니다. 복사하기 위해 Ctrl + C를 누릅니다.

기간	교육기간	과목	강의실	준비물
2분기	05.01 ~ 05.31		컴퓨터실1	교재 및 USB
2분기	06.01 ~ 06.30		컴퓨터실2	교재
3분기	07.01 ~ 07.31	엑셀2019	컴퓨터실1	교재
3분기	08.01 ~ 08.31	파워포인트	컴퓨터실2	교재
3분기	09.01 ~ 10.31	ITQ 한글 자격증	컴퓨터실1	교재

03. 제목을 붙이기 위해 첫 번째 3분기 셀을 클릭한 후 Ctrl + V를 누릅니다. 그런 다음 **위쪽에 끼워 넣기** ▦를 클릭하고 **붙이기**를 클릭합니다.

04. 다음과 같이 분리된 표에 제목이 표시됩니다.

2022 IT 능력 향상을 위한 특강 일정				
기간	교육기간	과목	강의실	준비물
2분기	05.01 ~ 05.31	컴퓨터 기초	컴퓨터실1	교재 및 USB
2분기	06.01 ~ 06.30	한글2022	컴퓨터실2	교재

기간	교육기간	과목	강의실	준비물
3분기	07.01 ~ 07.31	엑셀2019	컴퓨터실1	교재
3분기	08.01 ~ 08.31	파워포인트	컴퓨터실2	교재
3분기	09.01 ~ 10.31	ITQ 한글 자격증	컴퓨터실1	교재

05. 2개로 분리된 표를 하나로 붙일 때는 위에 있는 표의 한 셀을 클릭한 후 **표 레이아웃 ⇨ 표 붙이기**를 클릭합니다(단축키: Ctrl + N + Z).

06. 불필요한 제목을 삭제하기 위해 두 번째 제목 줄을 드래그해 범위로 지정합니다. 삭제하기 위해 Delete를 누릅니다. '내용만 지우고 셀 모양은 남겨 둘까요?'라고 물으면 **지우기**를 클릭합니다.

07. 다음과 같이 표시됩니다.

2022 IT 능력 향상을 위한 특강 일정				
기간	교육기간	과목	강의실	준비물
2분기	05.01 ~ 05.31	컴퓨터 기초	컴퓨터실1	교재 및 USB
2분기	06.01 ~ 06.30	한글2022	컴퓨터실2	교재
3분기	07.01 ~ 07.31	엑셀2019	컴퓨터실1	교재
3분기	08.01 ~ 08.31	파워포인트	컴퓨터실2	교재
3분기	09.01 ~ 10.31	ITQ 한글 자격증	컴퓨터실1	교재

Tip

선택된 셀들을 지웁니다. 내용만 지우고 셀 모양은 남겨 둘까요?

- **남김**: 글자는 삭제하고 셀은 그대로 남습니다.
- **지우기**: 글자와 셀을 함께 삭제합니다.
- **취소**: 선택된 셀을 지우지 않습니다.

27 줄/칸 관리하기

표 작업 도중에 새로운 줄과 칸을 삽입하거나 삭제할 수 있습니다. 특히 줄을 삽입할 때는 새로운 줄을 삽입하는 것이 좋고 칸을 삽입할 때는 표 전체의 너비를 유지하기 위해 이미 그려진 칸을 나누기 하는 것이 좋습니다.

Key Word: **삽입**, 삭제, 합치기, 나누기, 복사하기, 붙이기
예제 파일: Part2-Section27(줄칸 관리하기)-예제.hwpx

01. 예제 파일을 불러옵니다. 2줄로 분리된 셀을 하나의 셀로 병합하기 위해 **1 셀과 그 아래 셀을 드래그**해 범위로 지정합니다. 합치기 단축키인 M을 누릅니다.

2023 정보고등학교 자격증 취득 현황

학년	분류	자격증명	합격인원
1	OA **①드래그** **②M**	컴퓨터 활용능력 2급	152
	그래픽	컴퓨터 그래픽스 운용 기능사	130
2	코딩	Cos Pro 파이썬	85
	OA	컴퓨터 활용능력 1급	94
	그래픽	웹디자인 기능사	88

02. 같은 방법으로 **2 셀과 그 아래 셀들을 드래그**한 후 M을 누릅니다.

2023 정보고등학교 자격증 취득 현황

학년	분류	자격증명	합격인원
1	OA	컴퓨터 활용능력 2급	152
	그래픽	컴퓨터 그래픽스 운용 기능사	130
2	코딩	Cos Pro 파이썬	85
	OA	컴퓨터 활용능력 1급	94
	그래픽	웹디자인 기능사	88

03. 컴퓨터 활용 능력 2급 아래에 새로운 줄을 추가하기 위해 **컴퓨터 활용 능력 2급** 셀을 클릭합니다. Alt + Insert 를 누른 후 방향 **아래**를 클릭하고 **줄/칸 수**를 입력한 다음 **추가**를 클릭합니다.

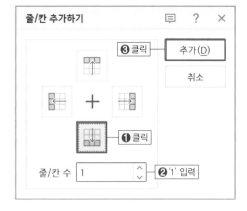

Point

• 방향 **아래**를 선택하는 동작의 결과는 Ctrl + Enter 를 눌러 줄을 삽입하는 방법과 같습니다.
• 줄/칸 추가하기는 Alt + Insert, 줄/칸 지우기는 Alt + Delete 를 누릅니다.

표 레이아웃 활용하기

표 레이아웃에서 줄/칸 추가 또는 삭제를 실행할 수 있습니다.

- ⊞: 칸 지우기를 실행합니다.
- ⊞: 줄 지우기를 실행합니다.
- ⊞: [**줄/칸 추가하기**] 대화상자를 실행합니다.
- ⊞ ⊞ ⊞ ⊞: 위, 왼쪽, 오른쪽, 아래쪽에 줄/칸 추가하기

[줄/칸 추가하기] 대화상자 살펴보기

- ⊞**위쪽에 줄 추가하기**: 현재 마우스 커서가 위치한 셀의 위쪽에 줄을 추가합니다.
- ⊞**왼쪽에 칸 추가하기**: 현재 마우스 커서가 위치한 셀의 왼쪽에 칸을 추가합니다.
- ⊞**오른쪽에 칸 추가하기**: 현재 마우스 커서가 위치한 셀의 오른쪽에 칸을 추가합니다.
- ⊞**아래쪽에 줄 추가하기**: 현재 마우스 커서가 위치한 셀의 아래쪽에 칸을 추가합니다.
- 줄/칸수 1 : 추가할 줄/칸의 개수를 입력합니다.

---

04. 3학년란을 만들기 위해 2학년 항목을 드래그하고 Ctrl + C를 눌러 복사합니다.

학년	분류	자격증명	합격인원
1	OA	컴퓨터 활용능력 2급	152
	OA	ITQ OA Master	72
	그래픽	컴퓨터 그래픽스 운용 기능사	130
2	코딩	Cos Pro 파이썬	85
	OA	컴퓨터 활용능력 1급	94
	그래픽	웹디자인 기능사	88

05. 2학년 아래에 붙여넣기 위해 2 셀을 더블클릭한 후 Ctrl + V를 누릅니다. **아래쪽에 끼워 넣기** ⊞를 클릭합니다.

줄/칸 추가하기 대화상자 살펴보기

- ⬚ **위쪽에 줄 추가하기**: 현재 마우스 커서가 위치한 셀의 위쪽에 줄을 추가합니다.
- ⬚ **왼쪽에 칸 추가하기**: 현재 마우스 커서가 위치한 셀의 왼쪽에 칸을 추가합니다.
- ⬚ **오른쪽에 칸 추가하기**: 현재 마우스 커서가 위치한 셀의 오른쪽에 칸을 추가합니다.
- ⬚ **아래쪽에 줄 추가하기**: 현재 마우스 커서가 위치한 셀의 아래쪽에 칸을 추가합니다.
- ⬚ : 추가할 줄/칸의 개수를 입력합니다.

셀 붙이기

- ⬚ **위쪽에 끼워 넣기**: 현재 마우스 커서가 위치한 셀의 위쪽에 복사한 셀을 삽입합니다.
- ⬚ **왼쪽에 끼워 넣기**: 현재 마우스 커서가 위치한 셀의 왼쪽에 복사한 셀을 삽입합니다.
- ⬚ **오른쪽에 끼워 넣기**: 현재 마우스 커서가 위치한 셀의 오른쪽에 복사한 셀을 삽입합니다.
- ⬚ **아래쪽에 끼워 넣기**: 현재 마우스 커서가 위치한 셀의 아래쪽에 복사한 셀을 삽입합니다.
- ⬚ **덮어쓰기**: 현재 마우스 커서가 위치한 셀에 복사한 셀의 내용과 여백, 테두리, 배경을 모두 적용합니다.
- ⬚ **내용만 덮어쓰기**: 현재 마우스 커서가 위치한 셀에 복사한 셀의 내용만 입력합니다.
- ⬚ **셀 안에 표로 넣기**: 현재 마우스 커서가 위치한 셀에 복사한 셀을 표 형태로 삽입합니다.

Point

복사한 표를 표 밖에서 Ctrl + V로 붙여넣으면, 복사된 내용이 새로운 표로 생성됩니다.

06. 내용을 수정하기 위해 붙여넣기된 셀들을 범위로 지정한 후 Delete를 누르거나 Ctrl + E를 누릅니다. 내용만 지우고 셀은 유지하기 위해 **남김**을 클릭합니다.

07. 내용을 입력합니다.

2023 정보고등학교 자격증 취득 현황

학년	분류	자격증명	합격인원
1	OA	컴퓨터 활용능력 2급	152
	OA	ITQ OA Master	72
	그래픽	컴퓨터 그래픽스 운용 기능사	130
2	코딩	Cos Pro 파이썬	85
	OA	컴퓨터 활용능력 1급	94
	그래픽	웹디자인 기능사	88
3	코딩	Cos Pro C언어	77
	OA	컴퓨터 활용능력 1급	124
	빅데이터	데이터 분석 준전문가	15

08. 합격인원의 오른쪽에 새로운 칸을 추가하기 위해 **합격인원 칸을 드래그**해 범위로 지정합니다. 나누기 단축키인 ⑤를 누릅니다. 줄 개수를 해제하고 칸 개수를 선택합니다. **2**가 입력된 상태에서 **나누기**를 클릭합니다.

Point

표에 새로운 칸을 생성하면 표의 너비가 문서 작성 영역을 벗어나게 되므로 기존의 칸을 나누는 것이 좋습니다.

09. 세로 선을 드래그해 열 너비를 조정한 후 오른쪽 맨 마지막 칸에 내용을 입력합니다.

학년	분류	자격증명	합격인원	합격률
	OA	컴퓨터 활용능력 2급	152	58%
1	OA	ITQ OA Master	72	82%
	그래픽	컴퓨터 그래픽스 운용 기능사	130	71%
	코딩	Cos Pro 파이썬	85	34%
2	OA	컴퓨터 활용능력 1급	94	52%
	그래픽	웹디자인 기능사	88	77%
	코딩	Cos Pro C언어	77	54%
3	OA	컴퓨터 활용능력 1급	124	69%
	빅데이터	데이터 분석 준전문가	15	21%

10. 불필요한 줄을 삭제하는 방법을 살펴보겠습니다. 2학년의 웹 디자인 기능사 자격 현황을 삭제하기 위해 그래픽 또는 웹 디자인 기능사 셀을 클릭하고 F5를 누릅니다.

❶ 클릭
❷ F5

학년	분류	자격증명	합격인원	합격률
	OA	컴퓨터 활용능력 2급	152	58%
1	OA	ITQ OA Master	72	82%
	그래픽	컴퓨터 그래픽스 운용 기능사	130	71%
	코딩	Cos Pro 파이썬	85	34%
2	OA	컴퓨터 활용능력 1급	94	52%
	그래픽	웹디자인 기능사	88	77%
	코딩	Cos Pro C언어	77	54%
3	OA	컴퓨터 활용능력 1급	124	69%
	빅데이터	데이터 분석 준전문가	15	21%

11. Ctrl + Backspace를 누릅니다. 다음과 같이 선택한 셀을 포함한 한 줄이 삭제됩니다.

Ctrl + Backspace

학년	분류	자격증명	합격인원	합격률
	OA	컴퓨터 활용능력 2급	152	58%
1	OA	ITQ OA Master	72	82%
	그래픽	컴퓨터 그래픽스 운용 기능사	130	71%
	코딩	Cos Pro 파이썬	85	34%
2	OA	컴퓨터 활용능력 1급	94	52%
	코딩	Cos Pro C언어	77	54%
3	OA	컴퓨터 활용능력 1급	124	69%
	빅데이터	데이터 분석 준전문가	15	21%

12. 합격률 칸을 삭제하려면 합격률 셀을 클릭한 후 Alt + Delete를 누릅니다. 그런 다음 [줄/칸 지우기] 대화상자에서 **칸**을 선택하고 **지우기**를 클릭합니다.

2023 정보고등학교 자격증 취득 현황

학년	분류		합격인원	합격률
	OA		152	~~56%~~ ❶ 클릭
1	OA		72	~~62%~~
	그래픽			❷ Alt + Delete
2	코딩	~~Cos Pro 파이썬~~	85	34%
	OA	❸ 클릭 터 활용능력 1급	94	52%
3	코딩	Cos Pro C언어	77	54%
	OA	컴퓨터 활용능력 1급	124	69%
	빅데이터	데이터 분석 준전문가	15	21%

(대화상자: 줄/칸 지우기 — ❹ 클릭 지우기(D), 취소)

Point

- Alt + Delete를 누를 때는 셀을 범위로 지정하지 않고 클릭합니다. F5를 눌러 한 셀만 범위로 지정할 수는 있지만, 여러 셀을 드래그하면 Alt + Delete를 눌러도 실행되지 않습니다.
- 합격률 칸을 모두 범위로 지정한 후 Delete ⇨ 지우기를 눌러도 됩니다.

13. 다음과 같이 합격률 칸이 삭제됩니다. F5를 세 번 눌러 표 전체를 범위로 지정한 후 Ctrl + ─를 여러 번 눌러 표의 너비를 넓힙니다.

2023 정보고등학교 자격증 취득 현황

학년	분류	자격증명	합격인원
	OA	컴퓨터 활용능력 2급	152
1	OA	ITQ OA Master	72
	그래픽	컴퓨터 그래픽스 운용 기능사	130
2	코딩	Cos Pro 파이썬	85
	OA	컴퓨터 활용능력 1급	94
3	코딩	Cos Pro C언어	77
	OA	컴퓨터 활용능력 1급	124
	빅데이터	데이터 분석 준전문가	15

14. 표 편집을 종료하고 본문으로 빠져나오기 위해 Shift + Esc를 누릅니다.

Point

표 편집을 종료할 때 표 바깥쪽을 클릭해도 되지만, Shift + Esc를 익혀 두는 것이 실수가 적고 편리합니다.

표에 사용하는 유용한 단축키 – 커서가 있을 때 사용

분류	기능	분류	기능
Ctrl + N + T	표 만들기	마지막 셀에서 Tab	마지막에 줄 삽입하기
F5	한 셀 선택	Alt + Insert	줄/칸 추가하기
F5 두 번 누른 후 방향키 Shift + F5를 누른 후 방향키	여러 셀 선택	Alt + Delete	줄/칸 지우기
F5 세 번	표 전체 선택	Ctrl + Shift + H	가로 합계
Tap	다음 셀로 이동	Ctrl + Shift + V	세로 합계
Shift + Tap	이전 셀로 이동	Ctrl + Shift + J	가로 평균
Ctrl + Tap	표 안에 탭 삽입	Ctrl + Shift + B	세로 평균
Ctrl + N + A	표 나누기	Ctrl + Shift + K	가로 곱
Ctrl + N + Z	표 붙이기	Ctrl + Shift + N	세로 곱
Ctrl + Enter	현재 위치에 줄 삽입하기	Ctrl + N + F	계산식
Ctrl + ←(Backspace)	현재 줄 삭제하기		

표에 사용하는 유용한 단축키 – 범위를 지정한 후에 사용

분류	기능	분류	기능
Enter	범위 지정을 종료하고 편집 모드로 전환	더블클릭	범위 지정을 종료하고 더블클릭한 셀에서 편집 시작
Alt + 방향키	표 전체 크기는 고정한 채 현재 셀의 줄/칸 크기 조절	Ctrl + 방향키	마우스 커서가 위치한 셀의 줄/칸 크기 조절
Shift + 방향키	마우스 커서가 위치한 셀의 크기 조절	A	자동 채우기
L	각 셀 테두리 설정하기	C	각 셀 배경 설정하기
H	셀 높이를 같게	W	셀 너비를 같게
M	셀 합치기	S	셀 나누기
P	표/셀 속성	F	하나의 셀처럼 배경 설정하기
B	하나의 셀처럼 테두리 설정하기	Ctrl + Shift + S	블록 합계
Ctrl + Shift + A	블록 평균	Ctrl + Shift + P	블록 곱

Section

28 자동 채우기

번호, 요일 등과 같이 연속된 내용은 직접 입력하지 않고 자동 채우기 기능을 이용해 쉽게 입력합니다.
같은 내용이 반복될 때도 복사와 붙여넣기 기능보다 자동 채우기를 이용하면 훨씬 더 편리합니다.

Key Word: 자동 채우기, 열 너비를 같게, 행 높이를 같게
예제 파일: Part2-Section28(자동 채우기)-예제.hwpx

01. 예제 파일을 불러온 후 첫 번째 시간란에
9:00~10:00을 입력합니다.

02. 시간을 입력할 셀이 좁아 글이 두 줄로 표시
되므로 '시간'과 '월' 사이의 세로 선을 오른쪽으
로 드래그해 열 너비를 넓힙니다.

03. 월요일 셀부터 표 마지막 셀까지 드래그해 범위로 지정합니다. 선택한 셀들의 열 너비를 모두 같게 설
정하기 위해 Ⓦ를 누릅니다. 또는 **표 레이아웃**에서 **셀 너비를 같게** 아이콘을 클릭해도 됩니다.

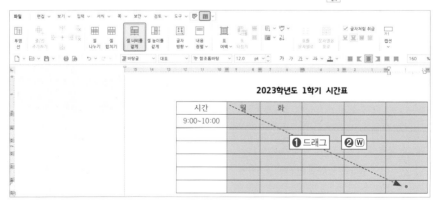

04. 요일을 입력하기 위해 **월요일 셀**부터 그 줄의 마지막 셀까지 범위로 지정한 후 ⒜를 누릅니다. 자동 채우기가 실행됩니다.

05. 시간은 다양한 기호가 포함돼 있어 입력하기가 복잡하므로 모두 직접 입력하기보다 하나만 입력한 후 복사해 수정하는 것이 편리합니다. 시간을 복사하기 위해 9:00~10:00이 입력된 셀부터 마지막 셀까지 범위로 지정합니다. ⒜를 누릅니다.

06. 복사된 시간에서 일부 숫자를 수정합니다. 수정할 숫자만 드래그한 후 새로운 숫자를 입력하는 방법이 편리합니다.

2023학년도 1학기 시간표

시간	월	화	수	목	금
9:00~10:00					
10:00~11:00					
11:00~12:00					
13:00~14:00					
14:00~15:00					
15:00~16:00					

07. 나머지 과목들을 입력합니다.

2023학년도 1학기 시간표

시간	월	화	수	목	금
9:00~10:00	국어	한국사	미술	세계사	생물
10:00~11:00	음악	컴퓨터		국어	한국사
11:00~12:00		수학	프랑스어	체육	철학
13:00~14:00	영어	체육	수학	컴퓨터	동아리 활동
14:00~15:00	물리	국어	화학	영어	
15:00~16:00	수학	화학	철학	지구과학	

29 사용자 정의 목록 만들기

사용자가 개인적으로 필요한 자동 채우기 목록을 미리 저장해 두고 사용할 수 있습니다.

Key Word: 자동 채우기, 사용자 정의 목록, 나누기, 블록 계산식, 블록 합계
예제 파일: Part2-Section29(사용자 정의 목록)-예제.hwpx

01. 예제 파일을 불러온 후 내용을 채울 부분을 범위로 지정하고 **입력** 탭의 펼침 버튼∨ ⇨ **채우기** ⇨ 자동 채우기 내용을 클릭합니다.

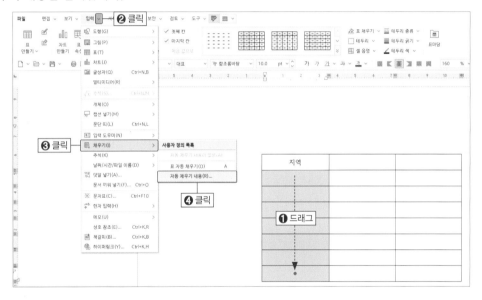

02. **제목**과 **내용**을 입력합니다. 내용의 각 항목은 (Enter)로 구분하며, 빈칸이 포함되지 않도록 주의합니다. 모두 입력한 후 **추가** + 를 클릭합니다.

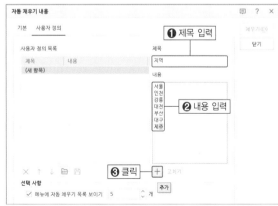

03. 채우기를 클릭합니다.

04. 범위로 지정한 셀들에 입력한 항목이 순서대로 입력됩니다.

지역		
서울		
인천		
강릉		
대전		
부산		
대구		
제주		

05. 나머지 자료들도 입력합니다.

지역	상반기 판매량	하반기 판매량
서울	3526	4213
인천	2451	3259
강릉	4156	5685
대전	5362	4215
부산	5234	4257
대구	5214	5698
제주	2364	3145

06. 숫자에 1,000단위 구분 기호인 ,(콤마)를 표시하기 위해 숫자만 범위로 지정합니다. **표 레이아웃** ⇨ **1,000단위 구분 쉼표** ⇨ **자릿점 넣기**를 클릭합니다.

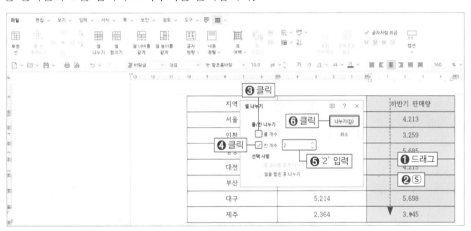

07. 총 판매량 칸을 만들기 위해 **하반기 판매량** 칸을 범위로 지정한 후 ⓢ를 누릅니다. 줄 개수를 해제하고 **칸 개수**만 선택한 후 **2**를 입력하고 **나누기**를 클릭합니다.

08. **하반기 판매량** 칸의 공간이 좁아 두 줄이 됩니다. ⓕ5를 한 번 더 눌러 **표 전체를 범위로 지정**한 후 모든 열의 너비를 같게 하기 위해 Ⓦ를 누릅니다.

지역	상반기 판매량	하반기 판매량	
서울	3,526	4,213	
인천	2,451	3,259	
강릉	4,156	5,685	
대전	5,362	4,215	
부산	5,234	4,257	
대구	5,214	5,698	
제주	2,364	3,145	•

09. 상반기 판매량 3,526이 입력된 셀부터 표의 마지막 셀까지 범위로 지정한 후 Ctrl + Shift + A 를 누릅니다. 또는 **표 레이아웃** ⇨ **계산식** ⇨ **블록 합계**를 클릭합니다.

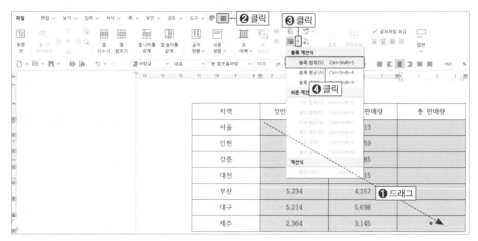

10. 다음과 같은 표가 완성됩니다.

지역	상반기 판매량	하반기 판매량	총 판매량
서울	3,526	4,213	7,739
인천	2,451	3,259	5,710
강릉	4,156	5,685	9,841
대전	5,362	4,215	9,577
부산	5,234	4,257	9,491
대구	5,214	5,698	10,912
제주	2,364	3,145	5,509

11. 사용자 정의 목록에 추가된 목록은 다음과 같이 **입력**의 펼침 버튼 ∨ ⇨ **채우기** ⇨ **사용자 정의 목록**에서 클릭하면 바로 삽입할 수 있습니다.

12. 추가된 목록을 삭제할 수도 있습니다. **입력**의 펼침 버튼∨ ⇨ **채우기** ⇨ 자동 채우기 내용 ⇨ **사용자 정의** 탭에서 지울 목록을 클릭해 선택한 후 **자동 채우기 목록 지우기** ×를 클릭합니다.

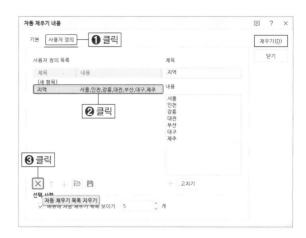

13. 선택한 목록을 지울까요?라고 물으면 **지움**을 클릭합니다.

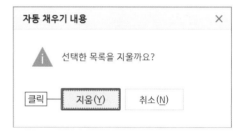

데이터 정렬하기

정렬 기능을 이용해 표 안의 자료를 특정 기준에 따라 순서대로 재배치할 수 있습니다.

01. Part2-Section29(데이터 정렬)-예시.hwpx를 불러온 후 제목을 제외한 모든 자료를 범위로 지정합니다. 그런 다음 **편집** 탭 ⇨ **정렬**을 클릭하고 위치에서 **필드 1**, 형식에서 **글자(가나다)**를 선택합니다. **실행**을 클릭합니다.

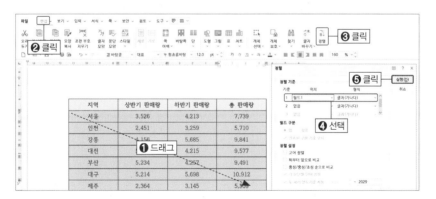

02. 다음과 같이 모든 자료가 지역의 가나다순으로 재배치됐습니다.

지역	상반기 판매량	하반기 판매량	총 판매량
강릉	4,156	5,685	9,841
대구	5,214	5,698	10,912
대전	5,362	4,215	9,577
부산	5,234	4,257	9,491
서울	3,526	4,213	7,739
인천	2,451	3,259	5,710
제주	2,364	3,145	5,509

03. 총 판매량이 높은 자료부터 표시하기 위해 다시 제목을 제외한 모든 자료를 범위로 지정한 후 **편집** 탭 ⇨ **정렬**을 클릭하고 위치에서 **필드 4**, 형식에서 **숫자(987)**를 선택합니다. **실행**을 클릭합니다.

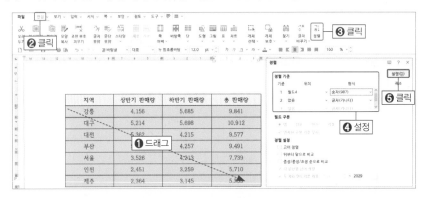

04. 총 판매량이 높은 자료부터 순서대로 배치됩니다.

지역	상반기 판매량	하반기 판매량	총 판매량
대구	5,214	5,698	10,912
강릉	4,156	5,685	9,841
대전	5,362	4,215	9,577
부산	5,234	4,257	9,491
서울	3,526	4,213	7,739
인천	2,451	3,259	5,710
제주	2,364	3,145	5,509

30 표 테두리 설정하기

표의 선 모양과 선 색, 굵기 등을 설정합니다. 표 탭에서 설정할 수도 있고 ⓛ을 눌러 [선 모양] 대화 상자에서 설정할 수도 있습니다.

Key Word: 선 모양, 선 굵기, 선 색
예제 파일: Part2-Section30(표 테두리 설정하기)-예제.hwpx

01. F5를 세 번 눌러 표 전체를 범위로 지정합니다. 표 **디자인**에서 **테두리 종류**를 **없음**으로 설정합니다.

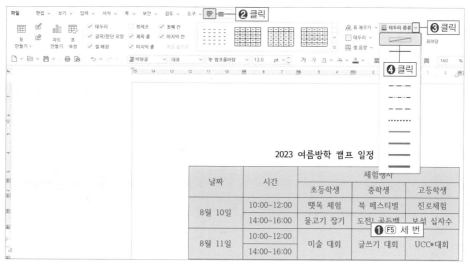

02. 테두리의 펼침 버튼∨을 클릭한 후 **왼쪽**☐을 클릭합니다. 다시 테두리 옆의 펼침 버튼∨을 클릭한 후 **오른쪽**☐을 클릭합니다.

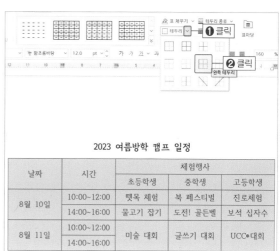

03. 테두리 종류를 클릭한 후 **이중 실선**을 클릭합니다.

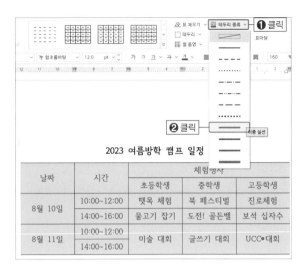

04. 테두리 색의 펼침 버튼∨을 클릭해 색을 선택합니다.

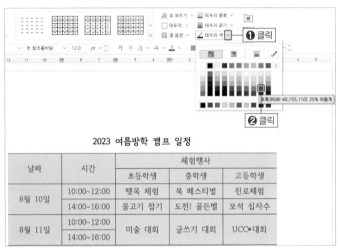

05. 테두리의 펼침 버튼∨을 클릭한 후 **위쪽**▥을 클릭합니다. 다시 **테두리**의 펼침 버튼∨을 클릭한 후 **아래쪽**▥을 클릭합니다.

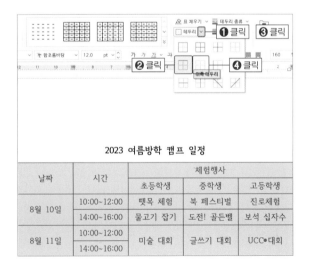

06. 제목의 아래 선 모양을 변경하기 위해 날짜 셀을 클릭한 후 F5를 두 번 누르고 End를 누릅니다. **테두리 종류**에서 **실선**을 선택합니다.

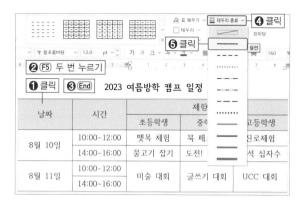

07. **테두리 굵기**에서 **0.4mm**를 선택합니다.

Point

일반적으로 굵은 테두리는 0.4mm, 일반 테두리는 0.12mm를 선택합니다.

08. **테두리 색**을 선택합니다. 색상 목록 맨 아래에 최근에 설정한 색이 있습니다.

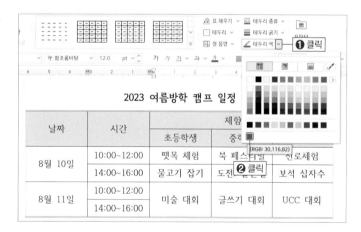

09. 테두리에서 **아래쪽 테두리** 를 클릭합니다.

10. 안쪽 세로 선을 점선으로 변경하기 위해 F5 를 한 번 더 눌러 표 전체를 범위로 지정합니다. **테두리 종류에서 점선을 클릭합니다.**

11. 테두리 굵기를 **0.12mm**로 선택합니다.

12. 테두리에서 안쪽 세로 테두리 를 클릭합니다.

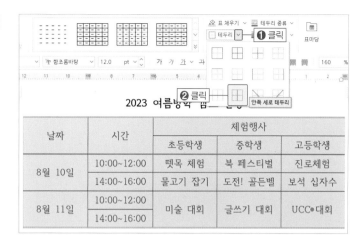

13. 다음과 같이 선 모양이 적용됩니다.

2023 여름방학 캠프 일정				
날짜	시간	체험행사		
		초등학생	중학생	고등학생
8월 10일	10:00~12:00	뗏목 체험	북 페스티벌	진로체험
	14:00~16:00	물고기 잡기	도전! 골든벨	보석 십자수
8월 11일	10:00~12:00	미술 대회	글쓰기 대회	UCC 대회
	14:00~16:00			

Tip

[셀 테두리 배경] 대화상자 활용하기

테두리를 변경할 셀들을 **범위로 지정**한 후 ⓛ을 누르면 [**셀 테두리/배경**] 대화상자가 실행됩니다.

01. 같은 범위에 여러 선 모양을 적용하기 위해서는 **선 모양 바로 적용**을 클릭해 해제합니다.

02. 종류 **이중 실선**, 색을 선택한 후 방향 **위쪽** 과 **아래쪽** 을 클릭합니다.

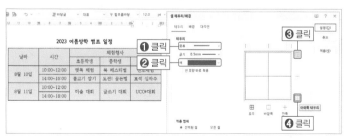

03. 종류는 **없음**을 선택하고 **왼쪽**과 **오른쪽**을 선택합니다.

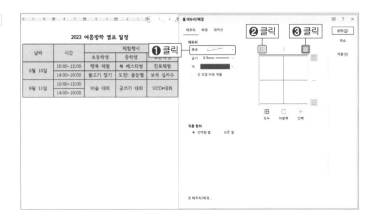

04. 종류는 **점선**을 선택하고 **안쪽 +**을 선택합니다. 전체 범위에 대한 선택이 완료됐으므로 **설정**을 클릭합니다.

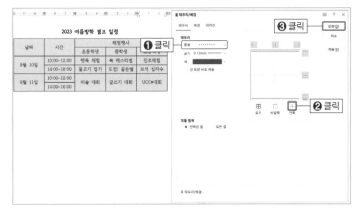

05. 제목만 범위로 지정한 후 ⓛ을 누르고 종류 **실선**, 굵기 **0.12mm**, **색**을 선택하고 **아래쪽**을 클릭합니다. **설정**을 클릭합니다.

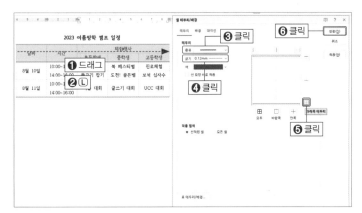

06. 다음과 같이 테두리가 적용됩니다.

2023 여름방학 캠프 일정				
날짜	시간	체험행사		
		초등학생	중학생	고등학생
8월 10일	10:00~12:00	뗏목 체험	북 페스티벌	진로체험
	14:00~16:00	물고기 잡기	도전! 골든벨	보석 십자수
8월 11일	10:00~12:00	미술 대회	글쓰기 대회	UCC 대회
	14:00~16:00			

07. 적용 범위에서 **모든 셀**을 선택하면 표의 일부만 범위로 지정했더라도 전체 범위에 대해 테두리를 적용할 수 있습니다. 표에서 드래그해 일부 셀을 범위로 지정한 후 Ⓛ을 누릅니다. 적용 범위에서 모든 셀을 선택하고 바깥쪽에 적용된 선의 색을 변경하기 위해 **색**을 선택한 후 **바깥쪽** □ 을 클릭합니다. **설정**을 클릭합니다.

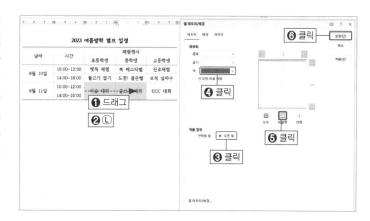

08. 다음과 같이 지정된 범위와 무관하게 모든 셀에 대해 테두리가 적용됩니다.

2023 여름방학 캠프 일정				
날짜	시간	체험행사		
		초등학생	중학생	고등학생
8월 10일	10:00~12:00	뗏목 체험	북 페스티벌	진로체험
	14:00~16:00	물고기 잡기	도전! 골든벨	보석 십자수
8월 11일	10:00~12:00	미술 대회	글쓰기 대회	UCC 대회
	14:00~16:00			

31 표 배경 설정하기

표 또는 셀의 배경을 설정합니다. 색 또는 그러데이션을 적용할 수 있고 그림으로 채우기도 할 수도 있습니다. 특히, 그러데이션과 그림으로 채우기할 때 각 셀마다 따로 설정하거나 선택된 셀을 하나의 셀처럼 적용할 수도 있습니다.

Key Word: 배경, 색, 그러데이션, 그림으로 채우기
예제 파일: Part2-Section31(표 배경 설정하기)-예제.hwpx

01. 제목 줄을 드래그해 범위로 지정합니다. 각 셀마다 별도로 적용되는 배경을 설정하기 위해 ⓒ를 **누릅니다. 그러데이션**을 선택한 후 **시작 색 흰색, 끝색 RGB(9, 215, 215)** 색을 선택합니다. 가로 중심은 **50%**, 세로 중심은 **50%**, 기울임은 **15**, 번짐 정도는 **255**, 번짐 중심은 **50**을 입력하고 **설정**을 클릭합니다. 글자 속성에서 **진하게**를 선택합니다.

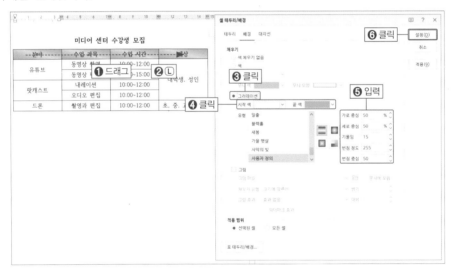

Point

셀을 범위로 지정한 후 ⓒ를 누르면 각 셀마다 별도의 채우기 효과가 적용됩니다. 마우스 오른쪽 버튼 ⇨ **셀 테두리/배경** ⇨ **각 셀마다 적용**을 클릭하는 것과 같습니다.

02. 여러 셀에 대해 하나의 셀처럼 그러데이션을 적용하기 위해 유튜브~드론 셀을 범위로 지정하고 F를 누릅니다. 마우스 오른쪽 버튼 ⇨ **셀 테두리/배경** ⇨ **하나의 셀처럼 적용**을 클릭해도 됩니다.

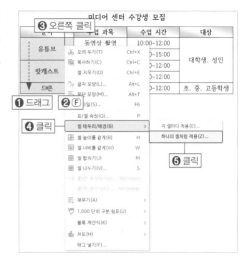

03. **그러데이션**을 선택한 후 시작 색은 **흰색**, 끝색은 RGB(178, 16, 162) 색을 선택합니다. 그런 다음 가로 중심은 **50%**, 세로 중심은 **50%**, 기울임은 **125**, 번짐 정도는 **255**, 번짐 중심은 **50**을 입력하고 **설정**을 클릭합니다. 글자 속성에서 **진하게**를 선택합니다.

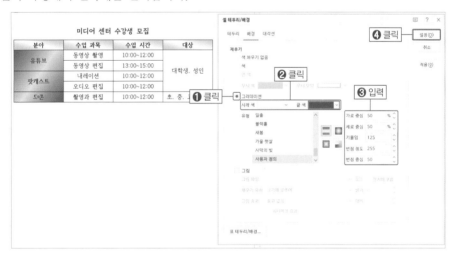

Point

하나의 셀처럼 적용(F)한 배경과 각 셀마다 적용(C)한 배경을 같은 셀에 적용하면 각 셀마다 적용한 배경이 보입니다. 하나의 셀처럼 적용한 배경이 보이지 않을 때는 C를 누른 후 **색 채우기 없음**을 선택하고 **그림을 해제**해 주세요.

04. 여러 셀에 하나의 그림을 배경으로 설정하기 위해 동영상 촬영~10:00~12:00 셀을 범위로 지정한 후 F를 누릅니다. 그런 다음 **그림**을 클릭하고 **그림 선택** 아이콘 📂 을 클릭합니다.

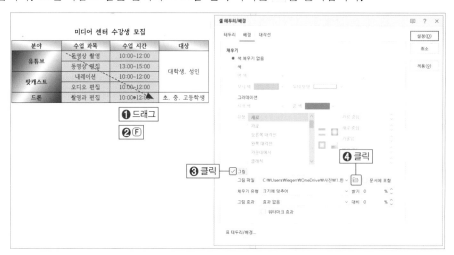

05. 그림을 더블클릭해 선택하면 다음과 같이 그림이 배경으로 설정됩니다.

분야	수업 과목	수업 시간	대상
	미디어 센터 수강생 모집		
유튜브	동영상 촬영	10:00~12:00	대학생, 성인
	동영상 편집	13:00~15:00	
팟캐스트	내레이션	10:00~12:00	
	오디오 편집	10:00~12:00	
드론	촬영과 편집	10:00~12:00	초, 중, 고등학생

06. **대학생~초, 중, 고등학생** 셀을 드래그해 F를 누릅니다. 그러데이션을 선택한 후 시작 색은 **흰색**, 끝 색은 **RGB(9, 215, 92)** 색을 선택합니다. 가로 중심은 **50%**, 세로 중심은 **50%**, 기울임은 **235**, 번짐 정도는 **255**, 번짐 중심은 **50**을 입력하고 **설정**을 클릭합니다.

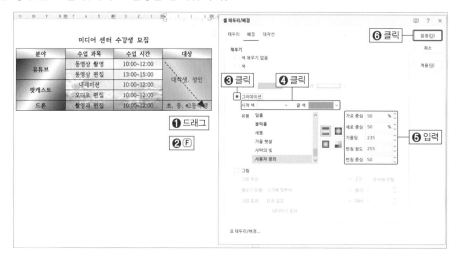

07. 다음과 같이 표가 완성됩니다.

미디어 센터 수강생 모집			
분야	수업 과목	수업 시간	대상
유튜브	동영상 촬영	10:00~12:00	대학생, 성인
	동영상 편집	13:00~15:00	
팟캐스트	내레이션	10:00~12:00	
	오디오 편집	10:00~12:00	
드론	촬영과 편집	10:00~12:00	초, 중, 고등학생

Point

표 디자인 ⇨ **표 채우기** 펼침 버튼∨을 클릭한 후 **채우기 색**을 설정할 수 있습니다. 표 채우기 목록의 **다른 채우기**는 각 셀마다 적용되는 배경입니다.

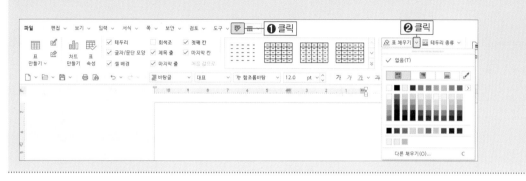

Section

32 대각선 설정하기

하나의 셀에 2가지 이상의 내용을 입력할 때 대각선으로 두 항목을 구분하고 빈 셀에 대각선을 표시합니다.

Key Word: 대각선, 중심선, 꺾은선 대각선
예제 파일: Part2-Section32(대각선 1)-예제.hwpx

01. 대각선을 설정할 셀을 클릭합니다. **표 디자인**에서 **테두리 종류**를 실선으로 선택합니다.

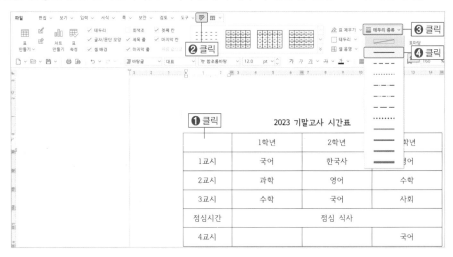

02. 테두리 펼침 버튼 ∨ 을 클릭한 후 **대각선 하향 테두리**를 클릭합니다.

03. 첫 번째 줄의 내용인 **학년**을 입력한 후 `Enter`를 누릅니다. 두 번째 줄의 내용인 **시간**을 입력합니다.

❶ '학년' 입력 ❷ `Enter` 23 기말고사 시간표			
학년 시간	1학년	2학년	3학년
1교시 ❸ '시간' 입력	국어	한국사	영어
2교시	과학	영어	수학
3교시	수학	국어	사회
점심시간	점심 식사		
4교시			국어

04. 학년을 클릭한 후 **오른쪽 정렬**(`Ctrl` + `Shift` + `R`), 시간을 클릭한 후 **왼쪽 정렬**(`Ctrl` + `Shift` + `L`)로 설정합니다.

2023 기말고사 시간표			
학년 시간	1학년	2학년	3학년
1교시	국어	한국사	영어
2교시	과학	영어	수학
3교시	수학	국어	사회
점심시간	점심 식사		
4교시			국어

05. 빈 셀에 X 표시를 하기 위해 1학년 4교시부터 2학년 4교시까지 범위로 지정합니다. 테두리 종류에서 실선을 선택한 후 **테두리**에서 **대각선 하향 테두리, 대각선 상향 테두리**를 클릭합니다.

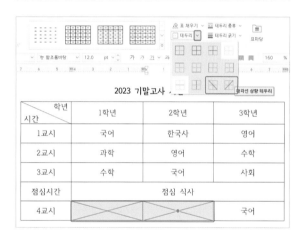

2023 기말고사 시간표			
학년 시간	1학년	2학년	3학년
1교시	국어	한국사	영어
2교시	과학	영어	수학
3교시	수학	국어	사회
점심시간	점심 식사		
4교시	✕		국어

06. X가 하나로 표시되게 하려면 셀을 병합합니다. 두 셀이 선택된 상태에서 Ⓜ을 누릅니다.

2023 기말고사 시간표			
학년 시간	1학년	2학년	3학년
1교시	국어	한국사	영어
2교시	과학	영어	수학
3교시	수학	국어	사회
점심시간	점심 식사		
4교시	✕ Ⓜ		국어

07. 대각선을 삭제하려면 **테두리 종류**에서 **없음**을 선택합니다.

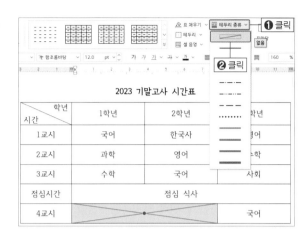

08. 테두리에서 **대각선 하향 테두리, 대각선 상향 테두리**를 클릭합니다.

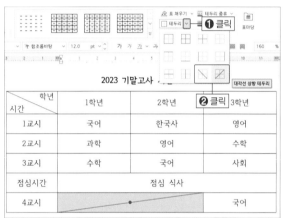

09. 더블클릭한 후 글자를 입력합니다.

시간 \ 학년	1학년	2학년	3학년
1교시	국어	한국사	영어
2교시	과학	영어	수학
3교시	수학	국어	사회
점심시간	점심 식사		
4교시	하		국어

2023 기말고사 시간표

더블클릭 후 글자 입력

Tip

[셀 테두리/배경] 대화상자 활용하기

대각선을 설정할 때 **[셀 테두리/배경]** 대화상자를 활용할 수 있습니다. 배경 설정과 마찬가지로 F를 누르면 대각선이 **하나의 셀처럼 적용**되고 C를 누르면 **각 셀마다 따로 적용**됩니다.

10. 대각선을 설정하기 위해 1학년 2교시 과학~2학년 3교시 국어까지 범위로 지정합니다. Delete를 눌러 글자를 삭제합니다.

2023 기말고사 시간표			
학년 시간	1학년	2학년	3학년
1교시	국어	한국사	영어
2교시		❶ 드래그	수학
3교시	❷ Delete		사회
점심시간		점심 식사	
4교시		하교	국어

11. 2교시의 두 셀을 범위로 지정한 후 C를 누릅니다. **대각선** 탭을 클릭한 후 대각선(╲, ╱)을 클릭합니다.

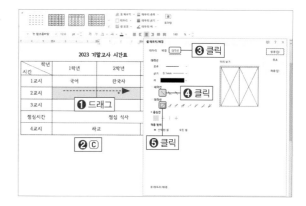

12. 3교시의 두 셀을 범위로 지정한 후 F를 누릅니다. **대각선** 탭을 클릭한 후 **대각선 종류**에서 ╲ ╱을 클릭합니다.

Point

하나의 셀처럼 적용되는 F를 눌렀을 때는 없음과 하향, 상향 대각선 이외에 다른 대각선 모양을 선택할 수 없습니다.

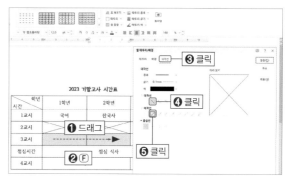

13. 다음과 같이 대각선이 표시됩니다.

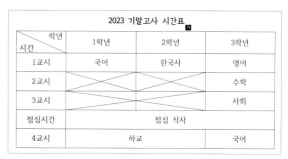

2023 기말고사 시간표			
학년 시간	1학년	2학년	3학년
1교시	국어	한국사	영어
2교시			수학
3교시			사회
점심시간		점심 식사	
4교시		하교	국어

14. 대각선을 취소할 때도 각각 설정한 메뉴에 맞게 실행해야 합니다. 2교시의 두 셀을 범위로 지정한 후 ⓒ를 누릅니다. **대각선** 탭에서 **대각선 종류**를 **없음**으로 선택하고 **설정**을 클릭합니다.

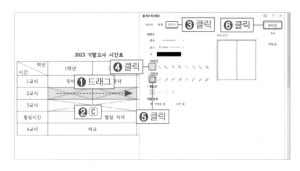

15. 3교시의 두 셀을 범위로 지정한 후 Ⓕ를 누릅니다. **대각선** 탭에서 대각선 종류를 **없음**으로 선택하고 **설정**을 클릭합니다.

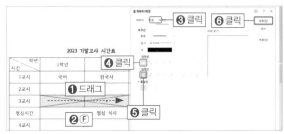

Tip

중심선과 꺾은선 대각선 설정하기

범위를 지정한 후 Ⓛ을 눌러 [**셀 테두리/배경**] 대화상자에서 대각선 탭을 누르면 다양한 대각선 모양을 설정할 수 있습니다. Ⓛ을 누르는 동작은 ⓒ를 누르는 것과 같이 각 셀마다 대각선이 설정됩니다.

01. **근무 일지**를 작성하기 위해 종이를 가로로 설정합니다. **편집** 탭에서 **가로**를 클릭합니다.

02. 제목에 **5월 근무일지**를 입력하고 **글꼴 경기천년제목 Bold, 글자크기 14pt, 가운데 정렬**을 설정합니다. Enter를 누른 후 **줄 개수 8개, 칸 개수 32개**의 표를 만듭니다. F5를 **세 번** 누른 후 Ctrl + 방향키(↓)를 **세 번** 누릅니다. 표 전체가 범위로 지정된 상태에서 글꼴과 **가운데 정렬**을 설정합니다. 자료를 입력하고 다음과 같이 표를 완성합니다. 5번째 셀부터 차근차근 세로 선을 오른쪽으로 드래그해 이름이 한 줄로 표시되도록 너비를 넓힙니다.

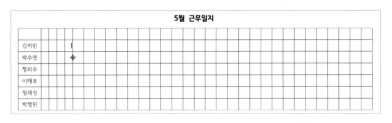

03. **이름 칸을 제외한 다른 셀을 드래그**해 범위로 지정한 후 Ｗ를 누릅니다. 선택된 셀의 너비가 동일하게 조절됩니다.

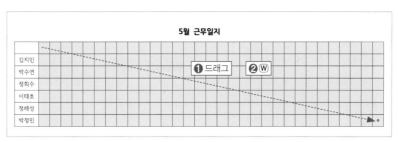

04. **1, 2를 입력한 후 첫 줄의 마지막 셀까지 범위로 지정**합니다.

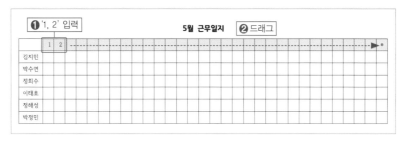

05. Ａ를 누릅니다. **자동 채우기**가 실행돼 범위 지정된 셀에 숫자가 입력됩니다.

06. 근무하지 않는 휴일과 주말을 표시하기 위해 범위를 지정합니다. **5~7일까지의 빈 셀들을 범위로 지정**한 후 Ctrl을 누른 채 다른 셀들을 드래그합니다.

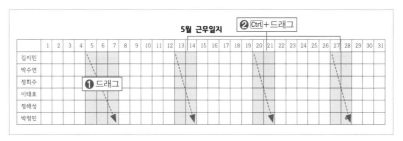

07. ⌐L⌐을 누릅니다. [**셀 테두리/배경**] 대화상자에서 **대각선** 탭을 클릭합니다. 색은 **빨강**으로 설정하고 중심선은 **세로**⊞를 클릭합니다. 설정을 클릭합니다.

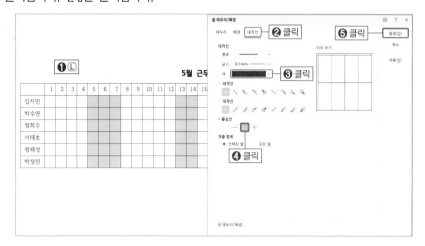

08. 다음과 같이 주말에 빨간색 중심선이 설정됐습니다.

09. 이름 위의 **빈 셀**을 클릭한 후 F5를 누르고 ⌐L⌐을 누릅니다. [**셀 테두리/배경**] 대화상자에서 **대각선** 탭을 클릭한 후 5번 대각선을 클릭합니다. 셀의 왼쪽 위에서 오른쪽 아래로 향하는 꺾은선 대각선입니다. **설정**을 클릭합니다.

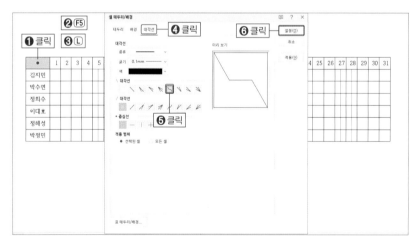

10. **날짜**를 입력한 후 Enter를 누르고 **이름**을 입력합니다. 다음과 같이 표가 완성됐습니다.

Tip

다양한 대각선의 종류

왼쪽 위에서 오른쪽 아래로와 **오른쪽 위에서 왼쪽 아래로** 중에서 선택할 수 있으며 두 방향 모두 선택해 함께 표시할 수도 있습니다.

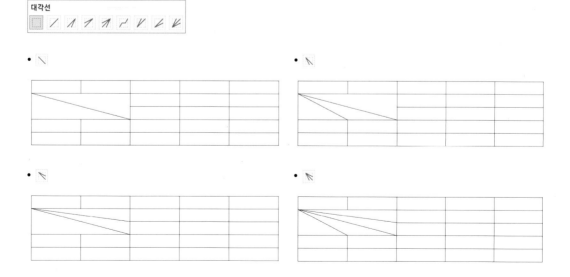

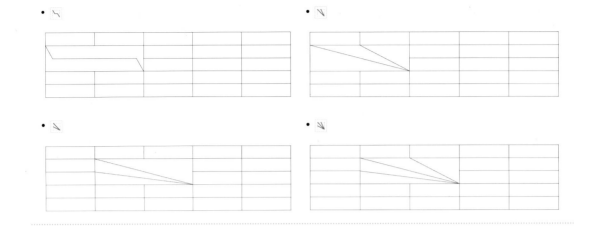

Section

33 표 안에 그림 넣기 – 셀 크기와 셀 간격

보고서에 여러 사진을 삽입할 때 표를 활용하면 쉽게 정리할 수 있습니다. 셀 크기를 이용해 정해진 수치대로 크기를 설정할 수 있고 셀 간격을 이용해 셀과 셀 사이에 공간을 표현할 수 있습니다.

☞ Key Word: 셀 크기, 셀 간격

01. 제목을 입력한 후 줄 개수 2, 칸 개수 2인 표를 만듭니다.

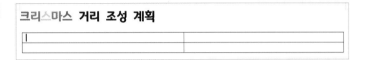

02. 첫 줄을 범위로 지정한 후 ⓟ를 누릅니다. [표/셀 속성] 대화상자가 나타나면 **셀** 탭 ⇨ **셀 크기 적용**을 선택합니다. 그런 다음 너비 70mm, 높이 52.5mm를 입력합니다.

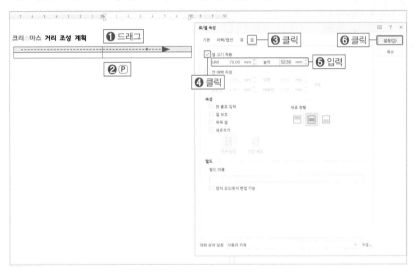

Point

표 디자인 🖾 ⇨ **표 속성**을 클릭해도 됩니다.

03. 두 번째 줄을 범위로 지정한 후 Ctrl + ①를 아홉 번 정도 눌러 높이를 늘립니다. 그런 다음 글꼴은 함초롬 돋움, 글자 크기는 12pt, 가운데 정렬을 설정하고 글을 입력합니다.

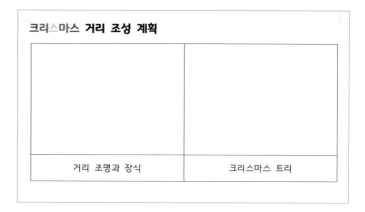

04. 첫 번째 칸을 클릭한 후 F5 ⇨ C를 누릅니다. 그런 다음 **배경** 탭에서 **그림**을 클릭하고 **그림 선택** 아이콘 ▣을 클릭해 셀에 입력할 그림을 더블클릭합니다. **설정**을 클릭합니다. 첫 번째 줄의 두 번째 칸도 같은 방법으로 그림으로 채우기를 합니다.

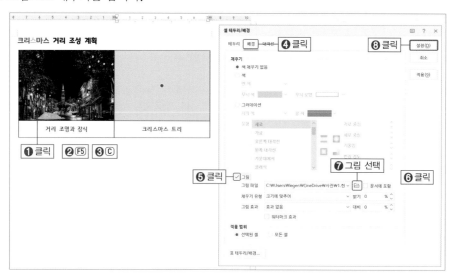

05. 셀과 셀 사이에 간격을 설정하기 위해 **표의 바깥쪽 테두리를 클릭**합니다. [**표/셀 속성**] 대화상자가 나타나도록 하기 위해 ℗를 누릅니다. 그런 다음 **테두리** 탭에서 **셀 간격**을 선택하고 **2mm**를 입력합니다.

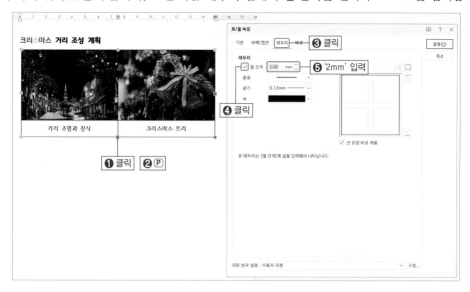

06. 셀 간격을 설정한 후 표 테두리를 삭제하지 않으면 표 바깥쪽에 큰 테두리가 생성됩니다. 바깥쪽 테두리를 제거하기 위해 종류를 **없음**으로 선택하고 **모두**를 클릭합니다. **설정**을 클릭합니다.

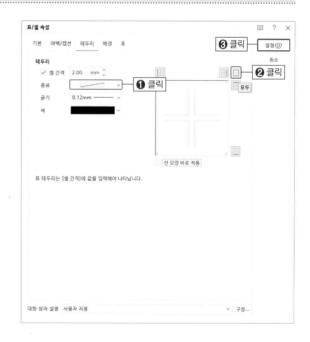

07. 표의 모든 테두리를 제거하기 위해 **F5**를 세 번 누른 후 **표 디자인**  ⇨ **테두리 종류**를 **없음**으로 선택합니다.

08. **테두리**에서 **모든 테두리**를 선택합니다.

09. 사진 하단의 설명 부분을 범위로 지정한 후 **표 채우기**에서 임의의 색상을 선택합니다.

34 계산식 활용하기

표에 입력된 숫자에 대해 사칙연산이나 합, 곱, 평균 등의 함수를 계산해 그 결과를 자동으로 입력할 수 있습니다. 또한 계산할 범위에 필드 이름을 설정해 계산식에 활용할 수도 있고 자동 채우기로 수식을 복사할 수도 있습니다.

Key Word: 쉬운 계산식, 블록 계산식, 계산식, 필드 이름, 천 단위 자릿점 넣기, 글자 방향
예제 파일: Part2-Section34(계산식 활용하기)-예제.hwpx

01. 제목에 '단가표'를 입력하고 글꼴 HY태백B, 글자 크기 16pt, 가운데 정렬을 설정합니다. Enter를 누른 후 줄 개수 8개, 칸 개수 6개의 표를 만듭니다. F5를 세 번 누른 후 Ctrl + 방향키(↓) 세 번을 누릅니다. 표 전체가 범위 지정된 상태에서 글꼴 함초롬돋움, 글자 크기 12pt, 가운데 정렬을 설정합니다. 컴퓨터와 문구 셀은 각각 범위 지정해 합치기(M)를 실행합니다. 다음과 같은 내용을 입력합니다.

02. 컴퓨터와 문구 셀을 드래그해 범위로 지정한 후 표 디자인 📋 ⇨ 글자 방향 ⇨ 세로쓰기(영문 세움)을 선택합니다.

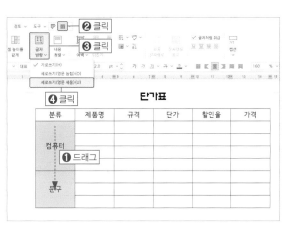

Point

- 세로쓰기 영문 눕힘: 한글은 세워 표시하고 영문과 숫자는 90도 회전해 표시합니다.
- 세로쓰기 영문 세움: 한글과 영문, 숫자 모두를 세워 표시합니다.

03. 표 디자인 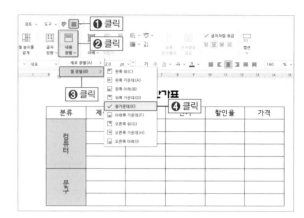 ⇨ 내용 정렬 ⇨ 셀 정렬 ⇨ 정
가운데를 선택합니다.

표 안에서의 텍스트 정렬

- 세로쓰기 – 세로 정렬(문단 정렬 – 가운데 정렬)

	위쪽	중간	아래쪽
세로쓰기 – 영문 눕힘	Smart Life! 편리한	Smart Life! 편리한	Smart Life! 편리한
세로쓰기 – 영문 세움	Smart Life! 편리한	Smart Life! 편리한	Smart Life! 편리한

- 세로쓰기 – 문단 정렬(세로 정렬 – 중간)

	왼쪽 정렬	가운데 정렬	오른쪽 정렬
세로쓰기 – 영문 눕힘	편리한 Smart Life!	편리한 Smart Life!	편리한 Smart Life!
세로쓰기 – 영문 세움	편리한 Smart Life!	편리한 Smart Life!	편리한 Smart Life!

- 셀 정렬

	왼쪽	가운데	오른쪽
위쪽	왼쪽 위	위쪽 가운데	오른쪽 위
가운데	왼쪽 가운데	정가운데	오른쪽 가운데
아래쪽	왼쪽 아래	아래쪽 가운데	오른쪽 아래

04. 세로 정렬이 실행되면 셀에서 **더블클릭**해 범위를 해제한 후 분류와 제품명 사이의 세로 선을 **드래그**해 너비를 줄입니다.

단가표

분류	제품명	규격	단가	할인율	가격
컴퓨터	드래그				
문구					

05. 제품명부터 마지막 셀까지를 범위로 지정한 후 Ⓦ를 눌러 너비를 같게 조정합니다.

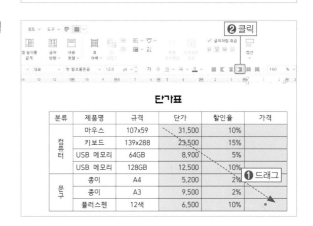

Point

Ⓦ는 너비를 같게, Ⓗ는 높이를 같게 조절합니다.

06. 다음과 같이 자료를 입력합니다. 단가에 입력된 숫자에 ,를 표시하기 위해 **31500~6500**까지를 범위로 지정합니다. **표 레이아웃** ▦에서 ▢▽ ➡ **자릿점 넣기**를 클릭합니다.

07. 숫자를 입력한 셀과 가격을 입력할 셀들을 범위로 지정한 후 **오른쪽 정렬** 三을 실행합니다.

08. 가격의 계산식을 입력하기 위해 마우스의 가격 셀을 더블클릭합니다. **표 레이아웃**에서 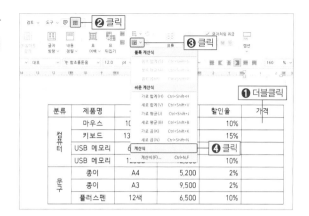 ⇨ **계산식**을 클릭합니다(단축키: Ctrl + N, F).

09. 계산식의 = 뒤를 클릭합니다. d?*(1-e?/100)을 입력합니다. 형식은 **정수형**을 선택한 후 **설정**을 클릭합니다.

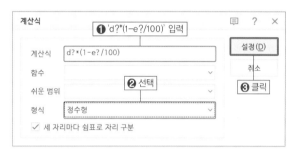

Point

- 할인된 가격을 계산하는 식은 **단가*(1-할인율)**입니다. **단가**는 4번째 칸이므로 **d**, **할인율**은 5번째 칸이므로 **e**로 표현합니다. 다만, 한글은 10%를 백분율 숫자로 인식하지 못하기 때문에 할인율을 **100으로 나누기**해 줘야 합니다.
- **=d2*(1-e2/100)**이라고 입력하면 마우스의 가격은 계산할 수 있지만, 이 수식을 복사해 다른 항목의 가격을 계산할 수 없습니다. 수식을 복사할 때 행 번호가 자동으로 바뀔 수 있도록 행 번호 대신 **?**를 입력합니다.

Tip

한글에서 계산식 주소 활용하기

- **한글 표의 셀 주소**: 엑셀과 같이 칸에 알파벳으로 된 열 번호, 줄에 숫자로 된 행 번호를 부여합니다. 각 셀의 셀 주소는 다음과 같습니다. 계산식에서 이 셀 주소를 이용하면 사칙연산이 가능합니다.

A1	B1	C1	D1	E1
A2	B2	C2	D2	E2
A3	B3	C3	D3	E3
A4	B4	C4	D4	E4

- **연속된 범위 입력**: 콜론(:)을 사용합니다. **=SUM(A1:B5)**는 A1 셀부터 B5 셀까지의 합을 계산합니다.
- **연속되지 않은 셀 주소 입력**: 콤마(,)를 사용합니다. **=SUM(A1, B2, C3)**은 A1과 B2와 C3의 합을 계산합니다.
- **필드 이름 지정하기**: 표/셀 속성에서 필드 이름을 지정한 후 이를 계산식에 활용할 수 있습니다.

10. 가격이 계산된 **28,350셀부터 마지막 셀까지 범위로 지정**한 후 Ⓐ를 누릅니다. 자동 채우기에 따라 수식이 복사되며 각 항목의 가격이 계산돼 표시됩니다.

단가표

분류	제품명	규격	단가	할인율	가격
컴퓨터	마우스	107x59	31,500	10%	28,350
	키보드	139x288	23,500	15%	19,975
	USB 메모리	64GB	8,900	5%	8,455
	USB 메모리	128GB	12,500	❶ 드래그	11,250
문구	종이	A4	5,200	❷Ⓐ	5,096
	종이	A3	9,500	2%	9,310
	플러스펜	12색	6,500	10%	●5,850

11. 분류별 합계를 계산하기 위해 합계란을 추가합니다. **컴퓨터 셀**을 클릭하고 Ctrl + Enter를 누릅니다. **문구 셀**을 클릭한 후 Ctrl + Enter를 **두 번** 누릅니다.

단가표

분류	제품명	규격	단가	할인율	가격
컴퓨터	마우스	107x59	31,500	10%	28,350
	키보드	139x288	23,500	15%	19,975
	USB 메모리	64GB	8,900	5%	8,455
	USB 메모리	128GB	12,500	10%	11,250
문구	종이	A4	5,200	2%	5,096
	종이	A3	9,500	2%	9,310
	플러스펜	12색	6,500	10%	5,850

❶ 클릭
❷ Ctrl + Enter
❸ 클릭
❹ Ctrl + Enter (두 번)

12. 컴퓨터 셀부터 새로 삽입된 셀까지 두 셀을 범위로 지정한 후 Ⓜ을 누릅니다. USB 메모리 아래 셀부터 오른쪽으로 **두 셀을 범위로 지정**한 후 Ⓜ을 누르고 **합계**를 입력합니다. 문구 셀부터 아래 셀까지 **두 셀을 범위도 지정**하고 Ⓜ을 누릅니다. 플러스펜 아래 셀부터 오른쪽으로 **두 셀을 범위 지정**한 후 Ⓜ을 누르고 **합계**를 입력합니다. 맨 마지막 줄의 왼쪽 **세 셀을 범위 지정**하고 Ⓜ을 누릅니다. **총합계**를 입력합니다.

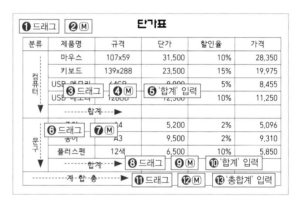

13. 총합계를 입력했을 때 마우스 커서가 가로로 표시되고 글자가 반대로 입력되는 것은 세로쓰기 때문입니다. 총합계 셀을 클릭한 후 **표 레이아웃**에서 **글자 방향** ⇨ **가로쓰기**를 클릭합니다.

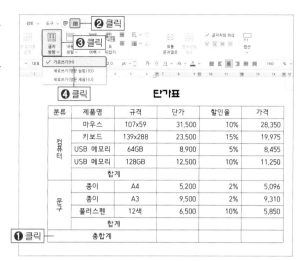

14. 컴퓨터 항목의 단가와 가격의 합계를 구하기 위해 **31500~합계**를 구할 셀까지 범위로 지정합니다. **표 레이아웃**에서 ⊞▾ ⇨ **블록 합계**를 클릭합니다(단축키: Ctrl + Shift + S).

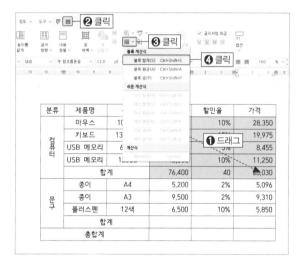

15. 할인율의 합계는 필요하지 않으므로 할인율의 합계 셀을 클릭한 후 Delete를 눌러 자료를 삭제합니다.

단가표

분류	제품명	규격	단가	할인율	가격
컴퓨터	마우스	107x59	31,500	10%	28,350
	키보드	139x288	23,500	15%	19,975
	USB 메모리	64GB	8,900	5%	8,455
	USB 메모리	128GB	12,500	10%	11,250
	합계		76,400		68,030
문구	종이	A4	5,200	2%	5,096
	종이	A3	9,500	2%	9,310
	플러스펜	12색	6,500	10%	5,850
	합계				
총합계					

16. 문구 항목의 합계를 구하기 위해 **5200~합계**를 구할 셀까지 범위로 지정합니다. **표 레이아웃**에서 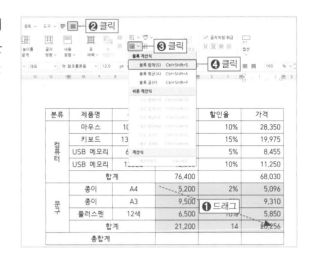 ⇨ **블록 합계**를 클릭합니다(단축키: Ctrl + Shift + S).

17. 할인율의 합계는 필요하지 않으므로 할인율이 계산된 셀을 클릭한 후 Delete를 누릅니다.

단가표

분류	제품명	규격	단가	할인율	가격
컴퓨터	마우스	107x59	31,500	10%	28,350
	키보드	139x288	23,500	15%	19,975
	USB 메모리	64GB	8,900	5%	8,455
	USB 메모리	128GB	12,500	10%	11,250
	합계		76,400		68,030
문구	종이	A4	5,200	2%	5,096
	종이	A3	9,500	❶클릭 ❷Delete	0
	플러스펜	12색	6,500	10%	5,850
	합계		21,200		20,256
총합계					

18. 총합계를 쉽게 계산하기 위해 컴퓨터의 단가 셀과 문구의 단가 셀에 대해 필드 이름을 지정합니다. Ctrl을 누른 채 76,400셀을 클릭한 후 Ctrl을 누른 채 21,200셀을 클릭하고 P를 누릅니다. [**표/셀 속성**] 대화상자에서 **셀 탭**을 클릭한 후 **필드 이름**에 **단가합계**를 입력합니다.

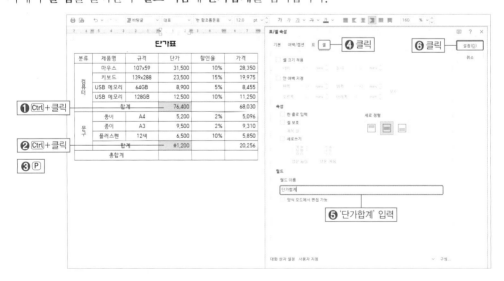

임의의 셀이 선택된 상태라면, 새롭게 셀을 선택하기 시작할 때 [Ctrl]을 누르지 않아도 됩니다.

19. [Ctrl]을 누른 채 68,030셀을 클릭한 후 [Ctrl]을 누른 채 20,256셀을 클릭하고 [P]를 누릅니다. 그런 다음 [표/셀 속성] 대화상자에서 **셀 탭**을 클릭하고 필드 이름에 **가격합계**를 입력합니다.

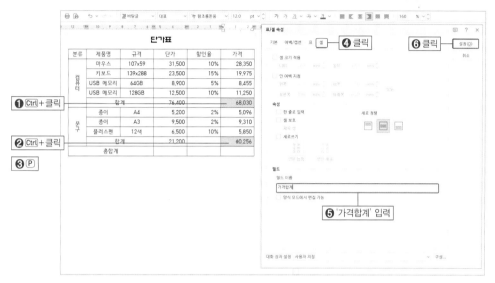

20. 단가 총합계를 계산할 셀을 클릭한 후 **표 레이아웃**에서 ▦ ∨ ⇨ **계산식**을 클릭합니다(단축키: [Ctrl] + [N], [F]). 함수에서 합계를 의미하는 **SUM()**를 선택합니다.

21. 계산할 범위에 **all:단가합계**를 입력합니다.

22. 같은 방법으로 가격 합계를 계산합니다. 합계를 계산할 셀을 클릭한 후 Ctrl + N, F를 누릅니다. 그런 다음 함수를 SUM으로 선택하고 범위에 **all:가격합계**를 입력합니다. **설정**을 클릭합니다.

단가표

분류	제품명	규격	단가	할인율	가격
컴퓨터	마우스	107x59	31,500	10%	28,350
	키보드	139x288	23,500	15%	19,975
	USB 메모리	64GB	8,900	5%	8,455
	USB 메모리	128GB	12,500	10%	11,250
	합계		76,400		68,030
문구	종이	A4	5,200	2%	5,096
	종이	A3	9,500	2%	9,310
	플러스펜	12색	6,500	10%	5,850
	합계		21,200		20,256
총합계			97,600		88,286

Point

필드 이름을 계산식에 사용할 때는 쉬운 범위(LEFT: 왼쪽, RIGHT: 오른쪽, ABOVE: 위, BELOW 아래)와 ALL 함수로만 사용할 수 있으며 **콜론(:)**으로 연결합니다. 쉬운 범위는 현재 셀과 연속된 셀만 계산하며 **ABOVE:단가합계**는 현재 셀 바로 위에 있는 단가합계 필드만 계산합니다. **ALL:단가합계**는 단가합계 이름의 셀을 모두 계산합니다.

23. Ctrl을 누른 채 자료가 없는 셀을 클릭해 범위로 지정한 후 **테두리 종류**에서 **실선**을 선택하고 **테두리**에서 **대각선**을 클릭합니다. 다시 테두리를 클릭하고 **대각선**을 클릭합니다.

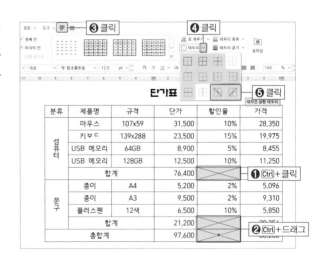

계산식

1. 쉬운 범위

- **현재 셀의 왼쪽 모두(LEFT)**: 현재 셀과 연결된 왼쪽 모든 셀을 계산합니다.
- **현재 셀의 오른쪽 모두(RIGHT)**: 현재 셀과 연결된 오른쪽 모든 셀을 계산합니다.
- **현재 셀의 위쪽 모두(ABOVE)**: 현재 셀과 연결된 위쪽 모든 셀을 계산합니다.
- **현재 셀의 아래쪽 모두(BELOW)**: 현재 셀과 연결된 아래쪽 모든 셀을 계산합니다.

2. 형식

- **기본 형식**: 계산된 결과를 그대로 표시합니다.
- **정수형**: 계산된 결과를 정수형으로 표시합니다.
- **소수점 이하 한 자리**: 소수점 이하 한 자리만 표시합니다.
- **소수점 이하 두 자리**: 소수점 이하 두 자리만 표시합니다.
- **소수점 이하 세 자리**: 소수점 이하 세 자리만 표시합니다.
- **소수점 이하 네 자리**: 소수점 이하 네 자리만 표시합니다.

함수

- **SUM**: 지정한 범위의 셀들에 대한 합계를 계산합니다.
- **AVERAGE(또는 AVG)**: 지정한 범위의 셀들에 대한 평균을 계산합니다.
- **PRODUCT**: 지정한 범위의 셀들에 대한 곱을 계산합니다.
- **MIN**: 지정한 범위의 셀들에서 최솟값을 계산합니다.
- **MAX**: 지정한 범위의 셀들에서 최댓값을 계산합니다.
- **COUNT**: 지정한 범위의 셀들에서 숫자가 입력된 셀의 수를 계산합니다.
- **COS**: 하나의 셀에 대해 코사인 값을 계산합니다.
- **SIN**: 하나의 셀에 대한 사인 값을 계산합니다.
- **TAN**: 하나의 셀에 대한 탄젠트 값을 계산합니다.
- **ACOS**: 하나의 셀에 대한 아크 코사인 값을 계산합니다.
- **ASIN**: 하나의 셀에 대한 아크 탄젠트 값을 계산합니다.
- **ABS**: 하나의 셀에 대한 절댓값을 계산합니다.
- **EXP**: 하나의 셀에 대한 e의 거듭제곱 값을 계산합니다.
- **LN**: 하나의 셀에 대한 자연 로그 값(밑이 e인 로그)을 계산합니다.
- **LOG**: 하나의 셀에 대한 상용로그 값(밑이 10인 로그)을 계산합니다.
- **SQRT**: 하나의 셀에 대한 양의 제곱근을 계산합니다.
- **DEGTORAD(또는 RADIAN)**: 도(일반 각)를 라디안(호도법)으로 계산합니다.
- **RADTOEDG**: 라디안(호도법)을 도(일반 각)로 계산합니다.
- **SIGN**: 하나의 셀에 대해 양수 값이면 1, 0이면 0, 음수 값이면 −1로 계산합니다.
- **CEILING**: 하나의 셀에 대해 크거나 같은 최소 정수를 계산합니다.

- **FLOOR**: 하나의 셀에 대해 작거나 같은 최대 정수를 계산합니다.
- **INT**: 하나의 셀에 대해 소수점을 무시하고 정수 값만 계산합니다.
- **ROUND**: 하나의 셀에 대해 지정한 자릿수에서 반올림합니다.
- **MOD**: 2개의 셀에 대한 나눗셈의 나머지를 계산합니다.

35 여러 페이지에 분리되는 표 만들기

표의 내용이 매우 많을 때는 여러 페이지에 나눠 표시할 수 있습니다. 이때 제목 행을 설정해 분리된 표에 제목 행이 자동으로 표시되도록 설정할 수도 있습니다.

↪ Key Word: 제목 셀, 여러 쪽 지원, 제목 줄 자동 반복

01. 제목 2023 신규 입고 제품 목록을 입력한 후 글꼴 경기 천년제목 Bold, 글자 크기 14pt, 가운데 정렬을 설정합니다. Enter를 누른 후 Ctrl + N, T를 누르고 표 만들기를 실행합니다. 줄 개수 51, 칸 개수 5를 입력하고 글자처럼 취급을 해제합니다. 만들기를 클릭합니다.

Point

- **글자처럼 취급**을 해제하지 않으면 자동으로 여러 페이지에 나눠 표시할 수 없습니다. 글자처럼 취급이 설정된 표를 여러 페이지에 나눠 표시할 때는 **표 나누기** 기능을 이용합니다.
- 표의 모든 셀에 세로쓰기를 설정한 표는 여러 쪽에 나눠 표시할 수 없습니다.

---

02. F5를 세 번 누른 후 Ctrl + 방향키(↓)를 세 번 누릅니다. 표 전체가 범위로 지정된 상태에서 글꼴은 **함초롬돋움**, 글자 크기 **12pt**, **가운데 정렬**을 설정합니다. 다음과 같이 표 제목을 입력합니다.

2023 신규 입고 제품 목록				
번호	제품명	입고일	입고량	재고 여부

03. 번호 1과 2를 **입력**한 후 **1 셀**을 클릭하고 `F5`
를 두 번 누릅니다. `PageDown`을 눌러 표의 끝까지
범위 지정합니다. `A`를 누릅니다.

2023 신규 입고 제품 목록				
번호	제품명	입고일	입고량	재고 여부
1 ❷클릭				
2				
3 ❸`F5` 두 번				
4 ❹`PageDown`				
5 ❺`A`				
6				
7				
8				
9				
10				
11				

❶클릭

04. 번호 칸의 세로 선을 왼쪽으로 드래그해 번
호 칸의 너비를 줄입니다. 그런 다음 제품명 셀
을 클릭하고 `F5`를 **두 번** 누릅니다. `End`를 누른
후 `PageDown`을 눌러 표의 맨 마지막 셀까지 범위
지정합니다. `W`를 눌러 너비를 같게 조정합니다.

❷클릭 ❸`F5` 두 번 ❹`End` ❺`PageDown` ❻`W`

2023 신규 입고 제품 목록				
번호	제품명	입고일	입고량	재고 여부
1				
2				
3				
4				
5 ❶드래그				
6				
7				
8				
9				
10				
11				

05. 여러 페이지에 분리되는 표는 표 제목이 모든 페이지마다 표시되도록 설정하는 것이 좋습니다. **번호**부
터 **재고 여부**까지 범위로 지정한 후 `P`를 누릅니다. **[표/셀 속성]** 대화상자에서 셀 탭을 클릭합니다. 속성
에서 **제목 셀**을 클릭합니다.

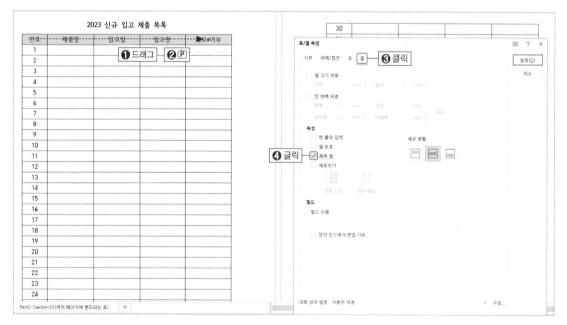

06. 표 탭을 클릭한 후 쪽 경계에서 **셀 단위로 나눔**을 클릭합니다. **제목 줄 자동 반복**을 클릭해 선택합니다. **설정**을 클릭합니다.

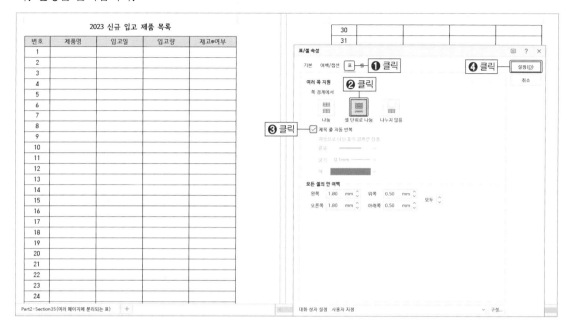

쪽 경계에서

- **나눔**: 쪽 경계에 걸리는 부분부터 다음 쪽에 표시합니다. 마지막 셀이 분리돼 일부는 앞 페이지, 일부는 뒷 페이지에 표시될 수 있습니다.
- **셀 단위로 나눔**: 쪽 경계에 걸리는 셀은 모두 다음 쪽에 표시합니다.
- **나누지 않음**: 표를 여러 쪽에 나누지 않고 모두 한 페이지에 표시합니다.

모든 셀의 안 여백

- **왼쪽**: 셀의 경계선과 셀 안의 글자 사이의 왼쪽 여백 크기를 설정합니다.
- **오른쪽**: 셀의 경계선과 셀 안의 글자 사이의 오른쪽 여백 크기를 설정합니다.
- **위쪽**: 셀의 경계선과 셀 안의 글자 사이의 위쪽 여백 크기를 설정합니다.
- **아래쪽**: 셀의 경계선과 셀 안의 글자 사이의 아래쪽 여백 크기를 설정합니다.
- **모두**: 셀의 경계선과 셀 안의 글자 사이의 네 방향 여백 크기를 한 번에 조절합니다.

07. 다음과 같이 표가 두 페이지에 나눠 표시되며 페이지마다 제목 행이 반복해 표시됩니다.

2023 신규 입고 제품 목록

번호	제품명	입고일	입고량	재고 여부
1				
2				
3				
4				
5				
6				
7				
8				
9				
10				
11				
12				
13				
14				
15				
16				
17				
18				
19				
20				
21				
22				
23				
24				

번호	제품명	입고일	입고량	재고 여부
30				
31				
32				
33				
34				
35				
36				
37				
38				
39				
40				
41				
42				
43				
44				
45				
46				
47				
48				
49				
50				

36 캡션 설정하기

문서에서 표, 글맵시, 그림 등의 개체에 대해 번호와 설명을 표시합니다. 캡션의 위치와 여백 크기를 선택할 수 있습니다.

⊙ Key Word: **캡션**
예제 파일: Part2-Section36(캡션 설정하기)-예제.hwpx

01. 예제 파일을 불러온 후 표 안을 클릭합니다. 그런 다음 **표 레이아웃** ⇨ **캡션** ∨을 클릭하고 **위치**를 선택합니다.

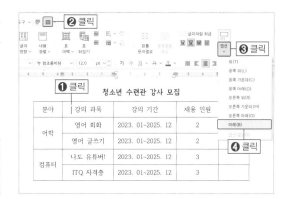

Point

▭을 클릭하면 캡션의 기본 위치인 **아래**에 삽입됩니다.

Tip

캡션의 위치

캡션의 위치는 다음과 같습니다. 글자 수가 많아 캡션이 두 줄로 표시될 때는 **표/셀 속성**을 실행한 후 캡션의 크기를 늘립니다. 다음 표에서 캡션의 크기는 50mm입니다.

• 위

• 왼쪽 위

표 1 - 학년별 수학여행 장소

학년	수학여행 장소
1학년	경주
2학년	속초
3학년	제주도

표 2 - 학년별 수학여행 장소

학년	수학여행 장소
1학년	경주
2학년	속초
3학년	제주도

- 왼쪽 가운데

표 3 – 학년별 수학여행 장소

학년	수학여행 장소
1학년	경주
2학년	속초
3학년	제주도

- 왼쪽 아래

학년	수학여행 장소
1학년	경주
2학년	속초
3학년	제주도

표 4 – 학년별 수학여행 장소

- 오른쪽 위

학년	수학여행 장소
1학년	경주
2학년	속초
3학년	제주도

표 5 – 학년별 수학여행 장소

- 오른쪽 가운데

학년	수학여행 장소
1학년	경주
2학년	속초
3학년	제주도

표 6 – 학년별 수학여행 장소

- 오른쪽 아래

학년	수학여행 장소
1학년	경주
2학년	속초
3학년	제주도

표 7 – 학년별 수학여행 장소

- 아래

학년	수학여행 장소
1학년	경주
2학년	속초
3학년	제주도

표 8 – 학년별 수학여행 장소

Tip

여백/캡션

표/셀 속성에서 **여백/캡션** 탭을 클릭 하면 표의 바깥 여백과 캡션에 대한 설정을 변경할 수 있습니다.

1. **바깥 여백**: 표와 바깥 본문과의 여백을 설정합니다.
2. **캡션**: 캡션의 위치와 선택사항을 설정할 수 있습니다.

- **위치**: 캡션의 위치를 선택합니다. ▫ 를 선택하면 캡션이 해제됩니다.

- **크기**: 캡션이 표시되는 공간의 크기를 설정합니다. 캡션의 위치가 위/아래일 때는 설정할 수 없고 표의 너비와 같게 설정됩니다.
- **개체와의 간격**: 캡션과 표 경계선과의 여백을 설정합니다.
- **여백 부분까지 너비 확대**: 캡션이 바깥 여백 지점부터 시작해 표시됩니다. 캡션의 위치가 위/아래일 때만 선택할 수 있습니다.
- **한 줄로 입력**: 캡션의 내용이 캡션의 크기보다 클 때 자간을 좁혀 한 줄로 표시합니다.

※ 한 줄로 입력 해제

학년	수학여행 장소
1학년	경주
2학년	속초
3학년	제주도

표 9 – 학년별 수학여행 장소

※ 한 줄로 입력 설정

학년	수학여행 장소
1학년	경주
2학년	속초
3학년	제주도

표 10 – 학년별 수학여행 장소

02. 표 1이 자동으로 표시됩니다. 캡션에 표시할 내용을 입력한 후 Shift + Esc 를 누릅니다.

Point

- 표 1은 문서 내에 자동으로 부여된 표의 번호입니다.
- 캡션이 표시된 상태에서 🖳를 클릭하면 캡션이 해제됩니다.
- 캡션을 범위 지정한 후 글자 모양을 수정할 수 있습니다.

청소년 수련관 강사 모집

분야	강의 과목	강의 기간	채용 인원	비고
어학	영어 회화	2023. 01~2025. 12	2	
	영어 글쓰기	2023. 01~2025. 12	2	
컴퓨터	나도 유튜버!	2023. 01~2025. 12	3	
	ITQ 자격증	2023. 01~2025. 12	3	

표 1 - 2023년 신규 강사 모집 ❶ 내용 입력 ❷ Shift + Esc

03. 제목의 왼쪽 여백을 클릭한 채 아래로 드래그해 제목부터 표까지 범위로 지정합니다.

04. 제목인 '청소년 수련관 강사 모집' 글자에 마우스 커서를 올려놓고 마우스 커서가 ⬆ 모양일 때 Ctrl을 누른 채 오른쪽 끝 또는 아래로 드래그합니다. 마우스 커서가 다음과 같이 나타나면 마우스에서 손을 떼고 Ctrl에서 손을 뗍니다. Ctrl에서 먼저 손을 떼면 안 됩니다.

05. 제목과 표가 복사되면 제목 앞을 클릭한 후 Enter를 두 번 누릅니다. 다음과 같이 내용을 수정합니다.

청소년 수련관 강사 모집

분야	강의 과목	강의 기간	채용 인원	비고
어학	영어 회화	2023. 01~2025. 12	2	
	영어 글쓰기	2023. 01~2025. 12	2	
컴퓨터	나도 유튜버!	2023. 01~2025. 12	3	
	ITQ 자격증	2023. 01~2025. 12	3	

표 1 - 2023년 신규 강사 모집

청소년 수련관 직원 모집

분야	담당 업무	채용 기간	채용 인원	비고
관리	프로그램 관리	2023. 01~2025. 12	1	
	수강생 관리	2023. 01~2025. 12	1	
시설	컴퓨터실 보수	2023. 01~2025. 12	2	
	전체 시설 담당	2023. 01~2025. 12	3	

표 2 - 2023년 신규 직원 모집

Tip

캡션의 번호 지우기

캡션의 표 번호는 자동으로 표시되지만, 지우고 새로운 번호를 직접 입력할 수도 있습니다. 다만 캡션의 번호를 지울 때는 **번호 넣기를 지울까요?**라고 묻습니다. **지움**을 클릭합니다.

37 CSV 파일을 한글 표로 변환하기

문자열을 표로 기능을 이용하면 문자열로 입력된 자료를 쉽게 표로 변경할 수 있고 표를 일반 문자열의 형태로 변경할 수도 있습니다. 또한 CSV(Comma-separated Values)와 TSV(Tab-separated Values)와 같은 자료 파일을 불러온 후 표로 변경할 수도 있습니다.

Key Word: 문자열을 표로, 표를 문자열로, CSV

01. 2023 중간고사 성적표를 입력한 후 글꼴과 글자 크기, 가운데 정렬을 설정합니다.
- 글꼴: 경기천년바탕 Regular, 글자 크기: 14pt, 가운데 정렬

02. Enter를 누르면 새로 입력되는 글자에 해당 글꼴과 글자 크기 등이 그대로 적용됩니다. 적용을 해제하려면 Ctrl + 1을 누르거나 스타일 목록에서 **바탕글**을 클릭합니다.

03. 본문을 [바탕글] 스타일의 모양으로 덮어쓸 것인지를 물으면 **덮어씀**을 클릭합니다.

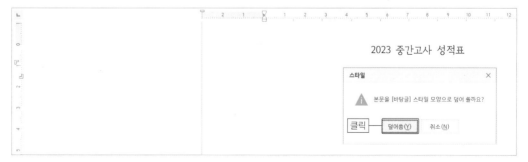

04. 입력 펄침 버튼∨ ⇨ **문서 끼워 넣기**를 실
행합니다(단축키: Ctrl + O). 파일 형식에서 **모
든 파일(*.*)**을 선택하고 **CSV** 파일을 더블클릭
합니다. 예제 파일은 2023 중간고사 성적표.csv
입니다.

05. 삽입된 내용을 범위로 지정한 후 **편집** 탭 ⇨ **표** 펄침 버튼∨ ⇨ **문자열을 표로**를 클릭합니다.

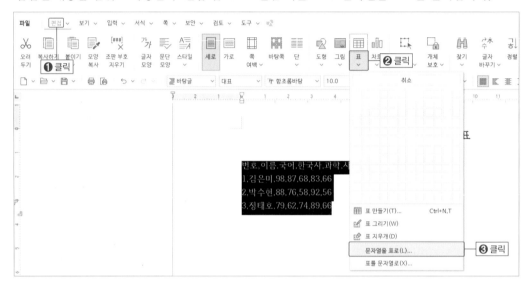

06. 분리 방법 지정을 클릭한 후 **쉼표**를 선택합니다. **설정**을 클릭합니다.

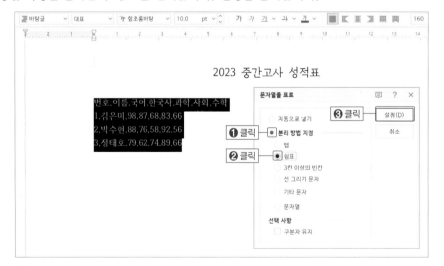

07. 그림과 같이 표로 변환됩니다.

		2023 중간고사 성적표				
번호	이름	국어	한국사	과학	사회	수학
1	김은미	98	87	68	83	66
2	박수현	88	76	58	92	56
3	정태호	79	62	74	89	66

08. F5를 **세 번** 눌러 표 전체를 범위로 지정한 후 글자 크기는 **12pt**, **표 스타일**을 적용합니다. 다음 표에 적용된 스타일은 **밝은 스타일1-청록 색조**입니다.

		2023 중간고사 성적표				
번호	이름	국어	한국사	과학	사회	수학
1	김은미	98	87	68	83	66
2	박수현	88	76	58	92	56
3	정태호	79	62	74	89	66

09. 표를 문자열로 변환할 수도 있습니다. 표 안 임의의 셀을 클릭한 후 **표 만들기** 펼침 버튼 ∨ ⇨ **표를 문자열로**를 클릭합니다.

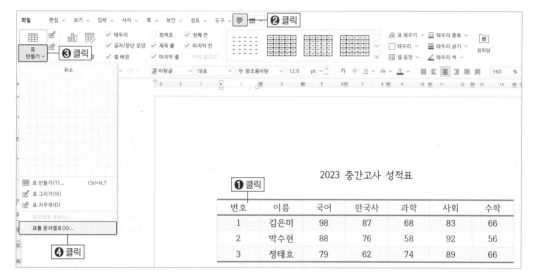

10. **분리 방법**을 선택한 후 **설정**을 클릭합니다.

11. 다음과 같이 표가 문자열로 변환됩니다.

2023 중간고사 성적표					
번호	이름 국어	한국사	과학	사회	수학
1	김은미 98	87	68	83	66
2	박수현 88	76	58	92	56
3	정태호 79	62	74	89	66

분리 방법 지정

블록으로 설정한 내용을 사용자가 지정한 분리 방법을 기준으로 표의 칸을 나눕니다. 표의 줄은 표로 만들 내용 중에서 Enter로 구분합니다.

- **탭**: 표로 만들 내용 중에서 Tab 사이의 내용을 하나의 셀로 만듭니다.
- **쉼표**: 표로 만들 내용 중에서 쉼표 사이의 내용을 하나의 셀로 만듭니다.
- **3칸 이상의 빈칸**: 표로 만들 내용 중에서 3칸 이상의 빈칸 사이의 내용을 하나의 셀로 만듭니다.
- **선 그리기 문자**: 한글 97에서 [괘선 그리기]로 그린 도표를 표로 만듭니다. 괘선 그리기로 그려진 도표 중에서 정방형의 도표만 표 변환할 수 있습니다.
- **기타 문자**: 표로 만들 내용 중에서 사용자가 임의로 지정한 한글이나 영문자, 각종 기호 사이의 내용을 하나의 셀로 만듭니다. 예를 들어, [기타 문자 – 한글]이라고 입력하면 **한**과 **글** 각각의 글자를 구분자로 해 칸을 나눕니다.
- **문자열**: 표로 만들 내용 중에서 사용자가 임의로 지정한 낱말 사이의 내용을 하나의 셀로 만들어 줍니다. 예를 들어, [문자열 – 한글]이라고 입력하면 **한글**이라는 낱말을 구분자로 해 칸을 나눕니다.

선택 사항

- **구분자 유지**: 문자열을 표로 만들 때 각 셀을 구분했던 구분 기호를 셀 안에 함께 넣어 줍니다.

TSV 파일을 표로 만들기

01. Ctrl + O를 누른 후 **회원 명단**.tsv 파일을 선택하고 **넣기**를 클릭합니다.

02. 내용을 범위로 지정한 후 **편집** 탭 ⇨
표 펼침 버튼∨ ⇨ **문자열을 표로**를 클
릭합니다.

03. **분리 방법 지정**을 클릭한 후 **탭**을 선
택하고 **설정**을 클릭합니다.

04. 다음과 같이 표로 변환됩니다.

회원번호	이름	지역	전화번호
ST0324	김수련	인천	010-7878-7777
SW0245	장미연	서울	010-4747-8787
AS0312	이준호	부산	010-6565-4545

38 차트 활용하기

수치 자료를 그래프로 표현합니다. 세로 막대, 가로 막대, 꺾은선, 원형 등 다양한 형태의 차트를 만들 수 있고 차트의 형태를 필요에 따라 변형할 수도 있습니다.

Key Word: 차트, 범례, 축, 세로 막대형 차트, 꺾은선 차트, 혼합형 차트
예제 파일: Part2-Section38(차트 활용하기)-예제.hwpx

01. 예제 파일을 불러온 후 표에서 차트에 적용할 부분을 범위로 지정합니다. **표 디자인 ⬚⃗ ⇨ 차트 만들기**를 클릭합니다.

Point

Ctrl을 누른 채 드래그하면 범위를 비연속적으로 지정할 수 있습니다.

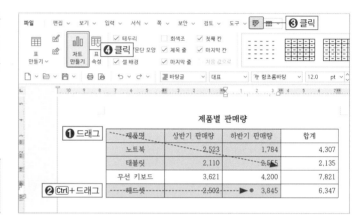

02. 차트 데이터를 확인한 후 ⊠를 클릭해 차트 데이터 편집 창을 종료합니다.

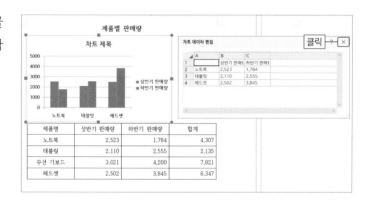

03. 차트 서식 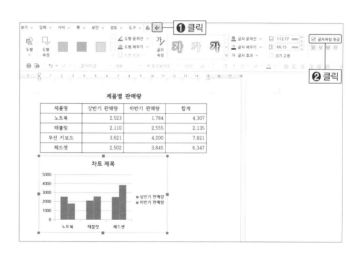 ⇨ 글자처럼 취급을 클릭해 선택합니다.

04. 차트 모서리의 조절점을 드래그해 차트의 크기를 표와 같은 너비로 설정합니다.

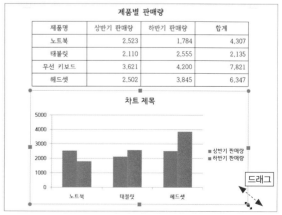

05. 차트 디자인 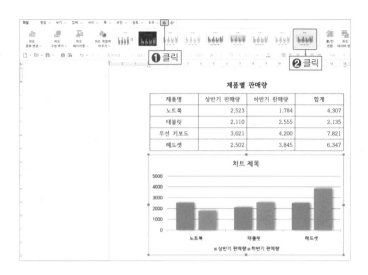에서 차트 스타일을 선택합니다. **스타일 9**를 선택하면 다음과 같이 적용됩니다.

제품별 판매량

제품명	상반기 판매량	하반기 판매량	합계
노트북	2,523	1,784	4,307
태블릿	2,110	2,555	2,135
무선 키보드	3,621	4,200	7,821
헤드셋	2,502	3,845	6,347

차트 구성 요소

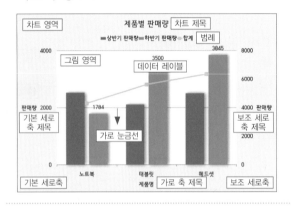

06. 차트 레이아웃에서 차트 요소의 구성을 선택할 수 있습니다. **레이아웃 9**를 선택하면 차트 제목, Y축 제목, X축 제목, 범례, 눈금선 등이 표시됩니다.

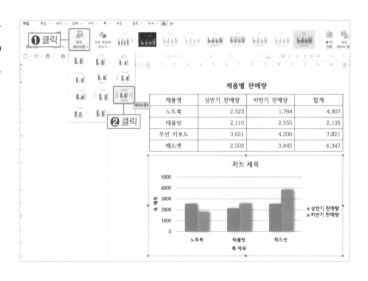

제품별 판매량

제품명	상반기 판매량	하반기 판매량	합계
노트북	2,523	1,784	4,307
태블릿	2,110	2,555	2,135
무선 키보드	3,621	4,200	7,821
헤드셋	2,502	3,845	6,347

07. 차트 디자인 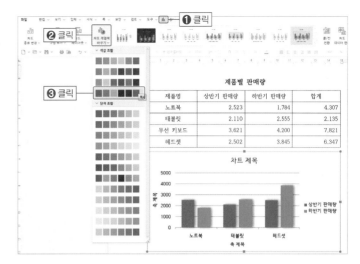 ➡ **차트 계열색
바꾸기**에서 차트 막대의 색을 선택할
수 있습니다.

08. 차트에 표시된 값을 수정하려면 **차
트 디자인** 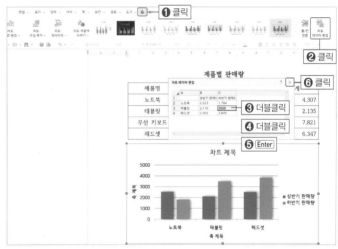 ➡ **차트 데이터 편집**을
클릭합니다. 수정할 자료를 **더블클릭**
한 후 새 값을 입력하고 [Enter]를 누릅
니다. 자료를 수정한 후 차트 데이터
편집 창을 종료합니다. 태블릿 하반기
판매량의 막대 길이가 변경되는 것을
알 수 있습니다.

Point

한글 2022는 차트를 생성한 원본 표의 데이터가 변경돼도 차트에 반영되지 않으며 차트의 데이터를 편집해도
원본 표의 값은 변경되지 않습니다. 표와 차트의 값을 일치시키려면 차트 데이터를 편집한 후 표의 값도 수정
해야 합니다.

09. 차트 데이터 편집 창의 특정 셀 위치에서 마
우스 오른쪽 버튼을 누르면 행/열을 추가해 입력
할 수 있습니다. **합계** 칸을 추가하기 위해 하반기
판매량의 값들 중에서 임의의 셀에 마우스 커서
를 올려놓고 마우스 오른쪽 버튼을 눌러 **추가** ➡
오른쪽에 열 추가하기를 클릭합니다.

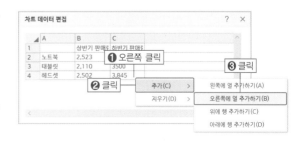

10. 다음과 같이 열이 추가되면 합계를 입력하고
각 값을 입력합니다. 입력 후 차트 데이터 편집 창
을 종료합니다.

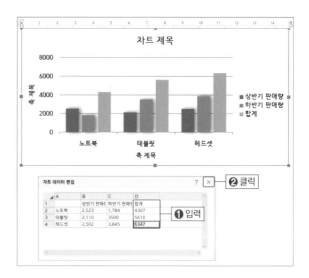

11. 차트 디자인 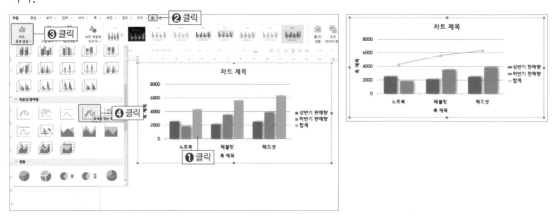 ⇨ **차트 종류 변경**을 클릭하면 차트의 종류를 변경할 수 있습니다. 합계를 꺾은선형
으로 변경하기 위해 **합계 막대**를 선택합니다. **차트 종류 변경**을 클릭한 후 **표식이 있는 꺾은선형**을 선택합
니다.

Point

한글 2022는 차트 종류에서 혼합형 차트를 선택할 수 없습니다. 차트를 생성한 후 특정 계열의 차트 종류를
변경함으로써 혼합형 치트를 구현합니다.

차트 종류별 특징

- **가로 막대형**: 항목명이 길거나 항목의 개수가 많을 때 적합합니다.
- **세로 막대형**: 가장 많이 사용하는 형태로, 각 항목과 계열별 수치를 비교하기에 적합합니다.
- **누적 막대형**: 여러 계열을 하나의 막대에 쌓아 표현하는 형태로, 항목별 합계를 비교하기에 적합합니다.
- **꺾은선**: 시간별 변화량을 비교하기에 적합합니다.
- **원형**: 계열이 하나일 때, 각 값의 비율을 비교하기에 적합합니다.
- **분산형**: 과학, 공학용 데이터 분석에 사용되며 전체적인 경향성과 함께 각 자료의 밀집도와 산포도(흩어진 정도)를 파악하기에 적합합니다.

12. 꺾은선의 표식 모양을 변경하기 위해 꺾은선을 클릭한 후 마우스 오른쪽 버튼 ⇨ **데이터 계열 속성**을 클릭합니다.

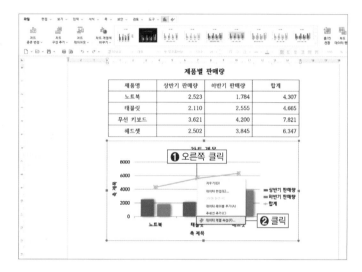

13. **표식 속성**에서 표식의 종류를 **기본 제공**으로 선택하고 **형식**을 선택합니다.

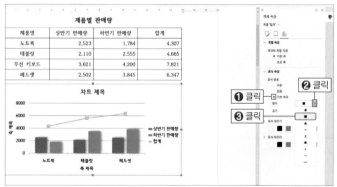

차트의 구성 요소를 추가하거나 삭제할 수 있고 각 구성 요소의 여러 설정을 변경할 수 있습니다. 차트를 편집해 원하는 스타일로 만드는 방법을 살펴보겠습니다.

Key Word: 차트 제목, 축 제목, 데이터 레이블, 범례, 세로축 눈금, 눈금선
예제 파일: Part2-Section39(차트 편집하기)-예제.hwpx

01. 예제 파일을 불러온 후 차트를 클릭합니다. 차트 제목을 입력하기 위해 **차트 제목**에서 마우스 오른쪽 버튼 ⇨ **제목 편집**을 클릭합니다.

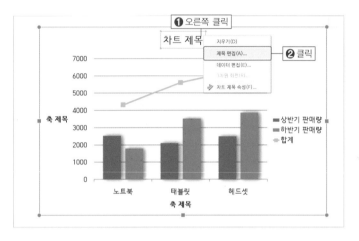

02. 글자 내용에 **차트 제목**을 입력한 후 글꼴, 속성, 크기, 글자색 등을 설정하고 **설정**을 클릭합니다.

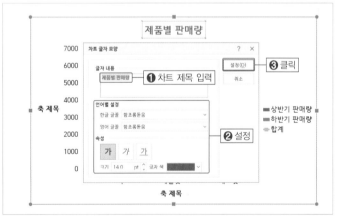

03. 차트 제목을 더블클릭하면 **개체 속성** 작업 창이 표시됩니다.

Point

개체 속성 하단의 차트 제목을 클릭하면 범례, 축 제목, 차트 영역, 그림 영역 등 다른 구성 요소를 선택할 수 있습니다.

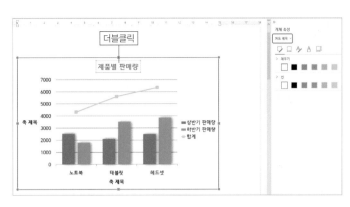

04. > 채우기 를 클릭하면 차트 제목 도형에 채우기 색을 적용할 수 있습니다. 단색, 그러데이션, 무늬, 질감/그림 등을 선택할 수 있습니다. 다음 차트는 **그러데이션 ▷ 미리 설정 ▷ 솜사탕 2** 를 선택했습니다.

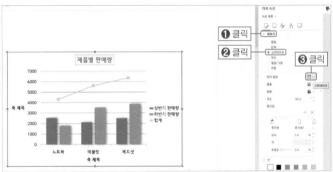

05. > 채우기 을 클릭해 채우기를 숨긴 후 > 선 을 클릭합니다. 제목 도형의 선 색과 선 종류, 선 굵기 등을 설정할 수 있습니다. 다음 차트는 **진한 파랑색** 을 선택했습니다.

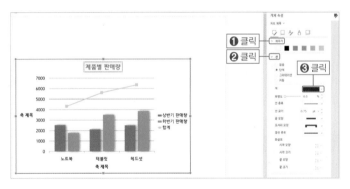

06. 세로축 제목을 입력하기 위해 기본 세로축의 **축 제목**에서 마우스 오른쪽 버튼 ▷ **제목 편집**을 클릭합니다.

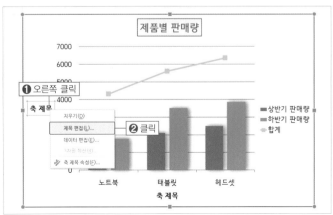

07. **판매량**을 입력한 후 글꼴과 글자 속성, 글자 크기, 글자색 등을 설정합니다. **설정**을 클릭합니다.

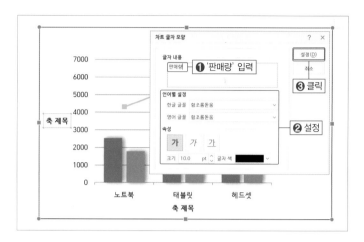

08. 세로축 제목은 회전해 표시되는 경우가 많습니다. 텍스트의 방향을 설정하기 위해 세로축 제목에서 마우스 오른쪽 버튼 ⇨ **축 제목 속성**을 클릭합니다.

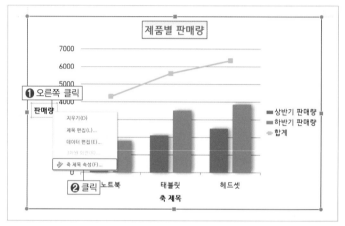

09. 오른쪽에 있는 개체 속성 작업 창에서 크기 및 속성 아이콘□을 클릭한 후 **글상자**를 클릭하고 **글자 방향**에서 **가로 또는 세로**를 선택합니다.

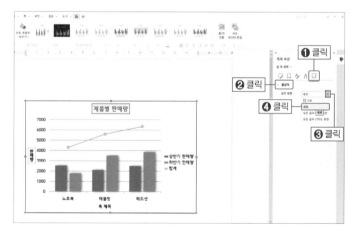

개체 속성

선택된 차트 구성 요소에 대한 설정을 선택할 수 있습니다. 각 항목에 대해 펼침 버튼 ∨을 클릭하면 각 항목별 세부 설정을 선택할 수 있습니다.

- 차트 영역 ∨ : 차트 구성 요소 중 편집할 요소를 선택할 수 있습니다. 차트 제목, 범례, 차트 영역, 그림 영역, 항목 축, 항목 축 제목, 값 축, 값 축 제목, 값 축 주 눈금선, 계열 중에서 선택할 수 있습니다.
- ☑ : 그리기 속성, 선택된 항목의 채우기 색과 선 색을 설정합니다. 단색, 그러데이션, 무늬, 질감/그림 등을 선택할 수 있습니다.
- ▢ : 효과, 선택된 항목에 대해 그림자, 네온, 옅은 테두리 효과를 설정합니다. 펼침 버튼 ∨을 클릭하면, 투명도, 흐리게, 거리 등과 같은 세부 사항을 설정할 수 있습니다.
- ↯ : 글자 속성, 글자 채우기 색, 글자 윤곽선 색을 설정합니다.
- ⓐ : 글자 효과, 글자에 대해 그림자, 반사, 네온 효과를 설정합니다.
- ▣ : 크기 및 속성, 글상자의 글자 방향을 설정합니다.
- ⅲ : 축 또는 계열 속성, 축 종류와 위치, 눈금, 레이블, 보조 축, 표시 형식 등을 설정할 수 있습니다.

10. 범례의 위치를 수정하기 위해 범례를 더블클릭하거나 **개체 속성 작업** 창의 목록 ∨에서 **범례**를 선택합니다. 그런 다음 **범례 속성** ⅲ을 클릭하고 범례 위치에서 **아래쪽**을 클릭합니다.

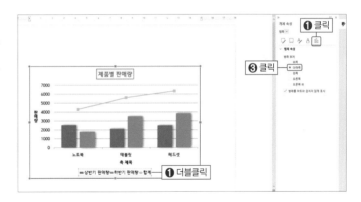

11. 기본 가로축의 **축 제목**을 클릭한 후 Delete를 눌러 삭제합니다.

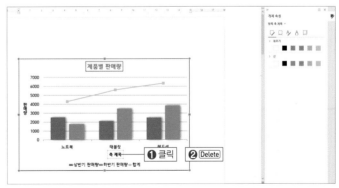

12. 기본 세로축의 눈금 간격을 조절하기 위해 숫자를 더블클릭합니다. 그런 다음 **최댓값**을 클릭하고 **8000**을 입력합니다. **단위**에서 **주**를 클릭하고 **2000**을 입력합니다.

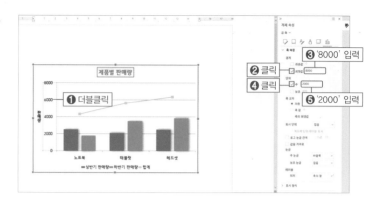

13. **값을 거꾸로**를 선택하면 다음과 같이 0점이 상단, 최댓값이 하단에 배치됩니다. 기본 가로축도 상단에 배치됩니다. 다시 **값을 거꾸로**를 클릭해 해제합니다.

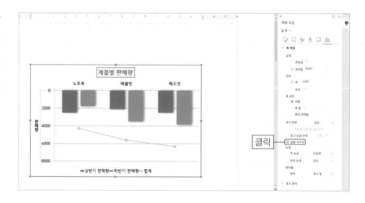

14. 세로축의 숫자에 세 자리마다 콤마(,)를 표시하기 위해 **표시 형식**을 클릭합니다. 범주에서 **숫자**를 선택한 후 **1000단위 구분 기호(,) 사용**에 체크 표시합니다.

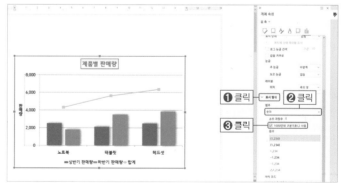

15. 기본 세로축을 표시하기 위해 그리기 속성 🗒️을 클릭한 후 `> 선`을 클릭합니다. 그런 다음 단색을 선택하고 **색**의 ⬛ 을 클릭합니다. 🖊️을 클릭한 후 눈금선을 클릭해 눈금선과 같은 색을 지정합니다.

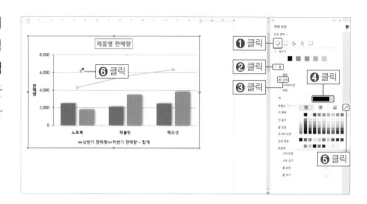

16. 합계의 값이 상반기 판매량이나 하반기 판매량과 차이가 많으므로 보조축으로 표시합니다. 합계 계열을 표현하는 꺾은선그래프의 표식을 클릭한 후 마우스 오른쪽 버튼 ⇨ **데이터 계열 속성** 또는 **개체 속성**에서 **계열 속성** 📊을 클릭합니다. **보조 축**을 클릭합니다.

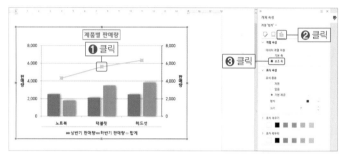

17. 하단에 불필요한 선이 표시되면 선을 클릭한 후 **선** 색에서 **없음**을 선택합니다.

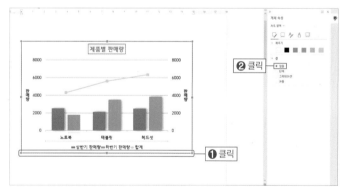

18. 상반기 판매량과 하반기 판매량의 최댓값이 4000을 넘지 않으므로 눈금을 조정합니다. 기본 세로축의 숫자를 클릭한 후 **축 속성**에서 최댓값 **4000**, 단위 주 **1000**으로 입력합니다.

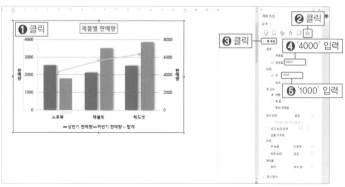

19. 가장 값이 큰 헤드셋의 하반기 판매량을 강조하기 위해 **해당 막대를 천천히 두 번 클릭**합니다. **차트 서식** 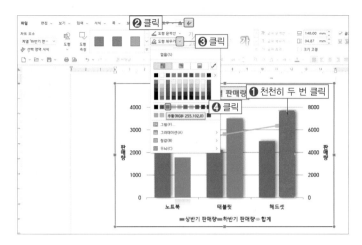 에서 **도형 채우기** 펼침 버튼∨을 클릭한 후 **색**을 선택하면 해당 막대의 색만 변경됩니다.

20. **도형 스타일**의 자세히 ⫶ 를 클릭하면 미리 설정된 도형의 색과 효과를 적용할 수 있습니다.

21. 가장 낮은 판매량을 기록한 노트북의 **하반기 판매량 막대를 천천히 두 번 클릭**한 후 **도형 스타일**에서 **자세히**를 클릭합니다. 그런 다음 설정할 스타일을 선택합니다.

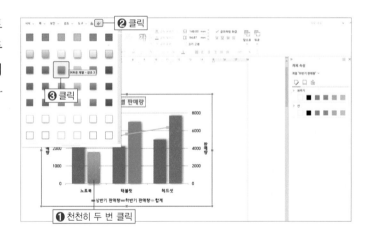

22. 꺾은선의 색은 도형 윤곽선에서 설정합니다. 합계 계열을 표시하는 꺾은선그래프를 한 번 클릭하고 **도형 윤곽선**에서 색을 선택합니다.

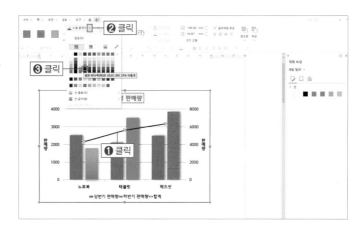

23. 표식의 색은 개체 속성에서 설정할 수 있습니다. 꺾은선그래프에서 마우스 오른쪽 버튼 ⇨ **데이터 계열 속성**을 클릭합니다.

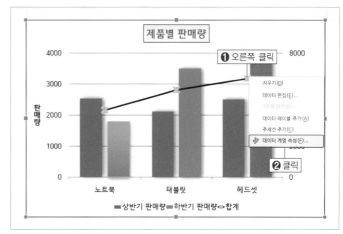

24. **표식 채우기** ⇨ **단색**이 선택된 상태에서 색상 을 클릭해 **색**을 선택합니다.

Point

표식 테두리에서 색을 선택하면 표식에 테두리가 표시됩니다. 오른쪽 차트에서는 표식 테두리를 흰색으로 설정했습니다.

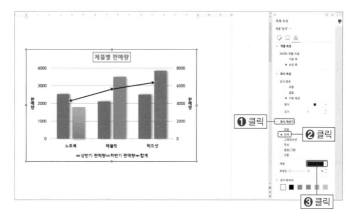

25. 합계 계열에 값을 표시하기 위해 꺾은선그래프에서 마우스 오른쪽 버튼 ⇨ **데이터 레이블 추가**를 클릭합니다.

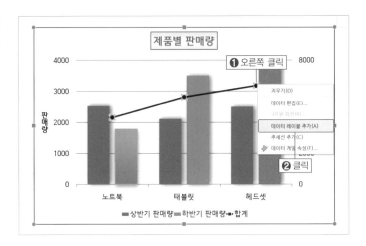

26. 레이블의 위치를 변경하기 위해 **데이터 레이블**에서 마우스 오른쪽 버튼 ⇨ **데이터 레이블 속성**을 클릭합니다.

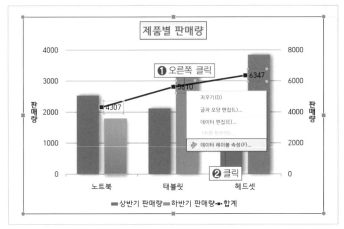

27. 데이터 레이블이 잘 보일 수 있도록 레이블 위치에서 **위쪽**을 선택합니다.

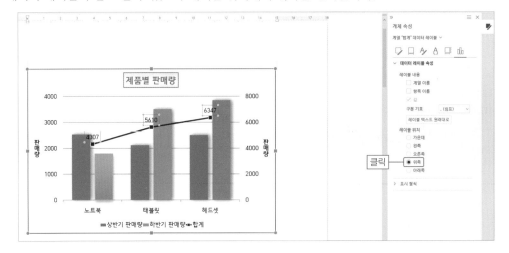

28. 데이터 레이블의 숫자에 1000단위 구분 기호를 추가하기 위해 **표시 형식**을 클릭합니다. 범주를 **숫자**로 선택하고 **1000단위 구분 기호(,) 사용**을 선택합니다.

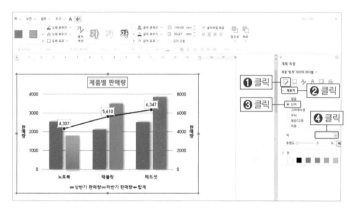

29. 데이터 레이블 숫자가 차트 막대와 겹쳐 잘 보이지 않는다면 채우기 색을 설정하는 것도 좋습니다. 채우기 색을 설정하려면 **데이터 레이블 속성**의 **그리기 속성** ⬚ 을 클릭하고 **채우기** ⇨ **단색** ⇨ **흰색**을 선택합니다.

Point

채우기 색을 해제하려면 **채우기**에서 **없음**을 선택합니다.

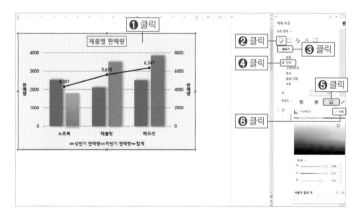

30. 전체 차트 영역에 색과 효과를 적용하려면 **차트 영역**(차트 제목 옆의 빈 공간)을 클릭합니다. 개체 속성 작업 창에서 **그리기 속성** ⬚ 을 클릭합니다. **채우기** ⇨ **단색**을 선택한 후 색을 선택합니다. 다음과 같이 스펙트럼 ▦ 을 선택했다면 색을 선택한 후 **적용**을 클릭해야 합니다.

개체 속성 작업 창

- ◻ **효과**: 그림자, 네온, 옅은 테두리 등의 효과를 설정할 수 있습니다.

- ◻ **글자 효과**: 글자에 대해 그림자, 반사, 네온 효과를 적용할 수 있습니다.

- ◿ **글자 속성**: 글자 채우기 색과 글자 윤곽선을 설정할 수 있습니다.

- ◻ **크기 및 속성**: 차트 영역을 선택했을 때는 차트의 크기와 본문과의 배치 등을 선택할 수 있습니다.

- **데이터 레이블**에서 **크기 및 속성**을 클릭하면 데이터 레이블의 글자 방향을 선택할 수 있습니다.

---

31. **그림 영역**(차트 막대 옆)을 클릭한 후 **그리기 속성** ◻ 을 클릭합니다. 그런 다음 **채우기** ➡ **단색**을 클릭하고 색에서 **흰색**을 선택합니다.

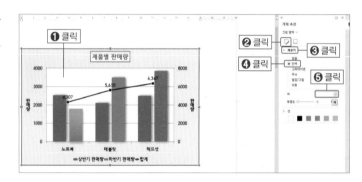

32. 눈금선의 색을 선택할 수도 있습니다. **눈금선**을 클릭한 후 마우스 오른쪽 버튼 ➡ **눈금선 속성**을 클릭합니다.

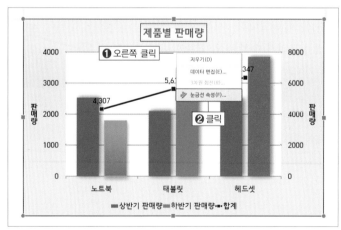

33. 그러데이션을 선택한 후 **미리 설정**에서 색을 선택하면 위치에 따라 색이 달라지는 눈금선을 표현할 수 있습니다.

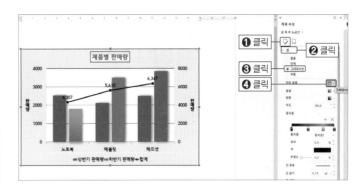

Point

눈금선의 **선** 항목에서 **없음**을 선택하면 눈금선이 사라집니다.

Section

40 수식 입력하기

수식 편집기를 이용해 수식을 쉽게 입력할 수 있습니다. 수식 기호를 선택해 입력할 수도 있고 수식 명령어를 직접 입력할 수도 있습니다.

👉 Key Word: 수식, 분수, 첨자, 그리스 문자, 수학 기호, 행렬, 벡터

01. 입력 탭 ⇨ 수식 아이콘 $\sqrt{x}$ 을 클릭하거나 Ctrl + N + M을 누릅니다.

02. x=을 입력한 후 분수 몸를 선택합니다.

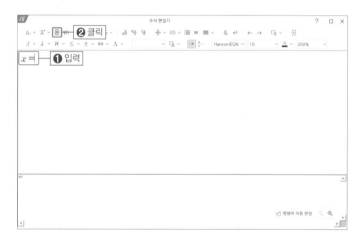

03. 먼저 분자를 입력합니다. 1를 입력한 후 Tab을 눌러 마우스 커서를 분모로 이동한 후 2을 입력합니다. 그런 다음 분수 입력을 종료하고 **다음 항목으로 이동**하기 위해 Tab을 누릅니다.

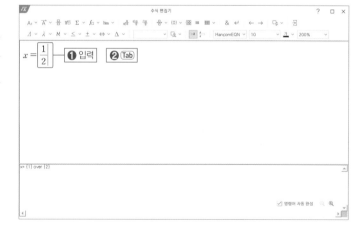

04. y를 입력하고 **제곱**을 입력하기 위해 **첨자** A₁ ⇨ **위 첨자** Aⁱ 를 클릭합니다.

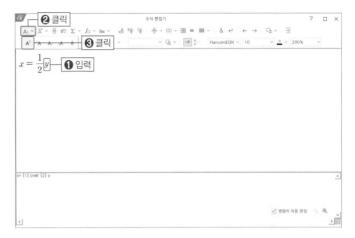

05. 2를 입력한 후 Tab 을 누릅니다. 키보드에서 +를 누릅니다.

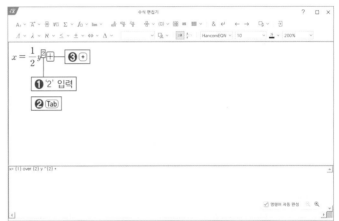

06. π를 입력하기 위해 **그리스 소문자** λ ⇨ π 를 클릭합니다.

07. r을 입력한 후 **첨자** ⇨ **위 첨자**를
클릭합니다. 그런 다음 2를 입력하고
Tab을 누릅니다.

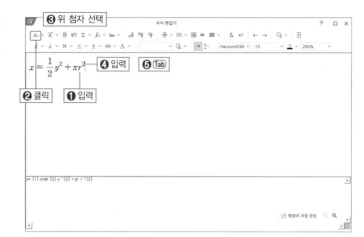

08. ⊞를 누릅니다. 극한을 입력하기
위해 lim▾를 클릭한 후 [lim]를 클릭합
니다.

09. n을 입력합니다. Tab을 누릅니다.

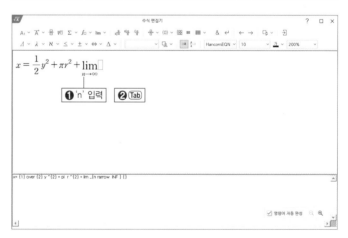

10. (a를 입력합니다. 첨자 A_1 ∨ ⇨ 아래 첨자 A_1 를 클릭합니다.

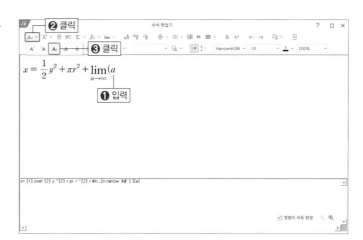

11. 1을 입력한 후 Tab을 누릅니다. + 를 누릅니다. 같은 방법으로 다음과 같이 입력합니다.

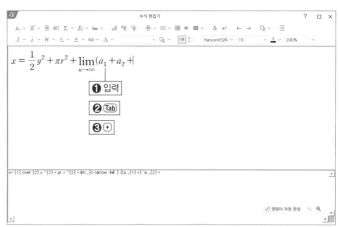

12. 기타 기호 △ ∨ 를 클릭한 후 ⋯ 를 클릭합니다.

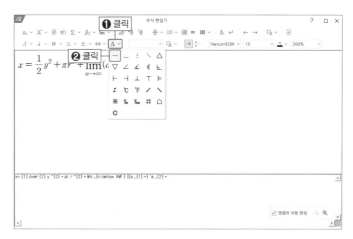

13. +a_n)+를 입력합니다.

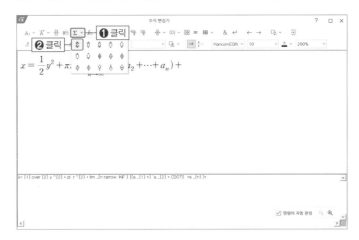

14. Σ를 입력하기 위해 [Σ ∨]를 클릭한 후 [⊠]를 클릭합니다.

15. k=1을 입력한 후 [Tab]을 누르고 n을 입력합니다. 그런 다음 [Tab]을 누르고 a_k를 입력합니다.

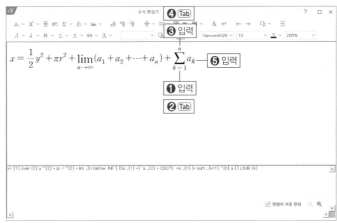

16. 수식의 글자 크기를 12pt로 선택
합니다.

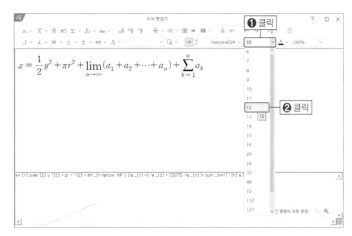

17. 글자색을 **파란색**으로 선택합니다.

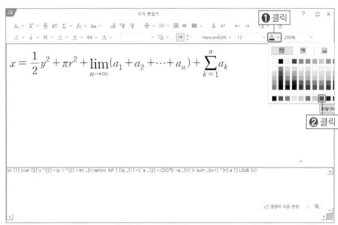

18. 넣기를 클릭하거나 Shift + Esc 를
누릅니다.

19. 다음과 같이 수식이 완성됐습니다.

$$x = \frac{1}{2}y^2 + \pi r^2 + \lim_{n \to \infty}(a_1 + a_2 + \cdots + a_n) + \sum_{k=1}^{n} a_k$$

※ 위 수식은 다양한 기호의 연습을 위해 만든 것이므로 수학적 의미가 없음

Point

- 완성된 수식을 수정하려면 수식을 더블클릭합니다.
- Shift + Esc 를 누를 때 실수로 Ctrl + Esc 를 누르면 윈도우키를 누르는 것과 같이 **시작 메뉴**가 나타납니다. 이 때는 다시 Ctrl + Esc 를 눌러 취소하거나 Esc 를 누릅니다.

Tip

스크립트 입력 창에서 수식 입력하기

[입력 – 수식]을 실행하면 [**수식 편집기**] 대화상자가 나타납니다.

01. 수식 편집 창의 아래쪽에 있는 스크립트 입력 창에 **1 over 2**를 입력하면 분수가 입력됩니다.

02. 하단의 **명령어 자동 입력**이 선택돼 있으므로 lim을 입력하면 하단에 극한과 관련된¹ 기호들이 표시됩니다. 입력할 기호를 **더블클릭**합니다.

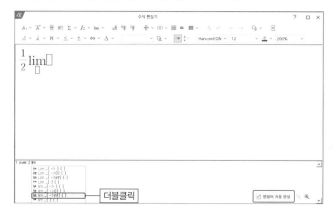

03. 모든 스크립트를 입력한 후 Shift + Esc 를 누르거나 🔁을 클릭합니다.

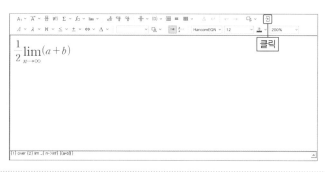

특별한 수식 입력하기

1. 행렬 입력하기

$$L_{A\phi B}(p(x)) = \begin{pmatrix} 0 & 1 & 0 & 0 \\ 0 & 0 & 2 & 0 \\ 0 & 0 & 0 & 3 \end{pmatrix} \begin{pmatrix} 2 \\ 1 \\ -3 \\ 5 \end{pmatrix} = \begin{pmatrix} 1 \\ -6 \\ 15 \end{pmatrix}$$

Ctrl + N, M을 눌러 수식 편집기를 실행합니다. 그런 다음 L을 입력하고 **첨자** A₁ ⇨ **아래 첨자** A₁ 선택해 A를 입력합니다. φ를 입력하기 위해 **그리스 소문자**를 클릭한 후 φ를 선택합니다.

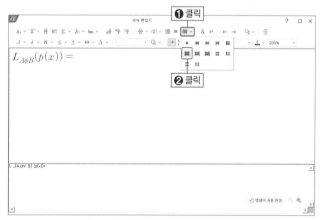

B를 입력한 후 아래 첨자에서 빠져나오기 위해 Tab을 누릅니다. **(p(x))=**을 입력합니다. 한글 수식에는 3x4 행렬이 없습니다. 3x3 행렬을 입력한 후 열을 추가해야 합니다. **행렬**▦▾을 클릭하고 3x3 행렬▦을 선택합니다.

열을 추가하기 위해 ▦▾을 클릭한 후 ▦을 클릭합니다.

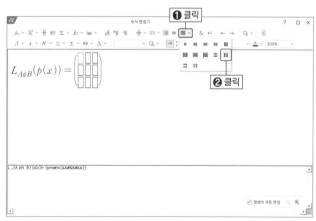

각 원소의 값을 입력합니다. 값을 입력할 때는 첫 번째 사각형을 클릭하고 값을 입력한 후 ⟨Tab⟩을 눌러 다음 항목으로 이동합니다. ⟨Tab⟩을 누르지 않으면 이전 원소와 구분되지 않으므로 주의합니다. 모든 값을 입력한 후 ⟨Tab⟩을 누릅니다.

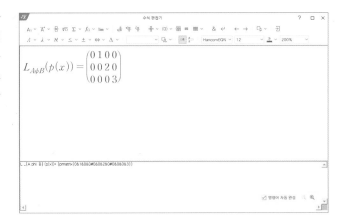

행렬 ▦∨을 클릭한 후 3x3 행렬 ▦을 선택합니다. 그런 다음 행을 추가하기 위해 **행렬** ▦∨을 클릭하고 ▦을 선택합니다.

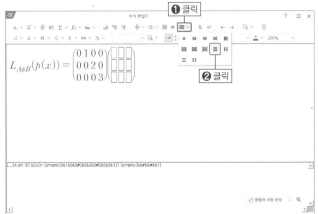

열을 삭제하기 위해 **행렬** ▦∨을 클릭한 후 ▦을 선택합니다.

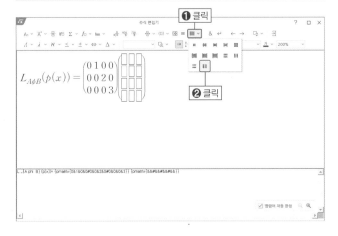

열을 하나 더 삭제하기 위해 한 번 더 **행
렬** 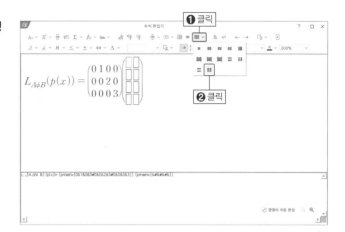 을 클릭한 후 ▥을 선택합니다.

값을 입력합니다. 모두 입력한 후 (Tab)을
누르고 **=**를 입력합니다.

3x3 행렬을 입력합니다. **행렬** ▦⌄을 클릭
한 후 ▥을 선택해 열을 제거합니다.

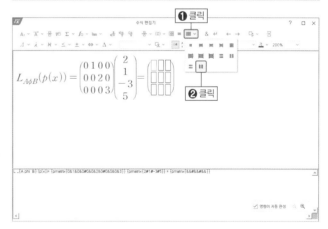

행렬 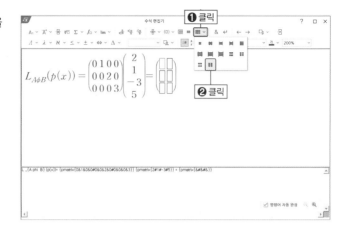을 클릭한 후 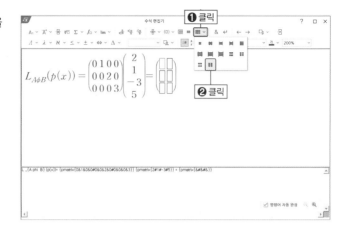을 선택해 열을 한 번 더 제거합니다.

각 원소의 값을 입력해 완성합니다. Shift + Esc를 눌러 수식을 종료합니다. 수식이 문서에 삽입됩니다.

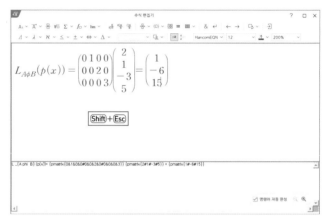

2. 벡터 입력하기

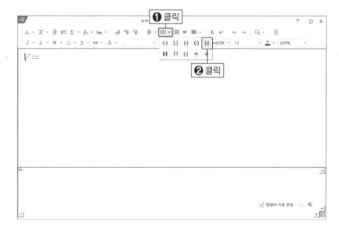

$$V = \left| \overrightarrow{RS} \cdot (\overrightarrow{RS} \times \overrightarrow{RQ}) \right| = \begin{vmatrix} 1 & 2 & 1 \\ 2\,a & -1 & 0 \\ 0 & a+1 & 4 \end{vmatrix}$$

V=을 입력합니다. 괄호 를 클릭한 후 를 클릭합니다.

벡터를 표시하기 위해 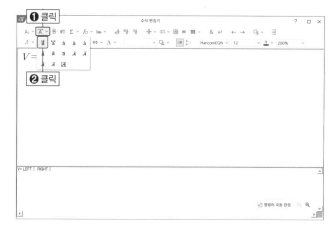 를 클릭한 후 를 클릭합니다. **RS**를 입력한 후 `Tab`을 누릅니다.

±를 클릭한 후 ·를 클릭합니다.

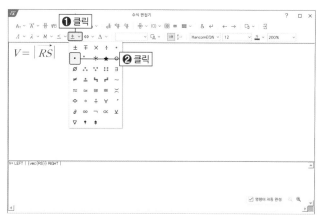

괄호를 입력하고 같은 방법으로 $\overrightarrow{RS}$를 입력합니다.

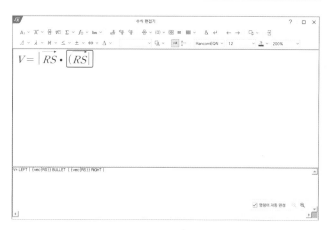

± ∨ 를 클릭한 후 × 를 클릭합니다.

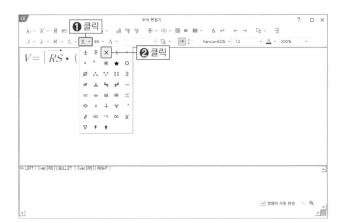

다음과 같이 입력합니다. **행렬** ▦ ∨ 을 클릭한 후 3x3 행렬 ▦ 을 선택합니다.

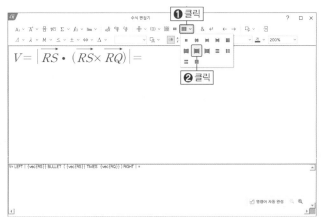

1 입력 ⇨ Tab ⇨ 2 입력 ⇨ Tab ⇨ 1 입력 ⇨ Tab ⇨ 2 입력 ⇨ Tab ⇨ **a−1** 입력 ⇨ Tab ⇨ 0 입력 ⇨ Tap ⇨ 0 ⇨ Tab ⇨ **a+1** 입력 ⇨ Tab ⇨ 4를 입력합니다. Shift + Esc 를 누릅니다.

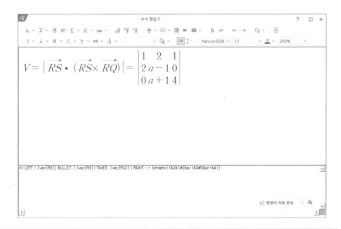

다양한 수학 기호

- **그리스 대문자**

- **그리스 소문자**

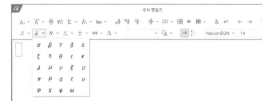

- **그리스 기호**

- **합집합 기호**

- **연산/논리 기호**

- **화살표**

- **기타 기호**

41 상용구 활용하기

자주 입력하는 문자열, 표, 회사 로고 등을 상용구로 등록하면 모든 문서에서 빠르게 입력할 수 있습니다. 글자 모양 등의 서식을 함께 저장할 수도 있고 서식을 제외하고 저장할 수도 있습니다.

Key Word: **상용구, 준말, 본말, 상용구 등록, 상용구 실행**

01. 상용구로 등록할 내용을 입력한 후 범위로 지정합니다.

- 글꼴: **이순신 돋움체 B**
- 글자 크기: 14pt
- 글자색: **녹색**을 설정합니다.

02. **입력** 탭 ⇨ **입력 도우미** ⇨ **상용구** ⇨ **상용구 등록**을 클릭하거나 Alt + I 를 누릅니다.

03. 범위로 지정된 내용의 첫 글자가 준말로 자동 입력됩니다. 준말을 확인하고 **글자 속성 유지**가 선택돼 있는 것을 확인한 후 **등록**을 클릭합니다. 자주 사용하는 문자열이라면 준말을 1, 2, 3 등의 숫자로 변경하는 것도 좋습니다.

- 준말 입력 시 띄어쓰기를 하지 않는 것이 좋습니다. 준말 입력 후 띄어쓰기를 하면 빈칸까지 함께 준말로 등록됩니다. 사용자가 이를 인식하지 못하고 준말을 입력한 후 빈칸을 입력하지 않은 채 Alt + I를 누르면 상용구가 실행되지 않으므로 주의해야 합니다.
- **글자 상용구**(글자 속성 유지하지 않음)는 준말을 중복해 입력할 수 있습니다. 준말을 입력해 상용구를 실행하면 나중에 등록된 상용구가 실행됩니다. **본문 상용구**(글자 속성 유지)는 중복된 준말을 입력할 수 없고 같은 준말을 입력하면 나중에 등록된 상용구만 남습니다.

글자 속성 유지

- **글자 속성 유지** ⇨ 상용구 등록 당시의 글자 속성을 그대로 유지해 **본문 상용구**에 등록합니다. 어느 위치에 삽입되더라도 상용구에 등록한 글자 속성이 그대로 적용됩니다.

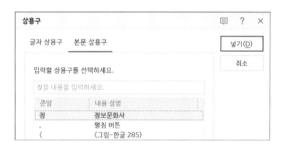

: Ctrl + F3 ⇨ **본문 상용구 탭**에서 확인

- **글자 속성 유지하지 않음** ⇨ 글자 속성을 제외하고 글자만 **글자 상용구**에 등록합니다. 글자 속성을 저장하지 않으므로 상용구가 실행되는 부분의 글자 속성을 그대로 따르게 됩니다. 다음과 같이 글자가 입력되는 부분의 글자 속성에 따라 각각 다른 모양으로 표시됩니다.

: Ctrl + F3 ⇨ **글자 상용구 탭**에서 확인

04. 상용구를 실행하기 위해 **새 문서**를 실행합니다(단축키: Alt + N). 등록한 상용구의 준말을 입력합니다.

05. 상용구를 실행하기 위해 단축키 Alt + I를 누릅니다.

정보문화새 Alt + I

내용을 범위로 지정한 후 Alt + I 를 누르면 범위로 지정된 내용을 상용구로 등록하고, 준말을 입력한 후 Alt + I 를 누르면 준말에 해당하는 상용구를 실행해 문서에 입력합니다.

06. 준말을 알 수 없을 때는 **입력** 탭 ⇨ **입력 도우미** ⇨ **상용구** ⇨ **상용구 내용**을 클릭합니다(단축키: Ctrl + F3).

07. 글자 속성 유지를 선택해 저장한 상용구는 **본문 상용구** 탭에서 확인할 수 있습니다. **본문 상용구** 탭을 클릭한 후 입력할 상용구를 선택하고 **넣기**를 클릭합니다. 입력할 상용구를 더블클릭해도 됩니다.

08. 상용구가 실행돼 다음과 같이 등록된 단어가 입력됩니다.

정보문화사

Tip

상용구 복사하기

• 상용구는 한글의 개인 데이터 폴더에 저장됩니다. 개인 데이터 폴더의 위치는 창 오른쪽 상단의 ⃞ 를 클릭해 호글 정보를 클릭하면 알 수 있습니다.

• **폴더 정보** 탭에서 **개인 데이터 폴더**를 범위로 지정한 후 마우스 오른쪽 버튼 ⇨ **복사하기**를 클릭하거나 Ctrl + C 를 눌러 복사합니다. **확인**을 클릭합니다.

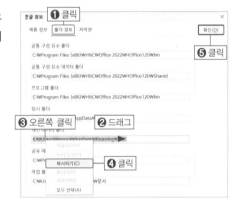

• 탐색기를 실행한 후 주소 표시줄을 클릭하고 Ctrl + V 를 눌러 복사한 주소를 붙여넣기합니다. Enter 를 누르면 해당 폴더로 이동합니다.

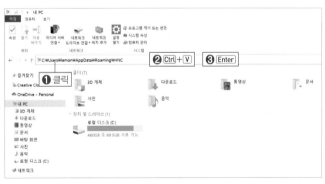

- User ⇨ Hwp ⇨ 60 폴더를 차례대로 더블클릭합니다. 글자 상용구는 hwp.ido라는 이름으로 저장됩니다. 이 파일을 다른 컴퓨터의 해당 폴더에 복사하면 해당 컴퓨터에서도 등록된 상용구를 실행할 수 있습니다.

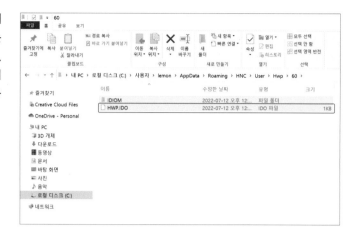

- 본문 상용구는 IDIOM 폴더에 저장되어 있으며, IDIOM 폴더의 파일을 삭제하면 본문 상용구를 사용할 수 없습니다. 또한 글자 상용구는 파일을 이용해 다른 컴퓨터에 복사할 수 있지만, 본문 상용구는 파일을 이용한 저장과 불러오기가 불가능합니다.

42 그림과 글을 함께 상용구로 등록하기

회사 로고와 회사명과 같이 자주 사용하는 문자열, 표, 그림 등을 상용구로 등록하면 모든 문서에서 준말을 이용해 쉽게 입력할 수 있습니다.

↪ Key Word: 상용구, 준말, 본말, 상용구 등록, 상용구 실행

01. Ctrl + N + I를 눌러 그림을 삽입합니다. 크기를 조절한 후 **그림** 🌷에서 **글자처럼 취급**을 선택합니다.

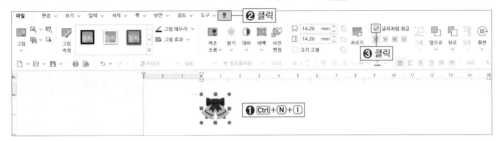

02. 그림 옆에 글을 입력한 후 글꼴, 글자 크기, 글자색 등을 설정합니다.

- 언어: 영문, 글꼴: Script MT Bold, 글자 크기: 24pt, 글자색: 빨강, 초록, 보라

03. 글자를 범위로 지정한 후 Alt + L 또는 **편집** 탭 ➪ **글자 모양**을 클릭합니다. **기본** 탭에서 글자 위치를 **-25%**로 입력합니다. 글자가 기준 위치보다 위쪽에 표시되므로 보기에 좋습니다. **설정**을 클릭합니다.

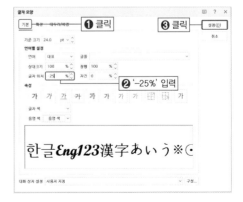

04. **글자와 그림을** 드래그해 범위로 지정한 후 Alt + I 를 누릅니다. 첫 글자가 그림이므로 준말이 빈칸으로 표시됩니다. **준말을** 새로 입력한 후 **설정을** 클릭합니다.

05. Alt + N 을 눌러 새 문서를 실행합니다. 등록한 준말을 입력합니다.

06. Alt + I 를 누릅니다.

07. 그림 또는 표만을 상용구에 등록할 때는 **글자처럼 취급을** 선택하지 않아도 됩니다. 그림을 입력한 후 클릭하고 Alt + I 를 누른 후 **준말을** 입력합니다. **설정을** 클릭합니다.

08. **준말을** 입력합니다.

09. Alt + I 를 누릅니다.

10. 그림을 클릭해 상용구에 등록할 때 그림의 배치와 위치가 그대로 저장됩니다. 그림을 삽입하고 더블클릭해 다음과 같이 설정합니다.

- **자리차지, 가로: 쪽, 가운데, 세로: 쪽, 가운데**

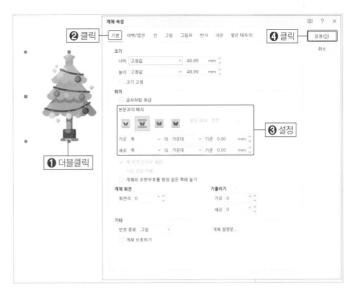

11. 그림을 클릭한 후 Alt + I를 누릅니다. **준말**을 입력한 후 **설정**을 클릭합니다.

12. 새 문서를 실행한 후 **준말**을 입력합니다. Alt + I를 눌러 상용구를 실행하면 다음과 같이 그림이 쪽의 가로/세로 가운데에 입력되는 것을 알 수 있습니다.

43 상용구 편집하기

등록된 상용구의 준말을 수정하거나 삭제하는 방법을 살펴보겠습니다.

👉 Key Word: 상용구 편집, 상용구 삭제

01. 입력 탭 ⇨ 입력 도우미 ⇨ 상용구 ⇨ 상용구 내용을 클릭합니다(단축키: Ctrl + F3).

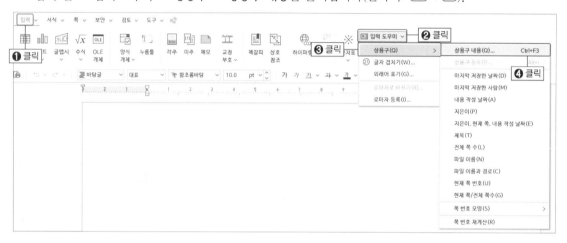

02. 준말을 수정할 상용구를 클릭한 후 **상용구 편집하기** ✏
을 클릭합니다.

03. **준말**을 새롭게 입력한 후 **설정**을 클릭합니다.

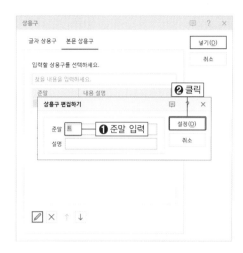

04. 다음과 같이 상용구의 준말이 변경됩니다.

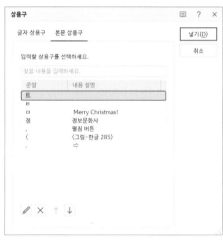

05. ↑, ↓ 을 클릭하면 상용구의 순서를 변경할 수 있습니다. 세 번째에 있는 상용구를 클릭한 후 ↑를 클릭하면 위로 이동합니다. 자주 사용하는 상용구는 빨리 찾을 수 있도록 위에 배치하는 것이 좋습니다.

06. ☒를 클릭하면 등록된 상용구를 삭제할 수 있습니다. 삭제할 상용구를 선택한 후 ☒를 클릭합니다.

07. 지움을 클릭합니다.

08. 다음과 같이 선택한 상용구가 삭제됩니다.

44 찾기

문서 내에서 특정 단어나 항목을 찾습니다. 또한 여러 선택사항을 활용하면 특정 패턴을 지닌 항목이나 조건에 맞는 항목을 쉽게 찾을 수 있습니다.

Key Word: 찾기, 아무개 문자, 자소 단위 찾기, 한글로 한자 찾기, 여러 단어 찾기, 조건식 사용
예제 파일: Part2-Section44(찾기)-예제.hwpx

01. 예제 파일에서 '풍경'이라는 단어를 찾고자 합니다. 예제 파일을 불러온 후 오른쪽 상단의 **찾을 내용**을 클릭합니다.

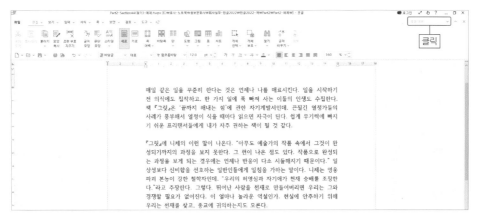

02. 검색할 내용인 **풍경**을 입력한 후 Enter를 누릅니다. 마우스 커서가 문서의 끝에 있거나 마우스 커서의 뒤쪽으로 해당 단어를 찾을 수 없다면 다음과 같은 대화상자가 나타납니다. 마우스 커서의 앞쪽에서도 단어를 찾을 수 있도록 **찾음**을 클릭합니다.

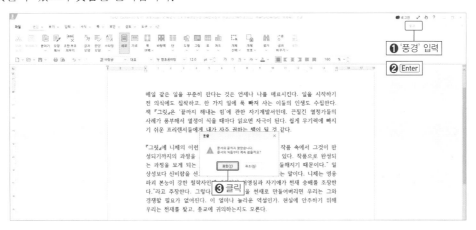

03. 해당 단어가 반전됩니다.

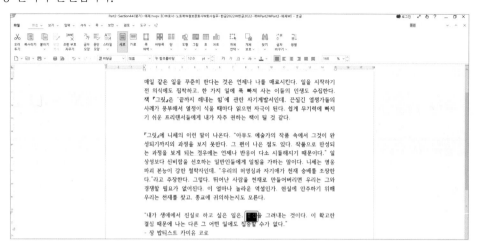

04. 다시 Enter를 누르면 다음 **풍경**이 반전됩니다.

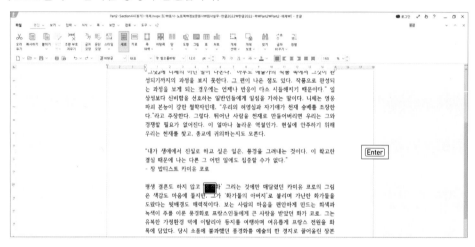

05. [찾기] 대화상자를 실행하면 다양한 선택사항을 활용해 원하는 항목을 정확하게 찾을 수 있습니다. **편집** 탭 ⇨ **찾기 아이콘** 을 클릭합니다(단축키: Ctrl + F).

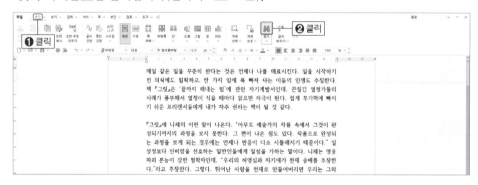

06. 찾을 내용에 **풍경**을 입력한 후 찾을 방향에서 **문서 전체**를 선택하고 **모두 찾기**를 클릭합니다.

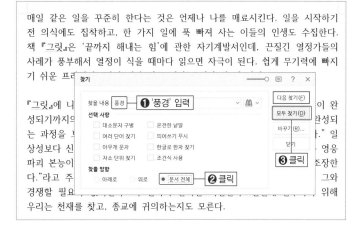

매일 같은 일을 꾸준히 한다는 것은 언제나 나를 매료시킨다. 일을 시작하기 전 의식에도 집착하고, 한 가지 일에 푹 빠져 사는 이들의 인생도 수집한다. 책 『그릿』은 '끝까지 해내는 힘'에 관한 자기계발서인데, 끈질긴 열정가들의 사례가 풍부해서 열정이 식을 때마다 읽으면 자극이 된다. 쉽게 무기력에 빠지기 쉬운 프...

『그릿』에 니... 이 완성되기까지의... 완성되는 과정을 ... " 일상성보다 신... 영웅 파괴 본능이 ... 조장한다."라고 주... 그와 경쟁할 필요 ... 위해 우리는 천재를 찾고, 종교에 귀의하는지도 모른다.

Tip

찾을 방향

- **아래로**: 현재 마우스 커서가 위치한 이후의 내용에서 단어를 찾습니다.
- **위로**: 현재 마우스 커서가 위치한 이전의 내용에서 단어를 찾습니다.
- **문서 전체**: 마우스 커서 위치와 무관하게 문서 전체에서 단어를 찾습니다.

찾기 창의 투명도 조절

찾기 창의 바깥쪽을 클릭하면 창이 사라지지 않고 잠시 투명해지므로 찾기 창을 닫지 않고도 본문을 수정하거나 확인할 수 있습니다. 를 드래그하면 창이 투명해지고 찾기 창을 닫지 않아도 본문 내용을 확인할 수 있습니다.

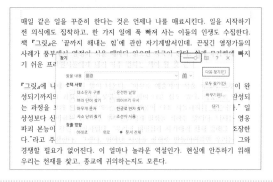

07. 풍경이 모두 형광펜으로 표시됩니다. **확인**을 클릭합니다.

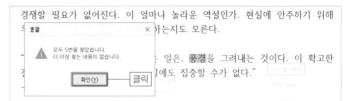

평생 결혼도 하지 않고 '풍경화' 그리는 것에만 매달렸던 카미유 코로의 그림은 색감도 마음에 들지만, 그가 '화가들의 아버지'로 불리며 가난한 화가들을 도왔다는 뒷배경도 매력적이다. 보는 사람의 마음을 편안하게 만드는 회색과 녹색이 주를 이룬 풍경화로 프랑스인들에게 큰 사랑을 받았던 화가 코로. 그는 유복한 가정환경 덕에 이탈리아 등지를 여행하며 여유롭게 프랑스 전원을 화폭에 담았다. 당시 소품에 불과했던 풍경화를 예술의 한 경지로 끌어올린 장본인이기도 하다. 자신이 봄이나 여름에 보았던 풍경을 '인상'에 의지해서 기억하고 재해석해 그렸다는 점에서 인상파의 시초로 보기도 한다.

08. 영문자를 찾아봅니다. Ctrl + F 를 누른 후 찾을 내용에 **faith**를 입력합니다. 찾을 방향은 **문서 전체**를 선택하고 **모두 찾기**를 클릭합니다. Faith와 faith 둘 다 검색됩니다.

If you think you can win, you can win. Faith is necessary to victory.
- William Hazlitt

Sometimes Life is going to hit you in the head with a brick. Don't lose faith
- Steve Jobs

09. 영문자를 찾을 때 선택사항에서 **대소문자 구별**을 선택하면 대소문자를 구분해 정확하게 일치하는 단어만 찾습니다. **대소문자 구별**을 선택한 후 **모두 찾기**를 클릭합니다. Faith는 형광펜으로 표시되지 않고 **faith**만 표시됩니다.

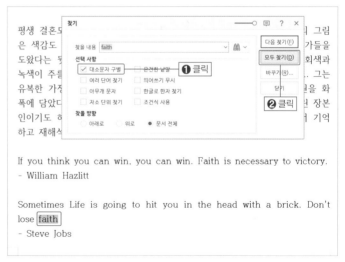

If you think you can win, you can win. Faith is necessary to victory.
- William Hazlitt

Sometimes Life is going to hit you in the head with a brick. Don't lose faith
- Steve Jobs

10. 선택사항에서 **온전한 낱말**을 선택하면 단어 뒤에 문장 부호나 조사 등의 다른 글자가 입력되지 않은 독립된 단어만 찾습니다. **코로**를 입력하고 **온전한 낱말**을 선택합니다. **모두 찾기**를 클릭합니다. '코로의' 또는 '코로.'는 검색되지 않습니다.

『그릿』에 ...성되기까지... 는 과정을 ...이 완성되... 상성보다 ...는 영웅... 파괴 본능이... 조장한... "...라고 ...는 그와... 경쟁할 필... 기 위해... 우리는 천...

"내가 생애에서 진실로 하고 싶은 일은, 풍경을 그려내는 것이다. 이 확고한 결심 때문에 나는 다른 그 어떤 일에도 집중할 수가 없다."
- 장 밥티스트 카미유 **코로**

평생 결혼도 하지 않고 '풍경화' 그리는 것에만 매달렸던 카미유 **코로의** 그림은 색감도 마음에 들지만, 그가 '화가들의 아버지'로 불리며 가난한 화가들을 도왔다는 뒷배경도 매력적이다. 보는 사람의 마음을 편안하게 만드는 회색과 녹색이 주를 이룬 풍경으로 프랑스인들에게 큰 사랑을 받았던 화가 **코로.** 그는 유복한 가정환경 덕에 이탈리아 등지를 여행하며 여유롭게 프랑스 전원을 화폭에 담았다. 당시 소품에 불과했던 풍경화를 예술의 한 경지로 끌어올린 장본인이기도 하다. 자신이 봄이나 여름에 보았던 풍경을 '인상'에 의지해서 기억하고 재해석해 그렸다는 점에서 인상파의 시초로 보기도 한다.

11. 선택사항에서 **여러 단어 찾기**를 클릭하면 동시에 여러 단어를 찾을 수 있습니다. **여러 단어 찾기**를 선택한 후 **영웅, 천재, 색**을 입력하고 **모두 찾기**를 클릭합니다. 색 앞에 공백이 있으므로 '녹색이'의 '색'은 검색되지 않았습니다.

Point

여러 단어 검색 시 콤마(,) 뒤에 빈칸을 입력하지 않는 것이 좋습니다. 빈칸을 입력하면 빈칸을 포함한 문자를 찾게 됩니다. 위의 예시에서 **영웅,천재, 색**이라고 입력했으므로 영웅과 천재는 '영웅', '천재' 단어만 형광펜으로 표시됐고, 색은 ' 색'으로 빈칸까지 형광펜으로 표시됩니다. 또한 '녹색'의 **색**은 검색되지 않습니다.

는 과정을 보게 되는 경우에는 언제나 반응이 다소 시들해지기 때문이다." 일상성보다 신비함을 선호하는 일반인들에게 일침을 가하는 말이다. 니체는 **영웅** 파괴 본능이 강한 철학자인데. "우리의 허영심과 자기애가 **천재** 숭배를 조장한다."라고 주장한다. 그렇다. 뛰어난 사람을 **천재**로 만들어버리면 우리는 그와 경쟁할 필요가 없어진다. 이 얼마나 놀라운 역설인가. 현실에 안주하기 위해 우리는 **천재**를 찾...

"내가 생애에서 ... 결심 때문에 나는 ...
- 장 밥...

평생 결혼도 하지 ...은 **색**감도 마음에 ... 도왔다는 뒷배경...

녹색이 주를 이룬 풍경화로 프랑스인들에게 큰 사랑을 받았던 화가 코로. 그는 유복한 가정환경 덕에 이탈리아 등지를 여행하며 여유롭게 프랑스 전원을 화폭에 담았다. 당시 소품에 불과했던 풍경화를 예술의 한 경지로 끌어올린 장본인이기도 하다. 자신이 봄이나 여름에 보았던 풍경을 '인상'에 의지해서 기억하고 재해석해 그렸다는 점에서 인상파의 시초로 보기도 한다.

12. 선택사항에서 **띄어쓰기 무시**를 클릭하면 찾을 내용에 입력된 공백을 무시하고 띄어쓰기가 없는 단어로도 검색합니다. **띄어쓰기 무시**를 선택한 후 **모두 찾기**를 클릭합니다. ' 색감' 과 '녹색'의 색이 모두 검색되는 것을 알 수 있습니다.

성되기까지의 과정을 보지 못한다. 그 편이 나은 점도 있다. 작품으로 완성되는 과정을 보게 되는 경우에는 언제나 반응이 다소 시들해지기 때문이다." 일상성보다 신비함을 선호하는 일반인들에게 일침을 가하는 말이다. 니체는 영웅파괴 본능이 강한 철학자인데, "우리의 허영심과 자기애가 천재 숭배를 조장한다."라고 주장한다. 그렇다. 뛰어난 사람을 천재로 만들어버리면 우리는 그와 경쟁할 필요가 없어진다. 이 얼마나 놀라운 역설인가. 현실에 안주하기 위해 우리는 천재를 찾고, 종교에 귀의하는지도 모른다.

"내가 생애에서 진
결심 때문에 나는
- 장 밥티스트 카

평생 결혼도 하지
은 색감도 마음에
도왔다는 뒷배경도
녹색이 주를 이룬
유복한 가정환경 덕에 이탈리아 등지를 여행하며 여유롭게 프랑스 전원을 화

13. 선택사항에서 **아무개 문자**를 클릭하면 특정 글자가 포함된 모든 단어를 찾을 수 있습니다. 예를 들어 '＊색'이라고 입력한 후 **모두 찾기**를 클릭하면 '색'으로 끝나는 단어를 찾습니다.

는 과정을 보게 되는 경우에는 언제나 반응이 다소 시들해지기 때문이다." 일상성보다 신비함을 선호하는 일반인들에게 일침을 가하는 말이다. 니체는 영웅파괴 본능이 강한 철학자인데, 조장한다."라고 그와 경쟁할 필요가 위해 우리는 천 확고한 결심 때문 - 장 밥티

평생 결혼도 하지 않고 '풍경화' 그리는 것에만 매달렸던 카미유 코로의 그림은 색감도 마음에 들지만, 그가 '화가들의 아버지'로 불리며 가난한 화가들을 도왔다는 뒷배경도 매력적이다. 보는 사람의 마음을 편안하게 만드는 회색과 녹색이 주를 이룬 풍경화로 프랑스인들에게 큰 사랑을 받았던 화가 코로. 그는 유복한 가정환경 덕에 이탈리아 등지를 여행하며 여유롭게 프랑스 전원을 화

14. 아무개 문자를 선택한 후 '**결**＊'이라고 입력하고 **모두 찾기**를 클릭하면 '결'로 시작하는 단어를 찾습니다.

파괴 본능이 강한 철학자인데, "우리의 허영심과 자기애가 천재 숭배를 조장한다."라고 주장한다. 그렇다. 뛰어난 사람을 천재로 만들어버리면 우리는 그와 경쟁할 필요가 없어진다. 이 얼마나 놀라운 역설인가. 현실에 안주하기 위해 우리는 천재를 찾고, 종교에 귀의하는지도 모른다.

"내가 생애에서 진실로 하고 싶은 일은, 풍경을 그려내는 것이다. 이 확고한 결심 때문에 나는
- 장 밥티스트 카

평생 결혼도 하지
은 색감도 마음에
도왔다는
녹색이 주를 이룬
유복한 가정환경
폭에 담았다. 당시
인이기도 하다. 자신이 봄이나 여름에 보았던 풍경을 '인상'에 의지해서 기억하고 재해석해 그렸다는 점에서 인상파의 시초로 보기도 한다.

15. 아무개 문자를 선택한 후 **??? – ???? – ????**를 입력하고 **모두 찾기**를 클릭하면, 세 자리 문자 – 네 자리 문자 – 네 자리 문자로 연결된, 즉 전화번호 형식의 문자열을 검색합니다.

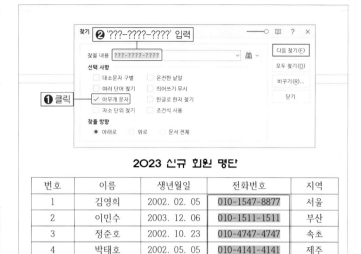

Point

2020. 05. 24., 1988. 08. 15.라고 입력된 데이터가 있을 때 20??을 입력하면 2000년대만 찾을 수 있습니다.

2023 신규 회원 명단

번호	이름	생년월일	전화번호	지역
1	김영희	2002. 02. 05	010-1547-8877	서울
2	이민수	2003. 12. 06	010-1511-1511	부산
3	정준호	2002. 10. 23	010-4747-4747	속초
4	박태호	2002. 05. 05	010-4141-4141	제주
5	최해성	2002. 09. 17	010-1111-7777	대전

Tip

아무개 문자(와일드카드, 대체 문자)

'*'는 여러 글자, '?'는 한 글자를 대체합니다.

- **금***: '금'으로 시작되는 모든 단어
- **?금***: 두 번째 글자가 '금'인 모든 단어
- ***금**: '금'으로 끝나는 모든 단어
- ***금***: '금'이 포함된 모든 단어

16. 선택사항에서 **한글로 한자 찾기**를 선택하면 한자로 된 내용을 한글로 검색해 찾을 수 있습니다. 한자가 많은 문서에서 특정 단어를 찾을 때 매우 유용합니다. **한글로 한자 찾기**를 선택한 후 찾을 내용에 '**진실**'을 입력합니다. **모두 찾기**를 클릭하면 한자로 입력된 '진실'을 찾을 수 있습니다. 이때 한글로 입력된 '진실'도 검색됩니다.

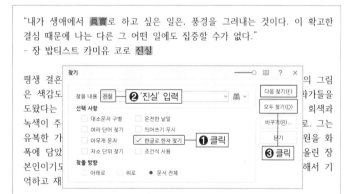

"내가 생애에서 眞實로 하고 싶은 일은, 풍경을 그려내는 것이다. 이 확고한 결심 때문에 나는 다른 그 어떤 일에도 집중할 수가 없다."
- 장 밥티스트 카미유 코로 진실

평생 결혼 ... 의 그림은 색감도 ... 화가들을 도왔다는 ... 회색과 녹색이 주 ... 로. 그는 유복한 가 ... 원을 화폭에 담았 ... 올린 장본인이기도 ... 해서 기억하고 재

아무개 문자와 한글로 한자 찾기 기능을 동시에 선택하는 경우에는 한자 찾기가 올바로 동작하지 않을 수 있습니다.

17. 선택사항에서 **자소 단위 찾기**를 선택하면 해당 자음/모음이 포함된 단어를 검색합니다. **자소 단위 찾기**를 클릭한 후 **ㅈㅅ**을 입력하면 해당 자음으로 시작되는 문자로 된 단어를 검색합니다. 즉, 진실, 자신 등의 단어가 모두 검색됩니다.

"내가 생애에서 眞實로 하고 싶은 일은, 풍경을 그려내는 것이다. 이 확고한 결심 때문에 나는 다른 그 어떤 일에도 집중할 수가 없다."
- 장 밥티스트 카미유 코로 진실

평생 결혼도 하지 않고 '풍경화' 그리는 것에만 매달렸던 카미유 코로의 그림은 색감도 마음에 들지만, 그가 '화가들의 아버지'로 불리며 가난한 화가들을 도왔다는 뒷배경도 매력적이다. 보는 사람의 마음을 편안하게 만드는 회색과 녹색이 주를 이룬 풍경화로 프랑스인들에게 큰 사랑을 받았던 화가 코로. 그는 유복한 가정환경 덕에 이탈리아 등지를 여행하며 여유롭게 프랑스 전원을 화폭에 담았다. 당시 소품에 불과했던 풍경화를 藝術의 한 경지로 끌어올린 장본인이기도 하다. 자신이 봄이나 여름에 보았던 풍경을 '인상'에 의지해서 기억하고 재해석해 그렸다는 점에서 인상파의 시초로 보기도 한다.

18. 자소 단위 찾기를 선택한 후 모음 'ㅗㅏ'를 입력하면 ㅗ와 ㅏ가 포함된 문자로 이뤄진 단어를 검색합니다. '보다', '호하', '조장', '놀라' 등의 단어들이 검색됩니다.

매일 같은... 전 의식에...
책 『그릿』...
사례가 등장...
기 쉬운 ㅍ...

'ㅗㅏ'를 입력할 때 연속으로 입력하면 'ㅘ'가 돼, '화'와 같은 문자를 검색하게 됩니다. 'ㅗ ㅏ'를 입력한 후 두 모음 사이의 공백을 삭제하면 'ㅗ'가 포함된 문자와 'ㅏ'가 포함된 문자로 이뤄진 단어를 검색합니다.

『그릿』에 니체의 이런 말이 나온다. "아무도 예술가의 작품 속에서 그것이 완성되기까지의 과정을 보지 못한다. 그 편이 나은 점도 있다. 작품으로 완성되는 과정을 보게 되는 경우에는 언제나 반응이 다소 시들해지기 때문이다." 일상성보다 신비함을 선호하는 일반인들에게 일침을 가하는 말이다. 니체는 영웅파괴 본능이 강한 철학자인데, "우리의 허영심과 자기애가 천재 숭배를 조장한다."라고 주장한다. 그렇다. 뛰어난 사람을 천재로 만들어버리면 우리는 그와 경쟁할 필요가 없어진다. 이 얼마나 놀라운 역설인가. 현실에 안주하기 위해 우리는 천재를 찾고, 종교에 귀의하는지도 모른다.

"내가 생애에서 眞實로 하고 싶은 일은, 풍경을 그려내는 것이다. 이 확고한 결심 때문에 나는 다른 그 어떤 일에도 집중할 수가 없다."
- 장 밥티스트 카미유 코로 진실

19. 자소 단위 찾기를 선택한 후 '~ㅇ'을 입력하면 종성이 ㅇ인 문자를 검색합니다.

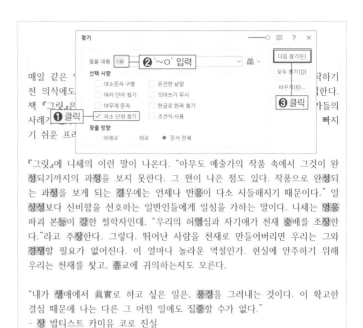

매일 같은 ... 전 의식에도 ... 책 『그릿』은 ... 사례가 ... 기 쉬운 프...

『그릿』에 니체의 이런 말이 나온다. "아무도 예술가의 작품 속에서 그것이 완성되기까지의 과정을 보지 못한다. 그 편이 나은 점도 있다. 작품으로 완성되는 과정을 보게 되는 경우에는 언제나 반응이 다소 시들해지기 때문이다." 일상성보다 신비함을 선호하는 일반인들에게 일침을 가하는 말이다. 니체는 영웅파괴 본능이 강한 철학자인데, "우리의 허영심과 자기애가 천재 숭배를 조장한다."라고 주장한다. 그렇다. 뛰어난 사람을 천재로 만들어버리면 우리는 그와 경쟁할 필요가 없어진다. 이 얼마나 놀라운 역설인가. 현실에 안주하기 위해 우리는 천재를 찾고, 종교에 귀의하는지도 모른다.

"내가 생애에서 眞實로 하고 싶은 일은, 풍경을 그려내는 것이다. 이 확고한 결심 때문에 나는 다른 그 어떤 일에도 집중할 수가 없다."
- 장 밥티스트 카미유 코로 진실

20. 조건식 사용은 패턴 식을 입력해 문자를 검색하는 기능입니다. 조건식 사용을 클릭한 후 찾을 내용에 [a-z]를 입력하면 영문자를 찾을 수 있습니다. ₩c를 입력해도 됩니다.

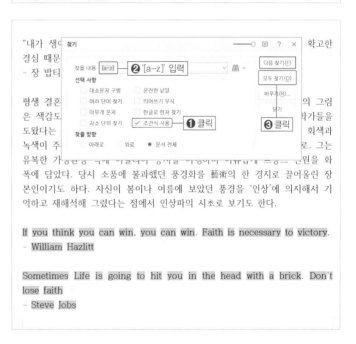

"내가 생애... 결심 때문... - 장 밥티...

평생 결혼... 은 색감도 ... 도왔다는 ... 녹색과 녹색이 주... 유복한 가... 폭에 담았다. 당시 소품에 불과했던 풍경화를 藝術의 한 경지로 끌어올린 장본인이기도 하다. 자신이 봄이나 여름에 보았던 풍경을 '인상'에 의지해서 기억하고 재해석해 그렸다는 점에서 인상파의 시초로 보기도 한다.

If you think you can win. you can win. Faith is necessary to victory.
- William Hazlitt

Sometimes Life is going to hit you in the head with a brick. Don't lose faith
- Steve Jobs

21. 조건식 사용을 클릭해 선택한 후 찾을 내용에 [0-9]를 입력하면 숫자를 찾을 수 있습니다. ₩d를 입력해도 됩니다.

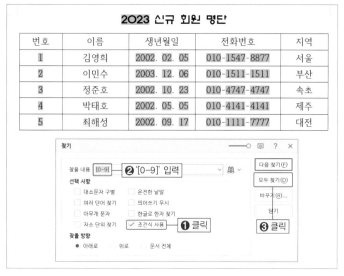

22. |를 입력하면 2개 이상의 패턴을 조합해 검색할 수 있습니다. **조건식 사용**을 클릭해 선택한 후 찾을 내용에 [0-9|a-z]를 입력하면 숫자 또는 영문자를 검색합니다. ₩a를 입력해도 됩니다.

Point

|는 키보드에서 Shift와 ₩를 함께 누르면 입력할 수 있습니다. |는 두 패턴식 중 하나라도 만족하는 것을 찾는 기호입니다.

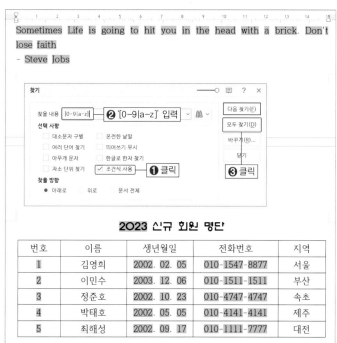

23. **조건식 사용**을 클릭해 선택한 후 찾을 내용에 [a-d|0-5]를 입력하면 영문자 a~d 또는 숫자 0~5까지의 내용을 검색합니다.

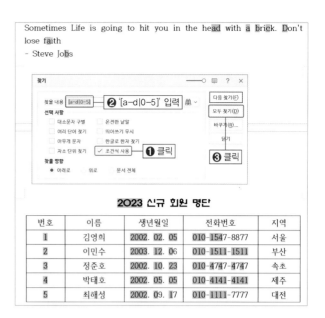

24. **온전한 낱말**과 **조건식 사용**을 클릭한 후 찾을 내용에 [1-3]을 입력하면 독립된 숫자 중에서 1~3까지 찾습니다.

25. **조건식 사용**을 클릭한 후 찾을 내용에 [영|준]호를 입력하면 영호 또는 준호를 찾습니다. 태호는 검색되지 않습니다. (영|준)호를 입력해도 됩니다.

Point

()는 패턴을 그룹화하는 역할을 합니다.

26. 선택사항에서 **조건식 사용**을 클릭한 후 찾을 내용에 **풍경[^화]**를 입력하면 풍경 뒤에 '화'가 입력되지 않은 **풍경**만 검색합니다. 즉, 풍경화는 검색하지 않습니다.

『그릿』어...성되기까...는 과정...상성보다...파괴 본...다."라고...경쟁할...우리는...

그것이 완...로 완성되...이다." 일...체는 영웅...를 조장한...리는 그와...하기 위해...

"내가 생애에서 眞實로 하고 싶은 일은, **풍경을** 그려내는 것이다. 이 확고한 결심 때문에 나는 다른 그 어떤 일에도 집중할 수가 없다."
- 장 밥티스트 카미유 코로 진실

평생 결혼도 하지 않고 '풍경화' 그리는 것에만 매달렸던 카미유 코로의 그림은 색감도 마음에 들지만, 그가 '화가들의 아버지'로 불리며 가난한 화가들을 도왔다는 뒷배경도 매력적이다. 보는 사람의 마음을 편안하게 만드는 회색과 녹색이 주를 이룬 풍경화로 프랑스인들에게 큰 사랑을 받았던 화가 코로. 그는 유복한 가정환경 덕에 이탈리아 등지를 여행하며 여유롭게 프랑스 전원을 화폭에 담았다. 당시 소품에 불과했던 풍경화를 藝術의 한 경지로 끌어올린 장본인이기도 하다. 자신이 봄이나 여름에 보았던 **풍경을** '인상'에 의지해서 기억하고 재해석해 그렸다는 점에서 인상파의 시초로 보기도 한다.

27. 선택사항에서 **조건식 사용**을 클릭한 후 찾을 내용에 {.}{.}₩1₩0를 입력하면 1번째 글자와 0번째 글자가 반복되는 문자열을 찾습니다. 오른쪽 표에서 2002를 보면 2는 0번째 글자, 0은 1번째 글자입니다. 1번째 글자와 0번째 글자가 반복되면 '2002'가 됩니다. 또한 '1111', '7777'도 첫 번째 글자와 두 번째 글자가 반복되는 글자입니다.

2023 신규 회원 명단

번호	이름	생년월일	전화번호	지역
1	김영호	2002. 02. 05	010-1547-8877	서울
2	이민수	2003. 12. 06	010-1511-1511	부산
3	정준호	2002. 10. 23	010-4747-4747	속초
4	박태호	2002. 05. 05	010-4141-4141	제주
5	최해성	2002. 09. 17	010-1111-7777	대전

28. 선택사항에서 **조건식 사용**을 클릭한 후 찾을 내용에 {.}{.}{.}₩0₩1을 입력하면 세 글자 이후 0번째 글자와 1번째 글자가 반복되는 문자열을 찾습니다.

Sometimes Life is going to hit you in the head with a brick. Don't lose faith
- Steve Jobs

2023 신규 회원 명단

번호	이름	생년월일	전화번호	지역
1	김영호	2002. 02. 05	010-1547-8877	서울
2	이민수	2003. 12. 06	010-1511-1511	부산
3	정준호	2002. 10. 23	010-4747-4747	속초
4	박태호	2002. 05. 05	010-4141-4141	제주
5	최해성	2002. 09. 17	010-1111-7777	대전

Point

{ } 안에 특정 단어를 입력할 수도 있습니다. {ma}₩0을 입력하면 'mama'를 찾습니다.

Tip

조건식

구문	의미	설명
.	임의의 문자 하나	줄 나눔 문자를 제외한 모든 단일 문자 찾기 빈칸과 탭을 포함
?		? 앞의 식이 한 번도 일치하지 않거나 한 번 일치하는 경우를 찾음
*	최대 – 0번 이상	* 앞의 식을 0번 이상 찾음 * 앞의 식이 한 번도 일치하지 않거나 여러 번 일치하는 경우를 찾음
+	최대 – 1번 이상	+ 앞의 식을 1번 이상 찾음
[ ]	문자 집합 중 한 문자	[ ] 안에 지정한 문자 중 하나를 찾습니다
–	문자 범위 내의 한 문자	[ ] 안에 지정한 문자 중 하나를 찾을 때 대시(–)를 사용해 문자 범위 지정 가능
^	문자 집합에 없는 문자	[ ] 안에서 ^다음 문자 집합에 없는 문자 찾음
	^이 패턴식의 맨 처음에 나오면 단어의 처음을 의미 ^김: 김으로 시작하는 단어의 김	
( )	부분식을 그룹화	
₩	이스케이프 문자	₩ 다음에 나오는 문자를 찾음. 조건식 표기에 사용되는 문자를 일반 문자로 찾을 때 사용

{ }	태그가 지정된 식	중괄호로 묶인 식에 일치하는 텍스트를 찾아 태그 지정
₩n	태그가 지정된 n번째 텍스트	태그가 지정된 n번째 식과 일치하는 텍스트를 찾음. n은 0~9를 의미함
|	패턴식 조합	| 앞 뒤의 식 찾기
₩a	영숫자	알파벳이나 숫자를 찾음
₩b	빈칸이나 탭문자	빈칸이나 탭 문자를 찾음
₩c	영문자	알파벳 문자를 찾음
₩d	숫자	숫자를 찾음
₩h	16진수	16진수에서 사용되는 문자를 찾음
₩w	영문자열	알파벳이나 한글 문자로 된 단어를 찾음
₩z	숫자로 된 단어	숫자로 된 단어를 찾음
₩k	한글 문자	한글 문자를 찾음

45 서식 찾기

글자가 같지 않아도 글자 모양이나 문단 모양이 동일한 글자를 찾을 수 있습니다. 또한 탭, 문단 끝, 강제 줄 나눔 등을 기준으로 찾을 수도 있습니다.

Key Word: 서식 찾기, 찾을 글자 모양, 찾을 문단 모양
예제 파일: Part2-Section45(서식 찾기)-예제.hwpx

01. 특정 글자 모양을 검색해 다른 글자 모양으로 변경할 수 있습니다. Ctrl + F를 눌러 [찾기] 대화상자를 실행합니다. 찾을 내용에 아무것도 입력하지 않고 **서식 찾기** 🔍를 클릭합니다. **찾을 글자 모양**을 클릭합니다.

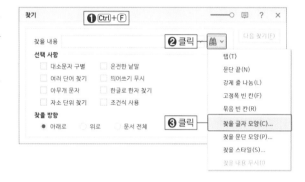

02. 검색할 글자 모양을 설정합니다. '수련'과 동일한 서식의 글자를 찾기 위해 글자색, 음영색, 속성에서 **진하게**를 선택합니다. 글자색은 **파랑**입니다. 정확한 음영색을 선택하기 위해 음영색의 스포이트를 클릭한 후 '수련'이라는 글자의 바탕 색 위치를 클릭합니다. 설정을 클릭합니다.

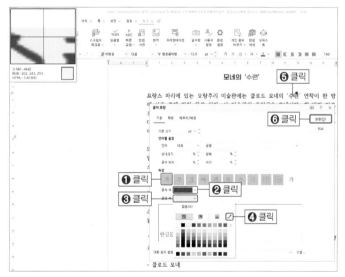

03. 모두 찾기를 클릭합니다.

모네의 '수련'

프랑스 파리에 있는 오랑주리 미술관에는 클로드 모네의 '**수련**' 연작이 한 방에 아주 크게 자리 잡고 있다. 이 미술관의 주인공은 모네이다. 흰 벽과 가로로 긴 그림이 전부인 타원형 전시실에는, 모두가 사진 찍기 바쁜 혼잡한 시간대에도 불구하고 마음껏 시간 감각을 잃어도 될 만큼 차분한 기운이 가득 들어차 있었다.

뜨거운 햇볕과 거친 파도, 모래바람 속에서도 야외 작업을 고집했던 화가로 알려져 있는 모네는 자신의 **연못**을 하루 종일 바라보며 이토록 클래식 같은 소리가 들리는 듯한 그림을 많이 남겼다.

"물과 반사광이 어우러진 연못 풍경이 나를 사로잡는다."라며 죽을 때까지 찬란한 수련을 바라보고 또 그렸다. '자신만의 **정원**'을 갖고 사는 삶이라 가능했던 것일까. 모네는 죽기 직전까지 250편이 넘는 수련 그림을 남겼다. 스스로 "나의 가장 아름다운 걸작"이라 칭했던 **수련** 연작은 크기에서 한 번 놀라고

04. 문단 모양을 기준으로 검색하기 위해 **서식 찾기**를 클릭한 후 찾을 글자 모양을 클릭해 해제합니다. 다시 **서식 찾기**를 클릭한 후 찾을 문단 모양을 클릭합니다.

Point

찾을 글자 모양을 해제하지 않으면 그 다음 찾기에서 계속해 해당 글자 모양을 적용하므로 원하는 내용을 찾지 못할 수 있습니다.

05. 정렬 방식에서 **가운데 정렬**을 선택한 후 **설정**을 클릭합니다.

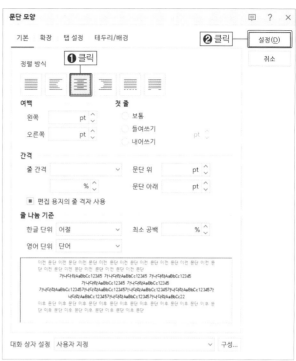

06. 모두 찾기를 클릭하면 **가운데 정렬**이 설정된 문자열만 선택됩니다.

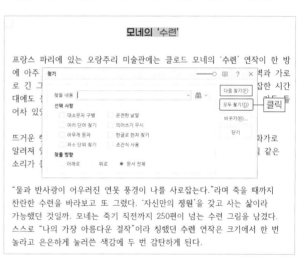

07. 문단의 끝을 찾기 위해 **서식 찾기**를 클릭한 후 **찾을 문단 모양**을 클릭해 해제합니다. 다시 서식 찾기를 클릭한 후 **문단 끝**을 클릭합니다.

08. **문단 끝**을 검색하면 형광펜으로 표시할 문자열이 없으므로 모두 찾기를 했을 때 결과를 확인할 수 없습니다. **다음 찾기**를 클릭합니다. 다음과 같이 문단이 바뀌는 위치, 즉 Enter 를 누른 위치가 표시됩니다.

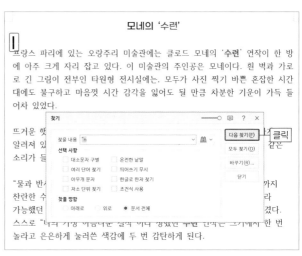

46 바꾸기

찾기 기능으로 찾은 문자열을 다른 문자열로 바꿀 수 있습니다. 찾을 내용에서 특정 글자 모양이 설정된 단어만을 다른 글자 모양으로 바꿀 수도 있고 빈 줄을 찾아 한꺼번에 삭제할 수도 있습니다.

Key Word: **바꾸기**
예제 파일: Part2-Section46(바꾸기)-예제.hwpx

01. 예제 파일의 '**일과**'를 '**일상**'으로 바꾸기 위해 예제 파일을 불러온 후 Ctrl + F 를 누릅니다.

02. 찾을 내용에 '**일과**'를 입력하고, 바꿀 내용에 **일상**을 입력합니다. 찾을 방향을 **문서 전체**로 선택하고 **바꾸기**를 클릭합니다. 문서의 처음부터 찾을 것인지 묻는 대화상자가 표시되면 **찾음**을 클릭합니다.

03. 다음과 같이 '일과'가 범위로 지정되면 **바꾸기**를 클릭합니다. 만약, **다음 찾기**를 클릭하면 해당 단어를 바꾸지 않고 다음 단어로 이동합니다.

Point

조사 자동 교정이 선택돼 있으므로 '일과'를 '일상'으로 변경하면 '를'이 '을'로 자동 변경됩니다.

[찾아 바꾸기] 대화상자

- **바꾸기**: 현재 선택된 단어를 바꿉니다.
- **다음 찾기**: 선택된 단어를 바꾸지 않고 다음 단어를 찾습니다.
- **모두 바꾸기**: 문서 내의 모든 단어를 바꿉니다.
- **닫기**: 찾아 바꾸기 창을 종료합니다.

04. 다음 단어가 범위로 지정되면 **바꾸기**와 **다음 찾기** 중 필요한 동작을 클릭합니다. 일일이 확인하지 않고 모든 단어를 바꾸고자 할 때는 **모두 바꾸기**를 클릭하는 것이 편리합니다.

05. 더 이상 찾는 내용이 없다는 대화상자가 나타나면 **확인**을 클릭합니다.

평범한 기적을 만드는 일

조르조 모란디의 그림과 요즘 매일 배경처럼 틀어놓고 보는 영화 『패터슨』은 닮은 점이 많다. 둘은 내가 계속 집착하는 '**일상성**'이라는 무기로 예술을 완성한다. 특별할 것 없어 보이지만, 그래서 자꾸 들여다볼수록 나만의 의미를 붙일 수 있어서 좋다. 집-직장-집-바Bar를 오가는 주인공 패터슨은 일상을 시작하기 전과 일상을 마친 후에 규칙적으로 시를 쓴다. 식탁 위에 있는 성냥갑과 마을에 있는 폭포, 버스 안에서 승객들이 나눈 대화, 부인의 아침 풍경 등이 모두 시의 소재가 된다. 나도 매일 종이 박스, 종이 가방과 레이저에 격한 반응을 보이는 우리 고양이를 볼 때마다 새롭다. 매일 보면 질릴 만도 한데, 절대 질려 하질 ~~않~~들의 대화에 미소 짓는 패터슨도 꼭 **고양이** 같은 ~~시~~ 듯 가지고 다니며 시를 적었던 비밀 시 노 ~~트~~ 는 언제나 "I'm okay."다. 어찌 보면 답답하고 ~~무~~ 월화수목토일일이 반복되는 『패터슨』을 ~~배 조 차 누르 검 만큼만든~~ 순간이다.

[대화상자: 한글 — 더 이상 찾는 내용이 없습니다. 확인(Y) → 클릭]

"때론 빈 페이지가 많은 가능성을 보여주지요."

---

06. 글자의 내용과 관계없이 문서 전체에서 녹색 글자를 보라색으로 변경할 수도 있습니다. Ctrl + F 를 누른 후 **바꾸기**를 클릭합니다. 찾을 내용과 바꿀 내용을 삭제합니다.

평범한 기적을 만드는 일

조르조 모란디의 그림과 요즘 매일 배경처럼 틀어놓고 보는 영화 『패터슨』은 닮은 점이 많다. 둘은 내가 계속 집착하는 '**일상성**'이라는 무기로 예술을 완성한다. 특별할 것 없어 보이지만, 그래서 자꾸 들여다볼수록 나만의 의미를 붙일 수 있어서 좋다. 집-직장-집-바Bar를 **①** Ctrl + F 공 패터슨은 일상을 시작하기 전과 일상을 마친 후에 규칙적으로 시를 쓴다. 식탁 위에 **②** 클릭 갑과 마을에 있는 폭 *[찾아 바꾸기 대화상자]* 등이 모두 시의 소재 찾을 내용 / 바꿀 내용 / 선택 사항 한 반응을 보이는 우 대소문자 구별 / 온전한 낱말 , 절대 질려 하질 안 여러 단어 찾기 / 띄어쓰기 무시 슨도 꼭 **고양이** 같은 아무개 문자 / 한글로 한자 찾기 **③** 삭제 적었던 비밀 시 노 조사 자동 교정 어찌 보면 답답하고 찾을 방향: 아래로 / 위로 / 문서 전체

"때론 빈 페이지가 많은 가능성을 보여주지요."
- 영화 『패터슨』 중에서

---

07. 찾을 내용의 **서식 찾기**를 클릭한 후 **찾을 글자 모양**을 클릭합니다.

평범한 기적을 만드는 일

조르조 모란디의 그림과 요즘 매일 배경처럼 틀어놓고 보는 영화 『패터슨』은 닮은 점이 많다. 둘은 내가 계속 집착하는 '**일상성**'이라는 무기로 예술을 완성한다. 특별할 것 없어 보이지만, 그래서 자꾸 들여다볼수록 나만의 의미를 붙일 수 있어서 좋다. 집-직장-집-바Bar를 오가는 주인공 패터슨은 일상을 시작하기 전과 일상을 마친 후에 규칙적으로 시를 쓴다. **①** 클릭 냥갑과 마을에 있는 폭 *[찾아 바꾸기 대화상자 — 바꾸기(R)]* 등이 모두 시의 소재 찾을 내용 / 바꿀 내용 / 탭(T) 한 반응을 보이는 우 선택 사항 문단 끝(N) , 절대 질려 하질 안 대소문자 구별 / 온전한 낱말 강제 줄 나눔(L) 슨도 꼭 **고양이** 같은 여러 단어 찾기 / 띄어쓰기 무시 고정폭 빈 칸(F) 적었던 비밀 시 노 아무개 문자 / 한글로 한자 찾기 묶음 빈 칸(R) 어찌 보면 답답하고 조사 자동 교정 **②** 클릭 **찾을 글자 모양(C)** 찾을 방향: 아래로 / 위로 / 문서 전체 찾을 문단 모양(P) / 찾을 스타일(S)

"때론 빈 페이지가 많은 가능성을 보여주지요."
- 영화 『패터슨』 중에서

08. 찾을 글자색을 **초록**으로 설정한 후 **설정**을 클릭합니다.

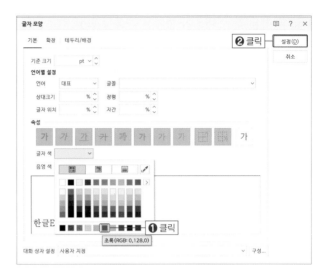

Point

예제 파일의 글자색이 초록으로 설정돼 있으므로 비슷한 다른 색상을 선택하면 글자 서식이 변경되지 않습니다.

09. 바꿀 내용의 **서식 찾기**를 클릭한 후 **바꿀 글자 모양**을 선택합니다.

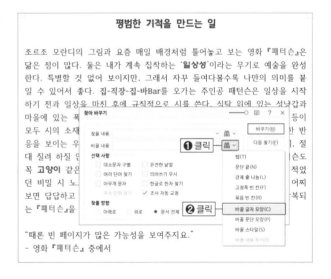

10. 글자색에서 **바꿀 글자색**을 선택한 후 **설정**을 클릭합니다.

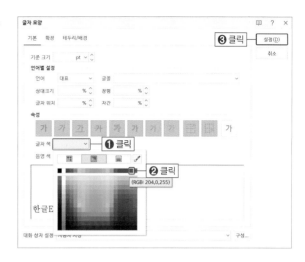

11. 모두 바꾸기를 클릭합니다.

조르조 모란디의 그림과 요즘 매일 배경처럼 틀어놓고 보는 영화 『패터슨』은 닮은 점이 많다. 둘은 내가 계속 집착하는 '**일상성**'이라는 무기로 예술을 완성한다. 특별할 것 없어 보이지만, 그래서 자꾸 들여다볼수록 나만의 의미를 붙일 수 있어서 좋다. **집-직장-집-바Bar**를 오가는 주인공 패턴슨은 일상을 시작하기 전과 일상을 마친 후에 규칙적으로 시를 쓴다. 식탁 위에 있는 성냥갑과 마을에 있는 폭포, 버스 안에서 승객들이 나눈 대화, 부인의 아침 풍경 등이 모두 시의 소재가 된다. 나도 매일 종이 박스, 종이 가방과 레이저에 격한 반응을 보이는 우리 고양이를 볼 때마다 새롭다. 매일 보면 질릴 만도 한데, 절대 질려 하질 않으니 신기하다. 시답잖은 승객들의 대화에 미소 짓는 패터슨도 꼭 **고양이** 같은 사람이다. 자신이 신줏단지 모시듯 가지고 다니며 시를 적었던 비밀 시 노트가 갈기갈기 찢겨졌는데도 그는 언제나 "I'm okay."다. 어찌 보면 답답하 ~~~~~ 반복되는 『패터슨』~~~~

"때론 빈 페 ~~~~
- 영화 『패 ~~~~

1. confiden ~~~~
   신뢰
2. Courage

12. 다음과 같이 글자 내용과 무관하게 글자색이 초록인 모든 글자가 다른 색상으로 변경됩니다.

평범한 기적을 만드는 일

조르조 모란디의 그림과 요즘 매일 배경처럼 틀어놓고 보는 영화 『패터슨』은 닮은 점이 많다. 둘은 내가 계속 집착하는 '**일상성**'이라는 무기로 예술을 완성한다. 특별할 것 없어 보이지만, 그래서 자꾸 들여다볼수록 나만의 의미를 붙일 수 있어서 좋다. **집-직장-집-바Bar**를 오가는 주인공 패턴슨은 일상을 시작하기 전과 일상을 마친 후에 규칙적으로 시를 쓴다. 식탁 위에 있는 성냥갑과 마을에 있는 폭포, 버스 안에서 승객들이 나눈 대화, 부인의 아침 풍경 등이 모두 시의 소재가 된다. ~~~~~과 레이저에 격한 반응을 보이는 우리 고양 ~~~~~ 질릴 만도 한데, 절대 질려 하질 않으니 신기 ~~~~~ 미소 짓는 패터슨도 꼭 **고양이** 같은 사람이다 ~~~~~던 비밀 시 노트가 갈기 ~~~~~ "I'm okay."다. 어찌 보면 답답하고 어찌 보면 한결같아서 믿음직하다. 월화수목금토일일이 반복되는 『패터슨』을 매일 보는 나도 참 한결같은 인간이다.

Point

찾을 글자 모양에서 글자색과 글꼴을 함께 선택하면, 글꼴과 글자색이 일치하는 단어만 바꾸기를 실행할 수 있습니다.

13. 줄 나눔 기호 또는 문단 구분 기호를 다른 기호로 변경할 수도 있습니다. **보기** 탭 ⇨ **문단 부호**를 선택하면 다음과 같이 각 위치에 적용된 기호를 확인할 수 있습니다. Enter 를 누른 위치는 문단이 구분되는 ↵ 기호, Shift + Enter 를 누른 위치는 강제 줄 나눔 기호인 ↵ 기호가 표시됩니다.

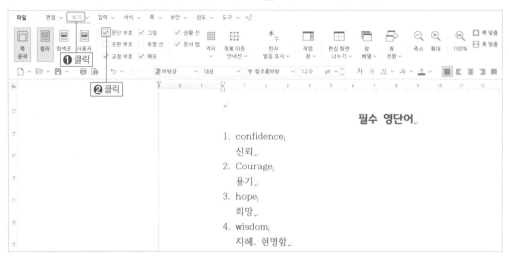

14. 영어와 한국어를 한 줄에 배치하기 위해 강제 줄 나눔 기호를 탭 기호로 변경하겠습니다. 모든 단어를 오른쪽 정렬로 배치한 후 동일한 탭 위치로 이동하기 위해 먼저 탭을 지정합니다. 내용 부분을 범위로 지정하고 **눈금자**의 15cm 앞에서 마우스 오른쪽 버튼 ⇨ **오른쪽 탭**을 클릭합니다.

15. 탭과 글자 사이에 점선을 표시하기 위해 눈금자에서 마우스 오른쪽 버튼 ⇨ **탭 설정**을 클릭합니다.

16. 채울 모양에서 **점선**을 선택한 후 **추가**를 클릭하고 **설정**을 클릭합니다.

17. 찾을 내용의 **서식 찾기** 🔍를 클릭합니다. 찾을 글자 모양이 선택돼 있다면 클릭해 해제합니다. 다시 **서식 찾기** 🔍를 클릭한 후 **강제 줄 나눔**을 선택합니다.

18. 찾을 내용에 '^|'이 입력됩니다. 바꿀 내용의 **서식 찾기** 🔍를 클릭합니다. 바꿀 글자 모양이 선택돼 있다면 클릭해 해제합니다. 다시 **서식 찾기** 🔍를 클릭한 후 **탭**을 클릭합니다. ^t를 직접 입력해도 됩니다.

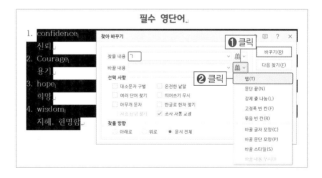

19. 모두 **바꾸기**를 클릭합니다.

20. 문서의 나머지 부분에서도 찾을 것인지 물으면 **취소**를 클릭합니다.

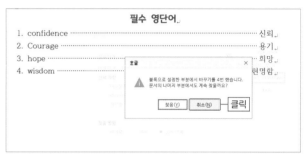

21. **보기** 탭 ⇨ **문단 부호**를 클릭해 해제합니다. 다음과 같이 영단어와 한글이 한 줄에 보기 좋게 배치됐습니다.

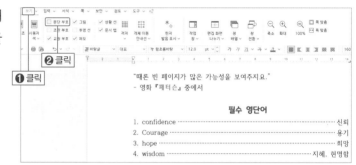

22. 빈 줄을 한꺼번에 삭제할 수도 있습니다. 특정 범위에 대해서만 빈 줄을 삭제하기 위해 다음과 같이 **범위**를 지정합니다. Ctrl + F 를 누르고 **바꾸기**를 클릭합니다. 찾을 내용에서 **서식 찾기** 를 클릭하고 **문단 끝**을 클릭합니다. 다시 **서식 찾기** 를 클릭하고 **문단 끝**을 클릭합니다. ^n^n을 직접 입력해도 됩니다. 바꿀 내용에서 **서식 찾기** 를 클릭한 후 **문단 끝**을 클릭합니다. ^n을 직접 입력해도 됩니다. **모두 바꾸기**를 클릭합니다.

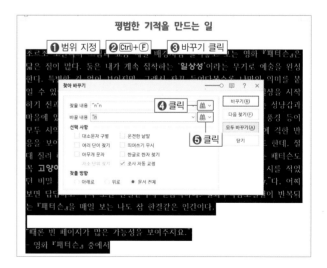

23. 범위로 지정한 부분 이 외의 내용에서는 빈 줄을 삭제하지 않기 위해 다음과 같은 대화 상자가 나타나면 **취소**를 클릭합니다.

평범한 기적을 만드는 일

조르조 모란디의 그림과 요즘 매일 배경처럼 틀어놓고 보는 영화 『패터슨』은 닮은 점이 많다. 둘은 내가 계속 집착하는 '**일상성**'이라는 무기로 예술을 완성한다. 특별할 것 없어 보이지만, 그래서 자꾸 들여다볼수록 나만의 의미를 붙일 수 있어서 좋다. 집-직장-집-바Bar를 오가는 주인공 패터슨은 일상을 시작하기 전과 일상을 마친 후에 규칙적으로 시를 쓴다. 식탁 위에 있는 성냥갑과 마을에 있는 폭포,

[대화 상자: 한글 — 블록으로 설정한 부분에서 바꾸기를 1번 했습니다. 문서의 나머지 부분에서도 계속 찾을까요? / 찾음(Y) · 취소(N)] ←클릭

인의 아침 풍경 등이 모두 시의 소재가 된 ... 과 레이저에 격한 반응을 보이는 우리 고 ... 질릴 만도 한데, 절대 질려 하질 않으니 ... 소 짓는 패터슨도 꼭 **고양이** 같은 사람이 ... 가지고 다니며 시를 적었던 비밀 시 노트가 갈기갈기 찢겨졌는데도 그는 언제나 "I'm okay."다. 어찌 보면 답답하고 어찌 보면 한결같아서 믿음직하다. 월화수목금토일월이 반복되는 『패터슨』을 매일 보는 나도 참 한결같은 인간이다.
"때론 빈 페이지가 많은 가능성을 보여주지요."
- 영화 『패터슨』 중에서

24. 다음과 같이 범위로 지정된 부분에서만 빈 줄이 삭제됐습니다.

평범한 기적을 만드는 일

조르조 모란디의 그림과 요즘 매일 배경처럼 틀어놓고 보는 영화 『패터슨』은 닮은 점이 많다. 둘은 내가 계속 집착하는 '**일상성**'이라는 무기로 예술을 완성한다. 특별할 것 없어 보이지만, 그래서 자꾸 들여다볼수록 나만의 의미를 붙일 수 있어서 좋다. 집-직장-집-바Bar를 오가는 주인공 패터슨은 일상을 시작하기 전과 일상을 마친 후에 규칙적으로 시를 쓴다. 식탁 위에 있는 성냥갑과 마을에 있는 폭포, 버스 안에서 승객들이 나눈 대화, 부인의 아침 풍경 등이 모두 시의 소재가 된다. 나도 매일 종이 박스, 종이 가방과 레이저에 격한 반응을 보이는 우리 고양이를 볼 때마다 새롭다. 매일 보면 질릴 만도 한데, 절대 질려 하질 않으니 신기하다. 시답잖은 승객들의 대화에 미소 짓는 패터슨도 꼭 **고양이** 같은 사람. 자신이 신줏단지 모시듯 가지고 다니며 시를 적었던 비밀 시 노트가 갈기갈기 찢겨졌는데도 그는 언제나 "I'm okay."다. 어찌 보면 답답하고 어찌 보면 한결같아서 믿음직하다. 월화수목금토일월이 반복되는 『패터슨』을 매일 보는 나도 참 한결같은 인간이다.
"때론 빈 페이지가 많은 가능성을 보여주지요."
- 영화 『패터슨』 중에서

Point

- 위와 같이 문단 끝의 구분 기호가 사라지면 여러 문단이 한 문단이 되면서 이전 문단 모양이 적용될 수 있습니다.
- 찾을 내용에 **일^n**이라고 입력하면 '일'이라는 글자 뒤에서 Enter 를 눌러 문단이 분리된 경우만 찾습니다.
- 반대로 찾을 내용에 **^n**을 입력하고 바꿀 내용에 **^n^n**을 입력하면 문단이 바뀌는 곳마다 빈 줄이 하나씩 추가됩니다.

Tip

- **^t**: 탭(Tap)
- **^n**: 문단 끝(Enter)
- **^l**: 강제 줄 나눔(Shift + Enter, 문단을 구분하지 않고 줄 바꿈)
- **^s**: 고정 폭 빈칸(Alt + Space Bar, 1/2칸 띄어쓰기)
- **^r**: 묶음 빈칸(Ctrl + Alt + Space Bar, 고정된 크기의 빈 칸)

47 쪽 번호 추가하기

여러 페이지의 문서는 쪽 번호를 표시해야 합니다. 쪽 번호의 위치와 종류, 시작 번호 등을 선택할 수 있습니다.

ⓖ Key Word: 쪽 번호
예제 파일: Part2-Section47(쪽 번호)-예제.hwpx

01. 예제 파일을 불러온 후 **쪽** 탭 ⇨ **쪽 번호 매기기**를 클릭합니다(단축키: Ctrl + N + P).

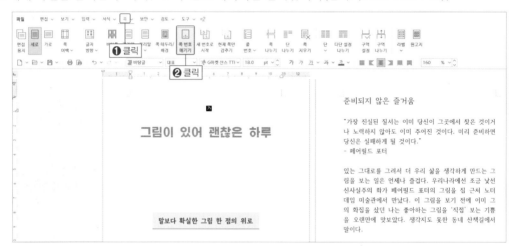

02. 쪽 번호를 표시할 **위치**와 **번호 모양**을 선택합니다. **번호 모양**은 숫자, 원문자, 로마자, 알파벳, 가나다, 한자 등의 종류에서 선택할 수 있습니다.

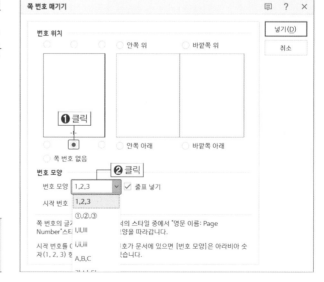

Point

쪽 번호는 마우스 커서의 위치와 무관하게 1쪽부터 적용됩니다.

03. 줄표 넣기가 선택돼 있다면 숫자 옆에 −(하이픈)이 표시되고 줄표 넣기를 해제하면 표시되지 않습니다.

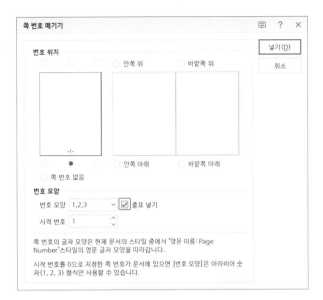

04. 시작 번호를 선택한 후 넣기를 클릭하면 각 페이지마다 쪽 번호가 표시됩니다.

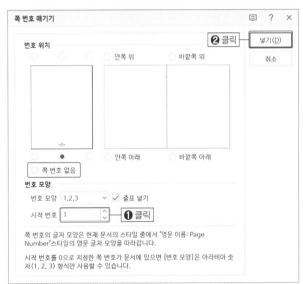

Point

- 시작 번호에 '0'을 입력할 수도 있습니다.
- 쪽 번호 없음을 클릭한 후 **넣기**를 클릭하면 쪽 번호가 사라집니다.

번호 위치

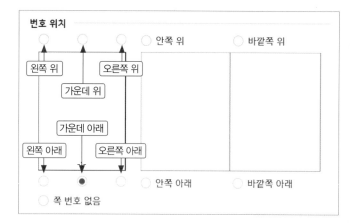

- **안쪽 위/안쪽 아래**: 짝수 페이지는 오른쪽 위/아래, 홀수 페이지는 왼쪽 위/아래에 표시합니다.
- **바깥쪽 위/바깥쪽 아래**: 짝수 페이지는 왼쪽 위/아래, 홀수 페이지는 오른쪽 위/아래에 표시합니다.

05. 다음과 같이 쪽 번호가 표시됩니다.

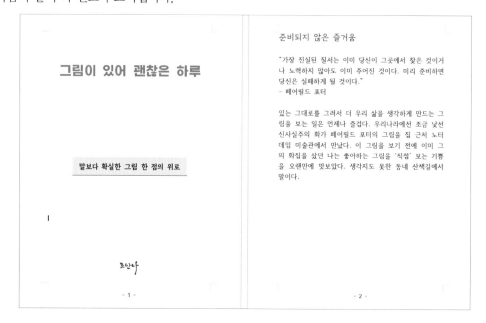

06. 쪽 번호를 삭제하려면 **보기** 탭 ⇨ **조판 부호**를 선택한 후 **[쪽 번호 위치]** 조판 부호를 삭제합니다.

07. **지움**을 클릭합니다.

48 현재 쪽만 감추기

보고서의 제목 페이지와 같이 쪽 번호를 표시하고 싶지 않은 경우, 해당 페이지만 쪽 번호를 감추기 할 수 있습니다.

☞ Key Word: 쪽 번호, 현재 쪽만 감추기
예제 파일: Part2-Section48(현재 쪽만 감추기)-예제.hwpx

01. 예제 파일을 불러온 후 표지로 작성된 **1쪽**을 클릭합니다. **쪽 탭** ➪ **현재 쪽만 감추기**를 클릭합니다.

02. 쪽 번호를 선택한 후 설정을 클릭합니다.

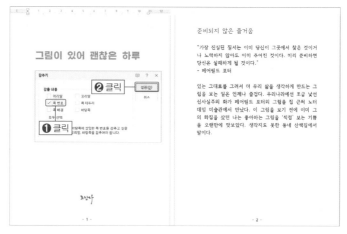

Point

- 머리말, 꼬리말, 쪽 테두리 등의 항목도 함께 감출 때는 모두 선택을 클릭한 후 설정을 클릭합니다.
- 커서는 쪽 번호 감추기를 실행할 페이지에 위치하고 있어야 합니다.

03. 마우스 커서가 위치한 쪽의 쪽 번호는 사라지고 다른 쪽의 쪽 번호만 표시됩니다.

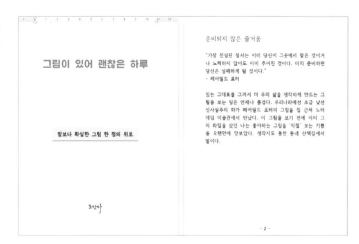

04. 감추기를 실행한 쪽 번호를 다시 표시하려면 조판 부호를 삭제해야 합니다. **보기** 탭 ⇨ **조판부호**를 클릭해 선택합니다. 화면에 표시된 [감추기]를 클릭한 후 (Delete)나 (Backspace)로 삭제합니다.

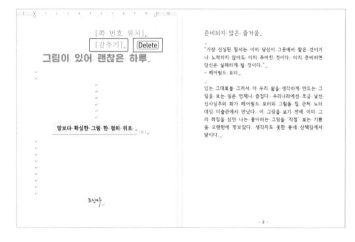

05. [감추기]를 지울까요?라고 물으면 **지움**을 클릭합니다.

Point

감추기를 삭제한 후에는 문서 작업 시 불편하므로 **보기** 탭 ⇨ **조판부호**를 다시 클릭해 조판 부호를 해제합니다.

06. 감추기가 삭제돼 다시 1쪽에 쪽 번호가 표시됩니다.

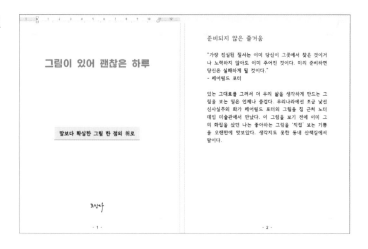

49 새 번호로 시작하기

필요에 따라 현재 페이지 번호를 다른 번호로 변경할 수 있습니다. 다만, 한 페이지에 2개 이상의 새 번호가 설정되면 뒤에 표시된 조판 부호의 쪽 번호만 표시됩니다.

↪ Key Word: 쪽 번호, 새 번호로 시작
예제 파일: Part2-Section49(새 번호로 시작)-예제.hwpx

01. 2쪽의 쪽 번호를 1로 변경하기 위해 2쪽을 클릭합니다. **쪽 탭** ⇨ **새 번호로 시작**을 클릭합니다.

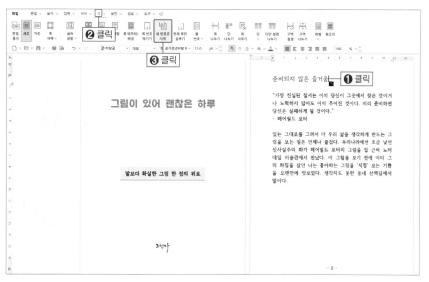

02. 번호 종류에서 **쪽 번호**를 선택한 후 **시작 번호**를 입력하고 **넣기**를 클릭합니다.

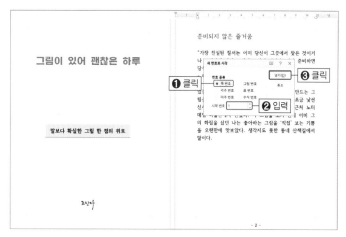

03. 2쪽의 쪽 번호가 1로 변경됩니다. 다음 페이지는 자동으로 2, 3, 4...로 변경됩니다.

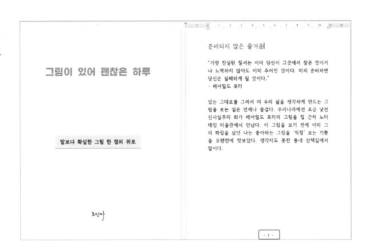

04. 만약 한 페이지에서 **새 번호로 시작**을 두 번 이상 실행했다면 뒤에 있는 조판 부호의 쪽 번호만 표시됩니다. 2쪽의 맨 앞을 클릭한 후 **쪽** 탭 ⇨ **새 번호로 시작**을 클릭합니다. **시작 번호**에 8을 입력한 후 **넣기**를 클릭합니다.

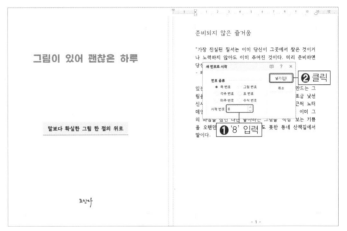

05. 쪽 번호가 8로 바뀌지 않고 **1**로 유지되고 있다는 것을 알 수 있습니다. **보기** 탭 ⇨ **조판 부호**를 선택하면 다음과 같이 [새 쪽 번호]가 2개 표시됩니다. 이 중 오른쪽 끝의 [새 쪽 번호]가 현재 페이지의 쪽 번호로 표시되는 것입니다.

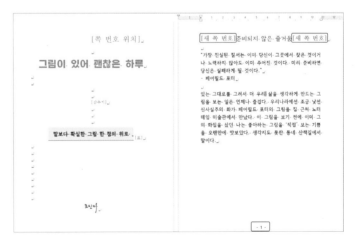

06. 오른쪽 끝의 [새 쪽 번호]를 삭제하면 쪽 번호가 8로 변경됩니다. 이렇게 한 쪽에 2개 이상의 [새 쪽 번호]가 적용되면 문서의 뒤 쪽에서 설정한 쪽 번호가 표시된다는 점을 기억하기 바랍니다.

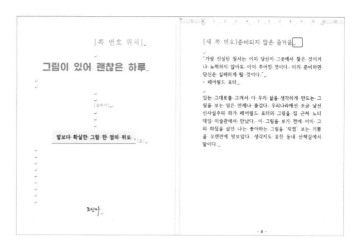

50 각주 설정하기

주석은 본문 내용에 대한 보충 설명이나 인용한 자료의 출처를 기록할 때 사용합니다. 각주는 해당 항목의 페이지 아래에 표시하며 미주는 문서의 맨 마지막 페이지에 표시합니다.

⊙ Key Word: 각주, 각주 모양
예제 파일: Part2-Section50(각주 설정하기)-예제.hwpx

01. 예제 파일을 불러온 후 주석을 표시할 단어 뒤를 클릭하고 **입력** 탭 ⇨ **각주**를 클릭합니다(단축키: Ctrl + N + N).

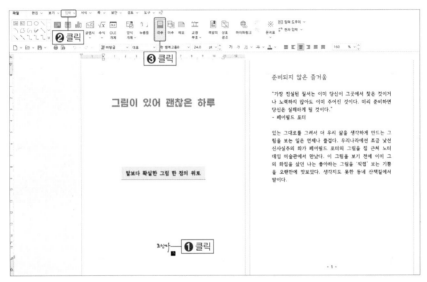

02. 각주 번호가 자동으로 표시되고 커서가 각주 영역으로 이동합니다. 내용을 입력한 후 Shift + Esc 를 누릅니다. 또는 도구 모음에서 **닫기**를 클릭합니다.

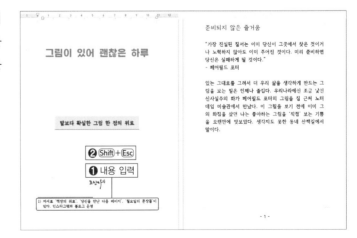

03. 2쪽의 '페어필드 포터' 뒤를 클릭한 후 **입력** 탭 ⇨ **각주**를 클릭합니다 (단축키: Ctrl + N + N). 내용을 입력한 후 Shift + Esc 를 누릅니다.

- 내용: 미국의 화가이자 미술 평론가

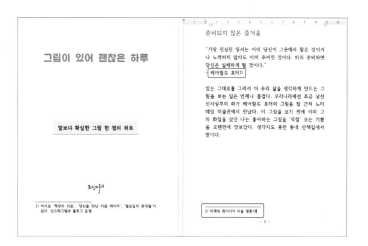

04. 각주 번호 또는 내용을 수정할 때는 쪽 하단의 각주 내용이 입력된 부분을 클릭하거나 각주 번호를 더블클릭합니다. 페어필드 포터의 각주 번호를 더블클릭합니다. 상단의 **주석** 탭에서 **각주/미주 모양**을 클릭합니다.

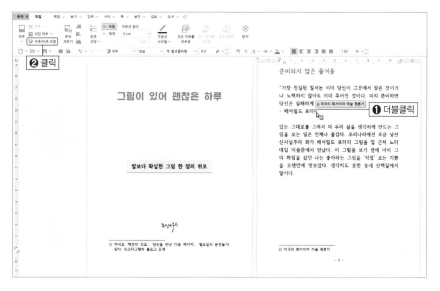

05. 각주의 번호가 앞 쪽의 번호에 연결된 번호로 표시된다면 번호 매기기의 설정이 **앞 구역에 이어서**로 선택돼 있기 때문입니다. **쪽마다 새로 시작**을 선택합니다.

Tip

번호 매기기

각주의 번호를 구역별로 지정할 수 있으며, 구역 설정 단축키는 Alt + Shift + Enter입니다.

- **앞 구역에 이어서:** 구역이 분리되더라도 이전 구역의 각주 번호에 이어서 번호를 지정합니다.
- **현재 구역부터 새로 시작:** 앞 구역과 별도로 현재 구역에 대해 새롭게 번호를 지정합니다. 시작 번호를 설정할 수 있습니다.
- **쪽마다 새로 시작:** 가장 일반적인 경우입니다. 쪽이 바뀌면 1번부터 번호를 부여합니다.

06. 설정을 클릭하면 다음과 같이 각 쪽마다 1)번이 새롭게 시작됩니다.

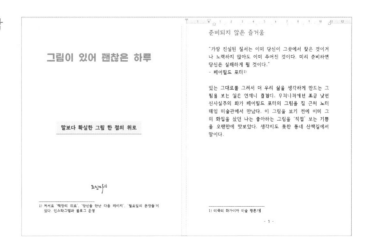

07. 3쪽의 **제임스 설터** 뒤를 클릭한 후 Ctrl + N + N을 누릅니다. 내용을 입력합니다.

- 내용 – 미국 소설가, '쓰지 않으면 사라지는 것들', '소설을 쓰고 싶다면' 등

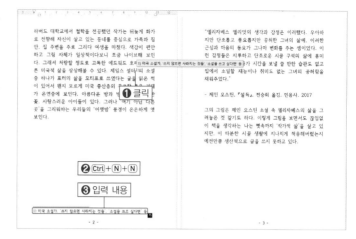

08. 3쪽의 **에드워드 호퍼** 뒤를 클릭한 후 Ctrl + N + N을 누릅니다. 제임스 설터가 에드워드 호퍼보다 뒤에 입력돼 있으므로 제임스 설터의 각주 번호가 2)로 변경되고 에드워드 호퍼의 각주 번호가 1)로 입력됩니다. 내용을 입력합니다.

- 내용: 미국의 화가, '밤의 사람들' 등

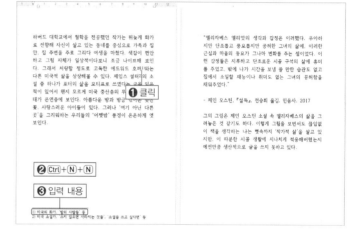

09. 각주의 번호를 변경하기 위해 **주석** 탭에서 **각주/미주 모양**을 클릭합니다.

10. 번호 모양에서 **a, b, c**를 선택하고 뒷 장식 문자에)를 입력합니다. 번호 매기기에서 **쪽마다 새로 시작**을 클릭합니다. **설정**을 클릭하면 다음과 같이 해당 쪽에 입력된 각주의 번호가 함께 변경됩니다.

Point

- 주석 탭에서 **번호 모양**을 클릭해 번호 모양을 선택할 수도 있지만, 앞 장식 문자와 뒷 장식 문자에 대한 설정을 변경할 수 없으므로 각주의 번호를 변경할 때는 **[각주/미주 모양]** 대화상자에서 변경하는 것이 좋습니다.
- 주a)와 같이 번호 앞에 특정 문자나 기호를 표시할 때는 앞 장식 문자에 입력합니다.
- 번호 모양은 해당 문서 내의 모든 각주에 대해 동일하게 적용됩니다.

11. 번호 모양에서 **기호**를 선택하면 문자표의 기호를 각주 번호로 사용할 수 있습니다. 문자표를 클릭하면 다양한 특수 문자에서 기호를 선택할 수 있습니다.

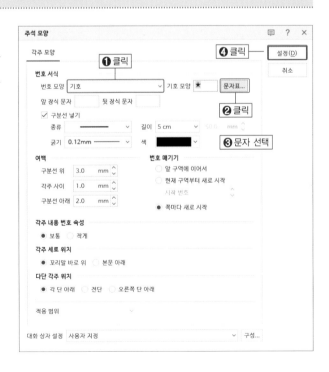

12. 각주를 삭제할 때는 본문에서 **각주 번호 뒤를 클릭**한 후 Delete 를 눌러 삭제할 수 있습니다. **주석** 탭에서 **주석 지우기**를 클릭해도 됩니다.

13. '**현재 각주를 지울까요?**'라고 물으면 **지움**을 클릭합니다.

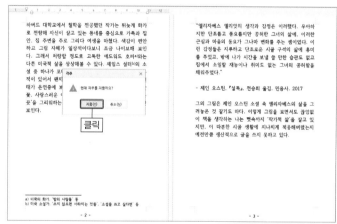

14. '에드워드 호퍼'의 각주 번호가 사라지면서 제임스 설터의 번호가 b)에서 a)로 자동 변경되는 것을 알 수 있습니다.

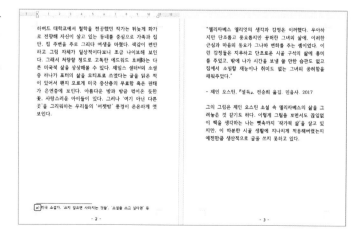

15. 각주의 위치를 변경할 수도 있습니다. 제임스 설터 뒤의 각주 번호 a)를 더블클릭한 후 **주석** 탭에서 **각주**를 클릭하고 **본문 아래**를 선택합니다. 해당 쪽의 하단에 배치돼 있던 각주가 본문 아래로 이동합니다.

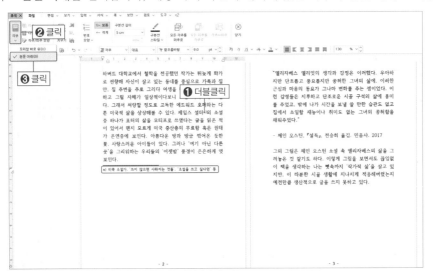

Point

- **[각주/미주 모양]** 대화상자에서 선택할 수도 있습니다.
- 각주 세로 위치는 해당 파일의 모든 각주에 동일하게 적용됩니다.

16. 본문과 각주 사이의 공간을 여유 있게 설정하고 싶다면 **주석** 탭에서 **각주/미주 모양**을 클릭합니다. 여백의 구분선 위를 5로 입력합니다. **설정**을 클릭하면 다음과 같이 본문과 각주 구분선 사이에 여백이 좀 더 넉넉하게 설정됩니다.

여백

- **구분선 위**: 구분선과 본문 사이의 간격입니다.
- **각주 사이**: 각주와 다음 각주 사이의 간격입니다.
- **구분선 아래**: 구분선과 각주 내용 사이의 간격입니다.

다단에서의 각주 위치

다단이 설정돼 있을 때 각주의 위치를 설정합니다. Part2-Section50(각주 설정하기)-결과3(다단).hwpx에서 확인할 수 있습니다.

- 각 단 아래: 주석을 설정한 단어가 위치한 단 아래에 표시합니다.

- 전단: 주석 부분은 단을 분리하지 않습니다. 전단을 설정하고 구분선 길이는 단 너비로 설정했습니다.

- 오른쪽 단 아래: 해당 페이지 내에서 본문 내용이 끝나는 오른쪽 단 아래에 표시합니다.

17. 구분선의 길이와 선 스타일을 변경할 수 있습니다. 각주 번호를 더블클릭한 후 **주석** 탭에서 구분 선의 길이를 **단 너비**로 선택합니다. 구분선 스타일에서 **선 종류**와 **선 색**, **선 굵기**를 선택합니다.

- 선 종류: 원형 점선, 선 굵기: 1mm, 선 색: RGB(0, 29, 195)

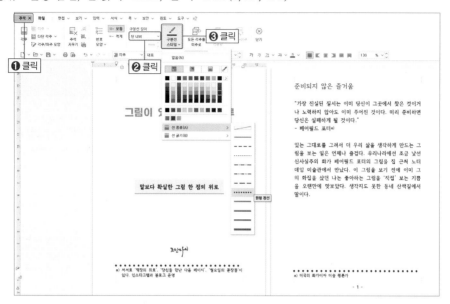

18. 각주에 표시되는 글자의 모양은 각주 스타일에 따라 결정됩니다. 하지만 필요에 따라 각주의 내용을 범위로 지정해 글꼴과 글자 크기, 글자색 등을 변경할 수 있습니다.

- 글꼴: HY크리스탈M, 글자색: RGB(20, 144, 106)

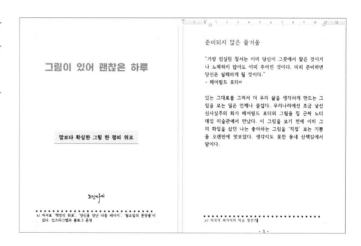

Point

범위로 지정해 변경한 글자 모양은 현재 선택된 각주에만 적용됩니다.

19. 문서 내의 모든 각주를 미주로 변경할 수도 있습니다. 각주를 선택한 후 **주석** 탭에서 **모든 각주를 미주로**를 클릭합니다.

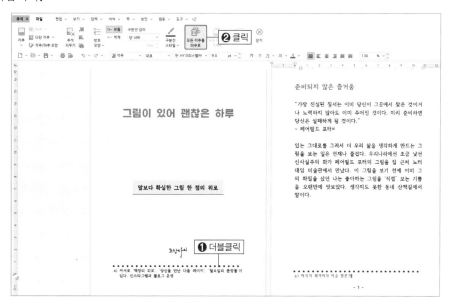

20. 다음과 같이 문서의 마지막 쪽, 본문 하단에 모든 각주가 미주로 변경돼 표시되는 것을 알 수 있습니다.

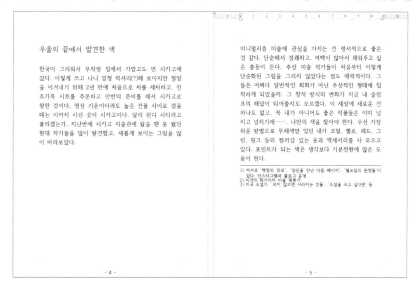

51 주석 저장하기

문서에서 주석의 내용만 따로 저장해 새로운 파일을 생성할 수 있습니다.

ⓖ Key Word: 주석 저장하기
예제 파일: Part2-Section51(주석 저장하기)-예제.hwpx

01. 예제 파일을 불러온 후 각주를 선택합니다. **주석** 탭에서 **주석 저장하기** 🖫 를 클릭합니다.

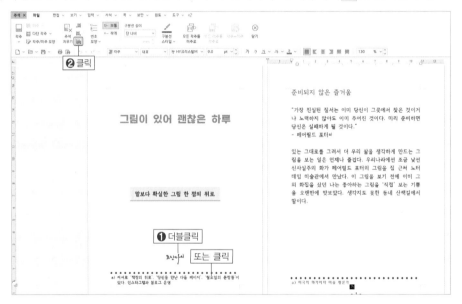

02. 주석 저장하기 창이 실행되면 **주석 저장 경로**🖿를 클릭한 후 주석 파일을 저상할 **폴더**를 선택하고 파일 이름을 입력합니다. **저장**을 클릭합니다.

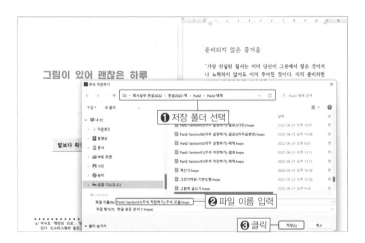

03. [주석 저장하기] 대화상자에서 파일에 저장할 주석의 종류를 선택합니다. **저장**을 클릭합니다.

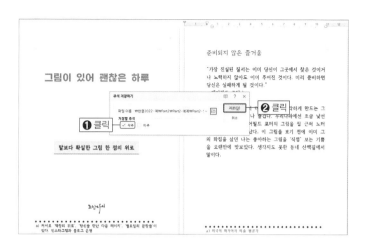

04. 파일 탭 ⇨ **불러오기**를 실행해 저장된 주석 파일을 열면, 다음과 같이 각주의 내용이 모두 저장된 것을 알 수 있습니다. 특정 주석에 대해 설정한 글자 모양과 글자색도 그대로 저장됩니다.

> 1) 저서로 '책장의 위로'. '당신을 만난 다음 페이지'. '월요일의 문장들'이 있다. 인스타그램과 블로그 운영
> 2) 미국의 화가이자 미술 평론가
> 3) 미국 소설가. '쓰지 않으면 사라지는 것들'. '소설을 쓰고 싶다면' 등

52 미주 설정하기

각주는 특정 단어와 항목에 대한 설명을 각 페이지 하단에 표시하고 미주는 특정 단어와 항목에 대한 설명을 문서의 마지막 또는 단어가 입력된 구역의 끝에 표시합니다.

➤ Key Word: 미주, 미주 모양
예제 파일: Part2-Section52(미주 설정하기)-예제.hwpx

01. 예제 파일을 불러온 후 2쪽의 **노터데임** 뒤를 클릭한 후 **입력** 탭 ⇨ **미주**를 클릭합니다(단축키: Ctrl + N + E).

02. 미주를 입력하므로 단어는 2쪽에 입력돼 있지만, 주석은 문서의 마지막 쪽인 6쪽에 입력됩니다. 내용을 입력한 후 Shift + Esc 를 누릅니다.

- 내용: 미국 인디애나주 사우스 벤드에 위치한 노터데임 대학교

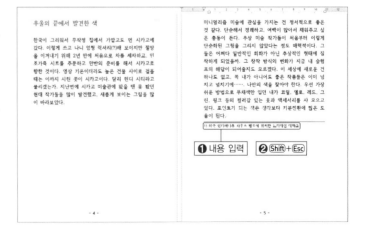

03. 4쪽(쪽 번호는 3)의 **설득**을 클릭한 후 **입력** 탭 ⇨ **미주**를 클릭합니다. 단축키는 Ctrl + N + E 입니다.

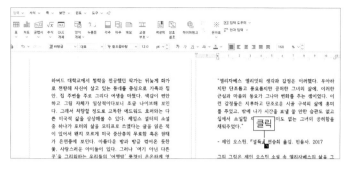

04. 내용을 입력한 후 Shift + Esc 를 누릅니다.

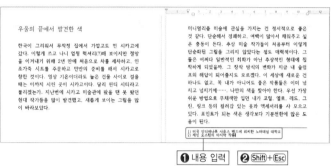

❶ 내용 입력   **❷** Shift + Esc

Point

미주도 각주와 같이 [**각주/미주 모양**] 대화상자를 이용해 번호 모양, 구분선, 위치 등 각종 설정을 변경할 수 있습니다.

---

05. 주석 탭에서 **미주**를 클릭한 후 **구역의 끝**을 선택하면 문서의 끝에 있던 미주가 단어가 입력된 구역의 끝으로 이동합니다.

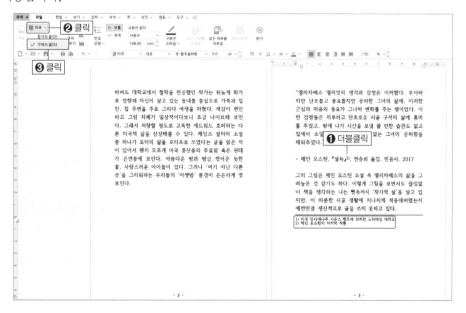

06. 주석 탭에서 **모든 미주를 각주로**를 클릭하면 미주를 각주로 변경할 수 있습니다.

07. 미주가 각주로 변경돼 단어가 위치한 쪽 하단에 배치됩니다. 각주 번호의 모양은 이전에 설정한 모양을 따릅니다.

08. 주석 탭에서 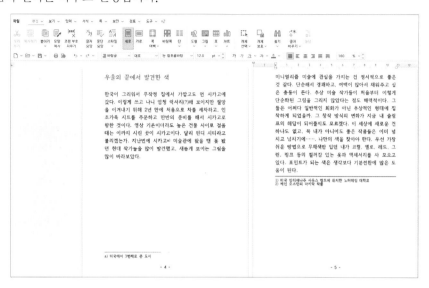 를 클릭하면 각주는 미주로, 미주는 각주로 변경됩니다. 각주인 시카고는 미주로, 미주인 노터데임과 설득은 각주로 변경됩니다.

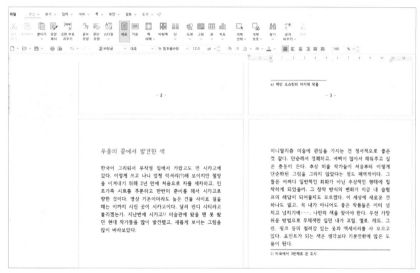

53 머리말/꼬리말 넣기

문서의 여백 부분에 반복되는 내용을 표시하거나 쪽 번호, 파일 이름과 같은 상용구를 표시하는 기능입니다. 상단에 표시되는 내용을 머리말, 하단에 표시되는 내용을 꼬리말이라고 합니다.

👉 Key Word: 머리말, 꼬리말
예제 파일: Part2-Section53(머리말 꼬리말)-예제.hwpx

01. 예제 파일을 불러온 후 **2쪽**을 클릭합니다. **쪽** 탭 ⇨ **머리말** ⇨ **머리말/꼬리말**을 클릭합니다(단축키: Ctrl + N + H).

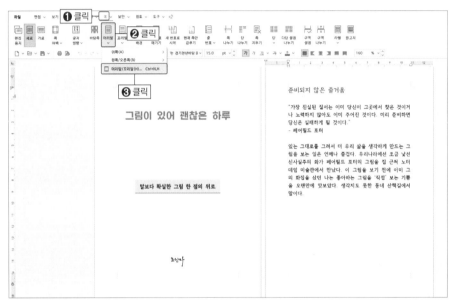

02. [**머리말/꼬리말**] 대화상자가 나타나면 **만들기**를 클릭합니다.

Point

머리말을 선택하면 문서의 상단, 꼬리말을 선택하면 하단에 표시합니다.

머리말/꼬리말 위치

- **양쪽**: 현재 설정하는 머리말을 홀수 쪽과 짝수 쪽에 모두 적용합니다.
- **홀수 쪽**: 현재 설정하는 머리말을 홀수 쪽에만 적용합니다.
- **짝수 쪽**: 현재 설정하는 머리말을 짝수 쪽에만 적용합니다.

03. **1부 준비되지 않은 즐거움**을 입력한 후 (Shift)+(Esc)를 누릅니다. 또는 **머리말/꼬리말** 탭에서 를 누릅니다. 머리말의 글자 모양은 머리말 스타일에 따라 결정됩니다. 하지만 필요에 따라 범위로 지정해 글꼴과 글자 크기, 글자색 등을 변경할 수 있습니다. 다음은 **가운데 정렬**을 실행한 결과입니다.

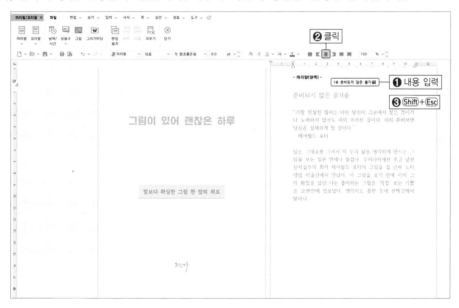

04. 2쪽에 마우스 커서를 올려놓은 후 머리말을 삽입하면 1쪽은 머리말이 표시되지 않고 2쪽 이후부터 머리말이 표시됩니다.

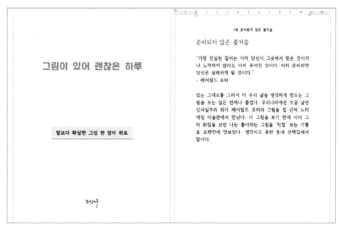

05. 머리말을 수정하려면 머리말에서 더블클릭합니다. **−페어필드 포터**를 추가로 입력한 후 Shift + Esc 를 누릅니다.

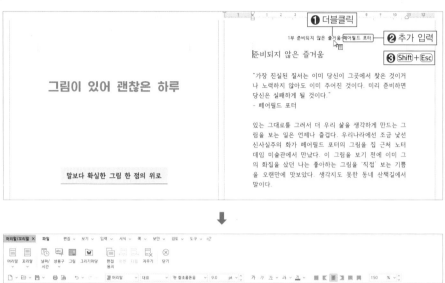

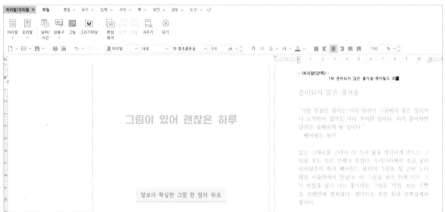

Point

다단 편집 상태에서 머리말/꼬리말을 삽입해도 머리말/꼬리말에 대해서는 다단이 적용되지 않습니다.

06. 특정 위치부터 새로운 머리말을 표시하려면 해당 쪽을 클릭한 후 머리말을 새로 삽입합니다. 5쪽을 클릭한 후 **쪽** 탭 ⇨ **머리말** ⇨ **머리말/꼬리말**을 클릭합니다(단축키: Ctrl + N + H). [**머리말/꼬리말**] 대화상자가 실행되면 **만들기**를 클릭합니다.

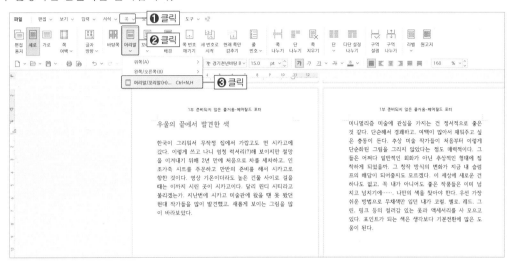

Point

- 입력된 머리말을 더블클릭해 수정하면 이전의 내용까지 모두 변경됩니다. 새로운 내용으로 머리말을 생성할 때는 새 머리말이 시작되는 쪽을 클릭한 후 **머리말/꼬리말**에서 **만들기**를 실행해야 합니다.
- 머리말을 삭제할 때는 머리말의 내용을 더블클릭한 후 **머리말/꼬리말** 탭에서 **지우기**를 클릭합니다.

07. 2부 우울의 끝에서 발견한 색을 입력한 후 Shift + Esc를 누릅니다. 또는 **머리말/꼬리말** 탭에서 ⊗를 누릅니다.

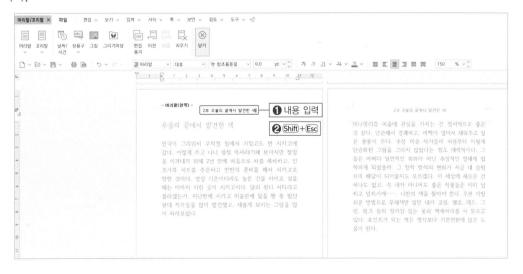

08. 2~4쪽은 예전 머리말의 내용을 유지하고 5쪽 이후부터 새로운 머리말로 변경됩니다.

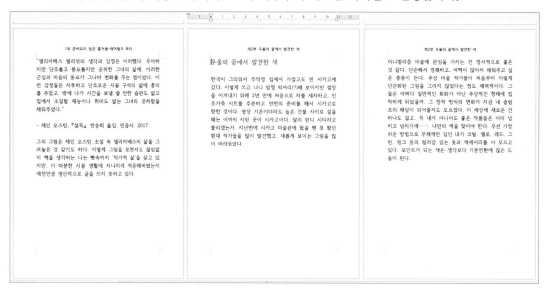

09. 꼬리말을 입력하기 위해 2쪽으로 이동합니다. 특정 위치로 빠르게 이동하려면 한글 창 왼쪽 하단의 **쪽 수**를 클릭합니다. 찾아가기 단축키는 Alt + G입니다.

10. [찾아가기] 대화상자에서 **쪽**을 선택한 후 **쪽 번호 2**를 입력하고 **가기**를 클릭합니다. 마우스 커서가 2쪽의 처음으로 이동합니다.

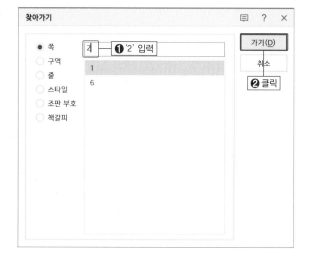

11. 문서의 하단에 꼬리말을 입력하기 위해 **쪽** 탭 ➡ **꼬리말** ➡ **머리말/꼬리말**을 클릭합니다(단축키: Ctrl + N + H). 짝수 쪽과 홀수 쪽을 다르게 설정하기 위해 종류는 **꼬리말**, 위치는 **짝수 쪽**을 클릭하고 **만들기**를 클릭합니다.

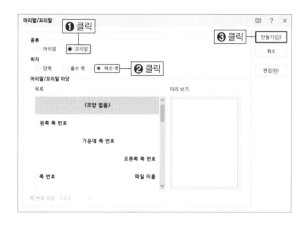

Point

일반적으로 책에서 짝수 쪽은 왼쪽, 홀수 쪽은 오른쪽에 위치합니다. 책의 오른쪽에 놓이는 홀수 쪽에 작은 제목(해당 장의 제목), 왼쪽에 놓이는 짝수 쪽에 큰 제목(해당 책의 제목)을 표시합니다.

12. 그림이 있어 괜찮은 하루를 입력합니다. 꼬리말을 2개 입력하기 위해 Enter 를 누릅니다. **머리말/꼬리말** ➡ **상용구**를 클릭한 후 **현재 쪽/전체 쪽수**를 클릭합니다.

Point

쪽 번호 모양을 클릭해 숫자, 한자, 로마자 등 쪽 번호 모양을 변경할 수도 있습니다.

13. 가운데 정렬을 클릭한 후 Shift + Esc 를 누릅니다.

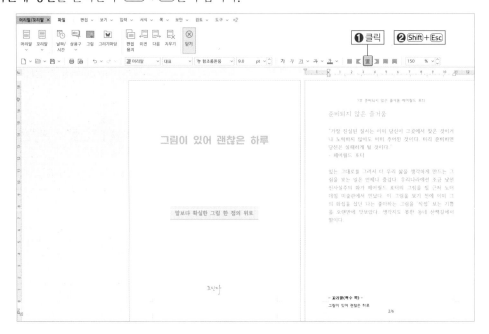

Point

한 쪽에서 꼬리말은 하나만 설정할 수 있으므로 책 이름과 쪽 번호를 모두 표시하려면 꼬리말 설정 상태에서 한 번에 적용해야 합니다. 쪽 번호 기능을 이용하면 현재 쪽 번호만 표시하지만, 머리말/꼬리말의 상용구를 이용하면 전체 쪽 수도 함께 표시할 수 있습니다.

14. 다음과 같이 짝수 쪽에만 꼬리말이 표시됩니다.

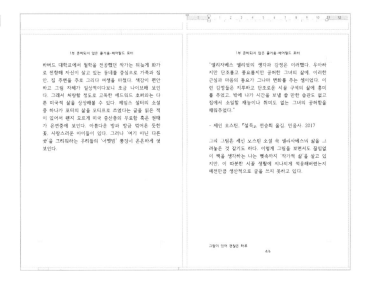

15. 홀수 쪽에 꼬리말을 설정하기 위해 2쪽을 클릭한 후 `Ctrl` + `N` + `H`를 누릅니다. **꼬리말**과 **홀수 쪽**을 선택한 후 **만들기**를 클릭합니다.

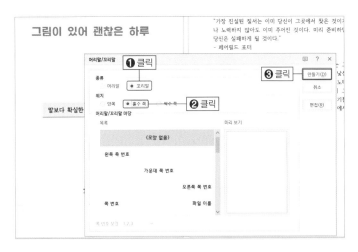

16. 마로니에 북스를 입력한 후 **오른쪽 정렬**을 클릭합니다. 다음 줄에 쪽 번호를 표시하기 위해 `Enter`를 누릅니다. **머리말/꼬리말** ➪ **상용구** ➪ **현재 쪽/전체 쪽수**를 클릭합니다.

17. 가운데 정렬을 클릭한 후 `Shift` + `Esc`를 누릅니다.

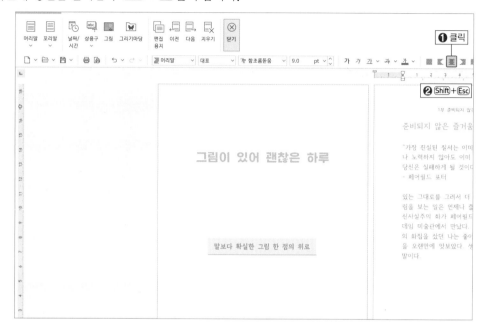

18. `Ctrl`을 누른 채 휠을 움직여 화면을 축소하면 다음과 같이 짝수 쪽과 홀수 쪽의 꼬리말이 다르게 표시된 다는 것을 확인할 수 있습니다.

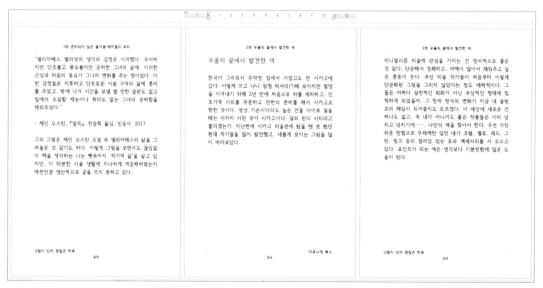

Point

쪽 번호를 표시할 때 꼬리말 기능을 이용했고 2쪽에서 실행했으므로 1쪽에는 쪽 번호가 표시되지 않습니다.

날짜/시간

머리말/꼬리말 탭에서 **날짜/시간**을 클릭하면, 현재 시스템에 설정된 날짜와 시간을 표시할 수 있습니다. 입력 형식에서 **문자열로 넣기**를 선택하면 머리말을 추가하는 시점의 날짜와 시간이 표시되고 **코드로 넣기**를 선택하면 파일을 불러올 때마다 날짜와 시간이 자동으로 변경됩니다.

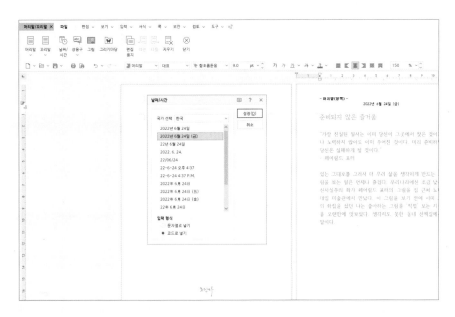

상용구

머리말/꼬리말에 문서에 대한 정보를 표시합니다. 작성 날짜와 지은이 등은 **파일** 탭 ⇨ **문서 정보**에 저장된 내용을 표시합니다.

상용구 내용(Q)...	Ctrl+F3
상용구 등록(I)...	Alt+I
마지막 저장한 날짜(D)	
마지막 저장한 사람(M)	
내용 작성 날짜(A)	
지은이(P)	
지은이, 현재 쪽, 내용 작성 날짜(E)	
제목(T)	
전체 쪽 수(L)	
파일 이름(N)	
파일 이름과 경로(C)	
현재 쪽 번호(U)	
현재 쪽/전체 쪽수(G)	
쪽 번호 모양(S)	>
쪽 번호 재계산(R)	

54 구역 설정하기

많은 내용의 문서 작성 시 구역을 나눠 작성하면 구역마다 용지 설정, 쪽 번호와 배경 그림, 테두리 등을 새롭게 설정할 수 있습니다.

○ Key Word: **구역**

예제 파일: Part2-Section54(구역 설정하기)-예제.hwpx

01. 예제 파일을 불러온 후 Ctrl + PageDown 을 눌러 문서의 끝으로 이동합니다. 쪽 탭 ⇨ **구역 나누기**를 클릭 하거나 Alt + Shift + Enter 를 누릅니다.

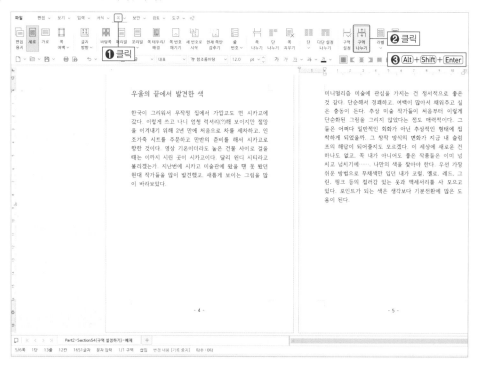

Point

예제 문서는 '새 번호로 시작' 기능을 이용해 2쪽을 1쪽으로 표시했으므로 현재 쪽이 전체 7쪽 중에서 6쪽에 해 당된다고 표시되고 있습니다.

02. 새 쪽이 삽입되고 하단의 상태 표시줄에 **6/7쪽**, **2/2구역**이 표시됩니다. 이전 쪽과 새 쪽의 구역이 분리 돼 2구역이 됐고 현재 마우스 커서는 2구역에 위치하고 있다는 뜻입니다.

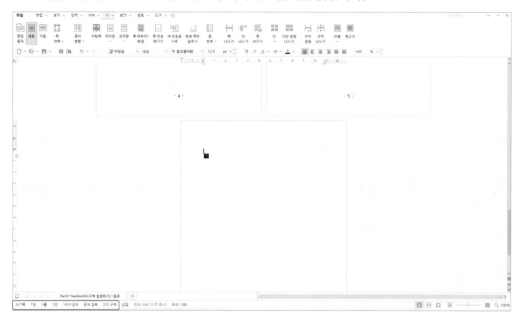

03. **편집** 탭 ⇨ **용지 방향**을 **가로**로 설정합니다. 구역이 분리돼 있으므로 이전 쪽은 세로 용지를 유지하고 6쪽부터 가로 용지로 변경됩니다.

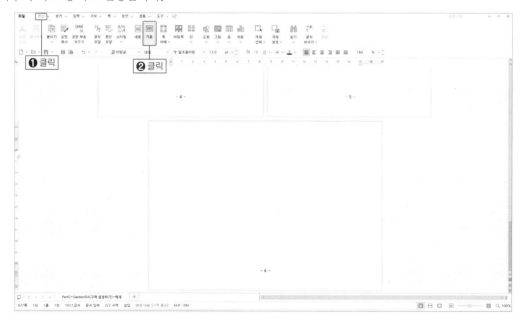

04. 읽을 수 없을 때 보는 그림을 입력한 후 **쪽** 탭 ⇨ **구역 설정**을 클릭합니다.

05. 시작 쪽 번호의 종류가 '이어서' 로 선택돼 있습니다. '이어서'를 클릭 한 후 **사용자**로 변경합니다. 오른쪽에 **시작 쪽 번호**를 입력합니다. 같은 방법 으로 개체 시작 번호도 **사용자**로 변경 하고 시작 번호를 입력합니다. **설정**을 클릭합니다.

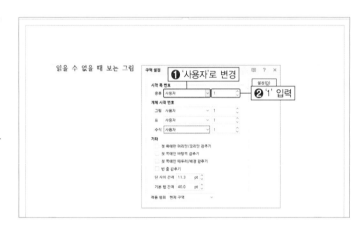

Point

책을 편집할 때 장(Chapter)은 항상 홀수 쪽에서 시작하는 것이 관례입니다. 시작 쪽 번호 – 홀수를 선택하면 그 쪽이 짝수 쪽일 때 그 쪽을 빈 쪽으로 남기고 쪽 번호를 하나 건너뛰어 항상 홀수 번호로 만듭니다.

06. 6쪽으로 표시됐던 쪽 번호가 1로 변경됐습니다.

07. 새 구역의 첫 페이지 첫 글자 왼쪽을 클릭한 후 Backspace 를 누르면 다음 내용이 앞 구역에 포함되고 분리됐던 구역 구분이 사라집니다. 두 문단을 구분하기 위해 Enter 를 **두 번** 누릅니다. 화면 하단 상태 표시줄에 **1/1 구역**이 표시됩니다.

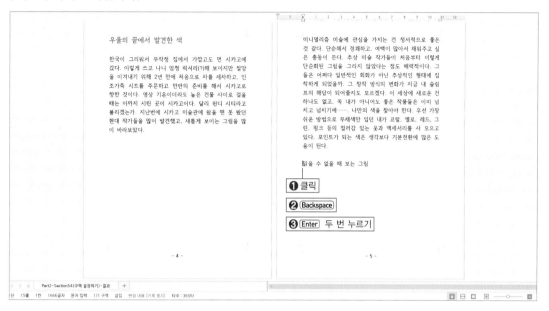

Point

앞 구역의 마지막 위치에서 Delete 를 눌러도 구역 구분이 사라지고 아래 구역이 앞 구역에 포함됩니다.

55 문단 스타일 설정하기

문서에서 자주 사용하는 서식을 스타일로 지정해 두면 동일한 서식을 쉽게 적용할 수 있어 빠르고 일관성 있게 작업할 수 있습니다. 문단 스타일은 커서가 위치한 문단 전체에 동일하게 적용되는 스타일이며 문단 모양, 문단 번호, 글자 모양 등을 설정할 수 있습니다.

➔ Key Word: 스타일, 문단 스타일
예제 파일: Part2-Section55(문단 스타일)-예제.hwpx

01. 예제 파일을 불러온 후 제목을 범위로 지정하고 F6을 누릅니다. 스타일 추가하기 + 를 클릭합니다.

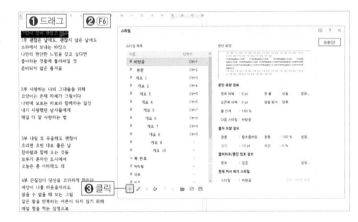

02. 스타일 **이름**을 입력합니다. 스타일 종류를 문단으로 선택한 후 **문단 모양**을 클릭합니다.

Point

• 하나의 문서에 추가할 수 있는 스타일의 최대 개수는 160개입니다.

• 스타일 종류는 스타일을 추가할 때만 선택할 수 있습니다. **문단**으로 선택하면 범위로 지정한 내용이 포함된 문단 전체에 적용되고 문단 모양과 문단 번호, 글자 모양을 모두 설정할 수 있습니다. 스타일 종류를 **글자**로 선택하면 범위로 지정된 내용에 대해서만 적용되며 글자 모양만 설정할 수 있습니다.

03. 가운데 정렬을 클릭한 후 **문단 아래** 여백을 **10pt**로 입력하고 **설정**을 클릭합니다.

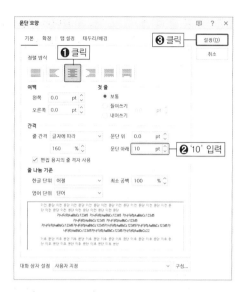

04. 글자 모양을 클릭합니다.

05. 글자 크기와 글꼴, 글자색 등을 선택하고 설정을 클릭합니다.

- 기준 크기: 16pt, 글꼴: 이순신 돋움체B, 글자색: 초록 25% 어둡게

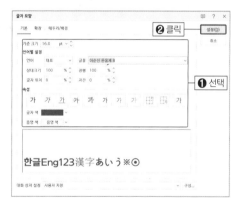

06. 추가를 클릭합니다.

07. '제목' 스타일이 추가됩니다(단축키: Ctrl + ②). 설정을 클릭하면 현재 범위로 지정된 부분에 해당 스타일이 적용됩니다.

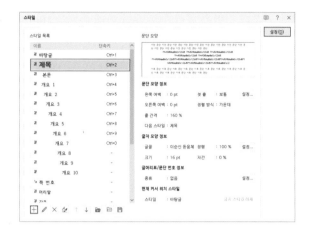

08. 두 번째 줄을 범위로 지정한 후 F6을 누릅니다. **스타일 추가하기**를 클릭합니다.

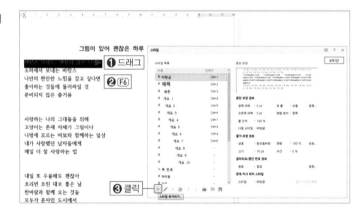

09. 스타일 이름을 입력한 후 스타일 종류는 **문단**을 선택합니다. 문단 번호를 설정하기 위해 **글머리표/문단 번호...**를 클릭합니다.

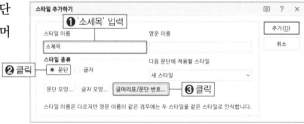

10. 문단 번호 탭에서 **첫 번째 문단 번호**를 클릭한 후 이에 대한 설정을 수정하기 위해 **사용자 정의**를 클릭합니다.

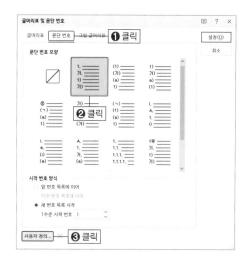

11. 번호를 추가하면 1부, 2부, 3부..와 같이 입력 되도록 **번호 서식**에서 ⌃1 뒤의 .(마침표)를 삭제 하고 **부**를 입력합니다.

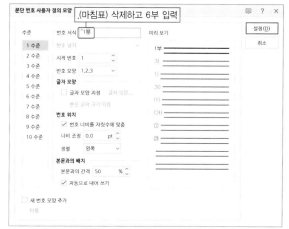

12. 설정한 문단 번호 모양을 저장하기 위해 **새 번호 모양 추가**를 선택한 후 이름에 **소제목**을 입 력합니다. **설정**을 클릭합니다.

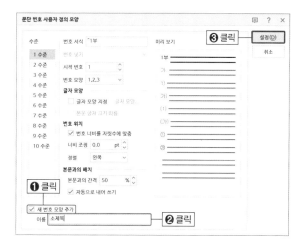

13. 설정을 클릭합니다.

14. 글자 모양을 설정하기 위해 **글자 모양**을 클릭합니다.

15. 기준 크기는 **12pt**, 글꼴은 **경기천년바탕 Bold**, 글자색은 **RGB(246, 102, 40)** 을 선택하고 **설정**을 클릭합니다.

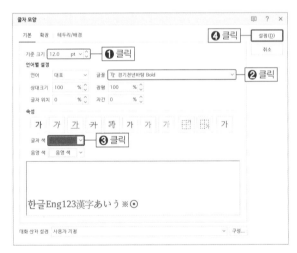

16. 추가를 클릭합니다.

17. 최근에 추가한 '소제목' 스타일이 두 번째 스타일로 등록되고 이전에 등록한 '제목' 스타일이 세 번째 스타일로 이동합니다. 자주 사용하는 순서 또는 문서에서의 수준과 같은 수준으로 배치하는 것이 편리하므로 ↓ 을 클릭해 **소제목 스타일을 한 단계 아래로 내**립니다.

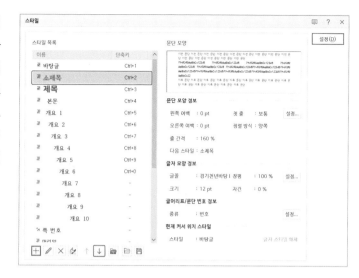

18. 소제목 스타일이 목록에서 세 번째로 이동하고 단축키는 Ctrl + 3 으로 할당됩니다. **설정**을 클릭합니다.

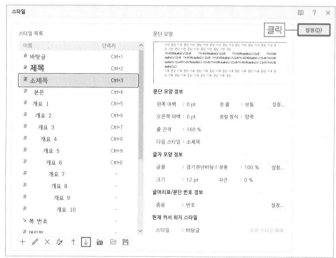

19. 각 소제목을 범위로 지정한 후 Ctrl + 3 을 눌러 소제목 스타일을 적용합니다. 소제목이 적용될 때 1부, 2부, 3부 순서로 문단 번호가 부여됩니다.

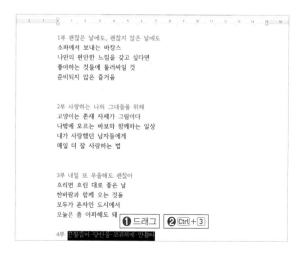

문단 스타일은 적용할 부분을 범위로 지정하지 않고 스타일 단축키를 눌러도 마우스 커서가 위치한 문단 내 모든 글자에 대해 스타일이 적용됩니다.

20. 다음과 같이 범위를 지정한 후 F6을 누릅니다. **스타일 추가하기** +를 클릭합니다. 스타일 이름에 **내용**을 입력한 후 스타일 종류는 **문단**을 선택합니다. **글머리표/문단 번호**를 클릭합니다.

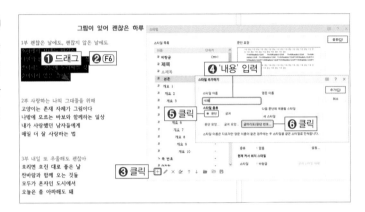

21. 문단 번호 탭에서 **첫 번째 모양**을 선택한 후 **사용자 정의**를 클릭합니다.

22. 번호 서식에서 (.)**마침표를 삭제**한 후 **)**를 입력합니다. 번호 모양은 **a, b, c**를 선택합니다. 번호 위치에서 너비 조정에 **24pt**(12pt 2글자만큼의 간격)을 입력한 후 정렬은 **오른쪽**을 선택합니다. **새 번호 모양 추가**를 선택한 후 이름에 '**내용**'을 입력합니다.

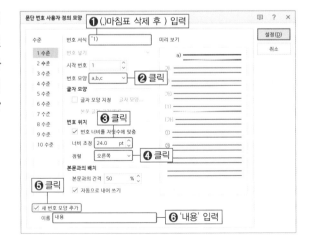

23. 설정을 클릭합니다.

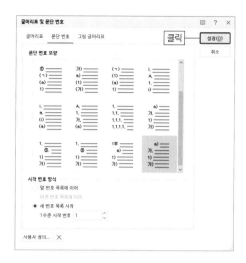

24. 추가를 클릭합니다.

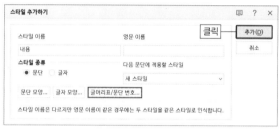

25. ↓를 두 번 눌러 내용 스타일이 목록에서 네 번째 스타일이 되도록 순서를 이동합니다.

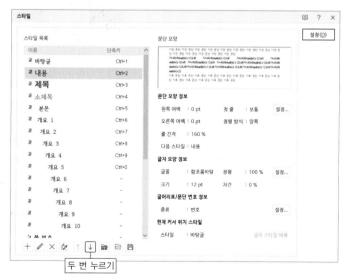

26. 설정을 클릭합니다.

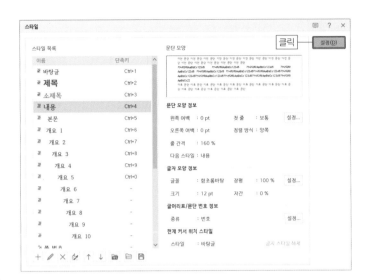

27. 1부의 내용이 범위로 지정된 상 태에서 Ctrl + 4 를 누릅니다. 내용 스 타일에 설정한 문단 번호가 적용됩니 다. 2부의 내용을 범위로 지정한 후 Ctrl + 4 를 누르면 다음과 같이 1부의 번호와 연결된 번호가 표시됩니다. 2 부의 내용이 범위로 지정된 채 **문단 번 호 모양**을 실행하기 위해 Ctrl + K + N 을 누릅니다. **새 번호 목록 시작**을 선택하고 **설정**을 클릭합니다.

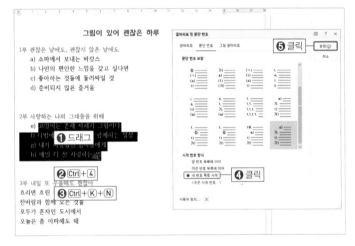

28. 다음과 같이 설정된 스타일이 적용됩니다.

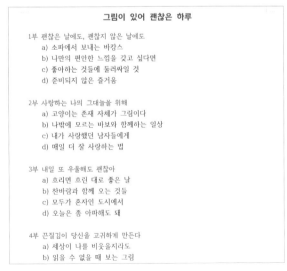

그림이 있어 괜찮은 하루

1부 괜찮은 날에도, 괜찮지 않은 날에도
　　a) 소파에서 보내는 바캉스
　　b) 나만의 편안한 느낌을 갖고 싶다면
　　c) 좋아하는 것들에 둘러싸일 것
　　d) 준비되지 않은 즐거움

2부 사랑하는 나의 그대들을 위해
　　a) 고양이는 존재 자체가 그림이다
　　b) 나밖에 모르는 바보와 함께하는 일상
　　c) 내가 사랑했던 남자들에게
　　d) 매일 더 잘 사랑하는 법

3부 내일 또 우울해도 괜찮아
　　a) 흐리면 흐린 대로 좋은 날
　　b) 찬바람과 함께 오는 것들
　　c) 모두가 혼자인 도시에서
　　d) 오늘은 좀 아파해도 돼

4부 끈질김이 당신을 고귀하게 만든다
　　a) 세상이 나를 비웃을지라도
　　b) 읽을 수 없을 때 보는 그림

56 글자 스타일 설정하기

글자 스타일은 범위로 지정된 글자에만 적용되는 스타일이며 문단 모양에 관한 기능은 설정할 수 없고 글자 모양만 설정할 수 있습니다.

ⓖ Key Word: 스타일, 글자 스타일
예제 파일: Part2-Section56(글자 스타일)-예제.hwpx

01. 특정 단어를 강조하는 글자 스타일을 생성하기 위해 중요한 단어를 범위로 지정합니다. F6을 누른 후 **스타일 추가하기** + 를 클릭합니다.

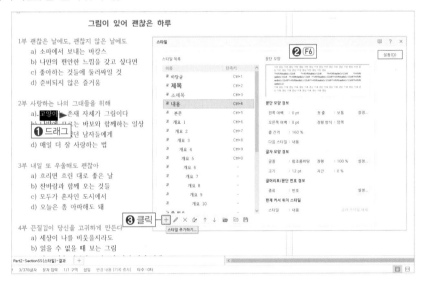

02. 스타일 이름에 **키워드**를 입력한 후 스타일 종류에서 **글자**를 선택하고 **글자 모양**을 클릭합니다.

Point

스타일 종류에서 글자를 선택하면 문단 모양과 글머리표/문단 번호는 설정할 수 없습니다.

03. 기준 크기는 **12pt**로 설정하고 글꼴은 **경기천년제목V Bold**를 선택합니다. 글자색 **파랑**, 음영색 **RGB(144, 234, 234)**를 선택하고 **설정**을 클릭합니다.

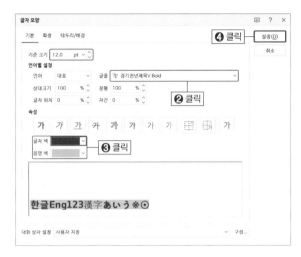

04. **추가**를 클릭합니다.

05. 키워드 스타일이 다섯 번째 스타일이 되도록 ↓를 **세 번** 누르고 **설정**을 클릭합니다.

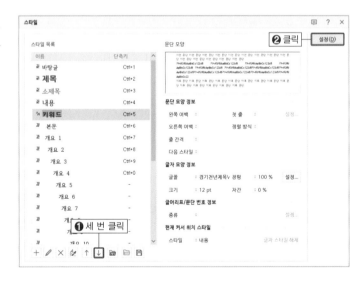

Point

문단 스타일의 모양은 ⊟, 글자 스타일의 모양은 ⚡입니다.

06. 키워드 스타일을 적용할 단어를 범위로 지정한 후 Ctrl +5를 누릅니다. 글자 스타일이므로 범위로 지정된 단어에만 글자 모양이 적용됩니다.

07. 글자 스타일이 적용된 단어에 문단 스타일을 적용하면 문단 모양은 적용되지만, 글자 모양은 적용되지 않습니다.

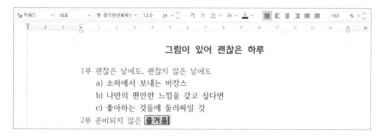

08. 해당 단어에 문단 스타일의 글자 모양을 적용하려면 스타일 목록을 클릭하고 **글자 스타일 해제**를 선택합니다.

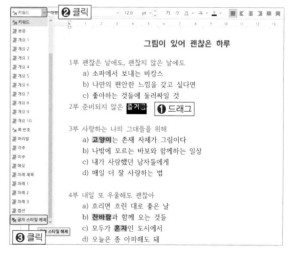

57 스타일 수정하기

스타일의 설정을 변경하면 문서 내에 해당 스타일이 적용된 모든 문단 또는 글자에 대해 변경된 서식
이 적용됩니다. 다만 스타일 수정 시 글자 스타일 또는 문단 스타일로 지정한 스타일 종류는 변경할
수 없습니다.

Key Word: **스타일 수정하기**
예제 파일: Part2-Section57(스타일 수정하기)-예제.hwpx, Part2-Section57(스타일 삭제하기)-예제.hwpx,
Part2-Section57(커서 위치 스타일)-예제.hwpx

01. 예제 파일을 불러온 후 첫 번째 소제목을 범위로 지정합니다. [F6]을 누른 후 **스타일 편집하기** 🖉 를 클
릭합니다.

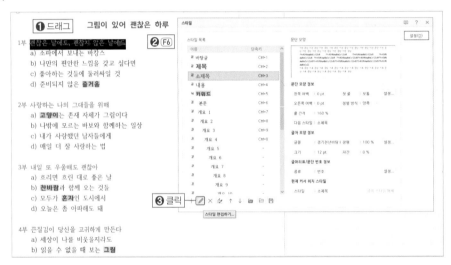

02. 글자 모양을 클릭합니다.

Point

스타일을 편집할 때는 스타일 종류가 표시되지
않습니다.

03. 글자색을 RGB(0, 102, 255)로 변경한 후 설정을 클릭합니다.

04. 설정을 클릭합니다.

Point

스타일 편집하기에서 설정을 누르는 순간, 문서 내 해당 스타일이 적용된 문단의 글자색이 모두 한꺼번에 변경됩니다.

05. 설정을 클릭합니다. 이미 스타일은 변경된 상태이므로 [**스타일**] 대화상자에서 ⨉를 클릭해도 결과는 같습니다.

Point

스타일 창에서의 설정은 현재 선택된 스타일을 범위로 지정된 문단에 적용한다는 뜻입니다.

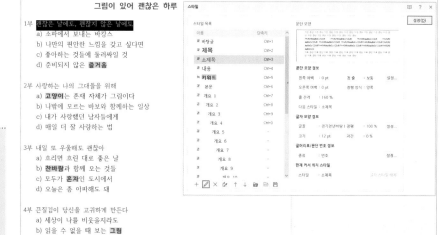

06. 커서 위치의 스타일을 바로 다른 스타일에 적용할 수 있습니다. Part2-Section57(마우스 커서 위치 스타일)-예제.hwpx 파일을 불러온 후 새로운 글자 모양이 설정된 **바캉스**를 클릭합니다. [F6]을 누른 후 **키워드 스타일**을 클릭합니다. 그런 다음 마우스 커서 위치의 스타일로 바꾸기 🖋를 클릭합니다.

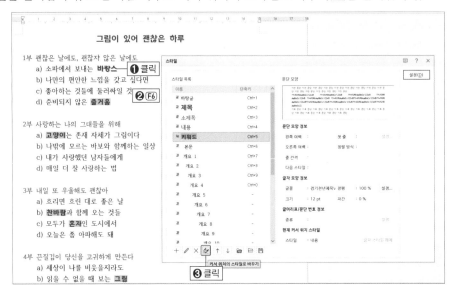

07. 바꾸기를 클릭합니다.

08. 키워드 스타일의 모양이 변경됩니다. [스타일] 대화상자를 종료합니다.

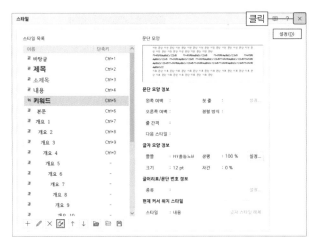

09. 키워드 스타일을 적용한 글자들의 모양이 마우스 커서가 위치한 '바캉스' 단어의 모양으로 변경됩니다.

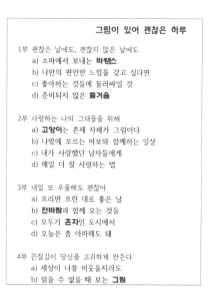

10. 스타일을 **삭제**할 수도 있습니다. Part2−Section57(스타일 삭제하기)−예제.hwpx를 불러옵니다. 적용된 스타일을 해제할 부분을 범위로 지정한 후 F6을 누르고 스타일 지우기 ✕ 를 클릭합니다.

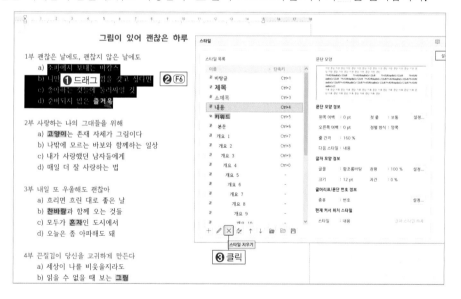

11. 스타일이 삭제됐을 때 대체할 스타일을 선택합니다. 일반적으로 **바탕글**을 선택한 후 **설정**을 클릭합니다.

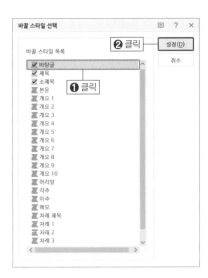

12. [**스타일**] 대화상자에서 ⊠을 클릭해 종료합니다.

13. 스타일이 삭제됐지만, 여전히 스타일의 속성을 유지하고 있는 부분을 범위로 지정한 후 스타일 목록에서 **바탕글**을 선택합니다. 단축키 Ctrl + ①을 눌러도 됩니다.

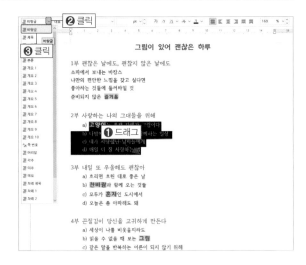

Section

58 스타일 내보내기/가져오기

스타일은 문서별로 다르게 설정됩니다. 하지만 현재 문서에 정의돼 있는 스타일 내용을 별도의 스타일 파일(*.STY)로 저장하면 다른 문서에 추가해 해당 스타일을 적용할 수 있습니다.

⊙ Key Word: 스타일 내보내기, 스타일 가져오기
예제 파일: Part2-Section58(스타일 내보내기)-예제.hwpx, Part2-Section58(스타일 가져오기)-예제.hwpx

01. Part2-Section58(스타일 내보내기)-예제.hwpx를 불러온 후 F6을 누릅니다. 현재 문서에서 설정한 스타일을 저장하기 위해 **스타일 내보내기** 🖫 를 클릭합니다.

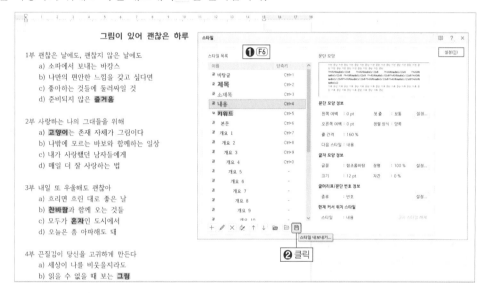

02. 새 스타일 파일 추가 + 를 클릭합니다.

03. 스타일 파일의 이름과 위치를 지정하기 위해
스타일 내보내기 📁를 클릭합니다.

04. **폴더**를 선택한 후 **파일 이름**을 입
력하고 **저장**을 클릭합니다.

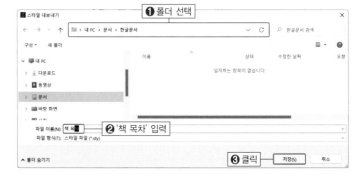

05. **추가**를 클릭합니다.

06. 저장할 스타일을 선택합니다. **제목** 스타일을
클릭한 후 Shift를 누른 채 **키워드** 스타일을 클릭
하면 제목~키워드 스타일을 모두 선택할 수 있습
니다. **복사** > 를 클릭합니다.

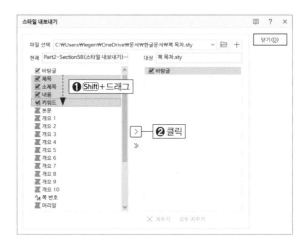

07. **복사**를 클릭합니다.

08. 닫기를 클릭합니다.

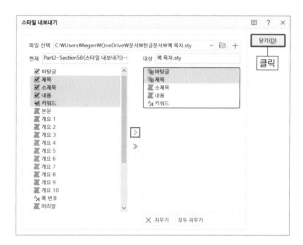

09. 저장을 클릭합니다.

10. ☒를 클릭해 스타일 창을 종료합니다.

11. 저장된 스타일을 다른 문서에 적용하기 위해 Part2-Section58(스타일 가져오기)-예제.hwpx를 불러옵니다. F6을 누른 후 **스타일 가져오기** 🗀를 클릭합니다.

12. **파일 선택**의 펼침 버튼 ∨을 클릭하면 최근에 내보내기한 스타일 파일의 목록을 확인할 수 있습니다. **책 목차.sty** 파일을 선택합니다.

13. 스타일 목록이 추가되면 **제목** 스타일을 클릭한 후 Shift를 누른 채 **키워드** 스타일을 선택하고 **복사** > 를 클릭합니다.

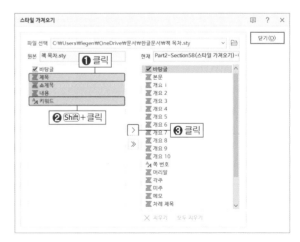

Point

스타일 파일이 목록에 보이지 않을 때는 🗀를 클릭해 불러옵니다.

14. 복사를 클릭합니다.

15. 닫기를 클릭합니다.

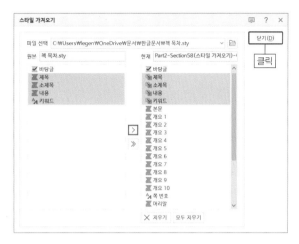

16. ⊠ 를 클릭해 스타일 창을 종료합니다.

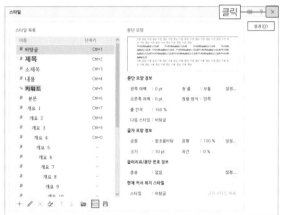

17. 회사 실무에 힘을 주는 엑셀 2019를 범위로 지정한 후 **서식 도구**의 스타일 목록에서 **제목** 스타일을 선택합니다(단축키: Ctrl + 2).

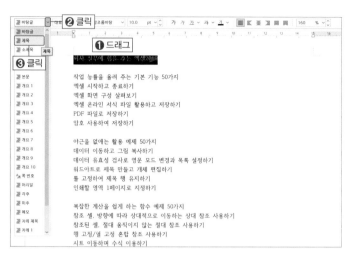

18. 같은 방법으로 각 소제목을 범위로 지정한 후 스타일 목록에서 **소제목** 스타일을 선택합니다.

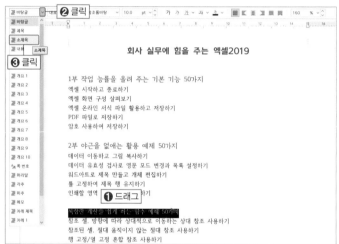

19. 내용을 범위로 지정한 후 스타일 목록에서 내용 스타일을 선택합니다. 시작 번호 방식을 변경하려면 Ctrl + K + N을 누른 후 **문단 번호** 탭에서 **새 번호 목록 시작**을 선택하고 **설정**을 클릭합니다.

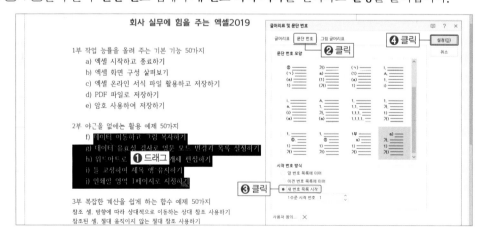

20. 중요한 단어를 범위로 지정한 후 **스타일 목록**에서 **키워드** 스타일을 선택합니다.

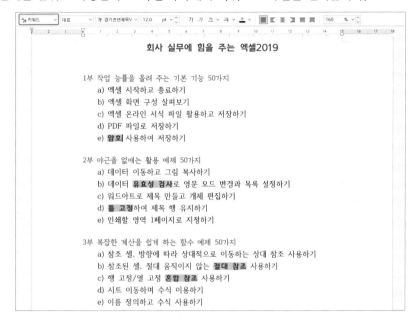

59 스타일마당 활용하기

문서의 종류별로 미리 스타일을 지정해 놓은 스타일마당을 활용하면 작업이 훨씬 빨라집니다. 또한 필요에 따라 스타일을 수정할 수도 있습니다.

Key Word: 스타일마당
예제 파일: Part2-Section59(스타일마당)-예제.hwpx

01. 예제 파일을 불러온 후 제목을 범위로 지정합니다. F6을 눌러 스타일을 실행한 후 **스타일마당** 을 클릭합니다.

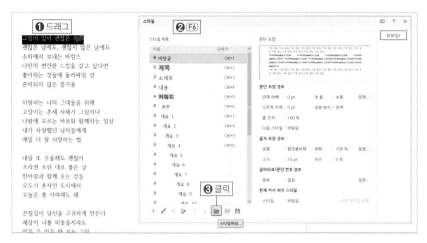

02. 스타일마당 목록에서 ∨를 클릭하면 각 분류별 스타일을 확인할 수 있습니다. 적용할 스타일을 선택한 후 **적용**을 클릭합니다.

03. 기본적으로 설정된 개요의 스타일이 변경됩니다. 제목에 적용할 스타일을 선택한 후 **스타일 편집하기** 🖉 를 클릭합니다. **문단 모양**을 클릭한 후 문단 모양을 확인합니다.

04. 가운데 정렬, 문단 위, 문단 아래 등이 설정돼 있습니다. 필요에 따라 각 항목을 변경하고 **설정**을 클릭합니다.

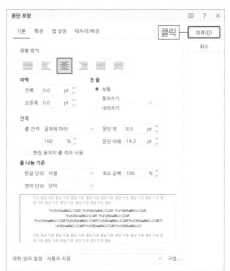

05. 글자 모양을 클릭하고 확인합니다. 기준 크기와 글꼴, 장평, 자간, 그림자 등이 설정돼 있습니다. 기준 크기를 **16pt**로 변경한 후 **설정**을 클릭합니다.

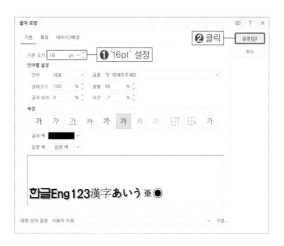

06. 개요 1 스타일 편집하기 창에서 **설정**을 클릭해 종료합니다. **개요 2** 스타일을 클릭한 후 **스타일 편집하기** 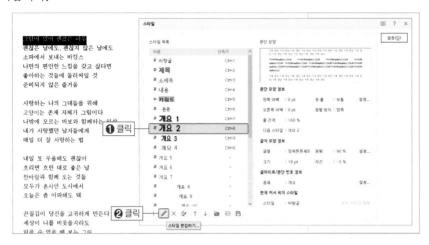를 클릭합니다.

07. 글자 모양을 클릭합니다.

08. 기준 크기를 **12pt**, 장평 **100%**, 자간 **0%**로 변경합니다. **설정**을 클릭합니다.

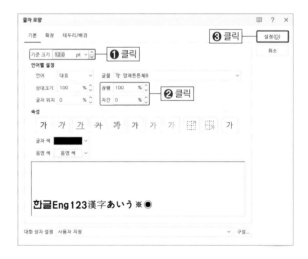

09. 같은 방법으로 개요 3, 개요 4 스타일에 대한 설정도 변경합니다. 모든 스타일의 설정을 변경한 후 제목에 적용할 **개요 1** 스타일을 클릭하고 **설정**을 클릭합니다. 다음과 같이 제목에 개요 1 스타일이 적용됩니다.

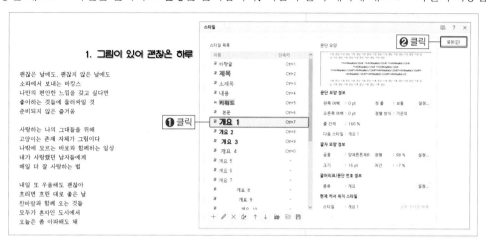

10. 소제목을 범위로 지정한 후 스타일 목록에서 **개요 2** 스타일을 선택합니다. 그런 다음 소제목 하단의 내용들을 범위로 지정하고 **개요3** 스타일을 선택합니다.

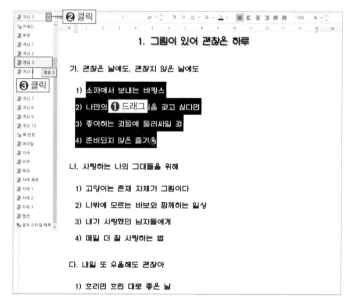

60 개요 활용하기

간결하게 추린 내용을 '개요'라고 합니다. 중요 내용마다 개요 번호를 지정하면 번호가 순서대로 자동 입력되며 개요를 이용해 빠르게 차례를 작성할 수도 있습니다. 문단 번호는 번호의 종류와 새 번호를 자유롭게 설정할 수 있는 반면, 개요는 문서 전체의 구조를 표시하므로 한 구역에 한 종류만 사용할 수 있습니다.

ⓖ Key Word: 개요, 개요 스타일

01. 새 파일에서 글자 크기를 **12pt**로 설정한 후 **진정한 능력자의 길!**을 입력합니다. 그런 다음 Enter 를 두 번 눌러 문단을 구분하고 Ctrl + Insert 를 누르면 **개요1** 스타일이 적용되며 개요 번호가 표시됩니다. **문서의 신 − 한글 Master**를 입력한 후 Enter 를 누릅니다.

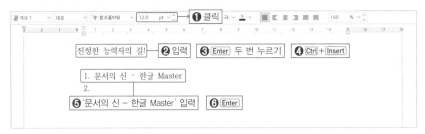

02. Ctrl + Num Lock 의 ⊞를 눌러 2수준으로 변경합니다. **용지 설정**을 입력한 후 Enter 를 누릅니다. **스타일**을 입력한 후 Enter 를 누릅니다. 같은 방법으로 모든 내용을 입력합니다. 마지막으로 **책갈 피와 하이퍼링크**를 입력한 후 Enter 를 세 번 누릅니다.

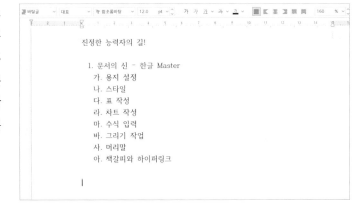

Point

• 노트북에는 숫자 키패드가 없는 경우가 있습니다. 이때는 **서식** 탭의 오른쪽 끝에 있는 **한 수준 증가** ⬚, **한 수준 감소** ⬚ 아이콘을 클릭합니다.

• 글자를 입력하지 않은 상태에서 Enter 를 누르면 개요 번호가 사라지고 바탕글 스타일로 변경됩니다.

03. 다시 개요 번호를 시작하기 위해 Ctrl + Insert 를 누릅니다.

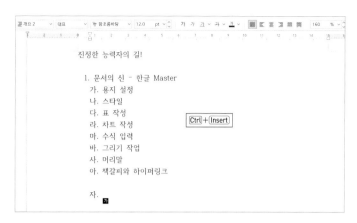

04. 1수준으로 변경하기 위해 Ctrl + Num Lock 의 − 를 누릅니다. **데이터 분석의 신 − 엑셀 Master**를 입력하고 Enter 를 누릅니다.

Point

각 항목에 대한 부수적인 설명을 입력하기 위해 개요 번호를 삽입하지 않고 다음 줄로 내려가려면 문단을 구분하지 않고 행을 삽입하는 Shift + Enter 를 누릅니다.

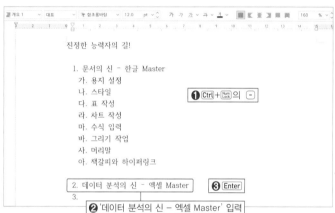

05. Ctrl + Num Lock 의 + 를 눌러 2수준으로 변경하고 내용을 입력합니다. 모든 내용을 입력한 후 Enter 를 세 번 누릅니다.

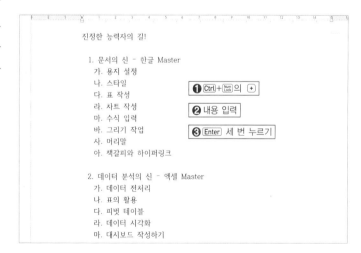

06. Ctrl + Insert 를 누르고 Ctrl + Num Lock 의 ⊡를 누릅니다. 그런 다음 **기획의 신 – 파워포인트 Master**를 입력하고 Enter 를 누릅니다.

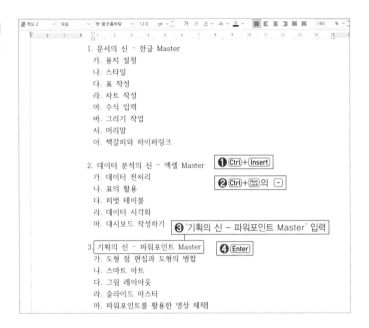

07. 개요에 자동으로 적용된 스타일을 변경하기 위해 **문서의 신 – 한글 Master**를 범위로 지정한 후 F6 을 누릅니다. **개요 1**이 선택된 상태에서 스타일 편집하기 ✎ 를 클릭합니다.

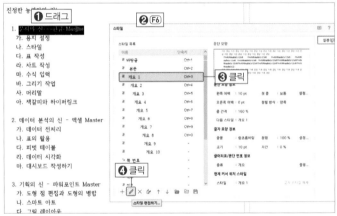

08. 글자 모양을 클릭한 후 글자 크기, 글꼴, 글자색 등을 선택하고 **설정**을 클릭합니다. 글자 크기는 **14pt**, 글꼴은 **이순신 돋움체B**, 글자색은 **RGB 77, 93, 239**입니다. **설정**을 클릭합니다.

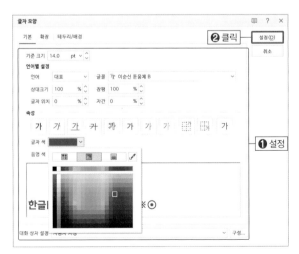

09. 개요 스타일은 기본적으로 왼쪽 여백이 설정돼 있습니다. **문단 모양**을 클릭한 후 왼쪽 여백을 0으로 입력합니다. 설정 ⇨ 설정을 클릭합니다.

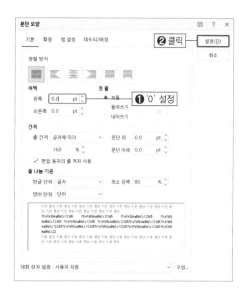

10. 설정을 클릭하면 **개요 1** 스타일이 적용된 모든 글자에 해당 글자 모양과 문단 모양이 적용됩니다.

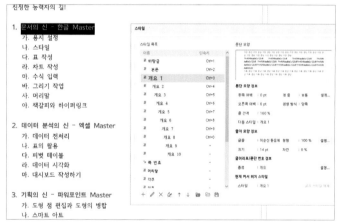

11. 가. 용지 설정을 범위로 지정한 후 F6을 누릅니다. **개요 2**가 선택된 상태에서 **스타일 편집하기** ✐를 클릭합니다.

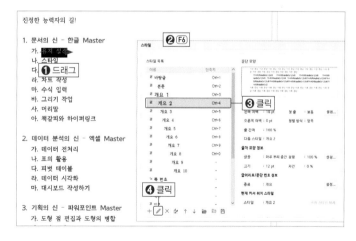

12. 글자 모양을 클릭한 후 글자 크기와 글꼴을 설정합니다. 글자 크기는 12pt, 글꼴은 마루 부리 중간입니다.

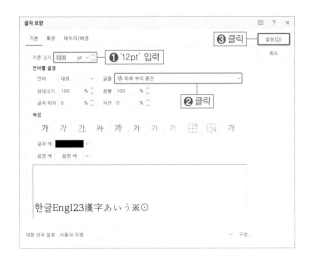

13. 문단 모양을 클릭한 후 왼쪽 여백에 **18pt**을 입력하고 설정 ⇨ 설정을 클릭합니다.

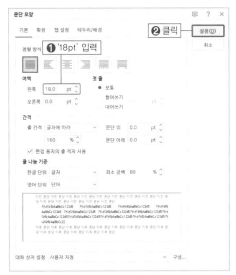

14. 변경된 문단 모양과 글자 모양 정보를 확인한 후 **설정**을 클릭합니다.

1. 문서의 신 - 한글 Master
   가. 용지 설정
   나. 스타일
   다. 표 작성
   라. 차트 작성
   마. 수식 입력
   바. 그리기 작업
   사. 머리말
   아. 책갈피와 하이퍼링크

2. 데이터 분석의 신 - 엑셀 Master
   가. 데이터 전처리
   나. 표의 활용
   다. 피벗 테이블
   라. 데이터 시각화
   마. 대시보드 작성하기

3. 기획의 신 - 파워포인트 Master
   가. 도형 점 편집과 도형의 병합
   나. 스마트 아트

15. 개요 번호의 모양을 변경하기 위해 **서식** 탭 ⇨ **개요**를 클릭합니다. 개요 번호 모양을 클릭합니다(단축키: Ctrl + K + O).

16. 사용자 정의를 클릭합니다.

17. 2 수준을 선택한 후 번호 모양을 ①과 같은 원 문자로 선택합니다. 번호 서식 ^2 뒤의 마침표(.)를 삭제하고 **설정**을 클릭합니다.

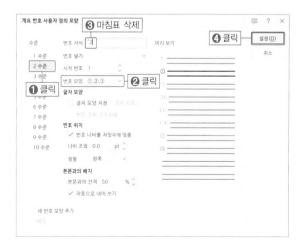

18. 시작 번호 방식에서 **새 번호로 시작**을 선택한 후 **설정**을 클릭합니다.

19. 문서 맨 윗줄의 제목을 범위로 지정한 후 글자 크기와 글꼴, 글자색을 설정합니다.

- 글자 크기: **16pt**
- 글꼴: **경기천년제목B Bold**
- 글자색: RGB **21.111.84**, RGB **246.102.40**, RGB **239.77.223**
- 정렬: 가운데 정렬

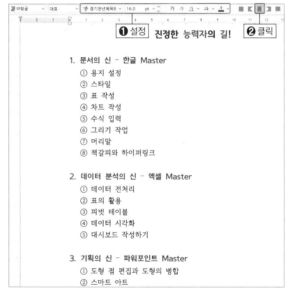

20. 해당 개요와 글자 모양들을 복사하기 위해 상
단의 세 줄을 범위로 지정한 후 마우스 오른쪽 버
튼 ⇨ 복사하기를 누릅니다(단축키: Ctrl + C).

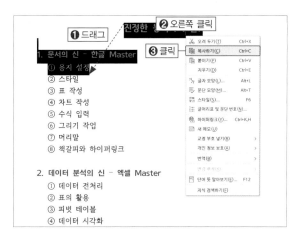

21. 새로운 개요 번호를 시작하려면 구역을 분리해야 합니다. Ctrl + PageDown 을 눌러 **문서의 맨 끝으로 이**
동하고 Alt + Shift + Enter 를 눌러 새 구역을 생성합니다. Ctrl + V 를 눌러 복사한 내용을 붙여넣기한 후 다
음과 같이 내용을 수정합니다.

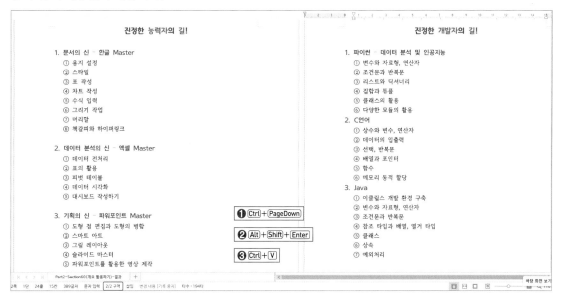

Point

하단의 상태 표시줄에서 2/2 구역으로 구역이 분리돼 있다는 것을 알 수 있습니다.

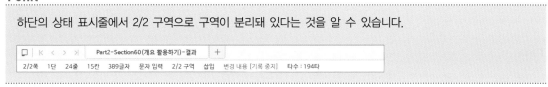

22. 보기 탭 ⇨ 작업 창 ⇨ 개요 보기를 클릭하면 오른쪽에 **개요 보기** 작업 창이 나타납니다.

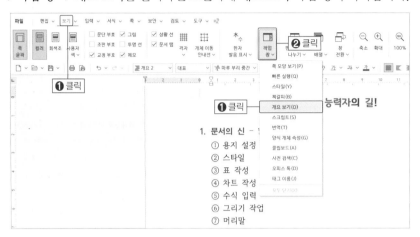

23. **개요 보기** 작업 창에서 개요 목록을 확인할 수 있으며 특정 항목을 클릭하면 본문에서 해당 개요를 찾아 표시해 줍니다.

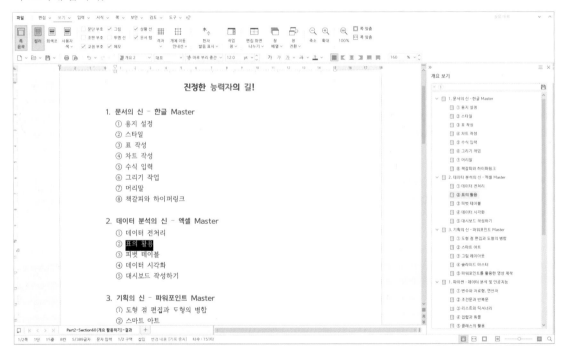

Point

개요 보기 창을 종료하려면 ✕ 을 클릭합니다.

61 개요 활용해 차례 만들기

개요로 작성된 문서를 이용해 빠르게 차례를 작성할 수 있습니다. 차례를 자동으로 생성하면 제목을 클릭했을 때 해당 항목으로 바로 이동하는 하이퍼링크와 페이지 번호를 자동으로 표시하는 탭 설정 기능이 모두 적용됩니다.

Key Word: **차례 만들기**
예제 파일: Part2-Section61(차례 만들기)-예제.hwpx

01. 예제 파일을 불러온 후 차례를 작성할 공간을 확보하기 위해 문서의 맨 앞에 마우스 커서를 올려놓고 Ctrl + Enter 를 눌러 새 쪽을 삽입합니다.

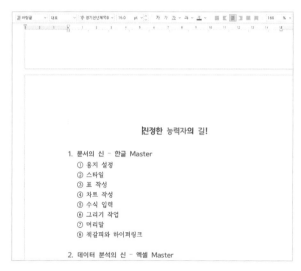

Point

차례를 만들 때 자동으로 새 구역을 삽입해 만들 수도 있지만, 작성한 문서의 제목이 바탕글로 설정되는 경우가 있어 새 페이지를 삽입한 후 차례 만들기를 실행하는 것이 좋습니다.

02. 방향키 ①를 눌러 마우스 커서를 문서의 맨 앞으로 이동한 후 **도구 탭** ⇨ **제목 차례** ⇨ **차례 만들기**를 클릭합니다.

03. 제목 차례에서 차례에 포함할 개요 수준을 **2 수준**으로 선택한 후 **표 차례, 그림 차례, 수식 차례**는 해제합니다.

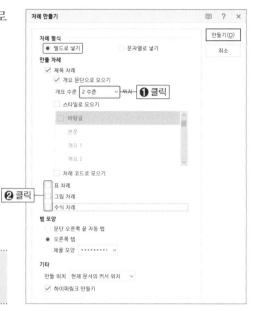

Point

차례 새로 고침을 실행하기 위해서는 차례 형식에서 **필드로 넣기**를 선택해야 합니다.

04. 탭과 점선, 쪽 번호 표시, 해당 항목으로의 이동이 가능한 하이퍼링크가 모두 적용된 차례가 생성됩니다. 특정 항목을 클릭하면 마우스 커서가 해당 내용이 입력된 위치로 이동합니다.

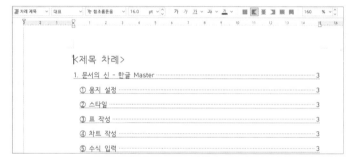

05. 개요 내용을 추가하기 위해 **3쪽**으로 이동한 후 '책갈피와 하이퍼링크' 뒤에서 [Enter]를 누르고 **메일 머지와 라벨**을 입력합니다.

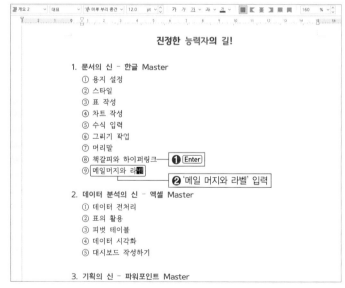

06. 도구 탭 ⇨ 제목 차례 ⇨ 차례 새로 고침 ⇨ 모든 차례 새로 고침을 클릭합니다.

07. 다음과 같이 '책갈피와 하이퍼링크' 아래에 **'메일머지와 라벨'** 항목이 추가됩니다.

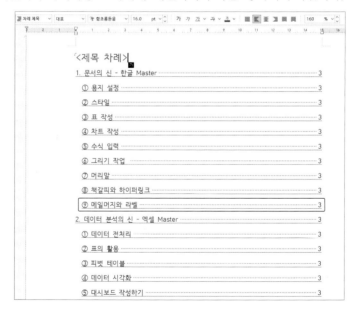

PART
03

한글 2022의
특별한 기능

Section

01 책갈피와 하이퍼링크로 차례 만들기

한글 문서에서 하이퍼링크를 설정하면 특정 단어나 항목을 클릭해 지정된 위치로 바로 이동할 수 있습니다. 단, 문서 내에 하이퍼링크를 설정하기 위해서는 책갈피 기능을 이용해 이동할 위치를 미리 저장해야 합니다.

➔ Key Word: 책갈피, 하이퍼링크, 차례 만들기
예제 파일: Part3-Section01(책갈피와 하이퍼링크)-예제.hwpx

01. 예제 파일의 내용은 개요를 이용하지 않았으므로 차례를 자동으로 생성할 수 없습니다. 책갈피와 하이퍼링크, 탭 기능을 이용해 차례를 만드는 방법을 알아보겠습니다.

02. 예제 파일을 불러온 후 2쪽의 맨 처음을 클릭합니다. Ctrl + Enter 를 눌러 새 쪽을 삽입하고 방향키 ↑를 눌러 다시 2쪽으로 이동합니다. **차 례**를 입력한 후 Enter 를 누릅니다.

03. 제목의 글자 모양이 새로 삽입한 문단에 그대로 적용되므로 Ctrl + ①을 눌러 바탕글 스타일로 변경합니다. 글자 크기를 **12pt**로 설정하고 Enter 를 눌러 빈 줄을 삽입합니다. Ctrl + Shift + Insert 를 눌러 문단 번호를 삽입하고 내용을 입력합니다.

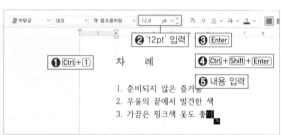

04. 차례의 내용을 클릭했을 때 이동할 지점을 설정하기 위해 3쪽의 제목 앞을 클릭한 후 **입력** 탭 ⇨ **책갈피**를 클릭합니다(단축키: Ctrl + K + B).

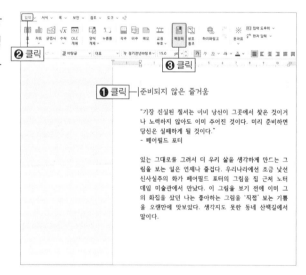

05. **책갈피 이름**을 확인한 후 **넣기**를 클릭합니다.

06. 6쪽 제목 앞을 클릭한 후 **입력** 탭 ⇨ **책갈피**를 클릭합니다. 그런 다음 **책갈피 이름**을 확인하고 **넣기**를 클릭합니다. 같은 방법으로 **8쪽**의 제목 앞을 클릭한 후 **책갈피**를 삽입합니다.

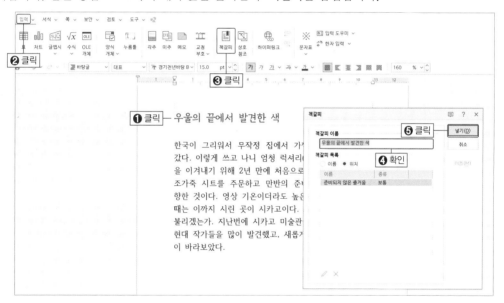

Point

특정 쪽으로 빠르게 이동하기 위해서는 상태 표시줄의 왼쪽 쪽 번호를 클릭한 후 이동할 쪽 번호를 입력합니다.

| 6/9쪽 | 1단 | 1줄 | 1칸 | 2361글자 | 문자 입력 | 1/1 구역 | 삽입 | 변경 내용 [기록 중지] | 타수 : 192타 |

07. 2쪽으로 빠르게 이동하기 위해 상태 표시줄의 쪽 번호를 클릭합니다. 쪽 번호 **2**를 입력한 후 **가기**를 클릭합니다.

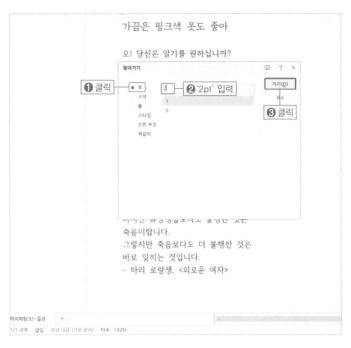

08. 쪽 번호를 보기 좋게 표시하기 위해 탭을 설정합니다. 차례의 내용을 범위로 지정한 후 **눈금자**에서 마우스 오른쪽 버튼을 누르고 **오른쪽 탭**을 클릭합니다.

09. 설정한 탭에 점선을 추가하기 위해 다시 눈금자에서 마우스 오른쪽 버튼을 누른 후 **탭 설정**을 클릭합니다.

10. 채울 모양에서 **점선**을 선택한 후 **추가**를 클릭합니다. **설정**을 클릭합니다.

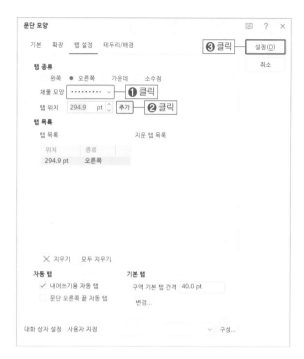

11. 각 제목의 **오른쪽 끝**을 클릭한 후 Tab을 누릅니다. 각 제목에 해당하는 쪽 번호를 입력합니다.

12. 하이퍼링크를 설정하기 위해 1 제목을 범위로 지정합니다. **입력 탭** ⇨ **하이퍼링크**를 클릭합니다(단축키 : Ctrl + K + H).

Point

글자에 하이퍼링크를 연결할 때는 범위로 지정한 후 하이퍼링크 기능을 실행합니다. 하이퍼링크 설정은 도형, 그림, 글맵시 등의 개체에도 설정할 수 있으며 개체에 설정할 때는 해당 개체를 클릭해 선택한 후 마우스 오른쪽 버튼 ⇨ 하이퍼링크를 실행합니다.

13. **연결 대상**에서 **호글 문서**를 선택
한 후 책갈피 목록에서 **준비되지 않은
즐거움**을 클릭합니다. **넣기**를 클릭합
니다.

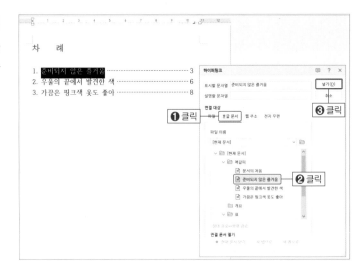

14. 같은 방법으로 2, 3번 제목에 하이
퍼링크를 설정합니다.

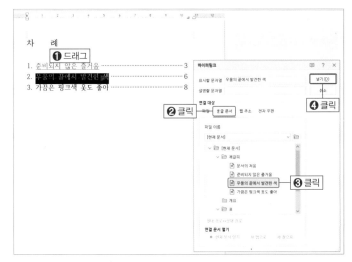

15. 하이퍼링크가 설정된 글자는 다음과 같이 파
란색으로 표시되고 마우스 커서를 글자에 위치시
키면 마우스 커서의 모양이 바뀝니다.

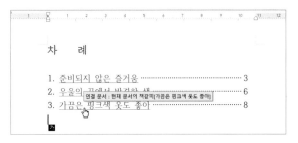

16. 하이퍼링크가 설정된 글자를 클릭하면 마우
스 커서가 연결된 책갈피의 위치로 이동합니다.
그리고 클릭한 글자의 색은 보라색으로 변경됩
니다.

하이퍼링크 글자 모양

하이퍼링크가 적용된 글자의 글꼴, 음영 색, 밑줄, 글자색과 클릭한 내용의 색을 변경하려면 **도구** 탭 ➩ **환경 설정**을 클릭합니다. **편집** 탭의 하단에서 하이퍼링크 글자 모양을 변경할 수 있습니다.

17. 하이퍼링크가 설정된 글자를 수정하려면 마우스 커서를 글자 위에 올려놓고 (Alt)를 누른 채 클릭합니다. 수정할 글자를 삭제한 후 새로운 글자를 입력할 수 있습니다.

Point

(Alt)를 누르지 않으면 연결된 하이퍼링크로 이동하므로 글자를 수정할 수 없습니다.

18. 하이퍼링크를 제거하려면 하이퍼링크가 설정된 글자에서 마우스 오른쪽 버튼 ⇨ **하이퍼링크 지우기**를 클릭합니다.

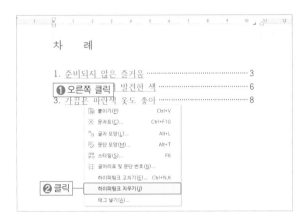

19. 하이퍼링크가 해제되면 밑줄이 사라지고 글자색이 검은색으로 변경됩니다.

20. 각 장의 끝에 처음으로 이동하는 아이콘을 삽입한 후 하이퍼링크를 설정할 수도 있습니다. **5**쪽의 끝을 클릭하고 Ctrl + N + I 를 눌러 그림을 삽입합니다. **그림** 에서 **글자처럼 취급**을 선택합니다. 그림 옆을 클릭하고 **가운데 정렬**을 클릭합니다.

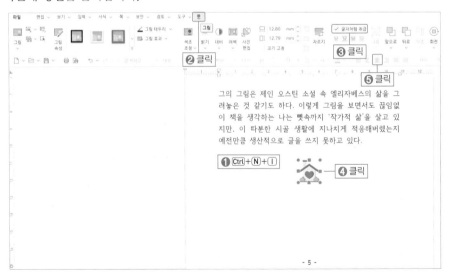

21. 그림에서 마우스 오른쪽 버튼 ⇨ **하이퍼링크**를 클릭하거나 Ctrl + K + H를 누릅니다. **연결 대상**에서 **흔글 문서**를 선택한 후 책갈피 목록 중에서 **문서의 처음**을 클릭합니다. **넣기**를 클릭합니다.

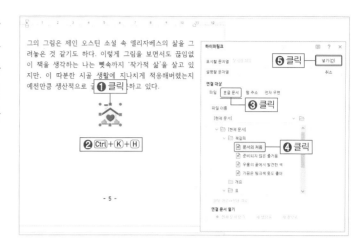

22. Esc를 눌러 그림 선택 상태를 빠져나온 후 Ctrl을 누른 채 그림을 클릭하면 문서의 처음으로 이동합니다.

Point

개체에 연결된 하이퍼링크를 실행할 때는 Ctrl을 누른 채 개체를 클릭합니다.

23. 하이퍼링크가 연결된 개체를 복사할 수도 있습니다. 집 아이콘을 클릭한 후 마우스 오른쪽 버튼 ⇨ **복사하기**를 클릭하거나 Ctrl + C를 누릅니다.

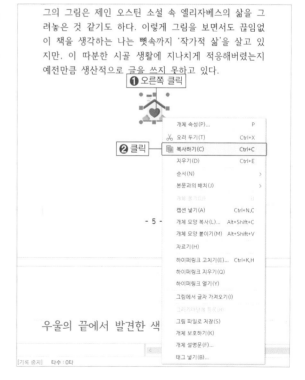

24. 7쪽으로 이동한 후 맨 끝에서 Enter 를 세 번 누릅니다. Ctrl + V 를 눌러 그림을 붙여넣기한 후 그림의 오른쪽을 클릭하고 가운데 정렬을 설정합니다.

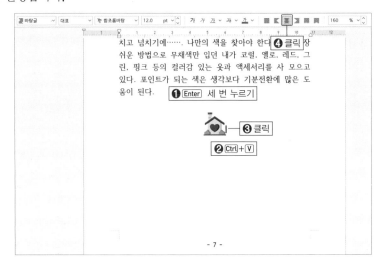

Point

복사한 그림에도 하이퍼링크가 설정돼 있으므로 Ctrl 을 누른 채 그림을 클릭하면 문서의 처음으로 이동합니다.

02 하이퍼링크 다양하게 활용하기

하이퍼링크 기능을 이용하면 글 또는 그림, 도형 등의 개체에 웹 사이트를 연결할 수 있고 다른 문서와 연결할 수도 있습니다.

➜ Key Word: 하이퍼링크, 웹 사이트 연결하기, 다른 문서 연결하기
예제 파일: Part3-Section02(하이퍼링크의 다양한 활용)-예제.hwpx

01. 인터넷에서 교보문고에 접속한 후 주소 표시줄을 클릭하고 마우스 오른쪽 버튼 ⇨ **복사**를 클릭합니다(단축키: Ctrl + C).

02. 예제 파일을 불러온 후 **교보문고** 도형을 클릭합니다. 도형에서 마우스 오른쪽 버튼 ⇨ **하이퍼링크**를 클릭합니다(단축키: Ctrl + K + H).

03. 연결 대상에서 **웹 주소**를 선택한 후 웹 주소란을 클릭하고 Ctrl + V를 눌러 복사한 교보문고의 URL 주소를 붙여넣기합니다. **넣기**를 클릭합니다.

Point

하이퍼링크 웹 주소 탭의 ⊕를 클릭하면 인터넷이 실행되므로 웹 사이트를 검색한 후 URL 주소를 복사할 수도 있습니다.

04. Esc를 눌러 도형 선택 상태를 빠져나온 후 Ctrl을 누른 채 **교보문고 도형**을 클릭합니다.

05. 보안 위험 창이 나타나면 **한 번 허용**을 클릭합니다.

06. 웹 브라우저가 실행되면서 교보문고 웹 사이트에 접속됩니다.

07. 글자를 클릭하면 관련 문서가 열리도록 문서를 연결해 보겠습니다. '그림도 보고 글도 읽는 에세이 추천!' 을 범위로 지정한 후 마우스 오른쪽 버튼 ⇨ **하이퍼링크**를 클릭합니다(단축키: Ctrl + K + H). 연결 대상에서 **파일**을 선택한 후 기존 파일의 **찾아보기** 를 클릭합니다. **Part3-Section02 (하이퍼링크의 다양한 활용)-문서 예제.hwpx**를 선택한 후 **넣기**를 클릭합니다.

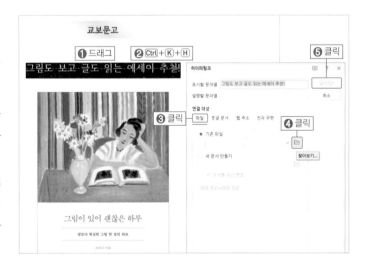

08. 하이퍼링크가 설정된 글자를 클릭합니다.

09. 한 번 허용을 클릭합니다.

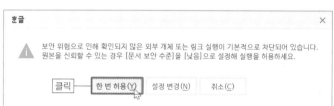

10. 연결된 문서가 열리고 내용을 확인할 수 있습니다.

11. 그림에 하이퍼링크를 설정하기 위해 2쪽에 입력해 둔 **웹 주소 3번**을 복사합니다.

12. 책 표지 그림을 클릭한 후 마우스 오른쪽 버튼 ⇨ **하이퍼링크**를 클릭하거나 Ctrl + K + H 를 누릅니다. **연결 대상**에서 **웹 주소**를 선택한 후 웹 주소란을 클릭하고 Ctrl + V 를 눌러 복사한 주소를 붙여넣기합니다. **넣기**를 클릭합니다.

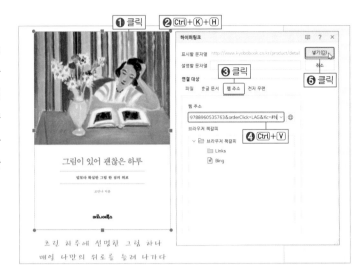

13. Esc 를 눌러 그림 선택 상태를 빠져나온 후 Ctrl 을 누른 채 그림을 클릭합니다. 보안 창이 나타났을 때 **한 번 허용**을 클릭하면 연결된 웹 사이트로 접속돼 내용을 확인할 수 있습니다.

14. 글맵시에 하이퍼링크를 설정할 수도 있습니다. 글맵시에 연결할 **웹 주소** 4번을 범위로 지정한 후 Ctrl + C 를 눌러 복사합니다.

1. '교보문고' 웹사이트
http://www.kyobobook.co.kr/index.laf?&utm_source=naver_bs&utm_medium=cpc_ad&utm_campaign=welcome&utm_content=logoimg

2. 그림도 보고 글도 읽는 에세이 추천!
Part3-Section02(하이퍼링크의 다양한 활용)-문서 예제.hwpx

3. '교보문고 - 그림이 있어 괜찮은 하루' 웹페이지
http://www.kyobobook.co.kr/product/detailViewKor.laf?ejkGb=KOR&mallGb=KOR&barcode=9788960535763&orderClick=LAG&Kc=#N

4. '까끔은 팡크색' 밥페이자
https://blog.naver.com/happynut/222800287064

15. 글맵시를 클릭한 후 마우스 오른쪽 버튼 ➡ **하이퍼링크**를 클릭하거나 Ctrl + K + H 를 누릅니다. 연결 대상에서 **웹 주소**를 선택한 후 웹 주소란을 클릭하고 Ctrl + V 를 눌러 복사한 주소를 붙여넣기합니다. **넣기**를 클릭합니다.

16. Esc 를 눌러 글맵시 선택 상태를 빠져나온 후 Ctrl 을 누른 채 글맵시를 클릭합니다. 보안 창에서 **한 번 허용**을 클릭하면 글맵시와 연결된 웹페이지가 열립니다.

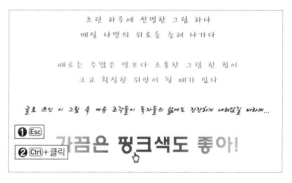

03 숨은 설명과 문서 보안 설정하기

문서의 편집에 관한 사항과 같이 문서에 포함되지는 않지만, 편집자가 알아야 할 내용은 숨은 설명으로 기록할 수 있습니다. 숨은 설명은 조판 부호와 찾아가기를 이용해 확인할 수 있고 보안 설정이 높은 경우, 삭제될 수 있습니다.

Key Word: 숨은 설명, 문서 보안 설정
예제 파일: Part3-Section03(숨은 설명과 보안 설정)-예제.hwpx

01. **입력** 탭의 펼침 버튼∨ ➡ **주석** ➡ **숨은 설명**을 클릭합니다.

02. 내용을 입력한 후 **닫기**를 클릭하거나 Shift + Esc를 누릅니다.

03. 숨은 설명을 확인하려면 숨은 설명 조판 부호를 찾아야 합니다. 만약, 숨은 설명의 조판 부호를 찾기 힘들다면 **편집** 탭 ➡ **찾기** ➡ **찾아가기**를 클릭합니다.

화면 하단의 상태 표시줄에서 **쪽 수**를 클릭해도 됩니다.

1/6쪽	1단	1줄	32칸	1683글자	문자 입력	1/1 구역	삽입	변경 내용 [기록 중지]	타수 : 181타

04. 조판 부호를 선택한 후 **숨은 설명**을 클릭합니다. **가기**를 클릭합니다.

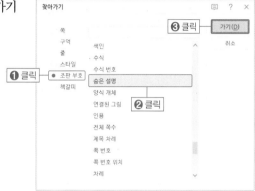

05. 찾기 창이 나타나면 **찾음**을 클릭합니다.

06. **보기** 탭 ➪ **조판 부호**를 선택하면 [숨은 설명] 조판 부호를 확인할 수 있습니다. 조판 부호를 더블클릭하면 숨은 설명 내용이 표시됩니다.

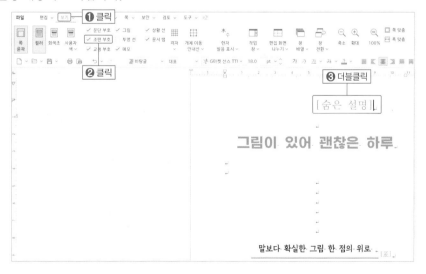

07. 숨은 설명에 내용을 추가할 수도 있습니다. 내용을 확인한 후 **닫기**를 클릭하거나 Shift + Esc 를 누릅니다.

08. 숨은 설명을 삭제하려면 Delete 나 Backspace 를 이용해 [숨은 설명] 조판 부호를 삭제합니다. 지우기 창이 표시되면 **지움**을 클릭합니다.

09. **보안** 탭 ⇨ **문서 보안 설정**을 클릭하면 보안 설정을 확인하고 변경할 수 있습니다.

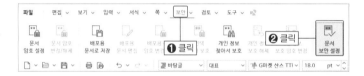

10. 보안 수준은 기본적으로 **높음**으로 설정돼 있으며, **낮음 (권장하지 않음)**을 선택하면 연결된 웹 사이트로 이동할 때 보안 위험 창이 나타나지 않습니다.

Tip

문서 보안 설정

- **높음**: 문서를 열 때 숨은 설명과 같이 악성 코드로 사용될 수 있는 기능을 불러오지 않습니다. 이 항목을 선택한 상태에서 문서를 불러온 후 저장하면 악성 코드로 사용될 수 있는 내용 또는 개체가 손실될 수 있습니다.
- **낮음(권장하지 않음)**: 문서에 포함된 모든 기능을 제한 없이 불러옵니다.

04 색인 만들기

문서 내에서 중요한 단어를 빠르게 찾을 수 있도록 단어와 쪽 번호를 함께 기록한 것을 색인이라고 합니다. 각 단어에 대해 색인을 표시한 후 색인 만들기를 이용해 해당 단어와 쪽 번호를 기록합니다.

→ **Key Word:** 색인 표시, 색인 만들기
예제 파일: Part3-Section04(색인 만들기)-예제.hwpx

01. 예제 파일을 불러온 후 색인으로 등록할 단어를 범위로 지정하고 **도구** 탭 ⇨ **색인** ⇨ **색인 표시**를 클릭합니다(단축키: Ctrl + K + I).

Point

단어를 범위로 지정하지 않으면 마우스 커서가 위치한 단어 전체가 **[색인 표시]** 대화상자에 자동 입력되며 불필요한 글자는 직접 삭제할 수 있습니다.

02. 입력된 낱말을 확인한 후 **넣기**를 클릭합니다.

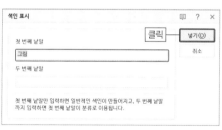

03. 같은 방법으로 2쪽의 **준비**를 범위로 지정한 후 **색인 표시**를 실행하거나 Ctrl + K + I 를 누릅니다. **넣기**를 클릭합니다.

04. 두 번째 낱말을 입력하면 첫 번째 낱말은 분류에 사용됩니다. 화가들의 이름을 색인으로 등록해 보겠습니다. 2쪽의 **페어필드 포터**를 범위로 지정한 후 **색인 표시**를 실행하거나 Ctrl + K + I 를 누릅니다.

05. Ctrl + X 를 눌러 첫 번째 낱말에 입력된 '**페어필드 포터**'를 잘라 내기합니다. 첫 번째 낱말란에 **화가**를 입력한 후 Tab 을 눌러 마우스 커서를 두 번째 낱말란으로 이동합니다. Ctrl + V 를 눌러 잘라 내기한 '**페어필드 포터**'를 **붙여넣기**합니다. **넣기**를 클릭합니다.

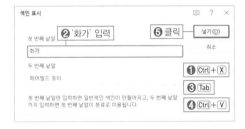

06. 같은 방법으로 3쪽의 **에드워드 호퍼**를 범위로 지정한 후 **색인 표시**를 실행하거나 Ctrl + K + I 를 누릅니다. Ctrl + X 로 잘라 내기한 후 첫 번째 낱말란에 **화가**를 입력하고 Tab 을 눌러 마우스 커서를 두 번째 낱말란으로 이동합니다. Ctrl + V 를 눌러 잘라 내기한 **에드워드 호퍼**를 **붙여넣기** 합니다. **넣기**를 클릭합니다.

07. 같은 방법으로 3쪽의 **제임스 설터**는 첫 번째 낱말을 **소설가**, 두 번째 낱말에 **제임스 설터**를 입력해 **넣기**합니다. 4쪽의 **제인 오스틴**도 첫 번째 낱말을 **소설가**, 두 번째 낱말에 **제인 오스틴**을 입력해 **넣기**합니다.

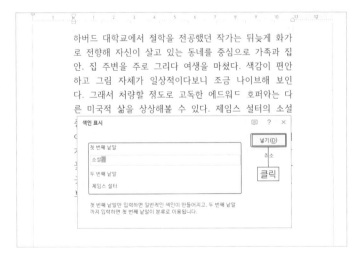

하버드 대학교에서 철학을 전공했던 작가는 뒤늦게 화가로 전향해 자신이 살고 있는 동네를 중심으로 가족과 집안, 집 주변을 주로 그리다 여생을 마쳤다. 색감이 편안하고 그림 자체가 일상적이다보니 조금 나이브해 보인다. 그래서 서량할 정도로 고독한 에드워드 호퍼와는 다른 미국적 삶을 상상해볼 수 있다. 제임스 설터의 소설

08. 같은 방법으로 **그린, 레드, 무채색, 옐로, 코럴, 핑크**는 첫 번째 낱말을 **색**으로, 각 단어는 두 번째 낱말로 입력해 **넣기**합니다.

09. 표시한 색인을 삭제할 때는 **보기** 탭 ⇨ **조판 부호**를 선택한 후 **색인 표시**를 삭제합니다. [지우기] 대화 상자가 표시되면 **지움**을 클릭합니다.

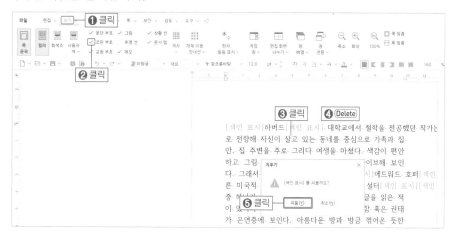

10. 등록한 색인을 쪽 번호와 함께 문서에 표시하려면, 색인 만들기를 실행해야 합니다. **도구** 탭 ⇨ **색인** ⇨ **색인 만들기**를 클릭합니다.

11. 새 문서에 색인과 쪽 번호가 입력됩니다. **Ctrl** + **A**를 눌러 글자 크기를 **12pt**로 설정합니다. 쪽 번호를 오른쪽으로 정렬하기 위해 눈금자의 오른쪽 끝에서 마우스 오른쪽 버튼 ⇨ **오른쪽 탭**을 클릭합니다.

12. 탭과의 간격을 점선으로 채우기 위해 다시 눈금자에서 마우스 오른쪽 버튼 ⇨ **탭 설정**을 클릭합니다.

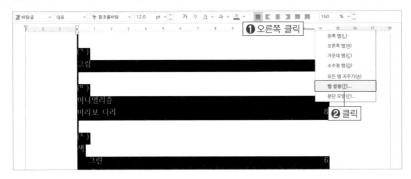

13. 채울 모양에서 **점선**을 선택한 후 **추가**를 클릭합니다. **설정**을 클릭합니다.

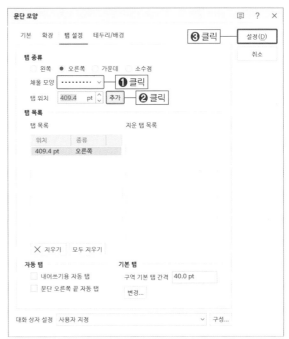

14. 색인으로 등록된 단어는 자동으로 오름차순으로 정렬돼 표시됩니다. 첫 번째 단어와 두 번째 단어가 입력된 색인은 첫 번째 단어의 자음 위치에서 찾을 수 있습니다.

색 인	
(ㄱ)	
그림 ··································	1
(ㅁ)	
미니멀리즘 ·························	6
미라보 다리 ······················	8
(ㅅ)	
색	
그린 ····························	6
레드 ····························	6
무채색 ··························	8
옐로 ····························	6
코럴 ····························	6
핑크 ····························	6
센 강 ····························	8

15. 색인 문서를 **저장합니다.**

16. 색인 문서의 **문서 닫기** ✕를 클릭하면 원래의 문서를 확인할 수 있습니다.

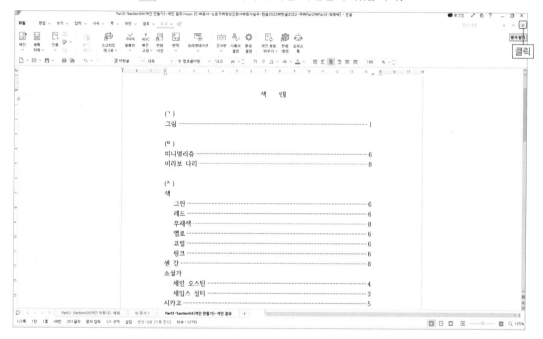

05 메일 머지로 상장 만들기

상장, 회원 카드 등과 같이 본문의 내용은 같지만, 문서의 일부 항목만 다르게 입력하는 경우, 메일 머지를 이용하면 본문과 자료 파일을 따로 작성해 빠르게 작업할 수 있습니다. 메일 머지에 포함될 자료는 엑셀 파일에서 가져올 수도 있습니다.

◑ Key Word: 상장, 메일 머지, 엑셀 자료 가져오기

01. 상장을 만들기 위해 F7을 눌러 편집 용지와 여백을 설정합니다. 상장 종이에 따라 다르며 상장에 봉황 무늬 등의 그림이 있는 경우, 그림에 글자가 인쇄되지 않도록 하기 위해 여백을 넓게 설정해야 합니다. 상장 종이에서 그림이 차지하는 공간을 자로 잰 후에 여백을 설정하는 것이 좋습니다. 예제에서는 **위쪽 70mm**, 머리말 0mm, 왼쪽 40mm, 오른쪽 40mm로 입력합니다. **설정**을 클릭합니다.

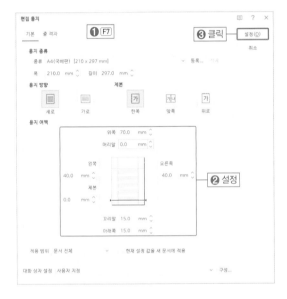

02. 다음과 같이 본문 내용을 입력한 후 저장합니다.

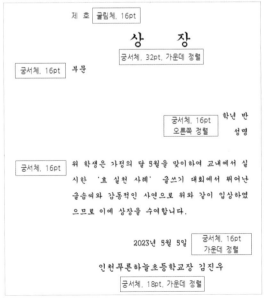

03. 상장 번호와 부문, 학생의 이름 등을 자료 파일에서 가져와 입력할 수 있도록 메일 머지 표시를 입력합니다. **제 호** 사이를 클릭한 후 도구 탭의 펼침 버튼∨ ⇨ **메일 머지** ⇨ **메일 머지 표시 달기**를 클릭합니다(단축키: Ctrl + K + M).

04. **필드 만들기** 탭을 클릭한 후 필드 번호란에 1을 입력하고 **넣기**를 클릭합니다.

Point

- 같은 항목이 표시되는 곳은 같은 필드 번호를 입력합니다.
- 자료 파일이 한글 파일일 때는 필드 이름을 입력할 수 없습니다. 필드 번호를 입력하면 자료가 입력된 순서에 따라 번호를 부여해 번호에 해당하는 자료를 삽입합니다.
- 메일 머지 표시를 삭제할 때는 메일 머지 표시를 드래그해 범위로 지정한 후 삭제하는 것이 빠릅니다.

05. 다음과 같이 각 항목마다 메일 머지 표시를 입력합니다. Alt + S를 눌러 문서를 저장합니다.

06. 자료 파일을 작성하기 위해 **새 문서**를 실행합니다. 첫 줄에 자료의 개수를 입력합니다. 오른쪽 예제는 필드 번호가 6번까지 입력됐으므로 첫 줄에 **6**을 입력합니다. 두 번째 줄부터 필드 번호 순서대로 자료를 입력합니다. 예제 파일은 **상장 번호, 부문, 상의 종류, 학년, 반, 이름** 순서대로 입력합니다. 문서를 **상장-자료** 파일로 저장합니다.

07. 최소화 □ 를 클릭해 상장−자료 파일을 잠시 숨긴 후 **상장 파일**을 클릭합니다.

08. 상장 본문 파일에서 **도구** 탭의 펼침 버튼∨ ⇨ **메일 머지** ⇨ **메일 머지 만들기**를 클릭합니다(단축키: (Alt) + (M)).

09. 자료 종류에서 **흔글 파일**을 선택한 후 파일 목록을 클릭하고 **상장−자료** 파일을 선택합니다. **만들기**를 클릭합니다.

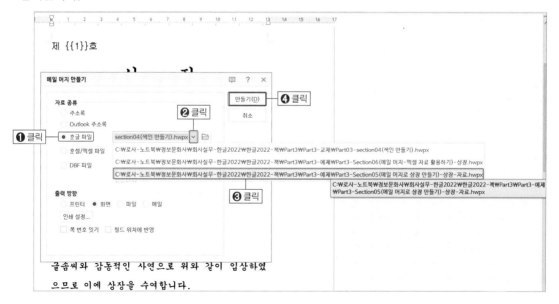

자료 파일이 현재 열려 있지 않다면 **파일 선택** 📄 을 클릭한 후 자료 파일을 열기합니다.

10. 자료 파일의 내용이 본문 파일에 삽입돼 다음과 같이 나타납니다. 휠을 굴려 다음 페이지로 이동하면 다음 자료가 삽입된 화면을 확인할 수 있습니다.

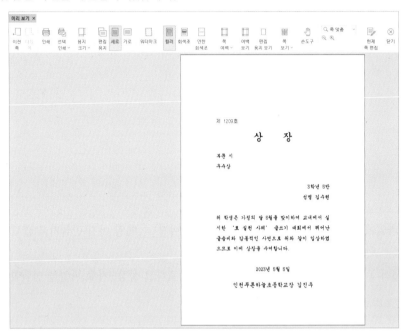

06 메일 머지에 엑셀 자료 활용하기

엑셀 파일에 입력된 자료를 한글에서 메일 머지 데이터로 활용할 수도 있습니다. 엑셀 파일을 활용할 때는 엑셀 항목명을 메일 머지 표시의 필드 이름으로 입력합니다.

ㅇ- Key Word: 상장, 메일 머지, 엑셀 자료 가져오기
　　예제 파일: Part3-Section06(메일 머지-엑셀 자료 활용하기)-상장.hwpx

01. 예제 파일을 불러온 후 **제 호** 사이를 클릭합니다. 그런 다음 **도구** 펄침 버튼∨ ⇨ **메일 머지** ⇨ **메일 머지 표시 달기**를 클릭합니다(단축키: Ctrl + K + M).

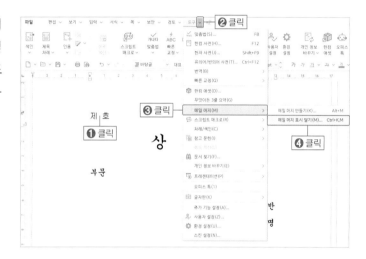

02. **필드 만들기** 탭을 클릭한 후 필드 이름을 입력합니다. 필드 이름은 되도록 엑셀 자료 파일의 항목명과 같은 이름으로 입력합니다.

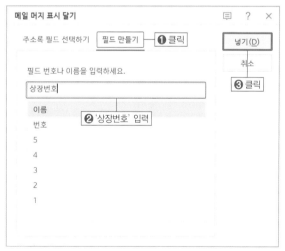

03. 다음과 같이 메일 머지 표시를 입력한 후 문서를 **저장**합니다.

04. **엑셀**을 실행한 후 다음과 같이 내용을 작성하고 저장합니다. 예제 파일 Part3-Section06(메일 머지-엑셀 자료 활용하기)-상장 자료.xlsx를 활용해도 됩니다.

	A	B	C	D	E	F	G	H
1		상장번호	부문	학년	반	이름		
2		2023-125	만화	3	1	김수현		
3		2023-126	시	4	2	박준호		
4		2023-127	시	5	2	정해성		
5		2023-128	수필	5	4	이명수		
6		2023-129	수필	6	3	최정은		
7								

05. 도구 탭의 펼침 버튼∨ ⇨ **메일 머지** ⇨ **메일 머지 만들기**를 클릭합니다.

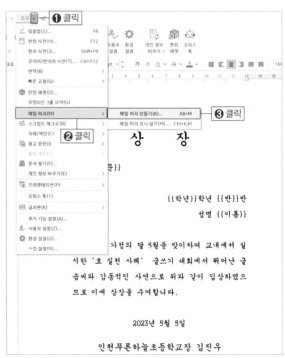

06. 자료 종류에서 **흔셀/엑셀**을 선택한 후 **파일 선택** 📁 을 클릭해 자료 파일을 불러옵니다.

07. 출력 방향을 선택한 후 **만들기**를 클릭합니다.

08. 자료가 입력된 **시트**를 클릭한 후 **선택**을 클릭합니다.

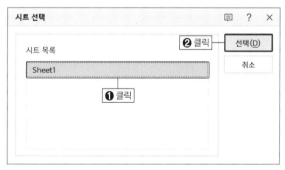

09. 메일 머지로 출력할 자료를 선택합니다. (Ctrl) + (A)를 누르면 모든 자료를 선택할 수 있습니다. **선택**을 클릭합니다.

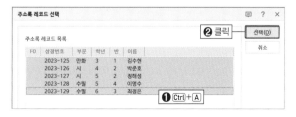

10. 다음과 같이 상장의 메일 머지 표시에 자료가 입력돼 상장이 완성됩니다. 마우스 **휠**을 움직이거나 `PageDown`을 누르면 다음 페이지를 확인할 수 있습니다. **인쇄**를 클릭하면 인쇄할 수 있습니다. 모두 확인한 후 **닫기**를 클릭하거나 `Shift` + `Esc`를 누릅니다.

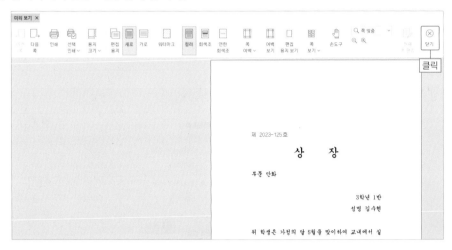

엑셀 파일의 필드 이름과 메일 머지 표시의 필드 이름이 다를 때

엑셀 파일에 자료를 입력할 때는 첫 번째 행에 필드 이름이 입력돼야 합니다. 만약, 다음과 같이 첫 번째 행이 비어 있고 두 번째 행에 필드 이름이 입력돼 있다면 한글이 이를 인식하지 못해 필드 이름을 찾는 대화상자가 나타납니다.

01. 필드 이름이 `F0`, `F1`, `F2`, … 로 표시된 것을 알 수 있습니다. [주소록 레코드 선택] 대화상자에서 필드 이름을 제외한 나머지 자료만 선택한 후 **선택**을 클릭합니다.

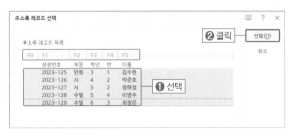

02. 상장 번호를 어느 필드와 연결해야 하는지 묻습니다. 상장 번호가 전체 시트에서 B열, 즉 두 번째 열이므로 [F1]을 선택합니다. **확인**을 클릭합니다.

필드 이름이 다를 때도 위와 같은 방법으로 필드를 연결하면 메일 머지 만들기를 실행할 수 있습니다.

03. 같은 방법으로 다른 필드 이름도 연결할 필드를 선택하고 **확인**을 클릭합니다.

04. 다음과 같이 상장에 자료가 정상적으로 입력됩니다.

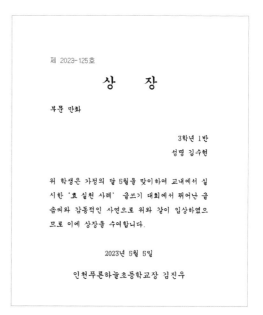

07 라벨 문서 만들기

메일 머지 기능을 활용하면 라벨 문서를 쉽게 만들 수 있습니다. 우편물을 발송하기 위해 많은 양의
주소를 인쇄하거나 제품의 이름 등을 인쇄할 때 매우 유용합니다.

⊙ Key Word: 라벨, 메일 머지

01. 새 문서를 실행한 후 **쪽** 탭 ⇨ **라벨** ⇨ **라벨 문서 만들기**를 클릭합니다.

02. 라벨 문서 꾸러미를 클릭한 후 인
쇄할 용지의 규격을 선택합니다. 예제
에서는 **Formtec A4 size** ⇨ **2108-주
소라벨(14칸)**을 선택했습니다. **열기**를
클릭합니다.

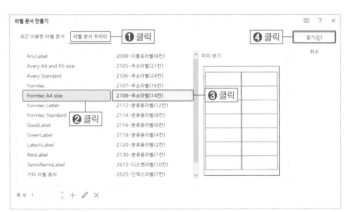

라벨 문서 만들기

- 쪽수 1 ⌃⌄ : 라벨 문서의 쪽 수를 미리 설정할 수 있습니다.
- + : 사용자가 원하는 형식의 라벨 문서를 만들 수 있습니다.
- ✎ : 선택된 형식의 라벨 문서 규격을 수정할 수 있습니다.
- ✕ : 선택된 라벨 문서 규격을 삭제합니다.

Point

- 라벨 용지를 구입할 때는 라벨 문서 만들기에서 선택한 번호와 똑같은 용지를 구입해야 합니다.
- 라벨 문서에 새 쪽을 추가할 때는 **쪽** 탭 ⇨ **라벨** ⇨ **라벨 새 쪽 추가하기**를 클릭합니다.

03. 첫 번째 셀에 메일 머지를 포함한 내용을 입력합니다.

Point

메일 머지 표시를 삽입할 때는 **도구** 탭의 펼침 버튼∨ ⇨ **메일 머지** ⇨ **메일 머지 표시 달기** ⇨ **필드 만들기** ⇨ **번호 입력 후 넣기**의 순서대로 실행합니다.

04. F5를 눌러 하나의 셀을 범위로 지정한 후 글꼴은 **함초롬돋움**, 글자 크기는 12pt를 설정합니다. 더블클릭한 후 주소를 입력할 {{2}}는 **가운데 정렬**, 성명을 입력할 {{3}} **귀하는 오른쪽 정렬**로 설정합니다.

Point

내용은 첫 셀에만 작성합니다. 메일 머지를 실행하면 나머지 셀은 자동으로 내용이 입력됩니다.

05. F5를 눌러 셀을 선택한 후 **표 속성**을 클릭하거나 단축키 P를 누릅니다.

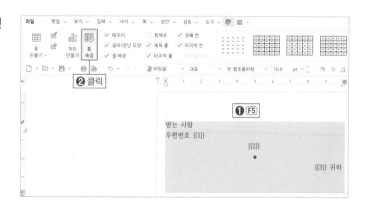

06. 셀 탭에서 **안 여백 지정**에 체크 표시를 한 후 **모두**의 ⌃를 세 번 클릭하고 **설정**을 클릭합니다.

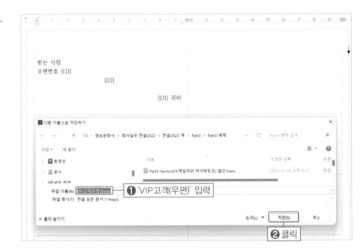

Point

라벨 용지를 인쇄할 때 종이가 살짝 밀려 글자가 잘리거나 윗 셀을 침범할 수 있으므로 안 여백을 설정하는 것이 좋습니다.

07. 라벨 문서를 **VIP고객(우편)**이라는 이름으로 **저장**합니다.

08. 새 문서를 실행한 후 첫 줄에 자료의 개수 **3**을 입력합니다. Enter를 누른 후 **우편번호**, Enter, 주소, Enter, **이름** Enter 순으로 입력합니다. VIP고객(자료) 문서로 저장합니다.

3
25314
인천시 남동구 구월동
김수련
23423
인천시 연수구 송도동
박승천
12394
강릉시 교동
정민수

09. VIP고객(자료) 문서를 최소화합니다. VIP고객(우편) 파일에서 **도구** 탭의 펼침 버튼∨ ⇨ **메일 머지** ⇨ **메일 머지 만들기**를 클릭하거나 Alt + M 을 누릅니다.

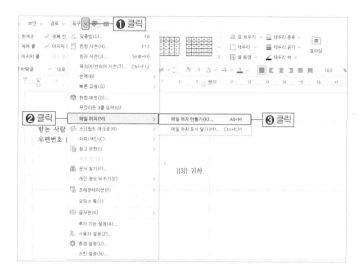

10. 자료 종류에서 **흔글 파일**을 선택한 후 파일 목록에서 **VIP고객(자료)** 파일을 선택합니다.

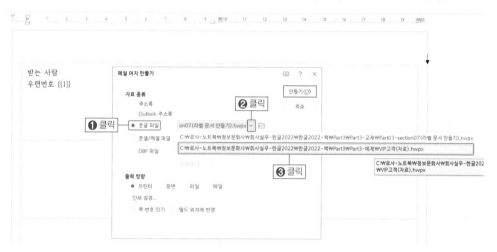

11. 출력 방향을 **화면**으로 선택한 후 **만들기**를 클릭합니다.

12. 다음과 같이 각 자료가 라벨 용지에 정해진 형식에 맞게 입력됩니다.

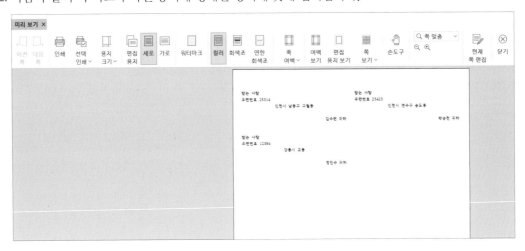

08 쪽 테두리/배경 활용하기

쪽 테두리를 설정하면 적용된 부분에 동일한 테두리가 적용됩니다. 문서 전체를 동일하게 설정하거나 구역별로 다르게 설정할 수 있습니다.

↪ Key Word: 쪽 테두리, 배경
예제 파일: Part3-section08(쪽 테두리 배경 활용하기)-예제.hwpx

01. 예제 파일을 불러온 후 **쪽** 탭 ⇨ **쪽 테두리/배경**을 클릭합니다.

Point

문서에 삽입된 그림은 Pixabay.com의 무료 이미지를 활용했습니다.

02. 선 모양 바로 적용을 해제한 후 **테두리 종류**와 색을 선택합니다. 그런 다음 테두리를 적용할 **방향**을 선택하고 **설정**을 클릭합니다.

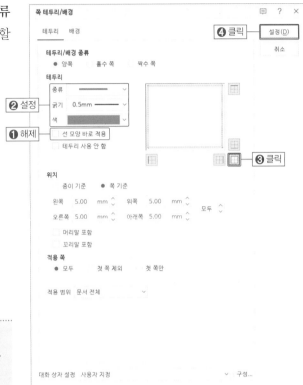

Tip

위치

- **종이 기준**: 종이의 가장자리에서 안쪽 방향으로 정해진 수치만큼 간격을 두고 테두리를 그립니다.
- **쪽 기준**: 쪽을 기준으로 바깥쪽으로 정해진 수치만큼 간격을 두고 테두리를 그립니다.
- **머리말 포함**: 머리말이 테두리 안에 포함되도록 테두리의 위치를 조절합니다.
- **꼬리말 포함**: 꼬리말이 테두리 안에 포함되도록 테두리의 위치를 조절합니다.

머리말을 포함하지 않음

머리말을 포함함

적용 쪽

- **모두**: 문서 내 모든 쪽에 테두리를 적용합니다.
- **첫 쪽 제외**: 문서의 첫 쪽은 제외하고 나머지 모든 쪽에 테두리를 적용합니다.
- **첫 쪽만**: 문서의 첫 쪽만 테두리를 적용합니다.

적용 범위

- **문서 전체**: 문서 전체에 쪽 테두리/배경을 적용합니다.
- **새 구역으로**: 마우스 커서가 위치한 다음 쪽에 새 구역을 생성하고 쪽 테두리/배경을 적용합니다(예: 테두리 종류: 원형 점선, 굵기: 3mm, 색: RGB 77.142.239, 방향: 모두, 적용 범위: 새 구역으로)

03. 새로운 형태의 쪽 테두리를 적용하기 위해 쪽을 복사합니다. **쪽**의 펼침 버튼∨ ⇨ **쪽 복사하기**를 클릭합니다.

04. 쪽 탭의 펼침 버튼∨ ➪ **쪽 붙이기**를 클릭합니다. 다음과 같이 쪽을 복사해 2쪽이 생성됩니다.

Point

상태 표시줄 오른쪽의 **확대/축소 비율**을 선택하면 **쪽 모양**에서 한 화면에 보이는 쪽을 **자동, 한 쪽** 또는 **두 쪽, 맞쪽** 중에서 선택할 수 있습니다.

05. 두 쪽의 구역을 분리하지 않으면 각각 다른 테두리를 적용할 수 없습니다. 1쪽에 마우스 커서를 올려놓고 [Alt] + [Shift] + [Enter]를 누릅니다. 다음과 같이 1쪽과 2쪽의 구역이 분리되며 새 쪽이 삽입됩니다.

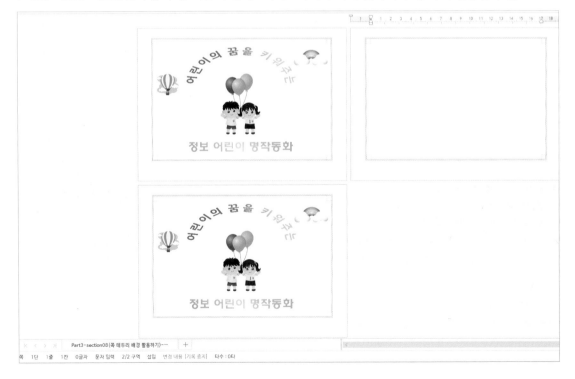

06. 2쪽에서 ⒟Delete⒠를 눌러 빈 쪽을 삭제합니다. 상태 표시줄에서 2/2구역이 표시되는 것을 확인합니다. 구역이 분리되지 않으면 두 쪽의 쪽 테두리가 함께 변경됩니다.

07. 2쪽에 마우스 커서를 올려놓은 후 **쪽** 탭 ⇨ **쪽 테두리/배경**을 클릭합니다.

08. 테두리 종류는 **원형 점선**, 굵기는 **2mm**, 색은 RGB **16,178,81**, 적용 범위는 **현재 구역**을 선택하고 **설정**을 클릭합니다.

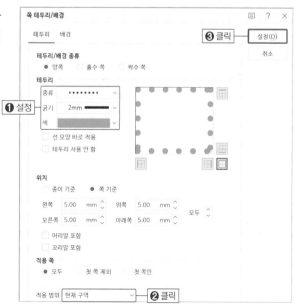

09. 다음과 같이 구역별로 서로 다른 쪽 테두리가 설정됩니다.

10. 쪽 테두리를 해제한 후 배경을 설정해 보겠습니다. 2쪽에서 **쪽** 탭의 펼침 버튼⌄ ⇨ **쪽 복사하기**를 클릭합니다. **쪽** 탭의 펼침 버튼⌄ ⇨ **쪽 붙이기**를 클릭합니다. 2쪽에서 Alt + Shift + Enter 를 누른 후 Delete 를 눌러 새로 삽입된 빈 쪽을 삭제합니다. 상태 표시줄에서 **3/3구역**을 확인합니다.

11. 쪽 탭 ⇨ **쪽 테두리/배경**을 실행합니다. 테두리 종류는 **없음**을 선택하고 방향에서 **모두**를 선택합니다.

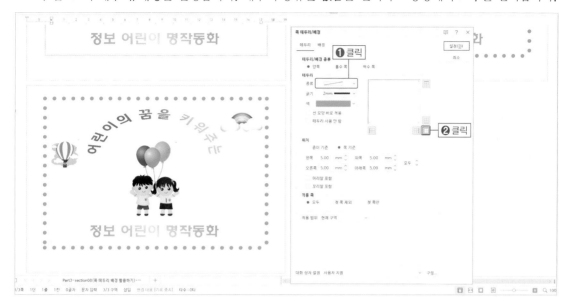

12. 배경 탭을 클릭한 후 **그러데이션**을 선택합니다. 시작 색 **흰색**, 끝 색 **RGB 173.235.235**를 선택합니다. 유형 **왼쪽 대각선**을 선택한 후 **설정**을 클릭합니다.

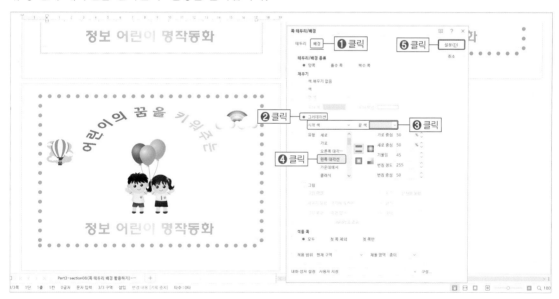

13. 다음과 같이 설정된 배경을 확인할
수 있습니다.

Point

배경을 설정하고 인쇄하면 상당한
잉크가 소요되므로 신중하게 설정하
셔야 합니다.

14. 각 쪽의 설정을 비교한 후 불필요한 쪽을 클릭하고 **쪽** 탭의 펼침 버튼∨ ⇨ **쪽 지우기**를 클릭해 쪽을
삭제합니다.

Point

배경을 제거하려면 **쪽 테두리/배경**을 실행하고 **배경** 탭에서 **색 채우기 없음**을 선택합니다.

09 바탕쪽 활용하기

문서의 모든 페이지에 회사 로고 등을 표시할 때는 바탕쪽 기능을 활용해 본문 편집 시 실수로 수정/삭제되지 않도록 하는 것이 좋습니다. 바탕쪽도 구역별로 다르게 지정할 수 있습니다.

Key Word: **바탕쪽**
예제 파일: Part3-section09(바탕쪽 활용하기)-예제.hwpx

01. 예제 문서를 불러온 후 **쪽** 탭 ⇨ **바탕쪽**을 클릭합니다.

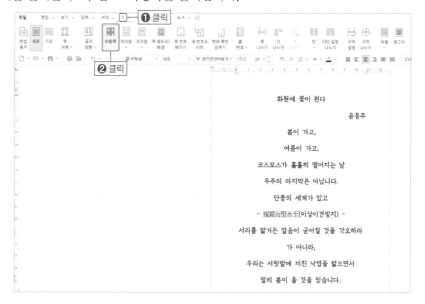

02. **만들기**를 클릭합니다.

바탕쪽

- **종류**: 바탕쪽을 적용할 영역을 선택합니다. 양쪽, 홀수 쪽, 짝수 쪽, 현재 구역의 마지막 쪽, 현재 구역 안의 임의 쪽에서 선택할 수 있습니다.
- **기존 바탕쪽과 겹치게 하기**: 바탕쪽 종류에서 '구역 마지막 쪽'이나 '구역 임의 쪽'을 선택했을 때만 설정할 수 있습니다. 기존 바탕쪽(양쪽 또는 홀수 쪽, 짝수 쪽) 위에 구역 바탕쪽이 겹쳐 나타나도록 설정합니다.
- **인쇄할 때 바탕쪽 맨 위로 보내기**: 바탕쪽의 그림이 문서 앞으로 배치돼 글자를 가리게 됩니다.
- **적용 범위**: 바탕쪽의 적용 범위를 선택합니다. 현재 구역부터 적용하거나 첫 구역부터 적용할 수 있습니다.

03. 그림을 삽입하기 위해 바탕쪽 탭에서 **그림**을 클릭합니다.

04. 글의 배경으로 사용할 그림을 더블클릭해 삽입합니다.

05. 삽입된 그림을 더블클릭한 후 가로 쪽의 **가운데**, 세로 쪽의 **가운데**를 선택합니다.

06. **그림** 탭을 클릭한 후 투명도에 **70%**를 입력하고 **설정**을 클릭합니다.

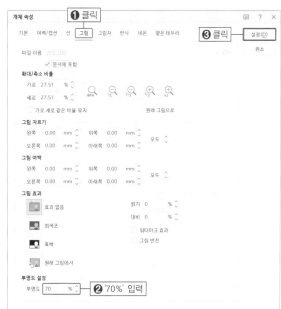

Point

• 바탕쪽은 한 쪽 분량만큼만 입력할 수 있습니다. 한 쪽을 넘어서는 내용은 표시되지 않습니다.

• 바탕쪽 탭에서 첫 쪽 제외를 클릭하면 첫 쪽은 바탕쪽이 표시되지 않습니다.

07. **바탕쪽** 탭의 **닫기**를 클릭하거나 Shift + Esc를 눌러 바탕쪽을 종료합니다.

08. 다음과 같이 문서에 바탕쪽이 적용됩니다. 새 쪽을 삽입하면 새 쪽에도 같은 바탕쪽이 적용됩니다. 새로운 바탕쪽을 적용하려면 Alt + Shift + Enter를 눌러 새 구역을 삽입합니다.

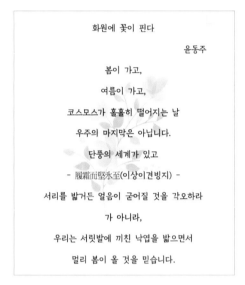

09. 바탕쪽을 삭제하려면 **바탕쪽**을 클릭하고 바탕쪽 탭에서 **바탕쪽 지우기 아이콘**을 클릭하거나 **바탕쪽 지우기** ⇨ **바탕쪽 지우기**를 클릭합니다.

Point

쪽 테두리/배경에서 배경으로 그림을 선택할 수도 있지만, 그림에 대한 투명도, 크기 조절 등이 불가능하므로 그림을 배경으로 넣을 때는 바탕쪽을 활용하는 것이 좋습니다.

10 누름틀 활용하기

특정 양식의 문서에서 기록할 내용에 대한 안내글을 입력할 때 누름틀을 사용합니다.

↪ Key Word: **누름틀**

01. 파일 탭 ⇨ **문서마당** ⇨ **문서마당 꾸러미**에서 이력서를 선택해 열기합니다.

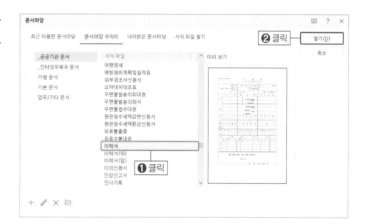

02. 주민등록번호 입력에 대한 안내글을 작성하기 위해 **주민등록번호** 입력란을 클릭한 후 **입력** 탭 ⇨ **누름틀**을 클릭합니다.

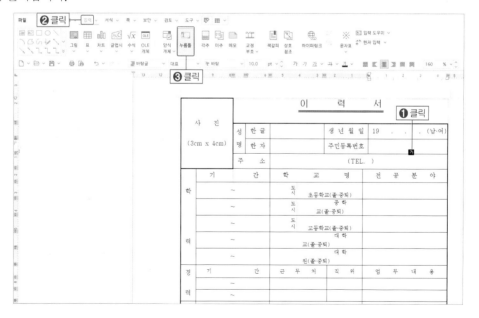

03. 누름틀의 내용이 표시 되면, 마우스 오른쪽 버튼 ⇨ **누름틀 고치기**를 클릭합니다. 또는 누름틀을 클릭한 후 Ctrl + N + K를 눌러도 됩니다.

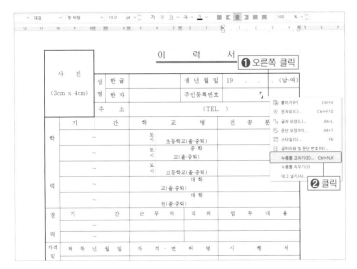

04. 안내문을 입력한 후 **고치기**를 클릭합니다.

Point

누름틀을 삭제하려면 누름틀에서 마우스 오른쪽 버튼 ⇨ **누름틀 지우기**를 클릭합니다.

05. 다음과 같이 누름틀의 안내문이 변경됩니다.

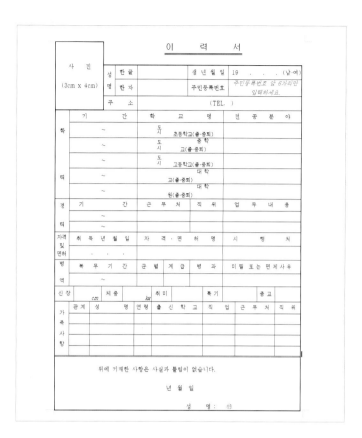

11 문서 찾기

특정 조건에 맞는 문서를 빠르게 찾을 수 있습니다. 한글, 한셀뿐만 아니라 워드, 엑셀, 파워포인트 문서까지 가능합니다.

Key Word: **문서 찾기**

01. 도구 탭의 펼침 버튼∨ ⇨ 문서 찾기를 클릭합니다.

02. 확인을 클릭합니다.

03. 추가를 클릭한 후 문서를 검색할 폴더를 선택합니다. 확인을 클릭합니다.

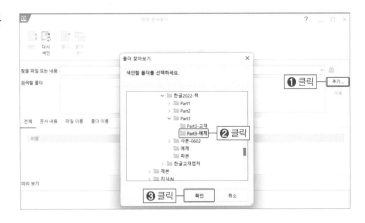

04. 검색할 단어를 입력한 후 **찾기**
를 클릭합니다.

05. **예**를 클릭합니다.

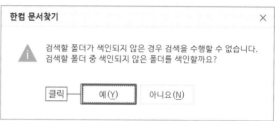

06. 색인이 끝난 후 다시 **찾기** 를 클릭합니다.

07. 결과가 나타나면 **문서 이름**에서 마우스 오른쪽 버튼을 누릅니다. **열기**를 클릭하면 문서를 확인할 수 있고 **폴더 열기**를 클릭하면 탐색기가 실행되며 문서가 저장된 폴더의 내용을 확인할 수 있습니다.

Section

12 문서 연결하기

여러 사람이 하나의 문서를 작성했을 때 쪽 번호와 각주 번호를 연결해 인쇄할 수 있습니다.

☞ Key Word: 문서 연결
예제 파일: Part3-section12(문서 연결하기)-예제01.hwpx, Part3-section12(문서 연결하기)-예제02.hwpx

01. 예제 파일을 불러온 후 **파일** 탭 ⇨ **문서 정보**를 클릭합니다(단축키: Ctrl + Q + I).

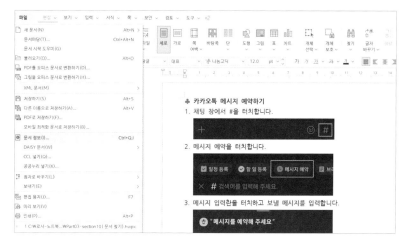

02. 일반 탭에서 **문서 연결**을 클릭합니다.

03. 연결할 문서 불러오기 를 클릭한 후 연결할 문서를 더블클릭해 선택합니다.

04. 쪽 번호 잇기를 클릭합니다. 각주가 입력돼 있다면 **각주 번호 잇기**도 선택합니다. **설정**을 클릭합니다.

Point

연결하는 문서에 쪽 번호가 설정돼 있지 않다면 두 번째 문서는 쪽 번호가 인쇄되지 않습니다.

05. 확인을 클릭합니다.

06. 서식 도구에서 인쇄 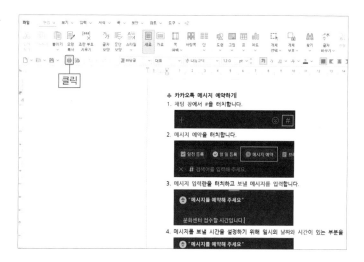를 클릭합니다.

07. 인쇄 설정을 확인한 후 **인쇄**를 클릭합니다. 인쇄 결과를 확인하기 위해 프린터 종류에서 **Microsoft Print to PDF**를 선택했습니다. 인쇄 범위에서 **연결된 문서 포함**이 선택돼 있으므로 예제01번 문서가 인쇄된 후 예제 02번 문서가 인쇄됩니다.

08. PDF 파일로 인쇄하므로 파일 이름을 묻는 창이 나타납니다. 저장할 위치(폴더)를 선택한 후 **파일 이름**을 입력하고 **저장**을 클릭합니다. 연결된 문서를 인쇄하기 위해 **두 번째 파일 이름**을 묻는 창이 나타나면 같은 방법으로 파일 이름을 입력하고 **저장**을 클릭합니다.

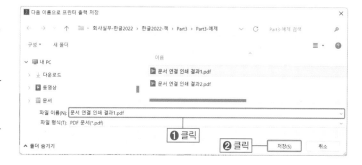

09. 다음과 같이 **01번 PDF 파일**과 **02번 PDF 파일**이 생성됩니다. 쪽 번호가 연속으로 부여돼 있다는 것을 알 수 있습니다.

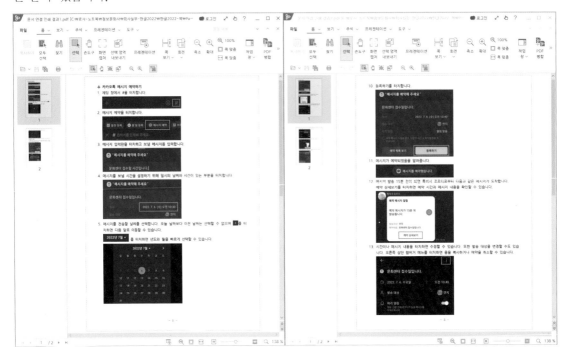

Point

문단 번호는 자동으로 바뀌지 않으므로 직접 설정해야 합니다.

13 메모 설정하기

여러 사람이 확인하거나 함께 작성하는 문서에서 전달 사항을 기록하기에 유용한 기능입니다.

Key Word: 메모
예제 파일: Part3-section13(메모 설정하기)-예제.hwpx

01. 메모를 입력할 부분을 드래그해 범위로 지정한 후 **입력** 탭 ⇨ **메모**를 클릭합니다.

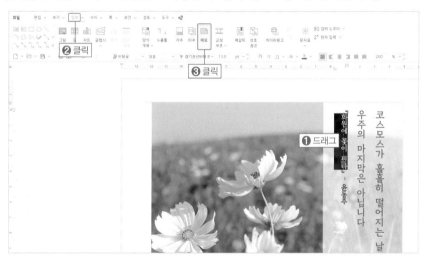

02. 메모의 **내용**을 입력합니다.

03. 같은 방법으로 윤동주를 범위로 지정한 후 **입력** 탭 ⇨ **메모**를 클릭합니다. 내용을 입력합니다.

04. 메모 오른쪽 상단에 표시된 **댓글**을 클릭하면 메모에 대한 답변을 입력할 수 있습니다.

05. 메모 탭에서 **메모 스타일**을 선택할 수 있습니다.

06. 메모 내용 보기를 클릭하면 메모의 내용이 문서 하단에 나타납니다. 메모 내용을 클릭해 내용을 수정할 수도 있습니다. 메모 내용 보기를 다시 클릭하면 하단의 내용이 사라집니다.

07. 메모 모양을 클릭하면 메모의 선과 색 등의 설정을 변경할 수 있습니다. 메모의 크기, 테두리, 색 등을 선택한 후 설정을 클릭합니다.

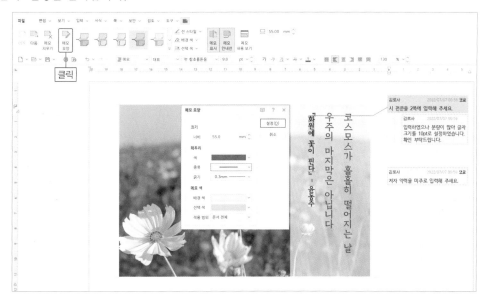

08. 이전 또는 **다음**을 클릭하면 현재 메모의 앞 또는 뒤에 입력된 메모가 선택됩니다.

09. 메모 표시를 해제하면 화면에 메모가 표시되지 않습니다. 이때는 **보기** 탭 ⇨ **조판 부호**를 선택해 메모의 위치를 찾을 수 있습니다. 메모가 입력된 단어에서 마우스 오른쪽 버튼 ⇨ **메모 내용 편집**을 클릭합니다.

10. 메모를 클릭한 후 **메모 지우기**를 클릭하면 메모가 삭제됩니다.

11. 메모가 삭제되면서 연결된 댓글도
함께 삭제된 것을 알 수 있습니다.

12. 일반적으로 메모는 인쇄되지 않습니다. 이를 확인하기 위해 서식 도구에서 **미리 보기** 를 클릭합니다.

13. 메모를 인쇄하기 위해서는 **선택 인쇄** ⇨ **메모**를 클릭합니다.

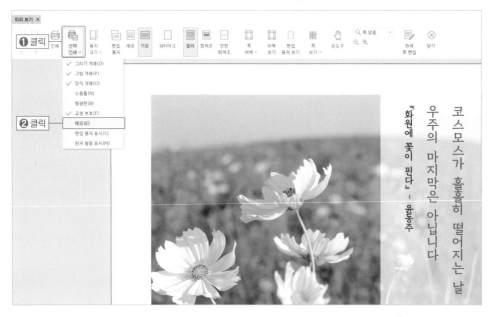

14. 메모가 인쇄되기 위해 본문 내용이 축소되는 것을 알 수 있습니다.

15. [인쇄] 대화상자를 실행했을 때는 **확장** 탭 ⇨
선택 사항에서 **메모**를 선택합니다.

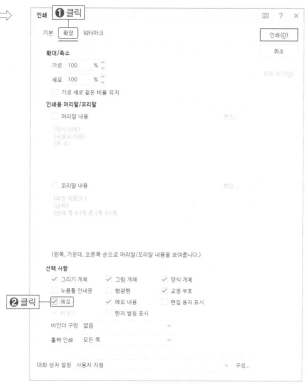

14 매크로 활용하기

반복되는 동작을 단축키에 등록하면 키 입력만으로 여러 동작을 한 번에 실행할 수 있습니다.

↪ Key Word: **매크로**
예제 파일: Part3-section14(매크로 활용하기)-예제.hwpx

01. 그림 개체에 대한 매크로를 기록하기 위해 그림을 클릭해 선택한 후 **도구 탭** ⇨ **스크립트 매크로** ⇨ **매크로 정의**를 클릭합니다(단축키: Alt + Shift + H).

02. 매크로의 **단축키**를 선택한 후, **이름**을 입력합니다. **정의**를 클릭합니다.

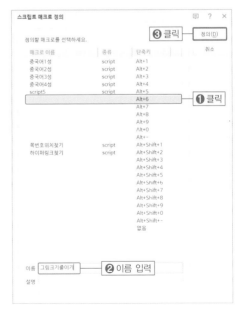

Point

- 매크로 이름은 첫 글자가 영문이나 한글이어야 하고, 공백이나 특수문자는 입력할 수 없습니다.
- 매크로 단축키는 22개까지 등록할 수 있습니다. 단축키를 사용하지 않는 매크로는 개수 제한 없이 등록할 수 있습니다.
- 이미 동작이 등록된 매크로를 선택하면 기존 동작을 삭제하고 새로운 동작으로 덮어쓰게 됩니다.
- 스크립트 매크로는 시스템에 기록되므로 덮어쓰지 않는 한 모든 문서에서 사용할 수 있습니다.

03. 한 문단에 2개의 그림이 배치되도록 크기를 설정합니다. 그림의 너비는 **70mm**, 높이는 **52mm**를 입력합니다. **글자처럼 취급**을 선택합니다.

Point

- 일반적으로 그림의 가로:세로 비율이 4:3인 경우가 많으므로 너비를 70mm로 설정했을 때 높이를 52mm로 선택했습니다. 사진의 비율에 맞게 높이를 설정하시기 바랍니다.
- 용지 여백을 변경하지 않으면 본문을 입력하는 총 너비는 150mm입니다. 따라서 한 문단에 그림을 2개 배치하기 위해서는 150mm/2, 즉 그림의 너비가 75mm보다 작아야 합니다. 또한 두 그림 사이에 공백을 주기 위해 그림의 너비를 70mm로 설정했습니다.

04. 다음 그림과의 공간을 설정하기 위해 Esc를 누르고 오른쪽 방향키□를 누른 후 Space Bar를 눌러 띄어쓰기를 입력합니다. **도구 탭** ⇨ **스크립트 매크로** ⇨ **매크로 중지**를 클릭합니다(단축키: Alt + Shift + X).

05. Ctrl + N + I를 눌러 새 그림을 삽입합니다. **그림**을 클릭합니다. 조금 전에 설정한 매크로의 단축키인 Alt + 6을 누릅니다.

① Ctrl + N + I
② 클릭
③ Alt + 6

06. 그림이 오른쪽에 배치되고 마우스 커서가 나타나면 Enter를 눌러 마우스 커서를 다음 문단으로 이동합니다.

07. 같은 방법으로 Ctrl + N + I를 눌러 그림을 삽입하고 그림을 클릭한 후 Alt + 6을 누릅니다. 4개의 그림을 삽입하면 다음과 같이 잘 정돈된 그림을 확인할 수 있습니다.

Point

한 번 설정된 매크로는 모든 문서에서 동작하며, 컴퓨터를 재시작하더라도 사라지지 않습니다.

08. 매크로의 목록을 확인하고 실행 또는 삭제하기 위해서는 **도구** 탭 ➡ **스크립트 매크로** ➡ **매크로 실행**을 선택합니다(단축키: Alt + Shift + L).

09. [매크로 실행] 대화상자에서 매크로 목록을 확인할 수 있습니다. 단축키가 부여되지 않은 매크로를 실행하거나 단축키가 기억나지 않을 때 매크로 목록에서 선택해 실행할 수 있습니다. 또한 **매크로 반복 횟수**를 입력해 여러 번 실행할 수도 있습니다.

|매크로 실행| 대화상자

코드 편집: 한글 2022의 매크로는 자바스크립트로 작성됩니다. 자바 스크립트로 작성된 코드를 확인하고 수정할 수 있습니다.

- ✎ : 매크로의 이름과 설명을 수정할 수 있습니다.
- ✕ : 매크로를 삭제할 수 있습니다.
- ▭ : 저장된 매크로 파일을 불러온 후 선택한 단축키에 설정합니다.
- ▤ : 선택한 매크로를 저장합니다. 매크로 파일은 **.msr** 파일로 저장됩니다. 다른 컴퓨터에서 매크로 불러오기를 실행하면 매크로를 사용할 수 있습니다.

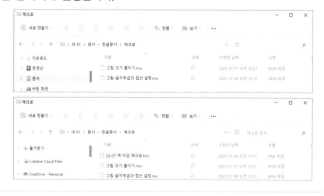

- ▦ : 매크로 꾸러미 저장, 모든 매크로를 저장합니다. 확장자는 **.hmi**입니다.

PART
04

한글 2022의
실무 문서 만들기

01 감성 카드 뉴스 만들기

한글의 그림과 표 기능들을 이용하면 SNS에 올리는 카드 뉴스를 만들 수 있습니다.

⊙ Key Word: 그림, 표, 글상자

01. 새 문서를 실행한 후 F7을 누릅니다. 용지 종류에서 종류를 사용자 정의로 선택하고 폭 200mm, 길이 200mm로 설정합니다. 모든 용지 여백을 0mm로 입력합니다. 해당 용지를 다음에도 사용할 수 있도록 **등록**을 클릭합니다.

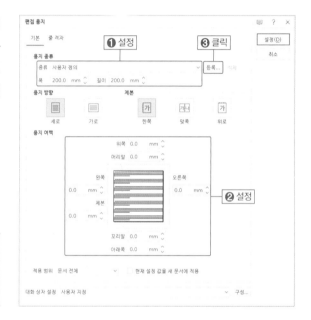

Point

카드뉴스는 일반적으로 인쇄하지 않고 SNS에 업로드하는 용도로 활용하기 때문에 여백이 필요하지 않습니다.

Tip

용지 크기에 따른 이미지 파일의 해상도 비교

- **너비/높이 150mm**: 709px × 709px
- **너비/높이 180mm**: 850px × 850px
- **너비/높이 200mm**: 945px × 945px

인스타그램, 블로그 등에 사진을 업로드할 때는 900px 이상의 해상도 사진을 업로드하는 것이 좋습니다.

02. 용지 이름에 **카드뉴스**를 입력하고 **등록**을 클릭합니다. 설정한 용지 크기와 여백을 새 문서의 용지에 반영하기 위해 **설정**을 클릭합니다.

03. 쪽 탭 ⇨ 쪽 테두리/배경을 선택한 후 **배경** 탭에서 **그림**을 클릭합니다. **그림 선택** 🖿을 클릭하고 **Part4-Section01(카드뉴스 배경사진).jpg**를 더블클릭합니다.

Point

문서를 편집할 때 그림이 움직이지 않도록 배경으로 삽입하는 것이 좋습니다.

04. 원고지 스타일로 표현하기 위해 표를 그려 줍니다. **편집** 탭 ⇨ **표**를 클릭합니다.

05. 줄 개수 1, 칸 개수 8을 입력한 후 **글자처럼 취급**을 **선택**
합니다. **만들기**를 클릭합니다.

06. F5를 **세 번** 누른 후 선 모양을 설정하기 위해
L을 누릅니다. **선 모양 바로 적용**은 해제합니다.
종류를 **없음**￣￣￣으로 선택하고 **왼쪽** 테두
리 , **오른쪽** 테두리 를 선택합니다. 종류를 **2
중선** ━━━으로 선택하고 색은 **흰색**을 선
택한 후 **위쪽** 테두리 , **아래쪽** 테두리 를 선
택합니다.

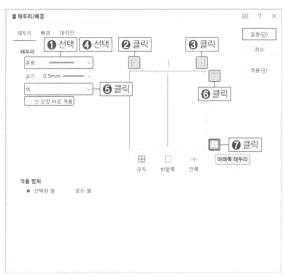

07. 종류를 **실선** ━━━으로 선택하고 굵
기는 **0.12mm**를 선택합니다. 색은 **흰색**을 선택
하고 **안쪽 세로 테두리** 를 선택합니다. **설정**을
클릭합니다.

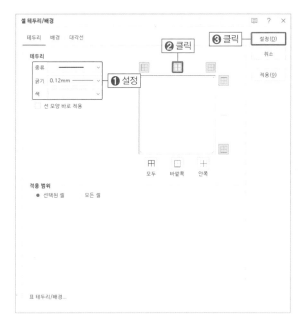

08. P를 눌러 **표/셀 속성**을 실행한 후 **셀** 탭에서 **셀 크기 적용**을 선택합니다. 너비 **12mm**, 높이 **12mm**를, 세로 정렬은 **가운데**▤로 선택합니다. 설정을 클릭합니다.

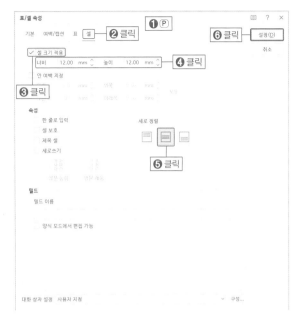

09. 표의 모든 셀이 선택된 상태에서 글꼴은 **이순신 돋움체B**, 글자 크기는 **16pt**, 글자색은 **흰색**을 선택하고 **가운데 정렬**을 선택합니다. 두 번째 셀을 더블클릭한 후 **별 헤는 밤**을 입력합니다.

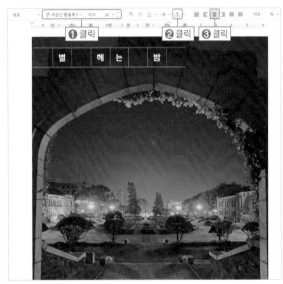

Point

셀에서 더블클릭하면 해당 셀에 마우스 커서가 표시돼 글자를 입력할 수 있습니다.

10. Shift + Esc를 눌러 표 편집 상태를 종료하면 마우스 커서가 표의 왼쪽 밖으로 이동합니다. 표 자체를 가운데로 이동시키기 위해 **가운데 정렬**을 선택하고 Enter를 **13번** 누릅니다.

11. Alt + S 또는 **저장하기** 📄를 클릭해 문서를 저장합니다.

12. 저장하기 📄의 펼침 버튼∨ ⇨ **다른 이름으로 저장하기**를 클릭하거나 Alt + V를 누릅니다.

13. 한글 파일과 이미지 파일을 쉽게 구분할 수 있도록 파일 이름에 **(이미지)**를 추가하고 파일 형식은 **PNG 이미지(*.png)**를 선택합니다. **저장**을 클릭합니다.

14. ⊞+Ｅ를 눌러 **탐색기**를 실행한 후 그림이 저장된 폴더로 이동하면, 다음과 같이 한글 문서와 그림 파일을 확인할 수 있습니다.

15. 다음과 같이 카드뉴스 작품이 완성됐습니다.

02 달력 만들기

달력을 만들어 일정을 입력하고, 이를 이미지로 저장해 바탕화면에 등록할 수 있습니다.

G→ Key Word: **표, 달력 만들기**

01. 새 문서를 실행한 후 **편집** 탭 ⇨ **가로**를 선택합니다.

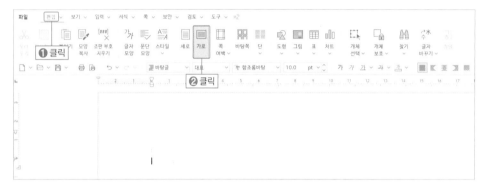

02. 화면 확대 비율을 조절하기 위해 상태 표시줄의 오른쪽 끝에 표시된 **확대/축소 비율**을 클릭합니다.

03. 문서의 한 쪽 전체가 한 화면에 보이도록 배율에서 **쪽 맞춤**을 클릭합니다. **설정**을 클릭합니다.

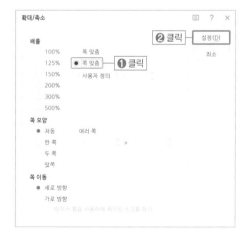

04. Ctrl + N + T를 누르거나 표 아이콘을 클릭합니다. 줄 개수는 7, 칸 개수는 9을 입력한 후 **글자처럼 취급**을 선택하고 **만들기**를 클릭합니다.

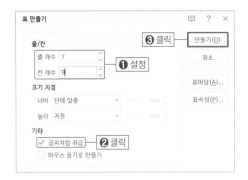

05. 첫 셀에서 F5를 **한 번** 누르고 P를 누릅니다. [**표/셀 속성**] 대화상자에서 **셀** 탭 ⇨ **셀 크기 적용**을 클릭하고 높이를 **18mm**로 입력합니다. **설정**을 클릭합니다.

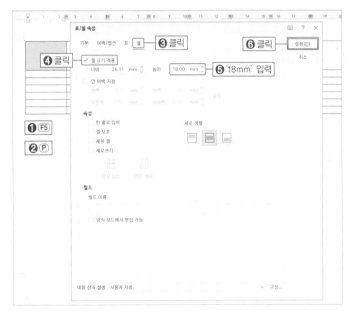

06. 방향키 ↓를 한 번 누른 후 P를 누릅니다. [**표/셀 속성**] 대화상자에서 **셀** 탭 ⇨ **셀 크기 적용**을 클릭하고 높이를 **11mm**로 입력합니다. **설정**을 클릭합니다.

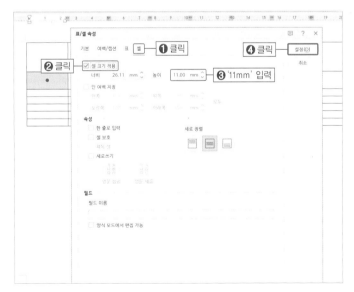

07. 그 아래 셀들을 마우스로 드래그한 후 ⓟ를 누릅니다. [표/셀 속성] 대화 상자에서 **셀** 탭 ⇨ **셀 크기 적용**을 클릭하고 높이를 **22mm**로 입력합니다. **설정**을 클릭합니다.

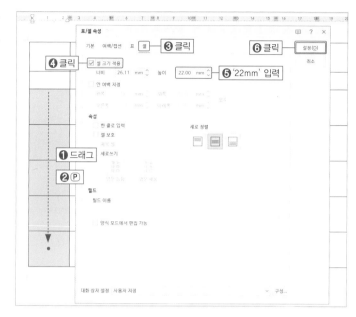

08. Ⓕ5를 **두 번** 더 눌러 표 전체를 범위로 지정한 후 글꼴은 **충북대직지체**, 글자 크기는 **11pt**로 설정합니다.

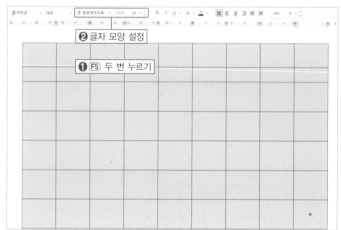

09. 첫 줄 **7개의 셀**을 드래그해 범위로 지정한 후 Ⓜ을 눌러 합치기를 실행합니다. 글자 크기를 **32pt**로 설정한 후 월을 입력합니다. 첫 줄의 오른쪽 두 셀을 범위로 지정한 후 Ⓜ을 눌러 합치기를 실행합니다. 글자 크기를 **20pt**로 설정하고 연도를 입력합니다.

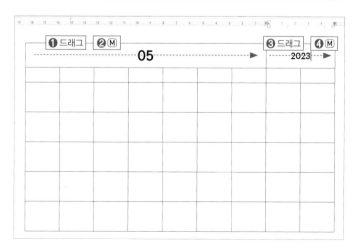

10. 두 번째 줄의 첫 두 셀에 **월**, **화**를 입력합니다. 두 번째 줄의 7칸을 범위로 지정하고 글자 크기 **13pt**, **가운데 정렬**을 설정합니다.

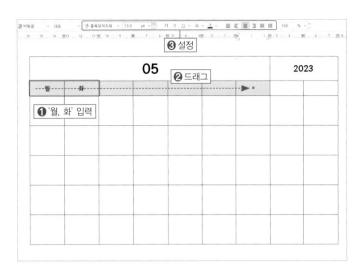

Point

만약 요일을 영어로 입력한다면 Mon와 Tue 또는 MON와 TUE, Monday와 Tuesday와 같이 대소문자를 동일한 형식으로 입력해야 합니다.

11. Ⓐ를 누르면 다음과 같이 나머지 셀들에 요일이 자동으로 입력됩니다.

12. 두 번째 줄의 **6번째 셀**과 **7번째 셀** 사이의 세로 선을 왼쪽으로 드래그해 두 표 사이에 간격을 설정합니다. 두 번째 줄의 오른쪽 두 셀을 범위로 지정하고 Ⓜ을 눌러 합치기를 실행합니다. 글자 크기 **13pt**, 글자색 **초록색**을 지정한 후 **To Do List**를 입력합니다.

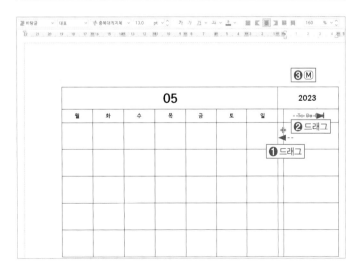

13. To Do List 아래 3개의 셀을 범위로 지정한 후 셀을 나누기 위해 ⑤를 누릅니다. 줄 개수를 **9**로 입력하고 **줄 높이를 같게 나누기, 셀을 합친 후 나누기**를 선택합니다. **나누기**를 클릭합니다.

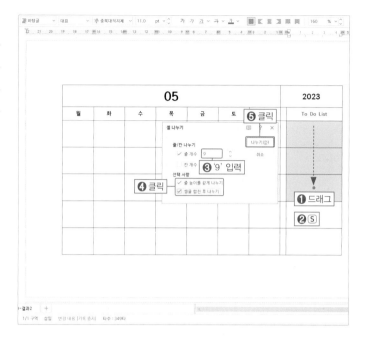

14. To Do List 아래 셀들을 범위로 지정한 후 **서식** 탭 ⇨ **글머리표**의 펼침 버튼∨ ⇨ **확인용 글머리표** 중 첫 번째 글머리표를 선택합니다.

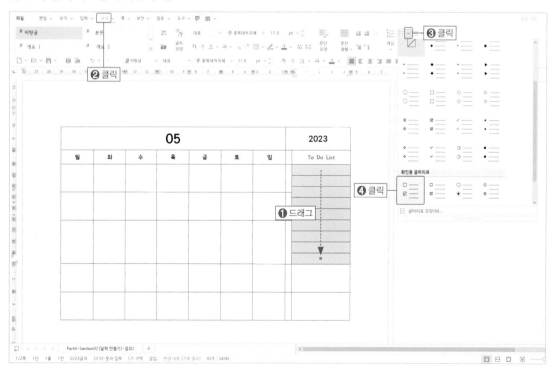

15. 날짜를 입력할 셀들의 높이가 달라졌으므로 왼쪽 아래의 5줄 7칸 셀들을 범위로 지정하고 ⒣를 눌러 **높이를 같게** 설정합니다. ⓟ를 눌러 **표/셀 속성**을 실행하고 **셀 ⇨ 안 여백 지정**을 선택합니다. 왼쪽과 위쪽을 **3mm**로 입력한 후 **세로 정렬**에서 **위**를 선택하고 **설정**을 클릭합니다.

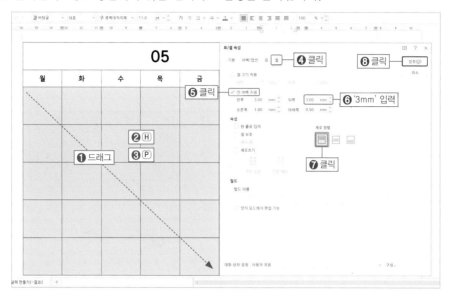

16. 2023년 5월 1일은 월요일입니다. 첫 번째 월요일 셀에 1, 오른쪽 옆 셀에 2를 입력합니다. 1을 입력한 셀부터 날짜를 입력하는 마지막 셀까지 범위로 지정하고 ⒶА를 누릅니다.

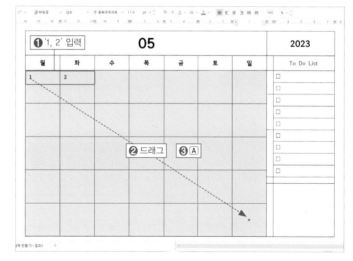

Point

Ⓐ를 활용한 자동 채우기를 실행할 때는 직사각형 형태로 범위를 지정해야 합니다. 만약, 1일이 월요일이 아닌 다른 요일에서 시작된다면 1, 2를 입력한 후 첫 줄만 범위로 지정하고 Ⓐ를 눌러 채우기를 실행합니다. 그 후에 두 번째 주의 월요일, 화요일 날짜를 입력하고 끝까지 범위로 지정해 Ⓐ를 눌러 나머지 날짜의 채우기를 실행합니다.

17. 날짜가 자동으로 입력됩니다. 불필요한 날짜인 32~35일이 입력된 셀을 범위로 지정한 후 Delete 를 눌러 숫자를 삭제합니다. M 을 눌러 합치기를 실행하고 글자색을 **파란색**으로 지정한 후 **Goals**를 입력합니다.

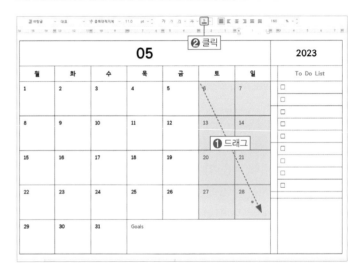

18. 토, 일요일 셀들을 범위로 지정한 후 글자색을 **파란색**으로 설정합니다.

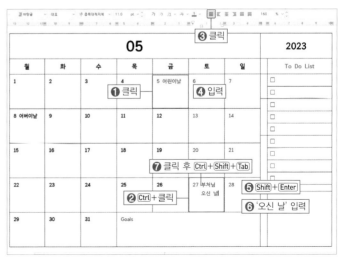

19. 5일 셀을 클릭한 후 Ctrl 을 누른 채 27일 셀을 클릭합니다. 글자색을 **빨간색**으로 설정합니다. 8일 셀에 **어버이날**을 입력합니다. 5일 셀에 **어린이날**을 입력하고 27일 셀에 **부처님 오신 날**을 입력합니다. 부처님 오신 날은 두 줄로 입력하기 위해 **부처님**을 입력한 후 Shift + Enter 를 누릅니다. 그리고 **오신 날**을 입력합니다. 날짜 아래에 글자가 배치되지 않도록 내어 쓰기를 실행하면 더 좋습니다. **부** 앞을 클릭한 후 Ctrl + Shift + Tab 을 누릅니다.

내어 쓰기의 단축키는 Shift + Tab 이지만, 표 안에서 Tab 의 기능을 사용하기 위해서는 Ctrl 을 함께 눌러야 하므로 Ctrl + Shift + Tab 을 누릅니다.

20. 표 오른쪽 맨 아래에서 두 번째 셀을 클릭하고 F5 를 한 번 누릅니다. P 를 눌러 [표/셀 속성] 대화상자를 실행하고 **셀** 탭에서 **셀 크기 적용**을 클릭합니다. 높이를 **11mm**로 입력한 후, 설정을 클릭합니다. 글자색을 **초록색**으로 설정하고 **Memo**를 입력합니다.

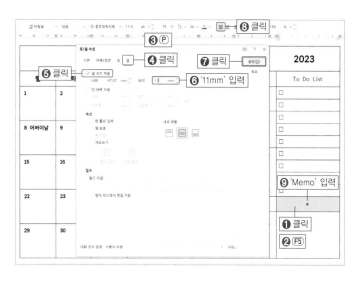

21. Memo 아래 오른쪽 끝 셀을 범위로 지정한 후 S 를 누르고 줄/칸 나누기에서 줄 개수를 4로 입력합니다. 선택 사항에서 **줄 높이를 같게 나누기**를 선택하고 **나누기**를 클릭합니다.

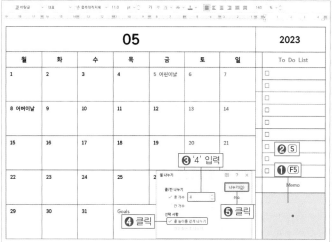

22. F5를 눌러 표 전체를 범위로 지정하고 선 모양을 설정하기 위해 L을 누릅니다. 선 모양 **없음**, **왼쪽 테두리**와 **안쪽 세로 테두리**, **오른쪽 테두리**를 선택합니다. **설정**을 클릭합니다.

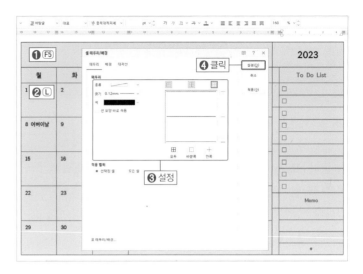

23. To Do List 셀을 클릭하고 Ctrl을 누른 채 Memo 셀을 클릭합니다. L을 누른 후 종류 **실선**, 굵기 **0.4mm**, **위쪽 테두리**, **아래쪽 테두리**를 선택합니다. **설정**을 클릭합니다.

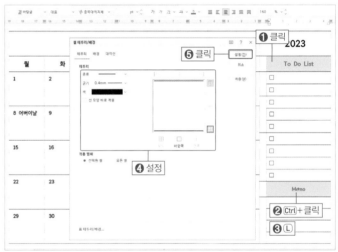

24. 표와 표의 간격을 위해 남겨 둔 셀들을 범위로 지정한 후 L을 누릅니다. 종류는 **없음**을 선택하고 **위쪽 테두리**, **안쪽 가로 테두리**, **아래쪽 테두리**를 선택합니다. **설정**을 클릭합니다.

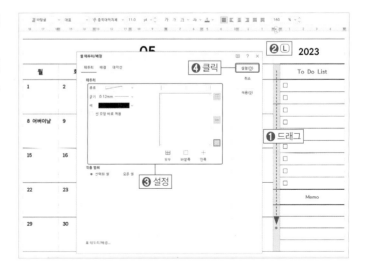

25. 첫 번째 줄의 셀들을 범위로 지정하고 ⓛ을 누릅니다. 종류는 **없음**을 선택하고 **위쪽** 테두리, **아래쪽** 테두리를 선택합니다. **설정**을 클릭합니다.

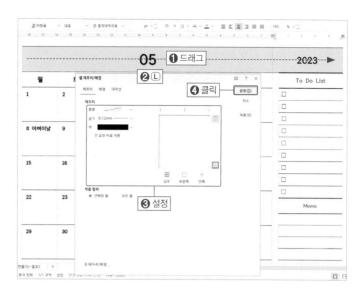

26. 요일이 입력된 줄과 맨 아래 줄의 7칸을 범위로 지정한 후 ⓛ을 누릅니다. 종류는 **실선**을 선택하고 굵기 **0.4mm**를 선택합니다. **아래쪽** 테두리를 선택하고 **설정**을 클릭합니다.

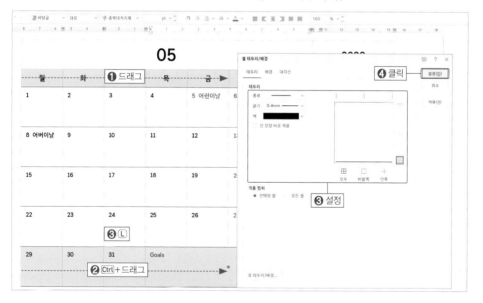

27. Shift + Esc 를 누르면 다음과 같이 완성된 달력을 확인할 수 있습니다. 기타 개인 일정이나 해야 할 일들을 입력합니다.

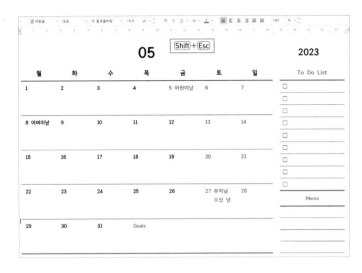

28. 표가 아래쪽 여백을 침범하므로 F7 을 눌러 머리말 여백을 **0mm**로 입력하고 **설정**을 클릭합니다.

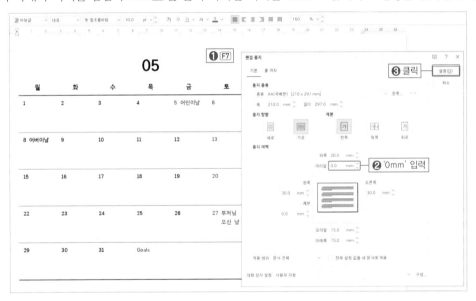

29. Alt + S 또는 **서장하기** 📋 을 클릭해 문서를 저장합니다. 한글 문서로 저장한 후 **저장하기**의 펼침 버튼∨ ⇨ **다른 이름으로 저장하기**를 클릭하거나 Alt + V 를 누릅니다. 파일 형식을 **PNG 이미지(*.png)**로 선택하고 **저장**합니다.

30. 이미지로 저장한 달력을 바탕화면의 배경으로 설정할 수 있습니다. ⊞+Ⓓ를 눌러 모든 창을 최소화하고 바탕화면 보기 상태로 전환합니다. 빈 공간에서 마우스 오른쪽 버튼 ⇨ **개인 설정**을 클릭합니다.

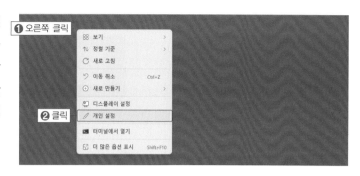

31. 배경 개인 설정에서 항목을 **사진**으로 선택합니다.

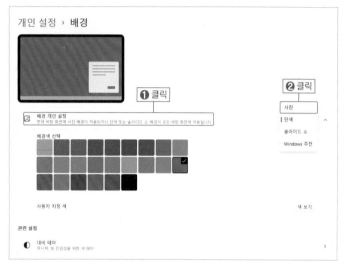

32. 사진 선택에서 **사진 찾아보기**를 클릭하고 저장한 달력 이미지를 선택합니다.

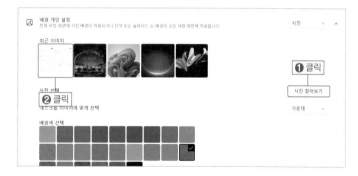

33. **배경색**을 선택한 후 개인 설정 창을 **종료**☒합니다.

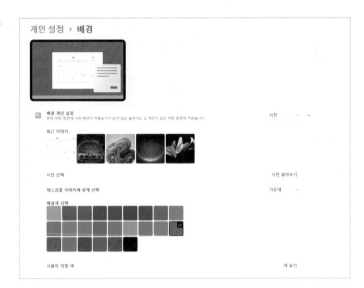

34. 다음과 같이 달력에 중요한 행사를 기록한 후 바탕화면 배경으로 설정하면 중요한 행사와 해야 할 일들을 잊지 않고 실행할 수 있습니다.

Section

03 가족신문 만들기

다단과 표 기능을 이용해 가족신문을 만들어 보겠습니다.

Key Word: 다단, 도형, 글맵시, 책갈피, 하이퍼링크, 가족신문, html 형식으로 저장하기

01. 새 문서를 실행한 후 F7을 누릅니다. 용지 종류는 A4로 선택하고 위쪽은 **20mm**, 아래쪽은 **15mm**, 머리말은 **0mm**, 꼬리말은 **5mm**, 왼쪽은 **15mm**, 오른쪽은 **15mm**로 입력합니다. 설정을 클릭합니다. **저장하기**를 클릭해 **가족신문**으로 저장합니다.

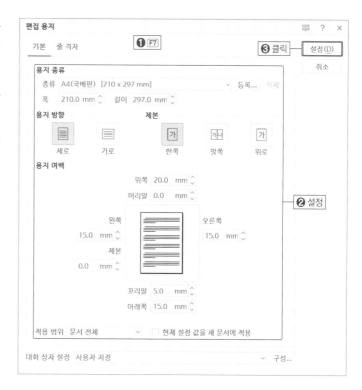

Point

• 가족신문을 크게 만들려면 용지 종류에서 **A3**를 선택하고 인쇄할 때 **나눠 찍기**를 선택합니다. A4 용지 2장에 나눠 인쇄되므로 이를 연결해 A3 용지처럼 만들 수 있습니다.

• 작업하는 도중 Alt + S를 눌러 수시로 저장해야 안전합니다.

02. 글맵시를 이용해 신문의 제목을 입력합니다.

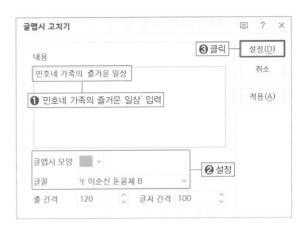

03. 글맵시를 더블클릭한 후 본문과의 배치는 **자리차지**, 가로 쪽의 **가운데**, 세로 쪽의 **위**를 선택합니다. **여백/캡션** 탭에서 **바깥 여백 아래쪽 3mm**를 입력합니다. **선** 탭에서 선 **종류**는 **없음**을 선택합니다.

04. **채우기** 탭에서 **그러데이션** 채우기를 설정합니다. **설정**을 클릭합니다.

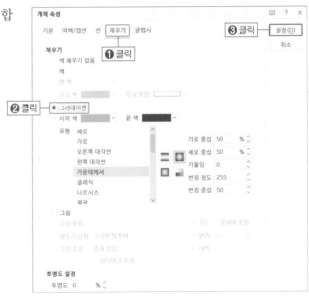

05. 2023년 05월호를 입력한 후 글꼴은 **경기천년바탕 Bold**, 글자 크기는 **14pt**, **오른쪽 정렬**을 선택합니다.

06. Enter를 누른 후 Ctrl + 1을 눌러 바탕글 스타일로 설정합니다. 글자 크기를 **14pt**로 설정합니다.

Point

2023년 05월호의 글자 모양과 정렬 방식이 그 다음 문단에도 적용되므로 바탕글 스타일로 설정해야 합니다.

07. 도형에서 **사각형**을 선택해 드래그합니다. 너비는 **39mm**, 높이는 **10.5mm** 정도로 설정합니다. 더블클릭해 **개체 속성**을 실행한 후 선 탭에서 **둥근 모서리**를 선택하고 선 종류는 **없음**을 선택합니다. **채우기** 탭에서 **그러데이션**을 선택하고 다음과 같이 설정합니다. **설정**을 클릭합니다.

🔲을 클릭한 후 글자를 입력합니다. 글꼴은 **경기천년바탕 Bold**, 글자 크기는 **14pt**, 글자색은 **흰색**, 가운데 정렬을 설정합니다.

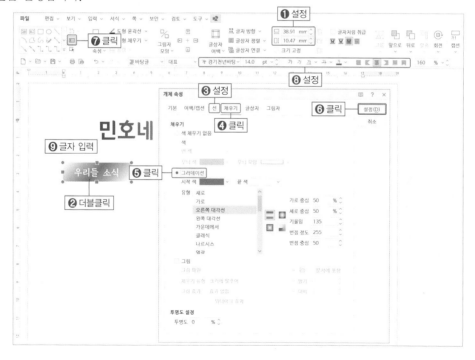

08. Ctrl + Shift 를 누른 채 옆으로 드래그해 도형을 복사하고 다음과 같이 채우기 색과 글자를 수정합니다. Shift 를 누른 채 클릭, 클릭해 모든 도형을 선택하고 **도형** ⇨ **맞춤** ⇨ **가로 간격을 동일하게**를 클릭합니다.

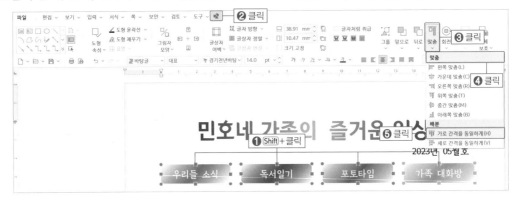

09. 4개의 도형이 모두 선택된 상태에서 P 를 누릅니다. [**개체 속성**] 대화상자의 **기본** 탭에서 본문과의 배치는 **자리차지**를 선택합니다. **여백/캡션** 탭에서 **아래쪽** 여백을 **3mm**로 설정합니다.

10. Shift + Esc 를 누르고 **편집** 탭 ⇨ **다단** 을 클릭합니다. 단 개수 2, 구분선 넣기를 선택하고 종류는 **원형 점선**, 굵기 **0.4mm**, 색 **RGB 9, 92, 215**, 적용 범위는 새 **다단으로**를 설정합니다. 설정을 클릭합니다.

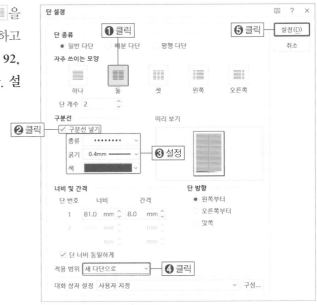

11. 민호 소식을 입력한 후 범위로 지정하고 **F6**을 누릅니다. 그런 다음 스타일 창에서 **스타일 추가하기 +** 를 클릭하고 제목을 **소식 제목**으로 입력합니다. **글자 모양**을 클릭한 후 글꼴은 **HY울릉도B**, 글자 크기는 **14pt**, 글자색은 **초록색**을 선택합니다. **글머리표/문단 번호**를 클릭하고 **그림 글머리표**에서 모양을 선택합니다. **설정** ⇨ **추가** ⇨ **설정**을 클릭합니다.

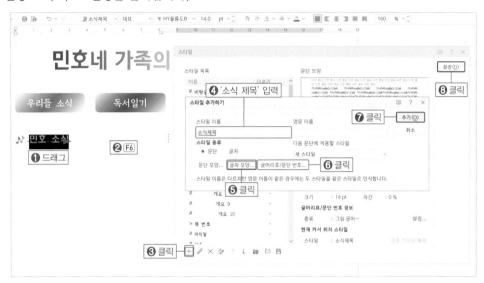

12. **Enter**를 두 번 누른 후 **Ctrl** + **1**을 눌러 바탕글로 설정합니다. 글자 크기를 **14pt**로 설정하고 글을 입력합니다.

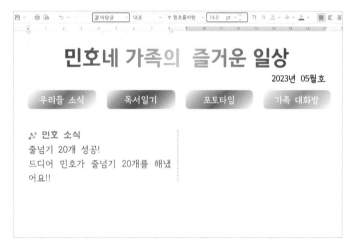

13. 전체적으로 글자 크기를 14pt로 통일하기 위해 바탕글 스타일을 편집합니다. 입력한 글자를 범위로 지정한 후 `F6` ⇨ **스타일 편집하기** ✏ ⇨ **글자 모양** ⇨ 기준 크기 **14pt**로 선택하고 **설정** ⇨ **설정** ⇨ **설정**을 클릭합니다.

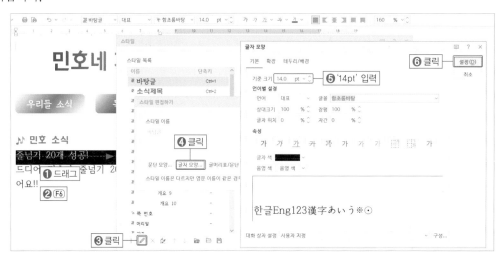

14. `Enter`를 누른 후 `Ctrl` + `N` + `I`를 눌러 그림을 삽입합니다. 그림을 클릭하고 **글자처럼 취급**을 선택합니다. `Shift` + `Esc`를 누른 후 **가운데 정렬**을 선택합니다. 글자처럼 취급돼 있으므로 가운데 정렬을 설정하면 그림이 단의 가운데에 배치됩니다.

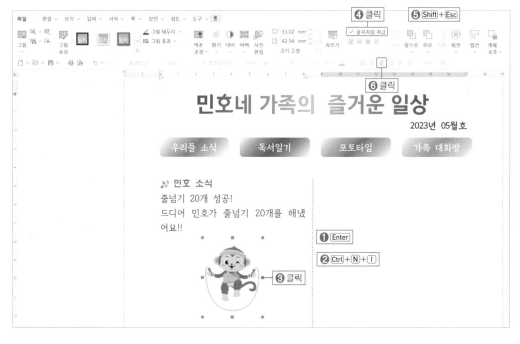

글자를 입력한 후 (Enter)를 누르지 않으면 문단이 구분되지 않아서, 그림에 대해 가운데 정렬을 설정할 때 위 글자도 함께 적용되므로 주의합니다.

15. **엄마 소식** 내용을 입력합니다. **엄마 소식**을 범위로 지정하고 스타일 목록에서 **소식 제목**을 선택합니다. 내용에 따라 **서식** 탭의 펼침 버튼∨을 클릭하고 **문단 번호 모양** ➡ **그림 글머리표**에서 다른 모양을 선택할 수도 있습니다.

Point

스타일 목록은 **서식 도구**에서 선택할 수도 있고 **서식** 탭에서 선택할 수도 있습니다.

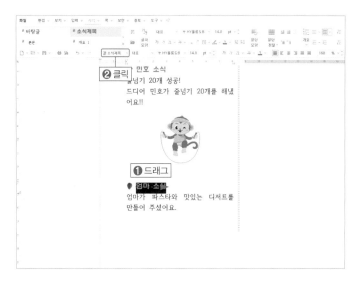

16. (Ctrl) + (N) + (I)를 눌러 그림을 2개 삽입합니다. 그림을 클릭해 **그림에서 글자처럼 취급**을 선택한 후 (Shift) + (Esc)를 누른 후 **가운데 정렬**을 선택합니다.

17. Ctrl + Shift + Enter를 눌러 다음 단으로 이동합니다. 같은 방법으로 다른 가족의 소식을 입력합니다. Ctrl + Enter를 눌러 새 쪽으로 이동합니다.

18. 글맵시를 삽입하고 더블클릭합니다. **기본** 탭에서 본문과의 배치는 **자리차지**, 가로 쪽의 **가운데**, 세로 쪽의 **위**를 선택합니다. **여백/캡션** 탭에서 **아래쪽 여백**을 **5mm**를 설정하고 **선** 탭에서 **선 종류는 없음**을 선택합니다. **채우기** 탭에서 **그러데이션**을 다음과 같이 설정합니다. **설정**을 클릭합니다.

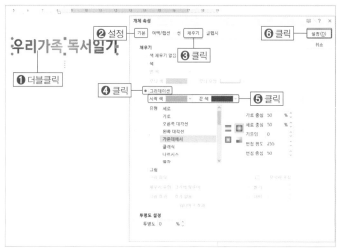

19. Shift + Esc를 누른 후 내용을 입력합니다. 글자를 범위로 지정한 후 F6을 누릅니다. 스타일 창에서 **스타일 추가하기** + 를 클릭하고 제목을 **독서 제목**으로 입력합니다. **글자 모양**을 클릭한 후 글꼴은 **경기천년바탕 Bold**, 글자 크기는 **14pt**, 글자색은 **RGB 174,9,215**를 선택합니다. 그런 다음 **글머리표/문단 번호**를 클릭하고 **그림 글머리표**에서 모양을 선택합니다. **설정** ➡ **추가** ➡ **설정**을 클릭합니다.

20. Enter를 누르고 Ctrl + 1을 눌러
바탕글 스타일로 변경합니다. 다음과
같이 내용을 입력합니다. 내용이 많지
않아 공간이 여유롭다면 **스크린샷** 기
능으로 온라인 서점 사이트에서 책 표
지를 캡처해 책 표지 사진을 추가하는
것도 좋습니다.

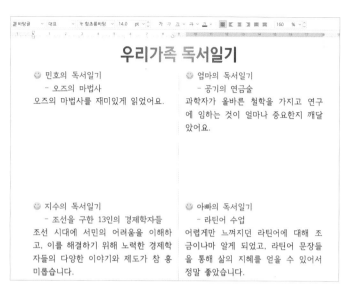

21. 우리가족 독서일기를 클릭하고 Ctrl + C를 눌러 복사합니다. Ctrl + PageDown을 눌러 문서의 맨 마지막
으로 이동하고 Ctrl + Enter를 눌러 새 페이지를 삽입합니다. Ctrl + V를 눌러 붙여넣기합니다. 더블클릭한
후 **채우기** 탭에서 **그러데이션**을 설정하고 **글맵시** 탭에서 **내용을 수정**합니다. **설정**을 클릭합니다.

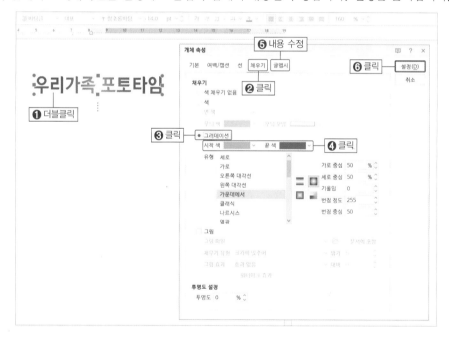

22. 5월 5일 – 어린이날 캠핑을 입력한 후 **F6**을 누릅니다. 스타일 추가하기를 클릭하고 글자 모양에서 글꼴은 **HY크리스탈M**, 글자 크기는 14pt, 글자색은 RGB 48,178,16으로 설정합니다. **글머리표/문단 번호**를 클릭한 후 **그림 글머리표**에서 모양을 선택합니다. **설정** ⇨ **추가** ⇨ **설정**을 클릭합니다.

23. 같은 방법으로 마지막 페이지를 완성합니다. 마지막 페이지는 메모지에 서로 메시지를 전할 수 있도록 메모지 사진을 추가했습니다.

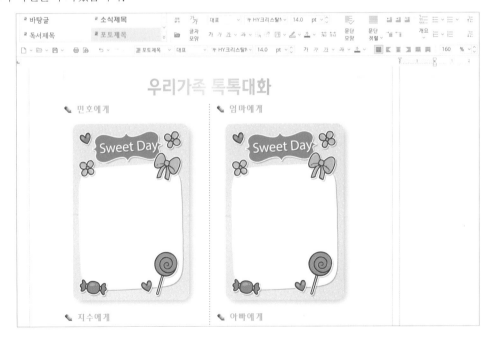

24. 첫 페이지의 사각형 메뉴에 하이퍼링크를 설정하기 위해 책갈피를 설정합니다. 마지막 페이지의 **민호에게** 앞을 클릭하고 Ctrl + K + B 를 누릅니다. 책갈피 이름에 **톡톡 대화**를 입력하고 **넣기**를 클릭합니다.

25. 같은 방법으로 **5월 5일** 앞을 클릭하고 Ctrl + K + B 를 누릅니다. 책갈피 이름에 **포토타임**을 입력하고 **넣기**를 클릭합니다.

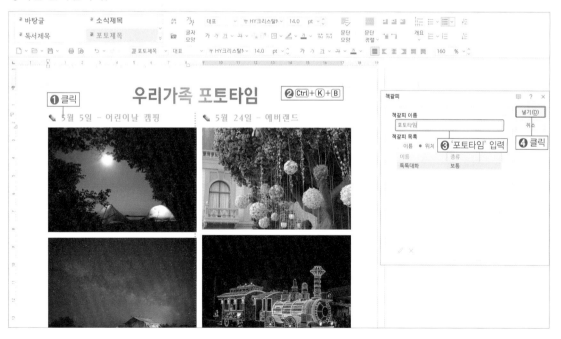

26. 2쪽의 민호의 독서일기 앞은 **독서일기**, 1쪽의 민호 소식 앞은 **우리소식**으로 책갈피를 삽입합니다.

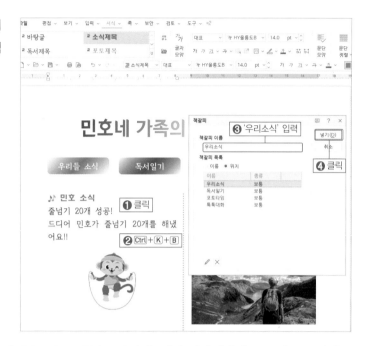

27. 1쪽의 우리들 소식 도형을 클릭한 후 Ctrl + K + H를 누릅니다. **연결 대상**에서 **흔글 문서**를 클릭하고 **우리소식** 책갈피를 선택합니다. 같은 방법으로 다른 도형도 하이퍼링크를 설정합니다.

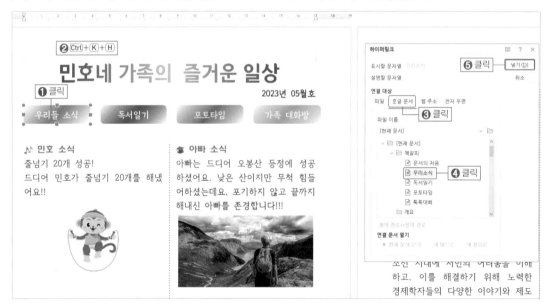

28. 하이퍼링크를 실행할 때는 Ctrl을 누른 채 도형을 클릭합니다. 마우스 커서가 연결된 위치로 이동한다는 것을 알 수 있습니다.

29. 가족신문을 html 문서로 저장해 웹 브라우저로 확인할 수도 있습니다. **저장하기** 📄 의 펼침 버튼▽을 클릭하고 **다른 이름으로 저장하기**를 클릭합니다.

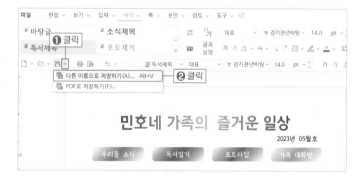

30. 파일 형식에서 **서식 있는 인터넷 문서(*.html)**을 선택하고 **저장**을 클릭합니다.

31. 탐색기에서 해당 파일을 클릭한 후 마우스 오른쪽 버튼 ⇨ **연결 프로그램** ⇨ Microsoft Edge, Chrome 중에서 선택합니다.

32. 웹 브라우저가 열리고 작성한 문서를 인터넷 웹 사이트와 같이 확인할 수 있습니다. 크롬을 실행했다면 F12를 눌러 **개발자 모드**를 활성화한 후 html 태그와 css의 설정 등을 확인하고 수정할 수 있습니다.

| 찾아보기 |

찾아보기